utb 4229

Eine Arbeitsgemeinschaft der Verlage

Böhlau Verlag · Wien · Köln · Weimar
Verlag Barbara Budrich · Opladen · Toronto
facultas · Wien
Wilhelm Fink · Paderborn
A. Francke Verlag · Tübingen
Haupt Verlag · Bern
Verlag Julius Klinkhardt · Bad Heilbrunn
Mohr Siebeck · Tübingen
Nomos Verlagsgesellschaft · Baden-Baden
Ernst Reinhardt Verlag · München · Basel
Ferdinand Schöningh · Paderborn
Eugen Ulmer Verlag · Stuttgart
UVK Verlagsgesellschaft · Konstanz, mit UVK/Lucius · München
Vandenhoeck & Ruprecht · Göttingen · Bristol
Waxmann · Münster · New York

Prof. Dr. Johannes Kaspar

Strafrecht – Allgemeiner Teil

Eine Einführung

Nomos

Die Deutsche Nationalbibliothek verzeichnet diese Publikation in der Deutschen Nationalbibliografie; detaillierte bibliografische Daten sind im Internet über http://dnb.d-nb.de abrufbar.

ISBN 978-3-8252-4229-9 (UTB)

1. Auflage 2015

Vorwort

Das vorliegende Lehrbuch zum Allgemeinen Teil des Strafrechts ist als „Einführung“ konzipiert und eignet sich daher besonders für Anfänger, z. B. als begleitende Lektüre zum Grundkurs Strafrecht oder zu strafrechtlichen Lehrveranstaltungen für Studierende mit einem nicht-juristischen Hauptfach. Aber auch Fortgeschrittenen und Examenskandidatinnen und -kandidaten, die die wichtigsten prüfungsrelevanten Probleme des Allgemeinen Teils in kompakter Form wiederholen wollen, kann das Werk ohne Einschränkung empfohlen werden.

Nach meiner festen Überzeugung ist der Erfolg in strafrechtlichen Prüfungsarbeiten planbar. Kein anderes Rechtsgebiet weist im Hinblick auf seine Struktur und seine Argumentationsmuster eine vergleichbare Homogenität auf. Die Kombination aus solidem Grundlagenwissen und sicherem Einsatz des methodischen „Handwerkszeugs“ kann vergleichsweise schnell zu hervorragenden Ergebnissen führen. Das vorliegende Werk setzt genau an dieser Stelle an. Statt überflüssigen Detailwissens werden die Grundstrukturen des Allgemeinen Teils des Strafrechts vermittelt und anhand von Übersichten und zahlreichen Beispielsfällen vertieft. Dabei wird besonderer Wert auf die Vermittlung methodischer Kenntnisse und einer souveränen Beherrschung der juristischen Argumentationstechnik gelegt, deren Bedeutung für die erfolgreiche Klausur, Hausarbeit oder auch mündliche Prüfung gar nicht überschätzt werden kann.

Bei der Entstehung dieses Lehrbuchs haben mich meine ehemaligen und aktuellen Augsburger Mitarbeiterinnen und Mitarbeiter in hervorragender Weise unterstützt. Besonderer Dank gebührt in dieser Hinsicht Frau Michaela Braun, Frau Dr. Isabel Kratzer-Ceylan, Herrn Cornelius Broichmann, Herrn Stephan Christoph, Herrn Korbinian Grabmeier sowie Herrn Philipp Schmidt.

Über (positive wie kritische) Rückmeldungen von Seiten der Leserschaft freue ich mich sehr: johannes.kaspar@jura.uni-augsburg.de.

Johannes Kaspar
Augsburg, April 2015

Inhaltsübersicht

Inhaltsverzeichnis

Abkürzungsverzeichnis

a.A.	andere Ansicht
Abs.	Absatz
a. F.	alte Fassung
Alt.	Alternative
Anm.	Anmerkung
Art.	Artikel
Aufl.	Auflage
AT	Allgemeiner Teil
A/W/H/H	Arzt, G./ Weber, U./ Heinrich, B./ Hilgendorf, E., Strafrecht Besonderer Teil, 2. Aufl. (2009)
BayObLG	Bayerisches Oberstes Landesgericht
BayStVollzG	Bayerisches Strafvollzugsgesetz
BeckOK-StGB	von Heintschel-Heinegg, B. (Hrsg.), Beck'scher Online-Kommentar StGB, 25. Edition (2014)
BGB	Bürgerliches Gesetzbuch
BGBl.	Bundesgesetzblatt
BGH	Bundesgerichtshof
BGHSt	Entscheidungen des Bundesgerichtshofs in Strafsachen
BT	Besonderer Teil
BtMG	Betäubungsmittelgesetz
BVerfG	Bundesverfassungsgericht
BVerfGE	Entscheidungen des Bundesverfassungsgerichts
bzgl.	bezüglich
bzw.	beziehungsweise
d.h.	das heißt
EGMR	Europäischer Gerichtshof für Menschenrechte
f.	folgende Seite / Randnummer
ff.	folgende Seiten / Randnummern
Fn	Fußnote
FS	Festschrift
GA	Goltdammer´s Archiv für Strafrecht
GG	Grundgesetz
ggf.	gegebenenfalls

GK	Grundkurs
GVG	Gerichtsverfassungsgesetz
h. Lit.	herrschende Literaturansicht
h. M.	herrschende Meinung
HRRS	Höchstrichterliche Rechtsprechung in Strafsachen (abrufbar unter www.hrr-strafrecht.de)
Hrsg.	Herausgeber/-in
i.V.m.	in Verbindung mit
JA	Juristische Arbeitsblätter
JR	Juristische Rundschau
Jura	Juristische Ausbildung
JuS	Juristische Schulung
JZ	Juristenzeitung
LG	Landgericht
Kp.	Kapitel
LK-StGB	Leipziger Kommentar zum Strafgesetzbuch, hrsg. von Laufhütte, H. W./ Rissing-van Saan, R./ Tiedemann, K., 12. Aufl. (2006 ff.)
LPK	Kindhäuser, U., Strafgesetzbuch Lehr- und Praxiskommentar, 6. Aufl. (2015)
MDR	Monatsschrift für Deutsches Recht
M/G/Z	Maurach, R./ Gössel, K.-H./ Zipf, H., Strafrecht Allgemeiner Teil Band 2, 8. Aufl. (2014)
MüKo-BGB	Münchener Kommentar zum Bürgerlichen Gesetzbuch, hrsg. v. Rixecker, R./Säcker, F. J./ Oetker, H., 6. Aufl. (2013)
MüKo-StGB	Münchener Kommentar zum Strafgesetzbuch, hrsg. v. Joecks, W./ Miebach, K., Band 1: §§ 1 - 37, 2. Aufl. (2011)
NJW	Neue Juristische Wochenschrift
NK-StGB	Kindhäuser, U./ Neumann, U./ Paeffgen, H-U. (Hrsg.), Nomos Kommentar zum Strafgesetzbuch, 4. Aufl. (2013)
Nr.	Nummer
NStZ	Neue Zeitschrift für Strafrecht
NStZ-RR	NStZ-Rechtsprechungs-Report Strafrecht
OLG	Oberlandesgericht
OWiG	Ordnungswidrigkeitengesetz
RGSt	Entscheidungen des Reichsgerichts in Strafsachen
Rn.	Randnummer

Rspr.	Rechtsprechung
RW	Rechtswissenschaft
sog.	sogenannte
SSW-StGB	Satzger, H./ Schmitt, B./ Widmaier, G. (Hrsg.), Strafgesetzbuch: StGB, Kommentar, 2. Aufl. (2014)
StGB	Strafgesetzbuch
StPO	Strafprozessordnung
str.	strittig
StrRG	Strafrechtsreformgesetz
S.	Satz
s.	siehe
st. Rspr.	ständige Rechtsprechung
StV	Strafverteidiger
StVO	Straßenverkehrsordnung
u.a.	unter anderem
UrhG	Urhebergesetz
usw.	und so weiter
VRS	Verkehrsrechts-Sammlung
wistra	Zeitschrift für Wirtschafts- und Steuerstrafrecht
z.B.	zum Beispiel
ZIS	Zeitschrift für Internationale Strafrechtsdogmatik (abrufbar unter www.zis-online.de)
ZJS	Zeitschrift für das Juristische Studium (abrufbar unter www.zjs-online.com)
ZStW	Zeitschrift für die Gesamte Strafrechtswissenschaft

§ 1 Einführung in die Grundlagen des Strafrechts

I. Das Strafrecht in der Rechtsordnung

Das Strafrecht ist der Teil der Rechtsordnung, in dem sowohl die Reichweite und die Konsequenzen strafbaren Verhaltens als auch dessen Feststellung im Rahmen eines Strafprozesses geregelt sind. Man unterscheidet zwischen dem **materiellen Strafrecht,** dem sich die Voraussetzungen und Rechtsfolgen einer Straftat entnehmen lassen, und dem **formellen Strafrecht,** das die Regeln des Strafverfahrens enthält. Es geht hier ganz offensichtlich um die Ausübung von hoheitlichem Zwang gegenüber dem Bürger, so dass das Strafrecht systematisch dem öffentlichen Recht zugeordnet werden kann.[1] Es wird aber aufgrund seiner historisch begründeten Sonderstellung in Forschung und Lehre traditionell zu Recht als **eigenständige Materie** neben dem Zivilrecht und dem öffentlichen Recht behandelt. 1

II. Der Begriff der Strafe

Was genau macht das Besondere der staatlichen Strafe aus? Zunächst ist zu klären, was der **Begriff der Strafe** beinhaltet. Das ist weniger leicht, als es auf den ersten Blick scheint. Die Strafe ist ein Phänomen mit vielen Gesichtern. Man kennt sie nicht nur als staatliche Maßnahme im Zusammenhang mit kriminellem Verhalten. Im pädagogischen Bereich sprechen wir bei erzieherisch motivierten Reaktionen der Eltern auf unerwünschtes Verhalten ihrer Kinder von „Strafen"; und auch wenn der Schiedsrichter einen Fußballspieler mit „Rot" vom Platz schickt, wird dieser Begriff verwendet. Generell handelt es sich bei einer Strafe um ein **Übel,** das einem anderen als **Reaktion auf dessen Fehlverhalten** zugefügt wird und das zugleich eine **Missbilligung** dieses Verhaltens zum Ausdruck bringt. 2

Eine **staatliche Strafe** ist dementsprechend eine Übelzufügung, die (auf gesetzlicher Grundlage)[2] als missbilligende Reaktion auf eine festgestellte schuldhafte Tatbegehung von einem Gericht verhängt wird. Dazu zählen als **Hauptstrafen** die Geld- und Freiheitsstrafe sowie die in §§ 44 ff. StGB[3] geregelten **Nebenstrafen.** Dabei ist nicht die Belastung das wesentliche Element der Strafe. Denn eine staatlich auferlegte Geldzahlungspflicht gibt es auch in Form von Steuern, ohne dass man dabei im Ernst von einer „Geldstrafe" sprechen könnte. Entscheidend ist vielmehr, dass die Belastung angeordnet wird, um dem Betroffenen die Begehung einer Straftat (als besonders missbilligenswerte Handlung) vorzuhalten. 3

Nicht zu den echten Kriminalstrafen, sondern lediglich zu den strafrechtlichen Sanktionen im weiten Sinn werden die in §§ 61 ff. normierten **Maßregeln der Besserung und Sicherung** gezählt. Sie dienen, so wird überwiegend argumentiert, ausschließlich 4

1 S. *Rengier*, AT § 2 Rn. 1.
2 Zum Gesetzlichkeitsprinzip s. unten Rn. 19 ff.
3 Alle nicht näher bezeichneten Paragraphen sind im Folgenden solche des StGB.

der Prävention von Straftaten und seien daher von einer an der „Schuld“ des Täters orientierten Strafe abzugrenzen. Man spricht insofern vom **zweispurigen System** strafrechtlicher Sanktionen.[4]

III. Aufgabe des Strafrechts und Zwecke der Strafe

5 Die oben vorgenommene begriffliche Umschreibung der Strafe sagt noch nichts darüber aus, welche **Ziele** man mit ihrer Zufügung verfolgt. Dabei wird oft zwischen der **Aufgabe des Strafrechts** im Ganzen und dem **Zweck der Strafe**, die im konkreten Einzelfall verhängt wird, unterschieden.[5]

1. Aufgabe des Strafrechts

6 Als **Aufgabe des Strafrechts** gilt üblicherweise die Verhinderung von Verhaltensweisen, welche die von der jeweiligen Strafnorm geschützten Güter und Interessen beeinträchtigen. Man spricht in diesem Zusammenhang von den jeweils geschützten Rechtsgütern.[6] Beim Totschlag gem. § 212 ist dies bspw. das Rechtsgut Leben, beim Diebstahl gem. § 242 das Eigentum. Die in den Straftatbeständen zwar nicht ausdrücklich, aber doch sinngemäß enthaltene Verhaltensregel („Du sollst nicht töten“; „Du sollst nicht stehlen“) sowie die Androhung von Strafe für den Fall der Missachtung dieser Regel sollen die jeweiligen Rechtsgüter schützen. Es ist daher überzeugend, die Aufgabe des Strafrechts im **präventiven Rechtsgüterschutz** zu sehen.

7 Gerade die Verbindung von Verhaltensregel und Sanktionsandrohung soll diese Wirkung erzielen. Dass sich der **Zweck** der **Strafe**, die nach einem Verstoß im Einzelfall verhängt wird, von der eben beschriebenen **Aufgabe des Strafrechts** grundlegend unterscheidet, ist vor diesem Hintergrund nicht selbstverständlich. Das wird im Folgenden näher beleuchtet.

2. Zwecke der Strafe

8 Über die Frage der **Strafzwecke** wird buchstäblich seit Jahrtausenden gestritten. Kein kluger Mensch straft, so formuliert *Seneca*, weil eine Tat begangen wurde, sondern damit keine mehr begangen wird.[7] Es geht nach ihm also nicht um die Vergeltung zurückliegender, sondern um die Verhinderung zukünftiger Taten. Ansätze, die in dieser Weise auf Prävention setzen, nennt man wegen ihrer Bezugnahme auf reale gesellschaftliche Auswirkungen der Strafe **relative Theorien.**

9 Man unterscheidet innerhalb der relativen Ansätze zwischen **General- und Spezialprävention.**[8] Die erstgenannte nimmt die Einwirkung der Strafe auf die Allgemein-

---

4 Dazu näher *Streng*, Strafrechtliche Sanktionen Rn. 334 ff.; die klare Unterscheidbarkeit von Strafen und Maßregeln wird in jüngerer Zeit im Hinblick auf die Sicherungsverwahrung in Zweifel gezogen, s. dazu nur *Höffler/Kaspar*, ZStW 124 (2012), 87 (123).

5 Vgl. *Roxin*, AT I § 3 Rn. 1.

6 Umfassend *Roxin*, AT I § 2 Rn. 7 ff. Zum Prinzip des Rechtsgüterschutzes s. auch unten Rn. 47 ff.

7 *Seneca*, De ira, liber I, XIX-7, zitiert nach *Roxin*, AT I, § 3 Rn. 11.

8 S. näher *Roxin*, AT I § 3 Rn. 11 ff.

heit in den Blick, sei es durch Abschreckung (**negative Generalprävention**) oder durch Wiederherstellung des durch die Straftat erschütterten Rechtsfriedens (**positive Generalprävention**). Bei der Spezialprävention geht es um die Wirkungen der Strafe auf den Bestraften selbst, die als Abschreckung und Sicherung (**negative Spezialprävention**) sowie Besserung bzw. Resozialisierung (**positive Spezialprävention**) beschrieben werden.

Die klassische, auf *Kant* und *Hegel* zurückgehende Straftheorie sieht die Legitimati- 10
on der Strafe dagegen in der **Vergeltung** der Tatschuld, was heute oft als **Schuldausgleich** bezeichnet wird.[9] Die Strafe trägt ihre Rechtfertigung nach dieser Sichtweise quasi in sich selbst, ohne dass man darüber hinausgehende gesellschaftlich sinnvolle Ziele wie Prävention verfolgen müsste. Das ist gemeint, wenn von einer **absoluten Theorie** gesprochen wird.

Somit ergibt sich im Überblick folgendes Bild der Straftheorien: 11

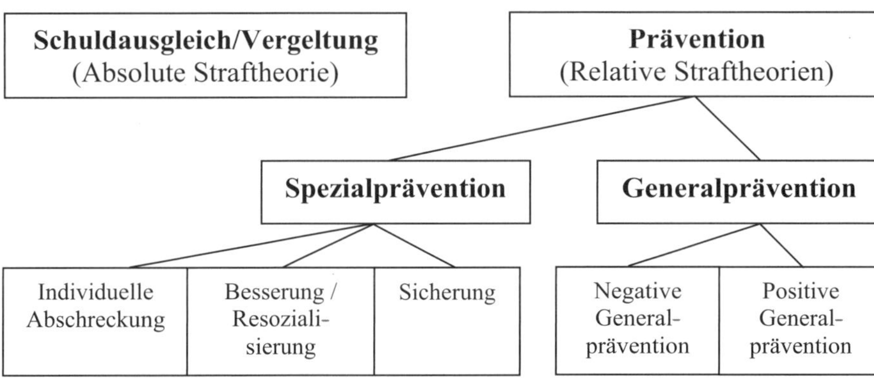

Der **Gesetzgeber** hat die Frage der Strafzwecke nicht eindeutig geregelt. Zwar wird 12
in § 46 Abs. 1 S. 1 die **Schuld** als **„Grundlage" der Strafzumessung** bezeichnet. Das weist aber nur auf eine allgemeine Relevanz von Schuldaspekten hin und beinhaltet keine explizite Regelung des Zwecks der Strafe. In § 46 Abs. 1 S. 2 wird die Wirkung der Strafe auf den Täter und damit ein spezialpräventiver Aspekt erwähnt; die in den §§ 47 Abs. 1, 56 Abs. 3 und 59 Abs. 1 erwähnte „Verteidigung der Rechtsordnung" wiederum ist der Generalprävention zuzuordnen.

Vor diesem Hintergrund überrascht es nicht, dass heute oft sogenannte **Vereini-** 13
gungstheorien vertreten werden, bei denen absolute und relative Zielsetzungen kombiniert werden. Die Rechtsprechung etwa vertritt in der Sache eine **vergeltende Vereinigungstheorie,**[10] bei der die Schuldvergeltung den Vorrang vor den nur ergänzend zu berücksichtigenden präventiven Zwecken genießt. Dabei stellt sich allerdings stets

9 Dazu ausführlich *Roxin*, AT I § 3 Rn. 2 ff.
10 Vgl. *Roxin*, AT I § 3 Rn. 33 ff.

die Frage, ob durch eine schlichte Kumulation von Zielsetzungen die gleich zu besprechenden Schwächen der einzelnen Ansätze überwunden werden können.

14 Richtigerweise lässt sich die Bestrafung eines Menschen nur auf **präventive Zwecke** stützen.[11] Vergeltung, Schuldausgleich oder auch „Tadel" als Selbstzweck kommen dafür nicht in Betracht. Denn damit wird nur das Wesen der Strafe umschrieben. Die Rechtfertigung eines Grundrechtseingriffs setzt aber einen externen, d.h. vom Inhalt der Maßnahme unterscheidbaren Zweck voraus. Darüber hinaus muss der Staat rational diskutierbare und prinzipiell empirisch überprüfbare Zwecke verfolgen. Dies resultiert aus dem verfassungsrechtlichen **Verhältnismäßigkeitsgrundsatz,** der auch hier in vollem Umfang Geltung beanspruchen kann.[12] Diesen Anforderungen genügen Vergeltung und Schuldausgleich in keiner Weise.

15 Die **Spezialprävention** als tragender Strafzweck ist auch in Form ihrer oft hervorgehobenen „positiven" Variante der Resozialisierung mit **vielfältigen Problemen** verbunden.[13] Dazu zählen die Bestimmbarkeit der spezialpräventiv sinnvollsten Reaktion sowie die umstrittene Eignung einer Strafe zur „Besserung" des Bestraften. Nicht zuletzt wäre es mit dem Gerechtigkeitsgefühl der Bevölkerung unvereinbar, wenn selbst auf schwerste Straftaten nicht resozialisierungsbedürftiger oder -williger Täter gar nicht reagiert würde. Resozialisierung ist daher unbestritten ein wichtiger **Grundsatz der Vollzugsgestaltung,**[14] kann aber nach hier vertretener Auffassung weder die Strafandrohung noch ihre Verhängung legitimieren.

16 Das geltende Strafrecht lässt sich daher am besten mit einer **Kombination aus negativer und positiver Generalprävention** erklären und rechtfertigen. Entgegen der oft geäußerten Kritik beinhaltet das weder einen Verstoß gegen die Menschenwürde noch eine Tendenz zu besonders harter Bestrafung. Gerade weil die empirischen Forschungsergebnisse zur Abschreckungswirkung der Strafe sehr ambivalent sind und offenbar ein breiter Spielraum von Sanktionen existiert, die von der Bevölkerung als Wiederherstellung des Rechtsfriedens akzeptiert werden, zwingt eine an **verhältnismäßiger Generalprävention** orientierte Theorie zur Zurückhaltung bei der Verhängung und Bemessung von staatlicher Strafe.[15]

17 Folgt man dieser Ansicht, ist eine strikte Trennung zwischen der oben erwähnten **Aufgabe des Strafrechts** und dem **Zweck der konkret verhängten Strafe** nicht mehr sinnvoll durchführbar. Es geht jeweils um **präventiven Rechtsgüterschutz**. Der einzige Unterschied liegt in der zeitlichen Perspektive: Die Strafandrohung steht naturgemäß vor der Tatbegehung und soll zu diesem Zeitpunkt ihre (generalpräventive) Wirkung entfalten. Die Strafe dagegen folgt der Tatbegehung zeitlich nach und reali-

---

11 S. zum Folgenden ausführlich *Kaspar*, Verhältnismäßigkeit und Grundrechtsschutz, S. 134 ff. sowie 631 ff.
12 S. dazu sogleich Rn. 43 ff.
13 S. die Kritikpunkte bei *Roxin*, AT I § 3 Rn. 16 ff.; *Kaspar*, StV 2014, 250 ff.
14 Vgl. etwa BVerfGE 35, 202. Das ist auch in den Strafvollzugsgesetzen der Länder festgeschrieben, vgl. etwa Art. 2 S. 2 BayStVollzG, wonach der Vollzug „die Gefangenen befähigen [soll], künftig in sozialer Verantwortung ein Leben ohne Straftaten zu führen (Behandlungsauftrag)".
15 S. näher *Kaspar*, Verhältnismäßigkeit und Grundrechtsschutz, S. 636 ff.

siert die ursprünglich nur „auf dem Papier" stehende Strafandrohung. Auf diese Weise soll neben der Abschreckungswirkung gegenüber dem Bestraften wie der Allgemeinheit auch der durch die Tat erschütterte Rechtsfriede wiederhergestellt werden. Dabei ist auf die Art und Schwere des Delikts einzugehen, die das Ausmaß der Rechtsfriedensstörung beeinflussen. Auch hier geht es aber letztlich um die Stabilisierung der Rechtsordnung und damit um Prävention. Zweckfreie Schuldvergeltung kommt aus den eben erwähnten Gründen nicht in Betracht.

Wiederholungsfragen zu § 1 (Grundlagen des Strafrechts)

1. Erläutern Sie den Begriff der Strafe (Rn. 2 f.)
2. Welche staatlichen Strafen können von den Gerichten verhängt werden und wo sind diese geregelt? (Rn. 3)
3. Was ist mit der „Zweispurigkeit" des Systems strafrechtlicher Sanktionen gemeint? (Rn. 4)
4. Welche Theorien über die mit staatlicher Strafe verfolgten Zwecke sind Ihnen bekannt? (Rn. 8 ff.)

§ 2 Prinzipien des materiellen Strafrechts

Nicht nur das Strafverfahrensrecht, sondern auch das materielle Strafrecht wird von (teilweise nicht ausdrücklich gesetzlich geregelten) Prinzipien beherrscht. Die wichtigsten werden im Folgenden kurz dargestellt. 18

I. Gesetzlichkeitsprinzip („nulla poena sine lege")

Das Gesetzlichkeitsprinzip ist in Art. 103 Abs. 2 GG sowie auf einfachgesetzlicher Ebene in § 1 des StGB geregelt.[16] Der identische Wortlaut beider Vorschriften lautet: 19

> „Eine Tat kann nur bestraft werden, wenn die Strafbarkeit gesetzlich bestimmt war, bevor die Tat begangen wurde".

1. Grundlagen

Beim Gesetzlichkeitsprinzip handelt es sich um einen wichtigen rechtsstaatlichen Grundsatz, der durch seine Verankerung in **Art. 103 Abs. 2 GG** als **grundrechtsgleiches Recht** ausgestaltet ist. Es geht, verkürzt gesagt, um das Prinzip „Keine Strafe ohne Gesetz", lateinisch: „nulla poena sine lege". 20

Zwei Zielrichtungen lassen sich unterscheiden. Zum einen soll sichergestellt werden, dass der Gesetzgeber (und nicht erst der Rechtsanwender im Einzelfall) über die Strafbarkeit eines Verhaltens entscheidet. Damit sind das **Demokratieprinzip** und der Aspekt der **Gewaltenteilung** angesprochen.[17] Zugleich soll sich der Bürger durch die Lektüre des Gesetzes darüber informieren können, ob er sich mit seinem Verhalten strafbar macht oder nicht. Hier geht es um **Vertrauensschutz** und **Rechtssicherheit.**[18] 21

Der Strafrechtler und Kriminologe *Franz v. Liszt* hat in diesem Zusammenhang das Strafgesetzbuch als **„Magna Charta des Verbrechers"** bezeichnet.[19] Dabei kommt zwar die vertrauensschützende Funktion des Gesetzlichkeitsprinzips gut zum Ausdruck; zweifelhaft ist dagegen die Prämisse, dass dieser Schutz gerade „dem Verbrecher" zugutekommt. Denn wer sich in einer Weise verhält, die im Strafgesetzbuch oder in sonstigen Gesetzen nicht hinreichend klar als Straftat definiert ist, und sich bei einer gerichtlichen Überprüfung auf das Gesetzlichkeitsprinzip beruft, hat definitionsgemäß gerade kein „Verbrechen" begangen! Es geht schlicht um die Grenze zwischen legalem und strafbarem Verhalten, auf die sich jeder gegenüber dem Staat berufen kann. Treffender ist es daher, die Strafgesetze vor diesem Hintergrund als **„Magna Charta des Bürgers"**[20] zu bezeichnen. 22

---

16 Vgl. auch Art. 7 EMRK.
17 *Roxin*, AT I § 5 Rn. 20 f.
18 *Roxin*, AT I § 5 Rn. 19.
19 *v. Liszt*, Aufsätze und Vorträge II, S. 80.
20 Vgl. *Schünemann*, Nulla poena sine lege?, S. 1 Fn. 2.

23 Das Gesetzlichkeitsprinzip gilt nach herrschender Ansicht nur für **die materiellen Voraussetzungen** der Strafbarkeit,[21] nicht für die Frage der prozessualen Verfolgbarkeit. Daher wurde die (sehr umstrittene) rückwirkende Aufhebung der Verjährung des Mordtatbestandes – unter der zweifelhaften Prämisse, dass es sich bei den Verjährungsregeln um reine Verfahrensvorschriften handelt – vom BVerfG nicht beanstandet.[22]

2. Ausprägungen des Gesetzlichkeitsprinzips

24 Das Gesetzlichkeitsprinzip enthält vier wichtige **Ausprägungen,** die teilweise vom Gesetzgeber, teilweise vom Richter als Rechtsanwender zu beachten sind. Sie lassen sich Art. 103 Abs. 2 GG sowie dem wortgleichen § 1 StGB entnehmen.

a) Bestimmtheitsgebot („nulla poena sine lege certa")

> „Eine Tat kann nur bestraft werden, wenn die Strafbarkeit gesetzlich **bestimmt** war, bevor die Tat begangen wurde".

25 Der Gesetzgeber ist gehalten, im Sinne der oben erwähnten Orientierungsfunktion für den Bürger hinreichend klar zu beschreiben, welches Verhalten strafbar sein soll. Das schließt die Verwendung unbestimmter Rechtsbegriffe und generalklauselartiger Elemente nicht unbedingt aus.[23] Denn ein naturgemäß abstrakt-generelles Gesetz kann nie alle Umstände des Einzelfalls enthalten. Ex ante bestehende Unklarheiten über die Reichweite der Norm lassen sich daher nicht vollständig vermeiden. Auch wird es für ausreichend gehalten, wenn eher unbestimmte Normen (vgl. etwa die Untreue, § 266) im Laufe der Zeit durch die Rechtsprechung präzisiert und konkretisiert werden.[24] Das ist eine pragmatische Sichtweise, die aber nicht als Relativierung des verfassungsrechtlichen Auftrags an den Gesetzgeber verstanden werden sollte, von vornherein für Klarheit zu sorgen.

26 Unzulässig sind völlig allgemein gehaltene und damit letztlich keinerlei Rechtssicherheit schaffende Generalklauseln wie die früher existierende Strafbarkeit von „grobem Unfug". Auch der in der Zeit des Nationalsozialismus eingeführte § 2 Abs. 1 RStGB fällt hierunter:

> „Bestraft wird, wer eine Tat begeht, die das Gesetz für strafbar erklärt oder die nach dem Grundgedanken eines Strafgesetzes und nach gesundem Volksempfinden Bestrafung verdient".

27 Es liegt auf der Hand, dass diese Vorschrift einen eindeutigen Verstoß gegen das Bestimmtheitsgebot enthielt.

---

21 Unumstritten ist die volle Geltung im Bereich der Normen des Besonderen Teils, die die Voraussetzungen der einzelnen Delikte enthalten. Im Bereich des Allgemeinen Teils wird teilweise von einer weniger strengen Geltung ausgegangen, vgl. dazu nur *Roxin*, AT I § 5 Rn. 41 f.

22 BVerfGE 25, 269 (286 ff.).

23 MüKo-StGB/*Schmitz*, § 1 Rn. 42.

24 BVerfGE 126, 170 (196 f.).

b) Rückwirkungsverbot („nulla poena sine lege praevia“)

„Eine Tat kann nur bestraft werden, wenn die Strafbarkeit gesetzlich bestimmt war, **bevor die Tat begangen wurde**“.

Das Gesetzlichkeitsprinzip garantiert weiterhin, dass eine Strafe nur verhängt werden darf, wenn die Strafbarkeit schon vor der Tatbegehung gesetzlich geregelt war. Das lässt sich auch der Regelung zur zeitlichen Geltung in § 2 Abs. 1 entnehmen. Im Bereich des Strafrechts wird besonders darauf geachtet, dass niemand nachträglich für ein ursprünglich legales Verhalten bestraft wird oder eine härtere Strafe als die zum Tatzeitpunkt gesetzlich vorgesehene erhält. Das liegt nicht nur an der gravierenden Freiheitsbeeinträchtigung, die dem Bürger durch Strafe droht, sondern auch an der in historischer Hinsicht durchaus begründeten Angst, dass das Strafrecht für aktuelle politische Zwecke missbraucht wird. Der Rechtsstaat schützt den Bürger also in seinem Vertrauen, nicht von einer ad hoc und willkürlich getroffenen strafrechtlichen Entscheidung überrascht zu werden. 28

Eine Rückwirkung **zu Gunsten** des Betroffenen ist ohne Weiteres möglich, was auch in § 2 Abs. 3 zum Ausdruck kommt. Wird ein Strafrahmen bspw. während einer noch andauernden Straftat durch eine Reform gesenkt, ist bei der Aburteilung dieser neue, mildere Rahmen (rückwirkend) anzuwenden. 29

Das Rückwirkungsverbot gilt gem. § 2 Abs. 6 nur für Strafen, aber **nicht** für die **Maßregeln der Besserung und Sicherung**. Hier zeigt sich eine praktisch relevante Konsequenz der Trennung des Sanktionensystems in zwei Spuren. Die rückwirkende Einführung von nachträglicher Sicherungsverwahrung sowie die Aufhebung der 10-Jahres-Höchstgrenze der Sicherungsverwahrung auch für Altfälle wurden nur deshalb nicht als Verstoß gegen Art. 103 Abs. 2 GG angesehen, weil das BVerfG (im Gegensatz zum EGMR)[25] mehrfach entschieden hat, dass es sich bei der Sicherungsverwahrung nicht um eine „Strafe“ handelt.[26] Im Hinblick auf die eben erwähnten Grundgedanken des Rückwirkungsverbots wäre ein Einbezug der Sicherungsverwahrung in den Schutzbereich von Art. 103 Abs. 2 GG überzeugender gewesen. 30

c) Analogieverbot („nulla poena sine lege stricta“)

„Eine Tat kann nur bestraft werden, wenn die **Strafbarkeit gesetzlich bestimmt** war, bevor die Tat begangen wurde“.

Rechtsstaatlicher Vertrauensschutz wird auch dadurch gewährleistet, dass die analoge Anwendung einer strafrechtlichen Norm zu Lasten des Betroffenen nicht in Frage kommt. Das Verhalten muss also noch unter den **möglichen Wortsinn** einer Strafnorm fallen, um eine Strafbarkeit zu begründen. Wird diese **Wortlautgrenze** überschritten, ist der Bereich der verbotenen Analogie erreicht. Als historisches Beispiel kann auf das Abzweigen von elektrischer Energie aus einer fremden Stromleitung verwiesen werden. Das erschien zwar strafwürdig, konnte aber nicht unter § 242 31

25 EGMR, Urteil vom 17.12.2009, 19359/04 (= NJW 2010, 2495).
26 S. BVerfG NJW 2004, 739 (744) sowie BVerfG NJW 2011, 1931 (1937).

subsumiert werden, da Strom kein körperlicher Gegenstand und damit keine „Sache“ im Sinne der Verbotsnorm ist. Da zum damaligen Zeitpunkt § 248c noch nicht existierte, blieb der Handelnde straffrei. Weder eine rückwirkende Anwendung von § 248c noch eine analoge Anwendung von § 242 kamen vor dem Hintergrund des Gesetzlichkeitsprinzips in Betracht. In der Zeit zwischen 1935 und 1945 wäre eine Bestrafung dagegen ohne weiteres möglich gewesen aufgrund des damals geltenden § 2 Abs. 2 RStGB, der einen klaren Verstoß gegen das Analogieverbot enthielt:

> „Findet auf die Tat kein bestimmtes Strafgesetz unmittelbar Anwendung, so wird die Tat nach dem Gesetz bestraft, dessen Grundgedanke auf sie am besten zutrifft“.

32 Eindeutiger kann man gesetzliches Unrecht, das willkürliche Bestrafung ermöglicht, kaum formulieren – ganz zu schweigen von dem logischen Fehler, dass hier ein Verhalten als „Tat“ bezeichnet wird, ohne dass klar wäre, anhand welchen Maßstabs dieses Vor-Urteil getroffen werden sollte.

33 Auch das Analogieverbot entfaltet seine Wirkung nur in eine Richtung. Normen, die zur Straflosigkeit oder zur Strafmilderung führen, können daher, da sich dies allein **zu Gunsten des Betroffenen** auswirkt, analog angewendet werden. Hierunter fällt z.B. die von manchen vorgeschlagene analoge Anwendung des Selbstbegünstigungsprivilegs bei der Strafvereitelung (§ 258 Abs. 5) auf andere typische Handlungen, mit denen eine eigene Strafbarkeit vermieden werden soll.[27]

d) Verbot von Gewohnheitsrecht („nulla poena sine lege scripta“)

> „Eine Tat kann nur bestraft werden, wenn die Strafbarkeit **gesetzlich** bestimmt war, bevor die Tat begangen wurde“.

34 Schließlich kommt eine Strafbarkeit nur in Betracht, wenn sich dies aus einem **förmlichen Gesetz** ergibt, das vom Gesetzgeber verabschiedet wurde. Strafbegründendes Gewohnheitsrecht ist damit ausgeschlossen. Auch das lässt sich auf den erwähnten Gedanken des Vertrauensschutzes zurückführen, den gerade der „Blick ins Gesetz“ garantieren soll. Das seiner Natur nach nicht ausdrücklich kodifizierte Gewohnheitsrecht gewährleistet keine vergleichbare Rechtssicherheit.

35 Auch hier gilt, dass eine Wirkung **zu Gunsten** des Betroffenen möglich ist, etwa eine auf Gewohnheitsrecht gestützte Rechtfertigung. Das betraf etwa das vor der Einführung von § 1631 Abs. 2 BGB weitgehend anerkannte, aber ungeschriebene Recht von Erziehungspersonen, Kinder aus pädagogischen Gründen maßvoll zu „züchtigen“.[28]

---

27 Vgl. dazu die Nachweise bei *Fischer*, StGB § 258 Rn. 36.
28 S. dazu *Wessels/Beulke/Satzger*, AT Rn. 386 ff.

II. Schuldprinzip („nulla poena sine culpa“)

1. Grundlagen

Das materielle Strafrecht wird weiterhin vom **Schuldprinzip** beherrscht: Keine Strafe ohne Schuld, „nulla poena sine culpa“. Es gilt nach h.M. nur für die Strafe, nicht dagegen für die Maßregeln der Besserung und Sicherung, die durch den Verhältnismäßigkeitsgrundsatz (§ 62) begrenzt werden. Das Schuldprinzip als solches ist nicht ausdrücklich geregelt. Es wird vom BVerfG unter anderem aus der Menschenwürde (Art. 1 Abs. 1 GG) abgeleitet,[29] was aber nur teilweise überzeugen kann. Das wird dann deutlich, wenn man zwischen den verschiedenen **Funktionen des Schuldprinzips** unterscheidet. 36

2. Schuldprinzip und Strafbegrenzung

Nachvollziehbar ist es, wenn die **strafbegrenzende Funktion** des Schuldprinzips auf die Menschenwürde oder andere Freiheitsgrundrechte wie das Allgemeine Persönlichkeitsrecht gestützt wird. Denn dies entspricht der klassischen, gegen den Staat gerichteten Abwehrfunktion der Grundrechte. Die Strafe als ein Übel, das zugleich einen Vorwurf enthält, darf danach weder gegen einen Unschuldigen verhängt werden, noch gegen Personen, die (wie z.B. Volltrunkene oder Kinder) für ihr Handeln nicht verantwortlich sind. Das ergibt sich auf einfachgesetzlicher Ebene aus den §§ 19 und 20 StGB sowie § 3 JGG.[30] Eine schuldhafte Begehung der Straftat ist eine unverzichtbare Voraussetzung der Strafe, man bezeichnet dies auch als **Strafbegründungsschuld.** Die Schwierigkeit besteht darin, ob und wie die Fähigkeit zu schuldhaftem Handeln präzise definiert und vor allem vor Gericht festgestellt werden kann.[31] 37

Bei der Frage der **Strafzumessungsschuld** geht es nicht um das „Ob“, sondern um das „Wie“ der Strafe. Hier ist die (auch vom BVerfG erhobene) Forderung zu beachten, dass eine Strafe das Maß der durch die Tat verwirklichten Schuld nicht übersteigen darf.[32] Es wäre danach bspw. ausgeschlossen, für einen Bagatelldiebstahl eine lange Haftstrafe zu verhängen, sog. **Schuldüberschreitungsverbot.** Auch in dieser Konstellation wirkt sich das Schuldprinzip also strafbarkeitsbegrenzend, damit freiheitserweiternd aus und kann auf Menschenwürde und Allgemeines Persönlichkeitsrecht gestützt werden. 38

3. Schuldprinzip und Legitimation der Strafe

Das Schuldprinzip hat aber auch eine (aus Sicht des Betroffenen) **negative Kehrseite.** Denn das Postulat einer schuldangemessenen Strafe beinhaltet nach der in der Rechtsprechung vorherrschenden vergeltenden Vereinigungstheorie auch, dass das 39

29 BVerfGE 20, 323 (331).
30 S. unten Rn. 416 ff.
31 S. unten Rn. 408 ff.
32 BVerfGE 45, 187 (260).

vom Täter verwirklichte Schuldmaß nicht unterschritten werden darf. Das bedeutet in letzter Konsequenz, dass allein um Vergeltung oder Schuldausgleich willen gestraft werden darf und sogar gestraft werden muss, auch wenn im Einzelfall keinerlei präventive Bedürfnisse bestehen.

40 Ein solches **Schuldunterschreitungsverbot** im Sinne eines „nulla culpa sine poena" ist nicht überzeugend. Es kann weder auf die Menschenwürde noch auf andere Freiheitsgrundrechte gestützt werden und lässt sich daher auch nicht als unproblematischer Teilaspekt des Schuldprinzips ausweisen. Denn der Verzicht auf Strafe bzw. die Strafmilderung sind eben gerade keine Eingriffe in grundrechtlich geschützte Freiheiten. Warum sollte eine (vermeintlich) zu milde Freiheitsstrafe die Menschenwürde verletzen? Die Würde des Täters selbst kann dabei nicht ernsthaft gemeint sein, und auch auf die Opfer kann nicht überzeugend abgestellt werden. Diese sind vielleicht enttäuscht oder empört – aber nicht in ihrer Menschenwürde oder sonstigen Grundrechten verletzt, solange der Staat sie nicht mit einem das Unrecht der Tat völlig verharmlosenden Urteil geradezu verspottet.[33] Schließlich zwingt auch die Schutzfunktion der Grundrechte den Staat allenfalls im Ausnahmefall dazu, den verfassungsrechtlich gebotenen Schutz der Bürger gerade mit den Mitteln des Strafrechts zu gewährleisten.[34] Erst recht kann auf diese Weise nicht begründet werden, dass bei bestimmten Straftaten in einer bestimmten Höhe bestraft werden muss.

41 Verfassungsrechtlich ist eine allein auf die Tatschuld gestützte Strafbegründung oder -bemessung als Teil des Schuldprinzips also nicht haltbar. Auch aus **straftheoretischer Perspektive** muss dieser Ansicht widersprochen werden. Denn wie oben erwähnt, kann die Strafe nicht mit Vergeltung oder Schuldausgleich gerechtfertigt werden, sondern nur aus präventiven Gründen. Konsequenterweise müssen dann auch die Kriterien, die Art und Höhe der Strafe bestimmen, präventiv begründbar sein.[35] Andernfalls würde man die absoluten Strafzwecke wieder „über die Hintertür" ins Haus lassen.

42 Dabei ist es im Hinblick auf den Strafzweck der **positiven Generalprävention** zulässig, eine aus Sicht der Bevölkerung gerechte und dem Unrecht, vor allem der Schwere der Tat angemessene Strafe zu verhängen. Es geht aber eben nicht um Schuldausgleich um seiner selbst willen, und wenn auch eine mildere Sanktion (noch) den generalpräventiven Zwecken genügt, muss diese aus Gründen der Verhältnismäßigkeit vorgezogen werden. Nur so ist zu erklären, warum bereits de lege lata in vielen Fällen im Bereich der minderschweren Kriminalität auf eine förmliche Sanktionierung verzichtet und das Verfahren mit oder ohne Auflagen eingestellt wird (vgl. § 153 ff. StPO). Was dem Schuldvergeltungstheoretiker ein Dorn im Auge sein müsste (denn hier bleibt ja ein „unerledigter Rest" strafrechtlicher Schuld in der Welt), ist für den

33 *Weigend*, RW 2010, 39 (50 ff.).
34 S. BVerfGE 39, 1.
35 Ausdrücklich a.A. etwa *Hörnle*, Straftheorien, S. 6.

Präventionstheoretiker die logische und begrüßenswerte Konsequenz aus der Erkenntnis, dass in manchen Konstellationen der Verzicht auf Strafe keine präventiv nachteilige Wirkung hat.

III. Verhältnismäßigkeitsprinzip

Das Verhältnismäßigkeitsprinzip wird selten im Zusammenhang mit dem materiellen Strafrecht thematisiert. Es wird eher dem **Maßregelrecht** zugeordnet, als sei es nur dort, wo in Gestalt von **§ 62** eine ausdrückliche Regelung existiert, zu beachten. Im Bereich der Strafen wird dagegen oft ausdrücklich oder implizit von einem Vorrang des (vermeintlich) strengeren und umfassenderen Schuldprinzips ausgegangen. Beides kann nicht überzeugen. 43

Das Verhältnismäßigkeitsprinzip ist ein ungeschriebener Verfassungsgrundsatz, der überwiegend auf das freiheitssichernde Wesen der Grundrechte sowie auf das Rechtsstaatsprinzip gestützt wird.[36] Er gilt bei allen belastenden staatlichen Maßnahmen, die in Grundrechte der Bürger eingreifen. Dieser verfassungsrechtliche Hintergrund zeigt in aller Deutlichkeit, dass **auch strafrechtliche Verbote und Sanktionen** verhältnismäßig sein müssen, selbst wenn dies im Gesetz nicht ausdrücklich angeordnet ist. Aus der (an sich nur deklaratorischen) Regelung in § 62 kann daher nicht im Umkehrschluss gefolgert werden, dass der Grundsatz im Bereich der Kriminalstrafen nicht zu beachten sei. 44

Weiterhin ist die Annahme einer vollständigen Ersetzung durch das angeblich strengere Schuldprinzip abzulehnen. Denn letzteres enthält auf der Strafzumessungsebene lediglich die Forderung nach Schuldangemessenheit, was mit dem Problem behaftet ist, dass keine wirklich rational diskutierbaren Maßstäbe existieren, die bei der Frage nach der schuldangemessenen Strafe weiterhelfen könnten. Bei der Prüfung des Verhältnismäßigkeitsgrundsatzes dagegen müssen der vom Staat verfolgte **Zweck** klar definiert und dann anhand dieses Zwecks die **Geeignetheit, Erforderlichkeit und Angemessenheit der Maßnahme** erörtert werden. Nach der hier vertretenen generalpräventiven Konzeption muss also prinzipiell im Einzelfall begründbar sein, warum die Strafe zur Erreichung dieses Ziels auch in dieser Höhe geeignet, erforderlich und angemessen ist. Beachtet man die bereits erwähnten empirischen Forschungsergebnisse zur generalpräventiven Wirkung der Strafe,[37] eröffnen sich Spielräume für Strafverzicht und Strafmilderung, die bei schlichter Prüfung von Schuldangemessenheit niemals in den Blick geraten würden. 45

Dem Verhältnismäßigkeitsgrundsatz als strafbegrenzendem Prinzip sollte daher zukünftig im materiellen Strafrecht mehr Beachtung geschenkt werden. Er enthält den verfassungsrechtlich verbindlichen Anspruch, vom Strafrecht nur sparsam und unter größtmöglicher Schonung der Freiheitsrechte der Bürger Gebrauch zu machen. 46

36 BVerfGE 23, 127 (133) m.w.N.
37 S. Rn. 16.

Nichts anderes ist gemeint, wenn vom **subsidiären Charakter des Strafrechts** und von der **Strafe als ultima ratio** gesprochen wird.[38]

IV. Rechtsgüterschutzprinzip

47 Wie dargelegt können die Aufgabe des Strafrechts und der Zweck der Strafe als **präventiver Rechtsgüterschutz** beschrieben werden.[39] Bei jeder Strafnorm kann durch (teleologische, d.h.am Zweck orientierte) Auslegung ermittelt werden, welche Güter oder Interessen durch sie geschützt werden.

48 Umstritten ist, ob Rechtsgüterschutz darüber hinaus als ein den Gesetzgeber **begrenzendes Prinzip** des materiellen Strafrechts gelten kann. Das wird von der herrschenden Meinung in der strafrechtlichen Literatur so gesehen.[40] Allerdings existiert keine ausdrückliche einfachgesetzliche oder verfassungsrechtliche Normierung eines solchen Prinzips. Und es ist bis heute nicht geklärt, welche Anforderungen an ein Rechtsgut im strafrechtlichen Sinn formuliert werden können, die dann eine kritische Subsumtion in Bezug auf einzelne Strafgesetze ermöglichen würden.

49 Das **Bundesverfassungsgericht** hat in seiner sog. „Inzest-Entscheidung" dem Rechtsgüterschutzprinzip scheinbar eine Absage erteilt, wenn es ausführt, dass sich „aus der strafrechtlichen Rechtsgutslehre" keine besonderen Anforderungen an Strafnormen „hinsichtlich der mit ihnen verfolgten Zwecke" ableiten lassen.[41] Das ist angesichts des unklaren rechtlichen und begrifflichen Hintergrundes nachvollziehbar. Bei genauer Betrachtung enthält die Entscheidung aber genau das, was auch die Befürworter des Prinzips postulieren, namentlich die Suche nach hinreichend gewichtigen Schutzzwecken, die eine Strafnorm legitimieren können. Das ist im Kern nichts anderes als die Prüfung der Verhältnismäßigkeit einer Strafnorm, die angesichts der gravierenden Grundrechtseingriffe, die hier in Rede stehen, besonders streng erfolgen muss.

50 Hier dürfte der Schlüssel zur Lösung der Ausgangsfrage liegen. Rechtsgüterschutz hat als strafrechtliches Prinzip eine lange Tradition, die zu respektieren ist. Die damit verbundene Forderung nach liberal-rechtsstaatlicher Begrenzung des Einsatzes von Strafrecht lässt sich in eine Prüfung der **Verhältnismäßigkeit** integrieren. Ein „Rechtsgut" im strafrechtlichen Sinne ist ein Gut, dessen Schutz so gewichtig ist, dass es den gravierenden Eingriff in Freiheitsgrundrechte als gerechtfertigt, insbesondere verhältnismäßig erscheinen lässt. Das beinhaltet selbstverständlich die Möglichkeit, einen zu großzügigen Umgang des BVerfG mit materiellen Strafnormen zu kritisieren, wie er sich etwa in der „Inzest-Entscheidung" gezeigt hat. Auf diese Weise erhält das Rechtsgüterschutzprinzip eine (verfassungsrechtliche) normative Basis, die

38 S. die Nachweise bei *Kaspar*, Verhältnismäßigkeit und Grundrechtsschutz, S. 243 ff. sowie 248 ff.
39 S. oben Rn. 17.
40 *Roxin*, GA 2013, 433 mit zahlreichen Nachweisen.
41 BVerfG NJW 2008, 1137 (1138).

man kenntlich machen sollte indem man vom **verhältnismäßigen Rechtsgüterschutz** spricht.[42]

Wiederholungsfragen zu § 2 (Prinzipien des materiellen Strafrechts)

1. Erläutern Sie die vier Ausprägungen des Gesetzlichkeitsprinzips in Art. 103 Abs. 2 GG (Rn. 24 ff.)
2. Welche Funktionen des Schuldprinzips lassen sich unterscheiden? (Rn. 37 ff.)
3. Ist der Verhältnismäßigkeitsgrundsatz nur bei den Maßregeln der Besserung und Sicherung, oder auch bei den Strafen zu beachten? (Rn. 44)
4. Welche Bedeutung hat die Inzestentscheidung des BVerfG für die Theorie vom Rechtsgüterschutz? (Rn. 49 f.)

42 S. dazu näher *Kaspar*, Verhältnismäßigkeit und Grundrechtsschutz, S. 241 ff., 516 ff.

§ 3 Systematik und Inhalt des Allgemeinen Teils des StGB

I. Systematik des Strafgesetzbuchs

Das Strafgesetzbuch als wichtigste Rechtsquelle des materiellen Strafrechts ist in **zwei Teile** gegliedert, den **Allgemeinen Teil** (§§ 1-79b) sowie den **Besonderen Teil** (§§ 80-358). In Letzterem sind die Voraussetzungen der einzelnen Delikte geregelt, während der in diesem Buch vertiefte Allgemeine Teil generelle Vorschriften über die Strafbarkeit enthält, die vom Gesetzgeber sozusagen „vor die Klammer" gezogen wurden. Sie gelten, soweit nichts anderes geregelt ist, für alle Delikte, unabhängig davon, ob sie im Besonderen Teil des StGB oder im sogenannten Nebenstrafrecht außerhalb des StGB normiert sind. 51

II. Überblick über den Inhalt des Allgemeinen Teils

Der Allgemeine Teil enthält in seinem mit **„Das Strafgesetz"** überschriebenen **Ersten Abschnitt** (§§ **1-12**) grundlegende Regeln über den zeitlichen, örtlichen und persönlichen Anwendungsbereich des Strafgesetzbuchs. Zudem finden sich hier wichtige Legaldefinitionen von Begriffen wie „Angehöriger" oder „Amtsträger" in § 11, die für die Prüfung verschiedener Straftatbestände aus dem Besonderen Teil relevant werden. § 12 enthält die v. a. für die Versuchsstrafbarkeit gem. § 23 Abs. 1 relevante Unterscheidung von Verbrechen und Vergehen. 52

Der mit **„Die Tat"** überschriebene **Zweite Abschnitt** (§§ **13-37**) beinhaltet die für die juristische Ausbildung wichtigsten Vorschriften, die daher im Zentrum der folgenden Ausführungen stehen werden. Hier geht es um die generellen Voraussetzungen der Strafbarkeit. Es finden sich u.a. Regelungen zum strafbaren Unterlassen (§ 13), zum Vorsatz (§§ 15, 16), zu den Grundlagen und zur Reichweite schuldhaften Handelns (§§ 17, 19-21, 33, 35), zu Versuch und Rücktritt (§§ 22-24, 30, 31), zu Täterschaft und Teilnahme (§§ 25-29) sowie zu einzelnen Rechtfertigungsgründen (§§ 32, 34). Bereits dieser kurze, an die Reihenfolge im Gesetz angelehnte Überblick zeigt, dass der Gesetzgeber die Regelungen in thematische Blöcke gruppiert hat und sich dabei nicht an der Reihenfolge orientiert, die bei der Prüfung der Strafbarkeit einzuhalten ist (Tatbestand – Rechtswidrigkeit – Schuld).[43] 53

Im **Dritten Abschnitt** (§§ **38-76a**) geht es um die **„Rechtsfolgen der Tat"**. Die §§ 38-45b beinhalten Regelungen über die Strafarten, insbesondere die Freiheitsstrafe (§ 38 f.) und Geldstrafe (§§ 40-43) als sogenannte Hauptstrafen. 54

Weiterhin finden sich hier Vorschriften über die **Strafbemessung** (§§ 46-55). Zentrale Norm der Strafzumessung ist § 46, während die §§ 52-55 die Vorgehensweise im 55

43 S. unten Rn. 74.

Falle mehrfacher Rechtsverletzungen regeln; das wird bei der Erörterung der Lehre von den Konkurrenzen relevant.[44] Aus straftheoretischer Sicht sehr interessant sind auch die Vorschriften, die ein völliges Absehen von Strafe ermöglichen, wenn der Täter Wiedergutmachung geleistet hat (§ 46a), als „Kronzeuge" zur Aufklärung oder Verhinderung von Straftaten beigetragen hat (§ 46b) oder durch die Folgen der Tat selbst schwer getroffen wurde, etwa durch den fahrlässig verursachten Tod des eigenen Kindes (§ 60).

56 Den Abschluss dieses Abschnitts bilden Vorschriften über besondere Sanktionsformen wie die Aussetzung zur Bewährung (§§ 56-58), die Verwarnung mit Strafvorbehalt (§§ 59-59c), die in letzter Zeit stark in die Diskussion geratenen Maßregeln der Besserung und Sicherung (§§ 61-72) sowie Verfall und Einziehung (§§ 73-76a).

57 Die Rechtsfolgen der Straftat sind außerhalb der Schwerpunktbereiche nicht Gegenstand strafrechtlicher Klausuren und werden daher hier nicht weiter vertieft. Gewisse Grundkenntnisse in diesem Bereich sind jedoch unverzichtbarer Teil einer vollständigen strafrechtlichen Ausbildung. Weiterführende Literatur kann Interessierten daher mit Nachdruck empfohlen werden.[45]

58 Den Abschluss des Allgemeinen Teils bilden der **4. Abschnitt** (**§§ 77-77e**), der insbesondere die Regelungen zum **Strafantrag** enthält sowie der **5. Abschnitt** (**§§ 78-79b**), in dem es um die verschiedenen Formen der **Verjährung** geht.

44 S. unten Rn. 1029 ff.

45 S. vor allem *Meier*, Strafrechtliche Sanktionen sowie *Streng*, Strafrechtliche Sanktionen.

§ 4 Der strafrechtliche Handlungsbegriff

I. Funktionen des Handlungsbegriffs

Eine Straftat setzt eine **menschliche Handlung** voraus. Um eine Strafbarkeit bejahen zu können, muss die fragliche Handlung tatbestandsmäßig, rechtswidrig und schuldhaft sein. Der Begriff der Handlung hat insofern die Funktion eines **Verbindungselements.**[46] Ihm kommt die Aufgabe zu, die einzelnen Stufen des Verbrechensaufbaus (Tatbestandsmäßigkeit, Rechtswidrigkeit und Schuld) miteinander zu verklammern. Darüber hinaus dient der strafrechtliche Handlungsbegriff als **Grundelement**, d.h. als Oberbegriff, der sämtliche Erscheinungsformen strafrechtlichen Verhalten (Tun und Unterlassen; Vorsatz- und Fahrlässigkeitsdelikt) umfasst.[47] Besonders relevant ist die Funktion des Handlungsbegriffs als **Grenzelement.** Mit seiner Hilfe sind alle Phänomene auszuschließen, die als strafbares Verhalten von vornherein nicht in Betracht kommen.[48] 59

II. Inhalt des Handlungsbegriffs

1. Handlungslehren

Ein allseits anerkannter Handlungsbegriff existiert bis heute nicht. Zu erwähnen sind vor allem drei für die Entwicklung der Strafrechtsdogmatik bedeutende Ansätze. 60

Die Vertreter der **naturalistisch-kausalen Handlungslehre**[49] verstanden die Handlung als willkürliche Verursachung einer Veränderung in der Außenwelt, die auf einem menschlichen Willensimpuls beruht. Die Schwäche des Ansatzes liegt darin, dass er das Unterlassen, das als Nichts-Tun keine reale Veränderung der Außenwelt bewirkt, nicht erfasst. Nicht überzeugend ist es auch, den Vorsatz in der Konsequenz der kausalen Handlungslehre lediglich als Teil der Schuld zu verstehen und (entgegen dem heutigen Stand der Dogmatik) die Unterscheidung von vorsätzlichem und fahrlässigem Handeln erst dort vorzunehmen.[50] 61

Die **finale Handlungslehre**[51] begreift die Handlung als Ausübung von Zwecktätigkeit. Um ein anvisiertes Ziel zu erreichen, werden vom Handelnden die dazu geeigneten Wege ausgewählt, deren Nebenfolgen abgewogen, ein Entschluss gefasst und das gewählte Mittel eingesetzt. Finales Handeln ist ein bewusst vom Ziel her gelenktes Wirken. Dieser Lehre ist zwar die überzeugende Verortung des Vorsatzes inner- 62

46 *Roxin*, AT I § 8 Rn. 2.
47 *Roxin*, AT I § 8 Rn. 1; vgl. auch *Wessels/Beulke/Satzger*, AT Rn. 85-88.
48 *Roxin*, AT I § 8 Rn. 4.
49 Diese Lehre wurde Ende des 19. Jahrhunderts begründet und geht auf v. *Liszt* und *Beling* zurück, vgl. *Roxin*, AT I § 8 Rn. 10 sowie *Wessels/Beulke/Satzger*, AT Rn. 89.
50 *Rengier*, AT § 7 Rn. 3 f.
51 Diese Lehre wurde von *Welzel* in der Nachkriegszeit begründet, vgl. *Roxin*, AT I § 8 Rn. 17.

halb des Tatbestandes zu verdanken.[52] Zu bestreiten ist aber, dass gerade die von ihr betonte Finalstruktur das entscheidende Wesenselement sämtlicher potenziell strafbarer Handlungen ist. Vor allem die strafrechtliche Relevanz unbewusst fahrlässigen Handelns kann so nicht befriedigend erklärt werden.[53]

63 Die heute überwiegend vertretene **soziale Handlungslehre**[54] bezeichnet eine Handlung als ein **vom Willen getragenes menschliches Verhalten, das sozial erheblich** ist. Dazu zählt auch die Unterlassung bestimmter Handlungen, was der Wertung von § 13 entspricht. Das allen Verhaltensformen gemeinsame Kriterium des Handlungsbegriffs wird also in der sozialen Relevanz menschlichen Tuns oder Unterlassens gesehen. Dieser Handlungsbegriff schließt die kausalen und finalen Handlungselemente mit ein, stellt diese aber nicht einseitig in den Vordergrund. Der relevante Sinngehalt menschlichen Verhaltens kann so in seinen vielfältigen Erscheinungsformen erfasst werden.[55]

2. Basiselemente des Handlungsbegriff

64 Ausgehend von dem eben erwähnten sozialen Handlungsbegriff lassen sich drei Basiselemente formulieren, die bei der Abgrenzung zu strafrechtlich irrelevanten Nicht-Handlungen zugrunde zu legen sind. Danach ist eine Handlung im strafrechtlichen Sinn ein **menschliches Verhalten**, das **vom Willen beherrscht oder beherrschbar** und zugleich **sozial erheblich** ist.

a) Menschliches Verhalten

65 Nicht unmittelbar **von Menschen ausgehende** Phänomene wie z.B. Naturereignisse sowie Aktivitäten von Tieren sind keine strafrechtlich relevanten Verhaltensweisen. Dabei ist stets zu prüfen, ob nicht zugleich ein damit zusammenhängendes menschliches Verhalten im Raum steht. Wird bspw. der abgerichtete Hund auf Kommando seines Halters auf einen Menschen gehetzt und verletzt diesen, so kommt der Hundebiss selbst nicht als strafrechtlich relevante Handlung in Betracht.[56] Sehr wohl kann aber das Hetzen des Hundes die Grundlage einer strafbaren Körperverletzung gem. §§ 223 ff. sein.

b) Willensgetragenes Verhalten

66 Eine Handlung setzt weiter voraus, dass das Verhalten vom Willen des Betroffenen getragen ist, also **von seinem Willen beherrscht** oder zumindest beherrschbar war.

67 Keine Handlungen sind daher Verhaltensweisen, die im Zustand der **Bewusstlosigkeit** oder im **Schlaf** erfolgen. Wer durch eine Handbewegung im Schlaf eine brennen-

---

52 *Rengier*, AT § 7 Rn. 3.
53 Vgl. nur *Wessels/Beulke/Satzger*, AT Rn. 92.
54 Diese Lehre geht u.a. auf *Jescheck* und *Maihofer* zurück, vgl. die Nachweise bei *Roxin*, AT I § 8 Rn. 27 ff.; *Roxin* selbst vertritt den sog. personalen Handlungsbegriff und versteht unter Handlung eine Persönlichkeitsäußerung, vgl. *Roxin*, AT I § 8 Rn. 44 ff.
55 *Wessels/Beulke/Satzger*, AT Rn. 93.
56 Vgl. *Baumann/Weber/Mitsch*, AT § 13 Rn. 1.

de Kerze umstößt und durch den entstehenden Brand den Tod eines Menschen verursacht, kann für das Umstoßen der Kerze mangels Handlungsqualität nicht bestraft werden.[57] Auch hier ist aber wieder auf denkbare andere Anknüpfungspunkte zu achten. So könnte auf das vorherige Anzünden oder Nicht-Auslöschen der Kerze trotz erkennbarer Müdigkeit als Grundlage einer Fahrlässigkeitsstrafbarkeit abgestellt werden.

Nicht vom Willen beherrschbar sind weiterhin bloße **Reflexbewegungen**, die allerdings von Schreckreaktionen oder Kurzschlusshandlungen abzugrenzen sind. Nur letztere sind Handlungen im strafrechtlichen Sinn. Wer nach einem Schlag auf die Kniesehne mit dem dadurch unwillkürlich ausgelösten Fußtritt den Arzt verletzt, hat keine Handlung im strafrechtlichen Sinne begangen.[58] Anders ist zu entscheiden, wenn bspw. ein Autofahrer eine plötzlich vor ihm auftauchende Fliege mit einer ruckartigen Bewegung abwehrt, in der Folge die Kontrolle über das Fahrzeug verliert und einen tödlichen Unfall verursacht.[59] Da die Abwehrbewegung auf einem (wenn auch sehr spontan gefassten) Willensentschluss beruht, ist sie als Handlung zu qualifizieren, die vorbehaltlich der weiteren Voraussetzungen Grundlage einer Strafbarkeit sein kann. 68

Ausgeschlossen sind Verhaltensweisen unter dem Einfluss von unwiderstehlichem Zwang (**vis absoluta**). Führt A dem willenlosen B mit Gewalt die Hand, um so einen Schlag gegen C auszuführen, fehlt es an einer Handlung des B. Schlägt A dagegen solange auf B ein, bis dieser weisungsgemäß dem C einen Schlag versetzt, ist das lediglich willensbeugender Zwang (**vis compulsiva**), der nichts an der Handlungsqualität des Schlages von B ändert. Ob sich B tatsächlich wegen Körperverletzung strafbar macht, ist dann eine Frage der Rechtswidrigkeit bzw. der Schuld.[60] 69

Die Einordnung der Aktivitäten von **Schlafwandlern**, die in seltenen Fällen in ihrem Zustand Gewalt anwenden, ist umstritten.[61] Richtigerweise ist hier mangels jeglicher aktueller Kontrolle über das eigene Verhalten bereits die Handlungsqualität abzulehnen.[62] Von der h.M. wird der Zustand von Schlafwandlern allerdings ebenso wie derjenige von hypnotisierten Personen als tiefgreifende Bewusstseinsstörung im Sinne von § 20 angesehen. Eine strafrechtliche relevante Handlung wird hier unterstellt; nur die Schuldfähigkeit soll entfallen.[63] 70

c) Sozial erhebliches Verhalten

Strafrechtlich unbeachtlich ist schließlich alles, was sich als Verhalten nicht in der Außenwelt auswirkt und daher sozial unerheblich bleibt. Das betrifft etwa kriminel- 71

57 Beispielsfall nach *Wessels/Beulke/Satzger*, AT Rn. 101.
58 S. *Baumann/Weber/Mitsch*, AT § 13 Rn. 29.
59 OLG Hamm NJW 1975, 657.
60 Zu diesem sog. Nötigungsnotstand s. unten Rn. 325 ff.
61 S. dazu den Klausurfall und die weiteren Nachweise bei *Kaspar*, JA 2006, 855.
62 *Kaspar*, JA 2006, 855 m.w.N.
63 NK-StGB/*Schild*, § 20 Rn. 86; Schönke/Schröder/*Perron/Weißer*, § 20 Rn 13.

le **Pläne** oder **Gesinnungen** einer Person. Diese können als subjektive Unrechts- und Schuldmerkmale Bedeutung erlangen, aber nur dann, wenn sie in Form einer (objektiven) Verhaltensäußerung irgendwie zu Tage getreten sind und sich so in der Außenwelt manifestiert haben. „Die Gedanken sind frei" – damit ist auch gemeint, dass die noch so böse Absicht allein nicht bestraft werden kann. Die dogmatische Begründung für dieses zutreffende Ergebnis liegt in der fehlenden Handlungsqualität.

III. Hinweise zur gutachterlichen Prüfung

72 In einem strafrechtlichen Gutachten ist eine Auseinandersetzung mit den dargestellten Handlungslehren regelmäßig nicht notwendig, da dort, wenn überhaupt, lediglich die Funktion des Handlungsbegriffs als Grenzelement gefragt sein wird.[64] Im Gutachten genügt es deshalb, die soeben erwähnten Basiselemente einer Handlung zu prüfen.

73 Auch das ist allerdings nur erforderlich, wenn der Sachverhalt überhaupt Anlass bietet, an der Handlungsqualität zu zweifeln. Dann ist dieser Punkt zu Beginn der Prüfung, noch vor der Tatbestandsmäßigkeit des Verhaltens, zu erörtern. Ist – wie regelmäßig – die Handlungsqualität unproblematisch gegeben, sollte dies gar nicht erwähnt, sondern sogleich mit der Prüfung der Tatbestandsmäßigkeit begonnen werden.

64 *Hilgendorf/Valerius*, AT § 4 Rn. 16.

§ 5 Das vorsätzliche Begehungsdelikt

I. Grundlagen des Deliktsaufbaus

1. Der dreistufige Deliktsaufbau der herrschenden Meinung

Bei der Prüfung der Strafbarkeit eines Verhaltens sind nach herrschender Ansicht **drei Ebenen** zu durchlaufen: der **Tatbestand**, die **Rechtswidrigkeit** sowie die **Schuld**. Nur wenn alle drei Elemente vorliegen, kommt (vorbehaltlich besonderer Strafausschließungs- oder Strafaufhebungsgründe bzw. sonstiger Strafbarkeitsvoraussetzungen)[65] eine Strafbarkeit in Betracht. 74

Wenn bspw. A dem B absichtlich einen Faustschlag versetzt und dadurch eine blutende Wunde verursacht, wird zunächst geprüft, ob diese Handlung des A den **objektiven und subjektiven Tatbestand** des § 223 erfüllt. Das ist unproblematisch der Fall; der Faustschlag fällt generell in den Bereich der (potenziellen) Körperverletzungshandlungen, die der Gesetzgeber in § 223 als „körperliche Misshandlung" sowie „Gesundheitsverletzung" umschrieben hat. Der objektive Tatbestand ist also erfüllt.[66] Darüber hinaus hat A absichtlich, also vorsätzlich gehandelt, womit der subjektive Tatbestand zu bejahen ist.[67] 75

Danach wird geprüft, ob der A vielleicht einen **rechtfertigenden Grund** hatte, den B zu schlagen, etwa, weil er in Notwehr gem. § 32 handelte. Ist dies nicht der Fall, steht fest, dass A rechtswidrig gehandelt hat.[68] 76

Strafbar ist sein Verhalten aber nur dann, wenn er auch **schuldhaft** handelte, also sich nicht auf Schuldausschließungs- oder Entschuldigungsgründe wie bspw. einen entschuldigenden Notstand (§ 35) berufen kann. 77

Die damit nur grob skizzierten drei Stufen des Deliktsaufbaus (Tatbestandsmäßigkeit, Rechtswidrigkeit und Schuld) werden im Folgenden näher erörtert. Dabei wird zunächst auf die **vorsätzliche vollendete Tatbegehung durch aktives Tun** Bezug genommen. Auf die Sonderformen der Fahrlässigkeits- sowie Unterlassungsdelikte wird später separat eingegangen. Zwar ist auch deren Struktur von den genannten drei Deliktsstufen geprägt, ihr Aufbau weist aber gewisse Besonderheiten auf.[69] Gleiches gilt für Taten, die über das Versuchsstadium nicht hinauskommen.[70] 78

2. Die Lehre vom zweistufigen Deliktsaufbau

Entgegen dem eben dargelegten herrschenden dreistufigen Modell geht eine Mindermeinung von der Vorstellung eines **Gesamt-Unrechtstatbestandes** aus, der alle unrechtsbegründenden und unrechtsauschließenden Merkmale vereint. Der Deliktsauf- 79

65 S. dazu unten Rn. 493 ff..
66 S. dazu unten Rn. 88 ff..
67 S. dazu unten Rn. 196 ff.
68 S. dazu unten Rn. 233 ff.
69 Rn. 847 ff. sowie Rn. 935 ff.
70 Rn. 685 ff.

bau ist hier also nicht dreistufig (Tatbestand, Rechtswidrigkeit, Schuld), sondern lediglich **zweistufig** (Gesamt-Unrechtstatbestand, Schuld).[71]

80 Diesem Verständnis liegt die **Lehre von den negativen Tatbestandsmerkmalen** zugrunde.[72] Sie behandelt die Voraussetzungen der Rechtfertigungsgründe als negative Tatbestandsmerkmale, weil ihr Nichtvorliegen Voraussetzung der Tatbestandserfüllung sei. Konkret bedeutet dies, dass bspw. der Totschlag gem. § 212 als Gesamtunrechtstatbestand folgendermaßen gelesen werden müsste:

> Wer einen Menschen tötet und sich dabei nicht auf einen Rechtfertigungsgrund berufen kann, wird (...) bestraft.

81 Eine der Konsequenzen ist, dass bei Vorliegen eines Rechtfertigungsgrundes die Tötungshandlung bereits nicht (in diesem weiten Sinne) „tatbestandsmäßig" ist.

82 Der wichtigste **Vorteil** dieser Lehre liegt in einer klaren Lösung des Problems des sogenannten Erlaubnistatbestandsirrtums.[73] Stellt sich der Täter Umstände vor, die sein Verhalten rechtfertigen würden, kann dies zwanglos durch eine direkte Anwendung von § 16 Abs. 1 zur Straflosigkeit führen. Zu diesem überwiegend für richtig gehaltenen Ergebnis kommen die meisten der hierzu vertretenen Theorien, allerdings auf anderen und methodisch z. T. zumindest zweifelhaften Wegen.[74]

83 **Kritisiert** wird an der der Lehre vom zweistufigen Verbrechensaufbau vor allem,[75] dass der Wertungsunterschied zwischen einem von vornherein tatbestandslosen Verhalten und einem zwar tatbestandsmäßigen, aber gerechtfertigten Verhalten verschwimme. Der Faustschlag gegen eine Wand ist nach diesem Verständnis als tatbestandsloses Verhalten etwas kategorial anderes als der Faustschlag gegenüber einem Menschen im Rahmen legitimer Notwehr.[76]

84 Zwingend ist das nicht, denn auch innerhalb des Gesamt-Unrechtstatbestands könnte eine solche **Binnendifferenzierung** aufrecht erhalten bleiben, selbst wenn man beide Stufen wertungsmäßig zusammenfasst. Daher ist es kein zwingendes Gegenargument, dass der Wortlaut einiger Vorschriften nahe legt, dass der Gesetzgeber selbst (bspw. in § 228) von einer Trennung tatbestandsmäßigen und rechtswidrigen Verhaltens ausgeht. Schließlich lässt sich schon die Prämisse der kategorialen Verschiedenheit anzweifeln, denn wirklich relevant wird der Unterschied letztlich nicht. Der gerechtfertigte Faustschlag bleibt strafrechtlich ebenso folgenlos wie der Schlag gegen die Wand.[77]

85 Gegen die Lehre von den negativen Tatbestandsmerkmalen mit der Konsequenz eines zweistufigen Deliktsaufbaus bestehen also keine prinzipiellen Einwände. Den-

71 Vgl. die Nachweise bei *Roxin*, AT I § 10 Rn. 16 ff. sowie *Wessels/Beulke/Satzger*, AT Rn. 123 ff.
72 Begründer dieser Lehre ist *Adolf Merkel*; vgl. dazu vertiefend *Roxin*, AT I § 10 Rn. 13 ff.
73 S. näher unten Rn. 649 ff.
74 S. unten Rn. 655 ff.
75 Vgl. *Roxin*, AT I § 10 Rn. 16 ff.; *Wessels/Beulke/Satzger*, AT Rn. 126 f.
76 Vgl. das noch suggestivere Beispiel der Tötung einer Mücke im Vergleich zur (gerechtfertigten) Tötung eines Menschen bei *Welzel*, ZStW 67 (1955), 196 (210 f.).
77 Ganz ähnlich *Frister*, AT Kp. 14 Rn. 33.

noch empfiehlt es sich, im **strafrechtlichen Gutachten** der klassischen dreistufigen Lehre zu folgen, um sich keinem zusätzlichen Begründungsaufwand sowie der Gefahr von Missverständnissen seitens des Korrektors auszusetzen. Diese Entscheidung muss nicht weiter begründet werden.[78] Wie auch sonst gilt: Der jeweils gewählte Aufbau spricht für sich.

II. Die Ebene des Tatbestandes

1. Grundlagen

Der Begriff des Tatbestandes lässt sich in einem weiten und engen Sinn verstehen. 86
Der **Tatbestand im weiteren Sinn** umfasst alle Strafbarkeitsvoraussetzungen, auf die sich die Garantiefunktion des Art. 103 Abs. 2 GG bezieht. Gemeint sind damit die Wertungsstufen der Tatbestandsmäßigkeit, Rechtswidrigkeit und Schuld.[79]

Mit dem **Tatbestand im engeren Sinn** ist allein die Wertungsstufe der **Tatbestandsmäßigkeit** als erste Ebene des strafrechtlichen Deliktsaufbaus gemeint. Sie enthält die **objektiven und subjektiven Merkmale**, die den typischen Unrechtsgehalt eines Delikts ausmachen,[80] womit sich die heute anerkannte Unterteilung in den objektiven und subjektiven Tatbestand erklärt. Es handelt sich dabei um die plakative Beschreibung des Gesetzgebers, welches Verhalten er grundsätzlich und generell für strafwürdig hält, vorbehaltlich der noch ausstehenden Prüfung der Rechtswidrigkeit und Schuld aufgrund der Umstände des Einzelfalls. Wenn im Folgenden vom „Tatbestand“ die Rede ist, wird auf diesen engen Begriff Bezug genommen. 87

2. Objektiver Tatbestand

a) Elemente des objektiven Tatbestandes

Der objektive Tatbestand besteht aus verschiedenen Merkmalen, die das äußere Erscheinungsbild der Tat beschreiben.[81] Je nach Bezugspunkt werden **deskriptive** und **normative** Tatbestandsmerkmale unterschieden. Diese Unterscheidung wird vor allem beim Tatbestandsirrtum gem. § 16 Abs. 1 S. 1 relevant.[82] 88

Deskriptiv sind solche Merkmale, die in ihrem wesentlichen Gehalt unmittelbar sinnlich wahrnehmbar sind (z.B. „Mensch“ und „Sache“). **Normativ** sind wertausfüllungsbedürftige Merkmale, die nur im Zusammenhang mit rechtlichen oder sozialen Normen erfasst werden können (z.B. „fremd“ oder „Urkunde“). 89

Typischerweise enthält die Norm als **allgemeine Tatbestandsmerkmale** das Handlungssubjekt, die Tathandlung sowie ggf. noch das Handlungsobjekt, den Taterfolg und mögliche weitere Konkretisierungen. Ist der Eintritt eines Taterfolges vorausge- 90

78 *Heinrich*, AT Rn. 109.
79 *Rengier*, AT § 8 Rn. 2; *Wessels/Beulke/Satzger*, AT Rn. 117.
80 *Wessels/Beulke/Satzger*, AT Rn. 118. Das endgültige Unrechtsurteil ist erst dann gefällt, wenn die Handlung auch rechtswidrig ist; vgl. dazu *Roxin*, AT I § 10 Rn. 13.
81 *Murmann*, GK § 14 Rn. 4.
82 S. dazu unten Rn. 606 ff.

setzt (z.B. der Tod eines Menschen im Rahmen von § 212), sind darüber hinaus die **Kausalität** von Handlung und Erfolg sowie die sogenannte **objektive Zurechnung** des Erfolgs zu prüfen.

91 Beim vorsätzlichen Erfolgsdelikt sind im objektiven Tatbestand somit folgende drei Punkte in dieser Reihenfolge zu prüfen:

- Allgemeine Tatbestandsmerkmale (v.a. Tathandlung und Taterfolg, Tatobjekt, ggf. besondere Anforderungen an das Handlungssubjekt sowie ggf. weitere Merkmale)
- Kausalität zwischen Tathandlung und Erfolg
- Objektive Zurechnung des Erfolgs

92 Während Kausalität und Zurechnung separat dargestellt werden,[83] sollen die **allgemeinen Tatbestandsmerkmale** hier im Überblick erörtert werden.[84] Für Einzelheiten ist auf die Ausführungen zu den jeweiligen Straftatbeständen in den Darstellungen des Besonderen Teils zu verweisen.

aa) Tathandlung

93 Die Tathandlung umschreibt das strafbare Verhalten, wie bspw. das „körperlich Misshandeln“ in § 223 Abs. 1. Die Tathandlung erlangt als eigenständig zu prüfender Punkt nur dann besondere Relevanz, wenn an sie in Gestalt einer besonderen Tatmodalität oder Verhaltensweise (z.B. Täuschung beim Betrug gem. § 263) bestimmte spezifische Voraussetzungen geknüpft sind. Ist dies nicht der Fall, ist es ausreichend, wenn sie kurz benannt und sodann bei der Prüfung der Kausalität zwischen Handlung und Erfolg zugrunde gelegt wird.

bb) Taterfolg

94 Mit dem Taterfolg ist der Eintritt einer Schädigung oder zumindest konkreten Gefährdung der von der jeweiligen Norm geschützten Rechtsgüter gemeint. Bei der Körperverletzung gem. § 223 ist dies bspw. der Verletzungserfolg, beim Totschlag gem. § 212 der Tod eines Menschen.

cc) Tatobjekt

95 Tatobjekt ist je nach Delikt z.B. die Person oder der Gegenstand, gegen den sich die verbotene Handlung richtet (z.B. der „andere“ bei der Körperverletzung gem. § 223 oder die „Sache“ beim Diebstahl gem. § 242).

dd) Handlungssubjekt

96 Handlungssubjekt ist der mögliche Täter einer Straftat. Bei den häufig vorkommenden **Allgemeindelikten**, die jedermann begehen kann, wird der Täter unbestimmt mit „wer“ bezeichnet. Daneben gibt es aber auch Delikte, welche nur von Personen be-

83 S. unten Rn. 125 ff. sowie Rn. 156 ff.
84 S. dazu auch *Rengier*, AT § 8 Rn. 5 ff.

gangen werden können, bei denen besondere Voraussetzungen vorliegen, z.B. ein „Amtsträger" bei der Körperverletzung im Amt gem. § 340. Solche Delikte werden als **Sonderdelikte** bezeichnet. Nur in solchen Fällen muss in der gutachterlichen Prüfung zum Handlungssubjekt Stellung bezogen werden.

ee) Weitere Tatbestandsmerkmale

Es existieren weitere Tatbestandsmerkmale, die die eben genannten Grundformen ergänzen, u.a. die folgenden: 97

- Tatbestandsmerkmale, die an **besondere Begehungsweisen** anknüpfen (bspw. „heimtückisch" in § 211 Abs. 2)
- Tatbestandsmerkmale, die **bestimmte Tatmittel** hervorheben (bspw. „Waffe" oder „gefährliches Werkzeug" in § 224 Abs. 1 Nr. 2)
- Tatbestandsmerkmale, die die **Eigenschaft von Tatobjekten** näher beschreiben (bspw. „wehrlos" in § 225 Abs. 1; „fremd" in § 303).

Zur Veranschaulichung kann abschließend auf den Tatbestand des Mordes (§ 211) verwiesen werden; die relevanten **objektiven Merkmale** sind dabei besonders hervorgehoben: 98

> „Mörder ist, **wer (Handlungssubjekt)**
>
> - aus Mordlust, zur Befriedigung des Geschlechtstriebs, aus Habgier oder sonst aus niedrigen Beweggründen,
> - **heimtückisch** oder **grausam** oder **mit gemeingefährlichen Mitteln (besondere Begehungsweise)** oder
> - um eine andere Straftat zu ermöglichen oder zu verdecken,
>
> **einen Menschen (Handlungsobjekt) tötet (Tathandlung)**".

b) Auslegungsmethoden

Besteht Unklarheit darüber, ob eine bestimmte Handlung einen Straftatbestand erfüllt, müssen die Tatbestandsmerkmale einer **Auslegung** unterzogen werden. Die Auslegungsmethoden sind bei allen rechtlichen Zweifelsfragen eine **Fundgrube für juristische Argumente** und gerade deshalb im strafrechtlichen Gutachten von herausragender Bedeutung.[85] Auf diesem Weg gewonnene Argumente sind neben der ohnehin verlangten soliden Beherrschung des Stoffes der Schlüssel zum Erfolg einer strafrechtlichen Prüfungsarbeit.[86] 99

Auslegungsfragen stellen sich meistens auf der Ebene der Tatbestandsmäßigkeit. Daher soll hier etwas vertieft auf diesen wichtigen Aspekt der juristischen Methodenlehre eingegangen werden. Natürlich können Auslegungsprobleme aber auch auf 100

85 *Rengier*, AT § 5 Rn. 1 f.

86 Generell kann nicht dringend genug auf die Lektüre von Büchern zur juristischen Methodenlehre hingewiesen werden. Auf diese Weise lässt sich das Argumentationsniveau in Prüfungsarbeiten deutlich anheben. Zur Einführung in die strafrechtliche Fallbearbeitung s. *Rotsch*, Strafrechtliche Klausurenlehre. Als „Klassiker" sehr zu empfehlen ist *Larenz/Canaris*, Methodenlehre der Rechtswissenschaft.

den späteren Prüfungsebenen der Rechtswidrigkeit und Schuld auftauchen; die folgenden Ausführungen gelten dort in gleicher Weise.

101 Wie sich in einer Klausur eine Auslegungsfrage auf der Ebene des Tatbestands stellen kann, zeigt folgendes

Beispiel:
A lässt in einer einsamen Gegend am PKW des B an allen vier Reifen die Luft entweichen, indem er die entsprechenden Ventile aufdreht.[87]

102 A könnte sich hier wegen **Sachbeschädigung gem. § 303 Abs. 1** strafbar gemacht haben. Fraglich ist aber, ob das Herauslassen der Luft ein **„Beschädigen"** darstellt. Eine Substanzverletzung als unproblematischer Fall des Beschädigens liegt nicht vor. Allerdings ist die bestimmungsgemäße Brauchbarkeit des PKW durch die Handlung momentan aufgehoben, denn im jetzigen Zustand kann mit ihm nicht gefahren werden. Dieser Zustand lässt sich jedoch durch das Aufpumpen der Reifen beheben, ist also nicht dauerhaft.

103 Das Merkmal des „Beschädigens" ist hier somit auszulegen. Eine Auslegung wird erforderlich, wenn ein Gesetzestext mehrere Deutungen zulässt und nicht sicher ist, welche die zutreffende ist. Es geht also – allgemein formuliert – um die Sinnermittlung von Gesetzestexten.

104 Es werden **vier klassische Auslegungsmethoden** unterschieden, die nicht isoliert anzuwenden sind, sondern erst in ihrem Zusammenwirken zu einem fundierten Ergebnis führen können.[88] Sie stützen sich auf unterschiedliche Gesichtspunkte der jeweiligen Regelung, namentlich:

- Wortlaut
- Systematik
- Entstehungsgeschichte
- Sinn und Zweck.

aa) Grammatische Auslegung

105 Im Rahmen der **grammatischen Auslegung** wird gefragt, ob der **Wortlaut** der Norm den zu prüfenden Sachverhalt erfasst. Dies kann anhand des Sprachgebrauchs der Alltagssprache, aber auch im Zusammenhang mit der jeweiligen Fachsprache erfolgen. Die äußerste Grenze einer zulässigen Interpretation ist der noch **mögliche Wortsinn** eines Gesetzes.[89] Bei einer Überschreitung zu Lasten des Betroffenen liegt keine Auslegung mehr vor, sondern eine Analogie, die gegen Art. 103 Abs. 2 GG verstößt, sofern sie sich zu Lasten des Täters auswirkt.[90]

87 Vgl. hierzu BGHSt 13, 207.
88 Schönke/Schröder/*Eser/Hecker*, § 1 Rn. 36; *Heinrich*, AT Rn. 140 ff.
89 Schönke/Schröder/*Eser/Hecker*, § 1 Rn. 37.
90 S. dazu oben Rn. 31 ff.

Die Zielrichtung lässt sich dabei klar unterscheiden: Bei der **Auslegung** geht es um die **Klarstellung** der Reichweite einer gesetzlichen Regelung anhand ihres Wortlauts. Dagegen beinhaltet die **Analogie** die **Ausdehnung** eines Rechtssatzes auf einen lediglich ähnlichen, vom Wortlaut an sich nicht erfassten Fall. Es stellte daher eine unzulässige Analogie dar, wenn man ein Ruderboot als Tatobjekt in den Anwendungsbereich des § 248b Abs. 1 einbezöge: Da es weder ein „Kraftfahrzeug" noch ein „Fahrrad" darstellt, ist es vom möglichen Wortsinn der Vorschrift nicht umfasst. Bei weniger klar umrissenen (insbesondere nicht deskriptiven, sondern normativen) Merkmalen kann die Grenzziehung zur noch zulässigen Auslegung im Einzelfall Schwierigkeiten bereiten. 106

bb) Systematische Auslegung

Im Rahmen der **systematischen Auslegung**[91] wird nach Hinweisen für das Verstehen eines Normtextes in der Gesetzes- bzw. der Rechtssystematik gesucht. Viele Tatbestände lassen sich etwa durch einen vergleichenden Blick auf andere Rechtsnormen oder anhand ihrer Stellung im Gesetz erklären. 107

Als Beispiel kann auf die sehr umstrittene Frage verwiesen werden, ob bei der Gefährdung des Straßenverkehrs gem. § 315c eine rechtfertigende Einwilligung der gefährdeten Person möglich ist. Das wird u.a. mit dem systematischen Argument verneint, dass die Norm im Abschnitt „Gemeingefährliche Straftaten" geregelt ist, somit dem kollektiven Schutzgut der Sicherheit des Straßenverkehrs diene und in der Folge nicht disponibel sei.[92] 108

cc) Historische Auslegung

Im Zuge der **historischen Auslegung** werden insbesondere anhand der Gesetzgebungsmaterialien[93] die Motive des Gesetzgebers bei der Schaffung der auszulegenden Norm untersucht. Zu ermitteln ist dabei der historische Wille des Gesetzgebers im Hinblick auf den Inhalt und den Regelungszweck einer Norm. 109

Ein Beispiel für ein historisches Argument ist die Scheinwaffenproblematik bei den Diebstahls- und Raubdelikten. Im Rahmen des 6. StrRG[94] von 1998 war es der ausdrückliche Wille des Gesetzgebers, Scheinwaffen durch § 244 Abs. 1 Nr. 1 lit. b und § 250 Abs. 1 Nr. 1 lit. b zu erfassen.[95] 110

Allerdings geht der Hinweis auf den historischen Willen des Gesetzgebers aufgrund des Gesetzlichkeitsprinzips ins Leere, wenn sich dieser Wille nicht im Wortlaut der Norm in ausreichender Weise niedergeschlagen hat.[96] 111

91 *Murmann*, GK § 20 Rn. 10 f.
92 S. nur *Wessels/Hettinger*, BT 1 Rn. 993 sowie unten Rn. 346.
93 Zu nennen sind insbesondere Bundestags- und Bundesratsdrucksachen, Protokolle und Entwürfe. Drucksachen des deutschen Bundestags ab 1949 sind online unter http://www.bundestag.de/dokumente/drucksachen/index.html abrufbar.
94 6. Strafrechtsreformgesetz, BGBl. 1998 I, 164.
95 Beispiel von *Rengier*, AT § 5 Rn. 12.
96 Vgl. *Heinrich*, AT Rn. 145.

dd) Teleologische Auslegung

112 Die **teleologische Auslegung** nimmt Bezug auf den Sinn und Zweck des Gesetzes. Für die Auslegung von Tatbeständen des Besonderen Teils des StGB ist der **Schutzzweck** der einzelnen Norm von großer Bedeutung, letztlich also das Rechtsgut, das durch den jeweiligen Straftatbestand geschützt wird. Wie oben dargelegt wurde, ist Aufgabe des Strafrechts der Schutz von Rechtsgütern.[97]

113 Umstritten ist die Bedeutung der historischen Auslegung neben der teleologischen, wenn deren Ergebnisse divergieren.[98] Eine rein **subjektive Theorie**, die dem Willen des historischen Gesetzgebers pauschal den Vorrang einräumt, ist auf Grund ihrer mangelnden Flexibilität und Anpassungsfähigkeit an gewandelte gesellschaftliche Verhältnisse problematisch.[99] Auch ist dieser Wille in vielen Fällen (gerade, wenn es um ursprünglich nicht vorhergesehene Konstellationen geht) nicht sicher ermittelbar.

114 Die **objektive Auslegungstheorie** der h.M. hält es daher für entscheidend, wie eine Norm bei den jetzigen gesellschaftlichen Verhältnissen verstanden werden kann.[100] Aus demokratietheoretischer Sicht ist das dann problematisch, wenn sich ein eindeutig entgegenstehender Wille des historischen Gesetzgebers feststellen lässt. Außerdem besteht bei einer teleologischen Auslegung stets die Gefahr einer zirkulären Argumentation: Man „holt" möglicherweise aus der Norm nur das heraus", was man zuvor (stillschweigend) bei der Annahme ihres Sinn und Zwecks „hineingelegt" hat.[101] Umso mehr ist darauf zu achten, dass der angenommene Zweck der Regelung als Basis der teleologischen Auslegung überzeugend begründet wird.

ee) Lösung des Beispielsfalls

115 Der **Wortlaut** von § 303 schließt es nicht aus, das Ablassen der Luft an allen vier Autoreifen als „Beschädigen" zu verstehen, da die Luft nur unter großem Aufwand wieder zugeführt werden kann und das Ablassen der Luft wie das Zerschneiden eines Reifens erheblich auf die Sache einwirkt.

116 Die **historische Auslegung** führt zu keinem eindeutigen Ergebnis. Die Variante „der wesentlichen Beeinträchtigung der Gebrauchsfähigkeit" war auch im 1871 in Kraft getretenen RStGB nicht ausdrücklich Teil des Sachbeschädigungsparagraphen.[102]

117 Der **Sinn und Zweck des Gesetzes** ist der Schutz vor Beeinträchtigungen des Eigentums durch negative Einwirkungen auf eine Sache. Wird die Brauchbarkeit einer Sache nachhaltig tangiert, stellt dies ebenso wie eine Substanzverletzung eine Beeinträchtigung des Eigentums dar, was dafür spricht, auch hierin ein „Beschädigen" zu sehen.

---

97 S. dazu oben Rn. 17.
98 Dazu auch Schönke/Schröder/*Eser*/*Hecker*, § 1 Rn. 41 ff.
99 Vgl. *Rengier*, AT § 5 Rn. 11.
100 *Murmann*, GK § 20 Rn. 8; *Wessels*/*Beulke*/*Satzger*, AT Rn. 57.
101 Zur Kritik s. *Herzberg*, JuS 2005, 1.
102 Vgl. LK-StGB/*Wolff*, § 303 vor Rn. 1.

Der **systematische Vergleich** zur neu eingeführten Variante der „Veränderung des äußeren Erscheinungsbildes“ in § 303 Abs. 2 führt zu keinem anderen Ergebnis, da dort Fälle von Graffiti und sonstigen äußerlichen Verunstaltungen erfasst werden sollten, aber keine Sonderregelung für Brauchbarkeitsbeeinträchtigungen intendiert war. 118

Die hier vorliegende wesentliche[103] Beeinträchtigung der bestimmungsgemäßen Brauchbarkeit einer Sache fällt somit bei einer Gesamtschau der vier Auslegungsmethoden unter das „Beschädigen“ i.S.v. § 303 Abs. 1. 119

c) Ergänzende methodische Aspekte

Neben den eben dargestellten vier klassischen Auslegungsmethoden können noch weitere methodische Aspekte in der Strafrechtsklausur relevant werden. Zwei besonders wichtige sind der Erst-recht-Schluss sowie der Umkehrschluss. 120

aa) Erst-recht-Schluss

Mit einem **Erst-recht-Schluss** (**argumentum a fortiori**) ist regelmäßig die Variante des argumentum a maiore ad minus gemeint, d.h. es wird (wörtlich übersetzt) vom „Größeren“ auf das „Kleinere“ geschlossen.[104] 121

Beispiel:[105]
Aus dem Wortlaut sowie dem Sinn und Zweck des § 212 Abs. 1 lässt sich die Tatbestandslosigkeit des Suizids ableiten, damit letztlich auch die **Straflosigkeit der Teilnahme** gem. §§ 26, 27 an einer (freiverantwortlichen) **Selbsttötung.** Dann muss nach h.M. erst recht die Mitwirkung an einer freiverantwortlichen (vorsätzlichen oder fahrlässigen) **Selbstgefährdung** mit tödlichen Folgen straflos sein. In der Konsequenz kann niemand wegen fahrlässiger Tötung (§ 222) strafbar sein, wer einem anderen Heroin besorgt, sofern dieser infolge freiverantwortlichen Konsums verstirbt.[106]

Beim Erst-recht-Schluss in der umgekehrten Form des **argumentum a minore ad maius** wird dagegen vom „Kleineren“ auf das „Größere“ geschlossen. 122

Beispiel:
Aus § 23 Abs. 3 lässt sich entnehmen, dass grundsätzlich auch der grob unverständige Versuch[107] strafbar ist. „Erst recht“ ist dann davon auszugehen, dass auch der allgemeine untaugliche Versuch,[108] dessen Harmlosigkeit sich nicht von vornherein aufdrängt, nach dem Willen des Gesetzgebers bestraft werden kann.

---

103 Wesentlich ist die Beeinträchtigung hier vor allem deshalb, weil der PKW sich in einsamer Gegend befindet, das Aufpumpen der Reifen demnach einen großen Aufwand erfordert; anders wäre zu entscheiden, wenn der PKW neben einer Tankstelle mit einer entsprechenden Vorrichtung zum Aufpumpen der Reifen stehen würde, vgl. BGHSt 13, 207.

104 *Rengier*, AT § 5 Rn. 29.

105 *Rengier*, AT § 5 Rn. 29.

106 S. dazu unten Rn. 167 ff.

107 Darunter fällt z.B. der Versuch des „Abschießens“ einer Passagiermaschine mit einem Luftgewehr.

108 Darunter fällt der Versuch des Erschießens einer Leiche in der Vorstellung, es handle sich um einen lebenden Menschen. Zum Ganzen unten Rn. 747 ff.

bb) Umkehrschluss (argumentum e contrario)

123 Die Argumentation mit einem **Umkehrschluss** ist dann angebracht, wenn die Existenz einer ausdrücklichen Regelung in einem anderen Bereich dafür spricht, dass ihr Regelungsinhalt nur dort, aber nicht in Bezug auf den aktuell zu prüfenden Sachverhalt gelten soll.

Beispiel:
Der Gesetzgeber hat in § 244 Abs. 1 Nr. 1 lit. a das Beisichführen eines gefährlichen Werkzeugs als Qualifikationsmerkmal festgeschrieben, ohne eine Verwendungsabsicht des Täters zu erwähnen. Die Tatsache, dass eine solche Absicht explizit in § 244 Abs. 1 Nr. 1 lit. b enthalten ist, spricht im Umkehrschluss (**„e contrario“**) dafür, dass der Gesetzgeber auf ein solches subjektives Element in Nr. 1a bewusst verzichtet hat.[109]

124 Der Umkehrschluss kommt in erster Linie bei Auslegungsfragen zum Tragen. Er ist methodisch eine Art **Gegenstück zur Analogie,** die im Strafrecht zu Gunsten des potenziellen Straftäters möglich ist.[110] Hier wie dort geht es im Ausgangspunkt um die Frage, wie mit der Existenz einer Regelung in einem bestimmten Bereich und deren Fehlen in einem verwandten anderen Bereich umzugehen ist. Liegt neben der **Vergleichbarkeit beider Sachverhalte** auch eine **planwidrige Gesetzeslücke** vor, kann die Regelung durch einen Analogieschluss auf den zweiten Bereich erstreckt werden. Sprechen gute Gründe dafür, dass der Gesetzgeber den Regelungsinhalt bewusst nur auf den ersten Bereich beschränkt hat, ist ein Umkehrschluss zu ziehen, der zugleich eine Analogie ausschließt.

d) Kausalität

125 Zahlreiche Tatbestände des StGB sind **Erfolgsdelikte.**[111] Das bedeutet, dass zur Tatbestandserfüllung der Eintritt eines tatbestandsmäßigen Erfolgs vorausgesetzt wird, z.B. der Tod eines anderen Menschen in § 212 Abs. 1. Dieser Erfolg kann dem Täter nur angelastet werden, wenn er ihn verursacht hat, mit anderen Worten: wenn seine **Handlung für den Erfolg kausal** war.

126 Die Kausalität als allgemeines Tatbestandsmerkmal der Erfolgsdelikte ist zwar gesetzlich **nicht ausdrücklich separat geregelt,** lässt sich aber der Formulierung einzelner Deliktstatbestände entnehmen (deutlich z.B. in § 222: *„Wer durch Fahrlässigkeit den Tod eines Menschen* ***verursacht***…“).

aa) Ansätze zur Bestimmung von Kausalität

(1) Äquivalenztheorie und conditio-sine-qua-non-Formel

127 Nach der klassischen **conditio-sine-qua-non-Formel** ist jede Handlung kausal, wenn sie **nicht hinweggedacht werden** kann, ohne dass der Erfolg in seiner **konkreten Gestalt** entfiele.[112] Zugrunde liegt dabei die sogenannte **Äquivalenztheorie**, bei der alle

109 *Küper*, BT S. 456.
110 Vgl. oben Rn. 33.
111 S. dazu oben Rn. 94.
112 So schon RGSt 44, 137 (139).

Erfolgsbedingungen im Ausgangspunkt als gleichwertig (= äquivalent) behandelt werden.[113]

Beispiel:
Wenn A den B zu einer Flugreise überredet, in deren Verlauf dieser auf Grund eines von C durchgeführten Bombenanschlags getötet wird, ist sowohl die Handlung des A[114] als auch die Handlung des C kausal für den Tod des B geworden. Keine der beiden Handlungen kann hinweggedacht werden, ohne dass der Erfolg (Tod durch Bombenanschlag) entfiele. Die Äquivalenztheorie betrachtet beide Bedingungen gleichermaßen als kausal.

Für die Kausalität genügt nach der conditio-Formel auch eine „Erfolgsmodifizierung", 128 [115] da es auf den **Erfolg in seiner konkreten Gestalt** ankommt. Allerdings muss die Modifizierung des Geschehens auch **strafrechtlich relevant** sein. Keine Kausalität liegt demnach vor, wenn die vom Handelnden herbeigeführte Änderung des konkreten Geschehensablaufs für die Verwirklichung eines Tatbestandsmerkmals irrelevant ist.[116] Überredet also der X den B, sich vor dem Flug die Haare schneiden zu lassen, ist X nicht Verursacher eines Totschlags. Das Geschehen wurde zwar insoweit modifiziert, als B nicht mit langen, sondern mit kurzen Haaren gestorben ist. Diese Modifizierung ist jedoch für die Tatbestandserfüllung des Totschlags offensichtlich in keiner Weise relevant.

(2) Kritik an der Äquivalenztheorie und alternative Ansätze

Unabhängig von der Ausdehnung möglicher relevanter Kausalbeiträge auf Erfolgs- 129
modifizierungen wird die **uferlose Weite** der Äquivalenztheorie kritisiert. Im Beispielsfall wären selbst die Eltern des Bombenlegers C für den Tod des B kausal. Hätten sie C nicht gezeugt, hätte dieser nicht die Bombe legen und B töten können. Eine Zeugung als im strafrechtlichen Sinn kausale und damit potenziell strafbare „Tötungshandlung" ist in der Tat ein fragwürdiges Ergebnis.

Vor diesem Hintergrund erklärt sich, warum es verschiedene Versuche gab, restrikti- 130
vere Kausallehren zu entwickeln.[117] Nach der (im Zivilrecht herrschenden) **Adäquanztheorie** kommt als Ursache für einen Erfolg nur eine adäquate (= angemessene) Bedingung in Betracht. Die Bedingung muss dabei nach allgemeiner Lebenserfahrung geeignet sein, den Erfolg herbeizuführen.[118] Die **Relevanztheorie** bejaht eine Erfolgszurechnung dagegen nur dann, wenn die erfolgsmodifizierende Handlung auch „strafrechtlich relevant"[119] war; dabei werden Adäquanz- und Schutzzweckkriterien

113 Vgl. BGHSt 2, 20 (24): „Nach der ständigen und gefestigten Rechtsprechung aller deutschen Gerichte ist als haftungsbegründende Ursache eines strafrechtlich bedeutsamen Erfolges jede Bedingung anzusehen, die nicht hinweggedacht werden kann, ohne dass der Erfolg entfiele. Gleichgültig ist, ob neben ihr noch andere Bedingungen zur Erreichung des Erfolges mitgewirkt haben".

114 Zum auch hier bestehenden Problem der sog. „psychisch vermittelten Kausalität" s. unten Rn. 132 f.

115 *Roxin*, AT I § 11 Rn. 21.

116 *Roxin*, AT I § 11 Rn. 21.

117 *Rengier*, AT § 13 Rn. 8.

118 Vgl. die Nachweise bei *Roxin*, AT I § 11 Rn. 41.

119 *Hilgendorf*, GA 1995, 515 (534).

berücksichtigt.[120] Beide Theorien haben sich als Kausalitätskonzepte nicht durchgesetzt, weisen allerdings inhaltliche Überschneidungen mit der heute herrschenden Lehre von der **objektiven Zurechnung**[121] auf, die im Anschluss separat dargestellt wird.[122]

131 Weiter wird kritisiert, dass die conditio-sine-qua-non-Formel keinen eigenen Erkenntniswert hat. Ihre Anwendung setzt voraus, dass man das (naturwissenschaftliche) Gesetz, das einer kausalen Verknüpfung zugrunde liegt, bereits kennt. Das bedeutet, dass mit ihrer Hilfe zwar ein bereits nachgewiesener Kausalzusammenhang aufgezeigt werden kann,[123] dass sie in problematischen Fällen aber nicht weiterführt.

Beispiel:
Ob das Medikament Contergan für die Missbildung von Neugeborenen verantwortlich war,[124] ist eine naturwissenschaftliche Frage, zu deren Beantwortung die conditio-Formel nichts beitragen kann: „Die Formel vom Hinwegdenken setzt bereits voraus, was durch sie erst ermittelt werden soll".[125]

132 Probleme ergeben sich auch in Bezug auf die sogenannte **psychisch vermittelte Kausalität,** bei der es wie bspw. bei der Anstiftung (§ 26) um die Auswirkung äußerer Einflüsse auf menschliches Entscheidungsverhalten geht. Aufgrund der Komplexität der Willensbildung stößt eine Erklärung anhand naturwissenschaftlicher Kausalgesetze in diesem Bereich an Grenzen. Realistisch erscheint der Ansatz, mit Hilfe „allgemeiner Erfahrungssätze" zu eruieren, ob eine bestimmte Beeinflussung dazu beigetragen hat, dass der Wille des Täters in eine bestimmte Richtung gelenkt wurde.[126]

Beispiel:
A rät dem hoch verschuldeten B, seinen reichen Erbonkel E zu töten. Kurze Zeit später erschießt B den E. Ein sicherer Nachweis, dass die Tötung des E hier eine naturgesetzliche Folge des Ratschlags durch A war, kann nur schwer geführt werden; nach allgemeiner Lebenserfahrung ist jedoch mangels entgegenstehender weiterer Hinweise davon auszugehen, dass A den B durch seinen Ratschlag (mit) zur Tatbegehung motiviert hat.[127]

133 Wegen der genannten Schwierigkeiten der conditio-sine-qua-non-Formel wird von der h.M. im Schrifttum die **Lehre von der gesetzmäßigen Bedingung** vertreten.[128] Nach ihr liegt Kausalität vor, wenn der Erfolg mit der Handlung nach den bekannten Naturgesetzen notwendig verbunden war. Das erscheint als präzisere und zugleich bescheidenere Formulierung der Kausalitätsproblematik. Allerdings kann

120 Vgl. vertiefend *Roxin*, AT I § 11 Rn. 39 ff.
121 *Roxin*, AT I § 11 Rn. 43.
122 S. unten Rn. 156 ff.
123 *Heinrich*, AT Rn. 222.
124 S. dazu LG Aachen JZ 1971, 510.
125 *Roxin*, AT I § 11 Rn. 12.
126 *Wessels/Beulke/Satzger*, AT Rn. 156.
127 *Wessels/Beulke/Satzger*, AT Rn. 156. Krit. NK-StGB/*Puppe*, Vor §§ 13 ff. Rn. 131.
128 Vgl. dazu *Roxin*, AT I § 11 Rn. 15.

auch diese Lehre die psychisch vermittelte Kausalität nicht eindeutig erklären[129] oder fehlendes Erfahrungswissen über naturgesetzliche Zusammenhänge kompensieren. Sie führt daher letztlich bei den entscheidenden Problempunkten kaum zu anderen Ergebnissen als die conditio-sine-qua-non-Formel.[130]

bb) Problematische Fallgruppen

In der **Fallbearbeitung** hat sich die conditio-sine-qua-non-Formel trotz ihrer Schwächen als Anknüpfungspunkt bewährt. Wichtig für die Bearbeitung von Kausalitätsproblemen in strafrechtlichen Gutachten ist vor allem, sich einen Überblick über die folgenden **Problemkonstellationen** und die jeweils vertretenen Lösungsansätze zu verschaffen. 134

(1) Kumulative Kausalität

Von kumulativer Kausalität spricht man, wenn mehrere unabhängig voneinander vorgenommene Handlungen (Bedingungen), von denen jede für sich allein nicht zur Erfolgsherbeiführung ausreichend ist, erst durch ihr Zusammenwirken (also kumulativ) den Erfolg herbeiführen. 135

Beispiel:
A und B schütten (ohne voneinander zu wissen) zwei für sich allein nicht tödliche Mengen Gift in das Getränk des O; erst durch die Kombination beider Giftdosen kommt O zu Tode.

Bei der kumulativen Kausalität ergeben sich keine Besonderheiten, denn die conditio-Formel führt hier zu einem klaren und sachgerechten Ergebnis: Beide Handlungen sind ursächlich, da der Erfolg in seiner konkreten Gestalt (Tod durch das Zusammenwirken der zwei Giftdosen) nicht eintreten würde, wenn man eine der beiden Giftgaben hinwegdenkt.[131] 136

(2) Alternative Kausalität

Sehr umstritten ist die Konstellation der sogenannten alternativen Kausalität.[132] Dabei führen mehrere unabhängig voneinander vorgenommene Handlungen gleichzeitig zum Erfolg, wobei jede für sich allein schon zur Herbeiführung des Erfolgs in seiner konkreten Gestalt ausgereicht hätte. 137

Beispiel:
A und B mischen (unabhängig und ohne Kenntnis voneinander) jeweils potenziell tödlich wirkende Dosen desselben Gifts G in das Getränk des O, der auf diese Weise zu Tode kommt.

Die alternative Kausalität (auch Mehrfach- oder Doppelkausalität genannt) zeigt eine **Schwäche der conditio-Formel** auf. Denkt man sich nämlich isoliert die Hand- 138

---

129 So *Rengier*, AT § 13 Rn. 12.
130 *Wessels/Beulke/Satzger*, AT Rn. 168a; krit. auch *Frister*, AT Kp. 9 Rn. 7 f.
131 Problematisch ist in solchen Fällen allerdings die objektive Zurechnung; denn die zufällige Giftgabe durch eine weitere Person wird sich regelmäßig als völlig unvorhersehbarer atypischer Kausalverlauf darstellen, vgl. unten Rn. 165 f. sowie *Hilgendorf/Valerius*, § 4 Rn. 38.
132 *Rengier*, AT § 13 Rn. 26; *Wessels/Beulke/Satzger*, AT Rn. 157 ff.

lung des B hinweg, tritt der Erfolg in seiner konkreten Gestalt (Tod durch Gift G) gleichwohl ein, da die Dosis des A bereits für sich genommen tödlich war und es sich um die gleiche Giftsubstanz G handelte. Das Gleiche gilt für den umgekehrten Fall des Hinwegdenkens der Handlung des A. Bei konsequenter Anwendung der conditio-Formel wäre somit keine der beiden Handlungen für den Erfolg des Todes kausal, so dass A und B jeweils nur wegen eines versuchten Tötungsdelikts bestraft werden könnten, obwohl der Todeserfolg eingetreten ist und die (potenziell) tödliche Wirksamkeit jeder der beiden Giftdosen feststeht.

139 Dieses Ergebnis ist unbefriedigend, auch im Vergleich zur oben erwähnten kumulativen Kausalität:[133] Wird dort trotz der für sich genommen nicht tödlichen Giftgaben jeweils eine kausale Tötungshandlung bejaht, müsste dies erst recht gelten,[134] wenn bereits die einzelne Dosis zur Tötung ausgereicht hätte.

140 Für den Fall der alternativen Kausalität gilt daher nach h.M. folgende **geänderte Formel**: Von mehreren Handlungen, bei denen jede für sich allein (alternativ), nicht jedoch beide gemeinsam (kumulativ) hinweggedacht werden können, ohne dass der Erfolg in seiner konkreten Gestalt entfiele, ist jede Handlung kausal.[135] Auf dieser Grundlage lässt sich die Kausalität sowohl der Giftgabe von A als auch derjenigen von B für den Tod des O begründen.[136]

141 Eine Konstellation der alternativen Kausalität liegt allerdings nur dann vor, wenn der hypothetische alternative Verlauf des Kausalgeschehens (im Beispielsfall: nur eine der beiden Giftgaben führt zum Tod) zum selben Erfolg geführt hätte. Beide Handlungen müssen also (wie hier im Giftbeispiel) **ex ante geeignet** sein, **denselben Erfolg in seiner konkreten Gestalt** zu bewirken.

142 Trifft A den O dagegen mit einem (potenziell) tödlichen Schuss ins Herz und B den O zum gleichen Zeitpunkt in den Kopf und kann im Nachhinein nicht geklärt werden, welcher der beiden Schüsse den Tod tatsächlich herbeigeführt hat, so können A und B nach dem Grundsatz „in dubio pro reo"[137] nur wegen eines versuchten Tötungsdelikts verurteilt werden. Denkt man sich den Schuss des A nämlich hinweg, tritt ein **anderer Erfolg** (Tod allein durch Schuss in den Kopf) ein. Tatsächlicher und hypothetischer Erfolg stimmen hier also in ihrer konkreten Gestalt nicht überein, so dass die Kausalität verneint werden muss.[138]

---

133 Vgl. oben Rn. 135 f.

134 Zur Argumentation mit einem Erst-recht-Schluss s. oben Rn. 121 f.

135 Anhänger der Lehre von der gesetzmäßigen Bedingung lehnen diese Modifizierung ab und kritisieren, dass die reale Wirksamkeit der Giftsubstanzen festgestellt werden müsse; vgl. *Roxin*, AT I § 11 Rn. 13, 25 f.

136 Ablehnend allerdings *Frister*, AT Kp. 9 Rn. 13.

137 Vgl. dazu unten Rn. 1059 ff.

138 *Rengier*, AT § 13 Rn. 31.

(3) Hypothetische Kausalität

Eine Handlung ist auch dann für den Erfolg ursächlich, wenn eine andere sog. **Reserveursache** denselben Erfolg später herbeigeführt hätte. Entscheidend ist allein, ob der Erfolg bei Hinwegdenken der relevanten Handlung in seiner konkreten Form entfallen wäre; ein hypothetischer abweichender Kausalverlauf, der in anderer Weise zum Erfolg geführt hätte, bleibt außer Betracht.[139] 143

Beispiel:
T erschießt Politiker P vor seinem Haus. P wäre kurz darauf jedoch auch von einer Autobombe des X getötet worden. Der denkbare Einwand des T, dass der P ohnehin gestorben wäre, spätestens durch die Autobombe des X, und deshalb die Kausalität seines Schusses entfalle, verfängt nicht. Denn der Erfolg in seiner konkreten Gestalt ist der Tod durch den Schuss des T.[140]

(4) Überholende oder abgebrochene Kausalität

Die Ursächlichkeit einer Handlung für den Erfolg kommt nicht in Betracht, wenn damit zwar eine mögliche Kausalkette in Gang gesetzt, dann aber ein anderer, von der Handlung unabhängiger Umstand den Erfolg schneller herbeiführt. Man spricht dann von einem **abgebrochenen Kausalverlauf** bzw. (anders gewendet) von **überholender Kausalität**. 144

Beispiel:
A mischt dem O eine tödliche Giftdosis in den Kaffee. Bevor das Gift wirken kann, wird O von X erschossen.

Hier hat X mit seinem Schuss eine neue Bedingung für den Tod des O geschaffen, die unabhängig von der ersten, durch A gesetzten potenziellen Bedingung (Gift im Kaffee) den Erfolg herbeigeführt hat. Der durch A in Gang gesetzte **Kausalverlauf** wurde damit **unterbrochen**, die von ihm gesetzte Bedingung ist nicht kausal geworden für den Tod des O. A kann daher nicht wegen vollendeten, sondern ggf. nur wegen versuchten Totschlags bestraft werden.[141] X wiederum kann sich nach den Grundsätzen über die Unbeachtlichkeit einer Reserveursache, die zu einem anderen Todeserfolg geführt hätte, nicht mit dem Argument entlasten, dass O ohnehin kurz darauf an den Wirkungen des Giftes gestorben wäre. 145

(5) Fortwirkende Kausalität

Von der eben besprochenen abgebrochenen Kausalität ist die Fallgruppe der **fortwirkenden Kausalität** zu unterscheiden.[142] Diese ist dadurch gekennzeichnet, dass ein Dritter an eine Ersthandlung anknüpft, die in dem Sinne fortwirkt, dass sie eine **nicht hinwegdenkbare Bedingung** für das Handeln des Dritten darstellt. 146

139 *Stratenwerth/Kuhlen*, AT § 8 Rn. 41 f.
140 Vgl. auch BGHSt 2, 20 zum Einwand, dass bei Nichteinweisung in ein Konzentrationslager ein anderer diese Einweisung vorgenommen hätte.
141 Weitere Beispiele bei *Roxin*, AT I § 11 Rn. 30.
142 *Kindhäuser*, AT § 10 Rn. 26.

Beispiel (Gnadentod-Fall):[143]
A schießt mit Tötungsvorsatz auf O. Der noch lebende und röchelnd am Boden liegende O veranlasst nun B, ihm einen „Gnadenschuss" zu geben. B kommt der Bitte des O nach und tötet ihn. Erst der Schuss des A hat zum anschließenden tödlichen Schuss durch B geführt, diese ursprüngliche Bedingung wirkte also fort und trug mit zum Tod des O bei. Die Handlung des A kann nicht hinweggedacht werden, ohne dass der konkrete Erfolg in Form des Todes durch den Schuss von B entfiele. Infolgedessen ist neben B auch A für den Tod des O kausal geworden.[144] Dabei ist es unerheblich, ob der Schuss des A bereits für sich allein tödlich gewesen wäre.[145] Im Anschluss an die Kausalitätsprüfung muss allerdings noch die Frage der objektiven Zurechnung geklärt werden.[146]

(6) Kausalität bei Gremienentscheidungen

147 Schwierig ist die Feststellung der Kausalität bei Gremienentscheidungen, mit denen per Abstimmung die Herbeiführung eines strafrechtlich relevanten Erfolges beschlossen wird.[147] Dabei ist zwischen mehreren Konstellationen zu unterscheiden.

148 Bei nur **einer Stimme Mehrheit** kann problemlos ein Fall der **kumulativen Kausalität** bejaht werden. Denn alle Ja-Stimmen haben dann durch ihr Zusammenwirken den Erfolg herbeigeführt: Denkt man sich eine Ja-Stimme hinweg, wäre kein Beschluss zustande gekommen; es wäre also der Erfolg in seiner konkreten Gestalt entfallen.[148] Gleiches gilt, wenn für einen wirksamen Beschluss alle Teilnehmer zustimmen müssen, denn dann hätte es jeder Abstimmende in der Hand gehabt, mit seinem Veto den Erfolg zu verhindern.

149 Schwierigkeiten bereitet aber die Konstellation, in welcher der Beschluss zur Begehung einer Straftat mit einer **größeren Mehrheit** getroffen wurde als es für die Wirksamkeit des Beschlusses notwendig gewesen wäre.

Beispiel:
Fünf Geschäftsführer beschließen mit 4:1 Stimmen, ein gefährliches Produkt auf dem Markt zu belassen; für einen wirksamen Beschluss hätte die einfache Mehrheit der Stimmen ausgereicht.[149] Daraufhin kommt es zu körperlichen Beeinträchtigungen bei den Konsumenten.

150 Hier könnte jeder am Beschluss Mitwirkende mit Hilfe der conditio-sine-qua-non-Formel die Kausalität seines Stimmverhaltens für das Zustandekommen des Beschlusses und den dadurch verursachten Körperverletzungserfolg bestreiten: Denkt man die einzelne Stimmabgabe hinweg, bliebe es bei einem Mehrheitsbeschluss, der

143 BGH bei *Dallinger* MDR 1956, 526. Vgl. außerdem BGH NStZ 2001, 29 (30): „Ursächlich bleibt das Täterhandeln selbst dann, wenn ein später handelnder Dritter durch ein auf denselben Erfolg gerichtetes Tun vorsätzlich zu dessen Herbeiführung beiträgt, sofern er nur dabei an das Handeln des Täters anknüpft, dieses also die Bedingung seines eigenen Eingreifens ist." Anders noch BGH NJW 1966, 1823 ff. (sog. Bratpfannenfall); s. dazu auch *Wessels/Beulke/Satzger*, AT Rn. 165.

144 Die (überholte) Lehre vom Regressverbot vertrat demgegenüber die Ansicht, dass in Fällen des vorsätzlichen Dazwischentretens eines Dritten der Zurechnungszusammenhang unterbrochen werde, vgl. *Roxin*, AT I § 11 Rn. 28 sowie unten Rn. 183.

145 Vgl. auch die Beispiele bei *Roxin*, AT I § 11 Rn. 28.

146 S. dazu unten Rn. 156 ff.

147 Dazu *Roxin*, AT I § 11 Rn. 19 sowie vertiefend und instruktiv *Satzger*, Jura 2014, 186.

148 *Wessels/Beulke/Satzger*, AT Rn. 158a.

149 BGHSt 37, 106.

den Taterfolg herbeigeführt hätte, im konkreten Fall mit 3:1 Stimmen.[150] Nicht recht überzeugend ist es, insofern je nach konkretem Abstimmungsergebnis einen relevanten „anderen Erfolg" anzunehmen und auf diese Weise die Kausalität zu bejahen.[151] Denn für den maßgeblichen (auf die späteren Körperverletzungen bezogenen) **Taterfolg in seiner konkreten Gestalt**[152] spielt das genaue Ergebnis der vorherigen Stimmabgabe keine Rolle.

Im Ergebnis besteht überwiegend Einigkeit, dass alle am Mehrheitsbeschluss Mitwirkenden, wenn sie mit „Ja" stimmen, für den Erfolg kausal geworden sind. Lediglich die Begründung ist streitig.[153] **151**

Der BGH argumentiert in seiner Lederspray-Entscheidung mit der Stellung der Beteiligten als **Mittäter.**[154] Aufgrund des Prinzips der wechselseitigen Zurechnung gem. § 25 Abs. 2 seien jedem einzelnen Abstimmenden die Stimmen der anderen zuzurechnen. Ob das Kausalitätsproblem auf diese Weise gelöst werden kann, ist aber fraglich, und zwar nicht nur im Bereich fahrlässigen Handelns.[155] Manche Kritiker monieren hier eine zirkuläre Argumentation, da ein kausaler Tatbeitrag des einzelnen Täters eine Voraussetzung der Mittäterschaft sei und daher nicht durch Zurechnung gem. § 25 Abs. 2 ersetzt werden könne.[156] Eine Lösung über die Mittäterschaft kann in der Tat nur dann gelingen, wenn man auf einen (aus der ex-post-Perspektive) kausalen Tatbeitrag des einzelnen verzichtet und vielmehr jedes Zutun genügen lässt, das sich aus der ex-ante-Perspektive als möglicherweise wesentlicher Beitrag darstellt.[157] **152**

Teilweise wird die **Lehre von der gesetzmäßigen Bedingung** herangezogen und versucht, mit ihrer Hilfe die Kausalität jeder Ja-Stimme für Mehrheitsentscheidungen zu bejahen: „Jede Stimme ist Teil des ganzen Beschlusses und hat insoweit eine gesetzmäßige Bedingung für seine Wirksamkeit gesetzt. Also fließen alle Ja-Stimmen in die positive Entscheidung ein und haben sie demgemäß auch verursacht".[158] Aber hier wird vorausgesetzt, was fraglich ist, dass nämlich jede einzelne Stimme (obwohl es auf sie im Ergebnis ex post betrachtet eigentlich nicht ankam) eine gesetzmäßige Bedingung darstellt. **153**

Roxin[159] sieht bei Mehrheitsentscheidungen, die mit mehr Ja-Stimmen als erforderlich zustande kommen, einen Fall der **kumulativen Kausalität**: „Jede Stimme ist eine für sich allein nicht wirksame Ursache, die erst mit den anderen Stimmen zusammen **154**

150 *Roxin*, AT I § 11 Rn. 19.
151 So aber *Rengier*, AT § 13 Rn. 37.
152 Vgl. dazu oben Rn. 128.
153 *Rengier*, AT § 13 Rn. 36; *Roxin*, AT I § 11 Rn. 19.
154 Vgl. BGHSt 37, 106 (129).
155 Zur umstrittenen Frage der Existenz fahrlässiger Mittäterschaft s. unten Rn. 915 ff.
156 NK-StGB/*Puppe*, Vor § 13 Rn. 94 und 108.
157 So *Roxin*, AT I § 25 Rn. 212 f.
158 *Rengier*, AT § 13 Rn. 37; s. auch *Kühl*, AT § 4 Rn. 27a m.w.N.
159 *Roxin*, AT I § 11 Rn. 19.

ihre Wirksamkeit entfaltet."[160] Das ist richtig, unterschlägt aber das zusätzliche Problem, dass derselbe Taterfolg auch beim Hinwegdenken der einen Stimme eingetreten wäre. Jedenfalls wenn man die Maßstäbe der conditio-sine-qua-non-Formel zugrundelegt, ist die Kausalität also zweifelhaft.

155 Auch ein klassischer Fall der **alternativen Kausalität** liegt nicht vor, denn das würde voraussetzen, dass jeder einzelne Kausalbeitrag (hier: jede einzelne Stimme) an sich geeignet gewesen wäre, den Erfolg allein herbeizuführen. Diese Eignung liegt nur dann vor, wenn man die anderen Ja-Stimmen in die Betrachtung einbezieht; Kausalität lässt sich hier somit durch eine **Kombination** der Maßstäbe von **kumulativer und alternativer Kausalität** begründen.[161]

e) Objektive Zurechnung

156 Als Korrektiv des sehr weiten Kausalitätsverständnisses im Sinne der Äquivalenztheorie wird von der h.M. im Schrifttum die **Lehre von der objektiven Zurechnung** herangezogen.[162] Danach ist im Anschluss an die Feststellung der Kausalität wertend zu ermitteln, ob der Erfolg auch als das **Werk des Täters** anzusehen ist. Das gilt nach h.M. nicht nur bei den Fahrlässigkeitsdelikten, sondern auch bei vorsätzlichem Handeln des Täters.[163]

157 Die **Rechtsprechung** hat bei den Vorsatzdelikten die Lehre von der objektiven Zurechnung bisher nicht umfänglich anerkannt.[164] Sie prüft manche Zurechnungsaspekte im Rahmen des subjektiven Tatbestands mit Hilfe der allgemeinen Lehre von der wesentlichen Abweichung des Kausalverlaufs.[165] Zumindest bei der wichtigen Fallgruppe der eigenverantwortlichen Selbstschädigung bzw. –gefährdung[166] wird in manchen Entscheidungen allerdings eine Anerkennung als Problem der objektiven Zurechnung festzustellen.[167]

158 Die objektive Zurechnung des Erfolgs setzt voraus, dass der Täter eine rechtlich missbilligte Gefahr schafft, welche sich im tatbestandsmäßigen Erfolg verwirklicht. Den damit angesprochenen Aspekten der **fehlenden Gefahrschaffung** sowie der **fehlenden Gefahrverwirklichung** lassen sich bestimmte typische Fallgruppen zuordnen.[168] Diese werden im folgenden Abschnitt etwas näher dargestellt, mit Ausnahme des Schutzzweckzusammenhangs sowie des Pflichtwidrigkeitszusammenhangs, die

160 *Roxin*, AT I § 11 Rn. 19.
161 *Satzger*, Jura 2014, 186 (193); zum Ganzen auch *Wessels/Beulke/Satzger*, AT Rn. 158.
162 Gute einführende Darstellungen bei *Kudlich*, JA 2010, 681 sowie *Frisch*, JuS 2011, 116.
163 *Kühl*, AT § 4 Rn. 38; *Krey/Esser*, AT Rn. 327 ff. m. Nachweisen zur Gegenansicht.
164 *Krey/Esser*, AT Rn. 326.
165 *Rengier*, AT § 13 Rn. 42.
166 S. unten Rn. 167 ff.
167 S. nur BGHSt 49, 34 (39) m.w.N. sowie unten Rn. 167.
168 Die genaue Zuordnung der im Folgenden näher erörterten Fallgruppen zu den Kategorien der Gefahrschaffung oder –verwirklichung wird nicht einheitlich beurteilt; da dies auf Inhalt und Standort der Prüfung aber keinen Einfluss hat, sollte dieser Punkt nicht überbewertet werden.

nur bei den Fahrlässigkeitsdelikten relevant werden und deshalb erst dort zu erörtern sind.[169]

Übersicht objektive Zurechnung
A. Fehlende Gefahrschaffung
– Erlaubtes Risiko (Rn. 159 f.)
– Risikoverringerung (Rn. 161 ff.)
B. Fehlende Gefahrverwirklichung
– Atypischer Kausalverlauf (Rn. 165)
– Fehlender Schutzzweckzusammenhang (Rn. 903 ff.)
– Fehlender Pflichtwidrigkeitszusammenhang (Rn. 895 ff.)
– Verantwortungsbereich des Opfers (Rn. 167 ff.)
– Verantwortungsbereich dritter Personen (Rn. 181 ff.)

aa) Fehlende Gefahrschaffung

(1) Erlaubtes Risiko

Die Zurechnung ist zunächst zu verneinen bei Verhaltensweisen, die sich im Rahmen des allgemeinen Lebensrisikos bewegen oder Risiken lediglich in rechtlich irrelevanter Weise steigern; man spricht insofern vom **erlaubten Risiko.**[170] 159

Beispiel:
Die bloße Teilnahme am Straßenverkehr ist zwar (auch ohne konkretes Fehlverhalten) eine riskante Handlung, die aber offensichtlich nicht missbilligt wird und deren Gefahren in Kauf genommen werden, um einen gesellschaftlichen Nutzen (Mobilität) zu erzielen. Es fehlt hier an einer rechtlich missbilligten Gefahrschaffung.

Auch die (in ihren Voraussetzungen und ihrer Reichweite allerdings umstrittenen) Fälle von **„sozialadäquaten“ Verhaltensweisen** können an dieser Stelle genannt werden. Dabei geht es um allgemein übliche und tolerierte Verhaltensweisen, die von vornherein keinerlei Strafbedürfnis nach sich ziehen. Dazu lässt sich etwa der von lokalem Brauchtum gedeckte und nach bestimmten traditionellen Regeln ablaufende „Maibaumdiebstahl“ zählen;[171] auch die mittlerweile übliche „Bierdusche“ zur Feier von Fußballmeisterschaften wird man aufgrund von Sozialadäquanz aus dem Tatbestand der §§ 185, 223 StGB ausschließen können.[172] 160

(2) Risikoverringerung

An einer strafrechtlich relevanten Gefahrschaffung fehlt es auch, wenn der Handelnde ein bereits bestehendes, auf einem schon in Gang gesetzten Kausalverlauf beruhendes Risiko verringert.[173] 161

---

169 Vgl. unten Rn. 895 ff.
170 *Frister*, AT Kp. 10 Rn. 6; s. auch *Roxin*, AT I § 11 Rn. 65 ff.
171 *Dickert*, JuS 1994, 631.
172 *Kaspar*, JuS 2004, 409 (412 f).
173 *Murmann*, GK § 23 Rn. 65; *Wessels/Beulke/Satzger*, AT Rn. 193 ff.

Beispiel:
A stößt B zur Seite, so dass ein herabfallender Ziegelstein den B nur leicht am Oberarm und nicht am Kopf trifft.

162 Die Handlung des A hat die Dimension der konkret drohenden Rechtsgutsverletzung erheblich minimiert und ist deshalb nicht als rechtlich missbilligte Gefahrschaffung zu bewerten.[174] Nach anderer Ansicht folgt die Straflosigkeit des A in dieser Konstellation erst aus dem Eingreifen eines Rechtfertigungsgrundes.[175] Für den hier vertretenen Ausschluss des objektiven Tatbestandes spricht, dass das Verhalten des A das Rechtsgut in seiner **konkreten Betroffenheit** nicht beeinträchtigt, sondern im Gegenteil sogar **schützt.** Die Tathandlung ist daher nicht vom generellen Appell des Verhaltensverbots des § 223 erfasst.

163 Anders ist dies zu beurteilen, wenn der Täter den gefährlichen Kausalverlauf mit seiner Rettungshandlung nicht lediglich abschwächt, sondern im Rahmen der Beseitigung dieser Gefahr eine **neue eigenständige Gefahr** schafft; das wird treffend als „**Risikoersetzung**“[176] bezeichnet. Der dadurch eingetretene Erfolg ist dem Täter als „sein Werk“ objektiv zurechenbar, so dass von einer tatbestandsmäßigen (wenn auch nicht zwingend strafbaren) Handlung auszugehen ist.

Beispiel:[177]
Bei einem Brand rettet T das Kind O vor den Flammen, indem er es aus einem Fenster des brennenden Hauses in ein Sprungtuch wirft, was zu Körperverletzungen des O führt.

164 Hier hat T durch den Wurf eine eigenständige, vom Brandgeschehen zu unterscheidende rechtlich missbilligte Gefahr geschaffen, die sich im Körperverletzungserfolg realisiert hat. Da es um die Rettung des Lebens des O ging, kommt aber ggf. eine Rechtfertigung aufgrund mutmaßlicher Einwilligung oder rechtfertigenden Notstands in Betracht.[178]

bb) Gefahrverwirklichung

(1) Atypischer Kausalverlauf

165 Liegt der eingetretene Erfolg völlig außerhalb dessen, was nach dem gewöhnlichen Verlauf der Dinge und nach der allgemeinen Lebenserfahrung in Rechnung zu stellen ist, spricht man von einem **atypischen Kausalverlauf.**[179] Der Erfolg ist dem Handelnden in derartigen Konstellationen nicht objektiv zurechenbar.

Beispiel 1:
T sticht mit Tötungsvorsatz auf O ein und verletzt ihn lebensgefährlich; O wird zur Behandlung in ein Krankenhaus eingeliefert und stirbt dort einige Tage später aufgrund eines durch einen Kurzschluss ausgelösten Großbrandes.[180]

---

174 *Rengier*, AT § 13 Rn. 57.
175 Nachweise bei *Rengier*, AT § 13 Rn. 58.
176 *Frisch*, JuS 2011, 116 (117).
177 Nach *Rengier*, AT § 13 Rn. 59.
178 *Kindhäuser*, AT § 11 Rn. 19.
179 *Heinrich*, AT Rn. 249.
180 *Rengier*, AT § 13 Rn. 64.

Hier hat sich lediglich das allgemeine Lebensrisiko verwirklicht, Opfer eines Brandes zu werden, das als äußerst seltenes Ereignis in dieser Form nicht vorhersehbar war und daher einen atypischen Kausalverlauf darstellt. T ist somit mangels Zurechnung des Todeserfolgs nicht wegen eines vollendeten, sondern ggf. nur wegen eines versuchten Tötungsdelikts strafbar. 166

Beispiel 2:
A und B schütten unabhängig und ohne Wissen voneinander jeweils zwei für sich allein nicht tödliche Giftdosen in den Tee des O. Erst durch das Zusammenwirken beider Dosen entsteht eine tödliche Mischung. Zwar sind beide Giftgaben kausal,[181] jedoch ist das Gesamtgeschehen aus Sicht des jeweils Handelnden ein unvorhersehbarer und atypischer Kausalverlauf. Der Tod des O ist daher weder A noch B objektiv zurechenbar, er erscheint in dieser Konstellation nicht als das Werk von A oder B, sondern als Werk des Zufalls.[182] Bei beiden Tätern kommt daher lediglich eine Strafbarkeit wegen versuchten Totschlags in Betracht.

Beispiel 3:
T will O ertränken, indem er ihn von einer Brücke stößt; O stirbt jedoch durch den Aufprall auf einem Brückenpfeiler. Hier haben sich Gefahrfaktoren realisiert, die mit der Ausführungshandlung von vornherein verbunden waren, so dass der konkrete Tod objektiv vorhersehbar war und damit kein atypischer Kausalverlauf vorliegt.[183] Auch hier ist der Tod des O dem T zuzurechnen.

(2) Verantwortungsbereich des Opfers

(a) Eigenverantwortliche Selbstgefährdung des Opfers

Die Mitwirkung an einer **eigenverantwortlichen Selbstgefährdung** des Opfers kann nach ganz h.M. nicht bestraft werden. Denn dann realisiert sich lediglich das vom Betroffenen eigenverantwortlich eingegangene Risiko für die eigenen Rechtsgüter, z. B. Leib oder Leben.[184] Auch nach der Rechtsprechung ist in den Konstellationen der Selbstgefährdung der Tatbestand des Tötungs- oder Körperverletzungsdelikts nicht erfüllt;[185] in manchen Entscheidungen wird dies ausdrücklich als Problem der fehlenden „Zurechnung" bezeichnet.[186] 167

Beispiel:[187]
T und O wollen beide Heroin konsumieren, T besorgt die dazu notwendigen Spritzen. O verabreicht sich selbst eine Injektion und verstirbt.

T könnte sich wegen fahrlässiger Tötung gem. § 222 strafbar gemacht haben. Der objektive Tatbestand entfällt jedoch, weil sich im Todeserfolg nicht die vom T ge- 168

---

181 S. oben Rn. 137 ff.
182 *Wessels/Beulke/Satzger*, AT Rn. 196.
183 *Rengier*, AT § 13 Rn. 67; *Roxin*, AT I § 11 Rn. 70.
184 *Rengier*, AT § 13 Rn. 78; *Roxin*, AT I § 11 Rn. 107.
185 Seit BGHSt 32, 262 st. Rspr.: „Eigenverantwortlich gewollte und verwirklichte Selbstgefährdungen unterfallen nicht dem Tatbestand eines Körperverletzungsdelikts oder Tötungsdelikts, wenn das mit der Gefährdung bewußt eingegangene Risiko sich realisiert. Wer lediglich eine solche Selbstgefährdung veranlaßt, ermöglicht oder fördert, macht sich nicht wegen eines Körperverletzungsdelikts oder Tötungsdelikts strafbar.".
186 BGH NStZ 2009, 504 (505), wo auf die Entscheidung der Vorinstanz Bezug genommen wird; s. auch BGH NStZ 2001, 205 (206).
187 BGHSt 32, 262 = BGH NStZ 1984, 410 mit Anm. *Roxin*.

setzte Gefahr „Besorgen der Spritze“ realisiert hat, sondern das von O selbst vorgenommene Verabreichen der Injektion.[188]

169 Eine zurechnungsausschließende Selbstgefährdung setzt zunächst eine **Abgrenzung von der einvernehmlichen Fremdgefährdung** voraus; letztere ist nach noch h.M. erst auf der Rechtswidrigkeitsebene als Problem der Einwilligung zu behandeln.[189] Diese Abgrenzung wird anhand des Kriteriums der **Tatherrschaft** vorgenommen. Es wird gefragt, wer die Herrschaft über den unmittelbaren Verletzungs- oder Gefährdungsakt hat.[190] Im Beispielsfall hat O die Tatherrschaft inne, weil er sich selbst die Spritze setzt; hätte er sich die Spritze von T setzen lassen, wäre nach der Rechtsprechung anders zu entscheiden.[191]

170 Dass diese Abgrenzung im Einzelfall schwer vorzunehmen ist, zeigt das Beispiel der einvernehmlichen Durchführung von ungeschütztem Geschlechtsverkehr mit einem HIV-Virusträger in vollem Bewusstsein des Ansteckungsrisikos.[192] Das BayObLG nahm hier eine Beteiligung an einer eigenverantwortlich gewollten Selbstgefährdung an, so dass der HIV-infizierte Angeklagte nicht wegen versuchter gefährlicher Körperverletzung verurteilt wurde. Als Argument für eine Selbstgefährdung führte das Gericht aus: „Bei dem jeweils einverständlich vorgenommenen Geschlechtsverkehr beherrschten beide Partner das Geschehen gemeinsam. Jeder von ihnen hatte grundsätzlich jederzeit die Möglichkeit, in den Geschehensablauf steuernd einzugreifen; sie konnten jederzeit den Sexualkontakt abbrechen oder dessen Gefährlichkeit, z.B. durch Verwendung von Kondomen, wesentlich verringern.“[193]

171 Die Selbstschädigung bzw. –gefährdung muss darüber hinaus **eigenverantwortlich** geschehen sein; ansonsten wird der Zurechnungszusammenhang nicht unterbrochen. Umstritten ist, anhand welcher Kriterien die Eigen- bzw. Freiverantwortlichkeit zu bestimmen ist.[194]

172 Im Wesentlichen werden zwei Ansichten vertreten: Die **Exkulpationslösung** fragt danach, ob der Selbstschädiger für seine Tat verantwortlich wäre, wenn er eine Fremdschädigung vornehmen würde, oder ob er aufgrund der einschlägigen Regeln (v. a. §§ 19, 20, 35 StGB) exkulpiert, also entschuldigt wäre. Die vorzugswürdige **Einwilligungslösung** fragt danach, ob eine wirksame Einwilligung vorläge, wenn die Tat keine Selbst-, sondern eine Fremdschädigung wäre. Wesentliche, durch Drohung oder Täuschung hervorgerufene Willensmängel stehen demnach der Freiverantwortlichkeit entgegen. Wenn O im obigen Beispielsfall volltrunken wäre mit einer BAK

188 Zur umstrittenen Unterlassungsstrafbarkeit, wenn der sich selbst eigenverantwortlich Gefährdende oder Verletzende – etwa infolge von Bewusstlosigkeit – die Herrschaft über das Geschehen verloren hat und ein Garant eine noch bestehende Rettungsmöglichkeit nicht nutzt vgl. *Roxin*, AT I § 11 Rn. 112; *Lackner/Kühl*, StGB Vor § 211 Rn. 15 m.w.N.

189 Dazu unten Rn. 371 ff.

190 *Heinrich*, AT Rn. 1049.

191 Vgl. BGHSt 49, 34; s. dazu aber auch Rn. 178.

192 BayObLG NStZ 1990, 81.

193 BayObLG NStZ 1990, 81 (82).

194 S. dazu *Wessels/Beulke/Satzger*, AT Rn. 189 m.w.N.

von über 3,0 Promille und gravierenden alkoholbedingten Ausfallerscheinungen, läge nach beiden Ansichten kein eigenverantwortliches Handeln vor.

173 Der eingetretene Erfolg wird nach h.M. außerdem nur dann im Verantwortungsbereich des sich selbst Schädigenden verortet, wenn der Mitwirkende **kein überlegenes Wissen** hinsichtlich des tatsächlichen Risikos aufweist. Weiß im Beispielsfall T im Gegensatz zu O, dass das Heroin unrein und daher besonders gefährlich ist, sind ihm etwaige tödliche Folgen durch den Konsum des O zuzurechnen. Eine freiverantwortliche Selbstschädigung bzw. -gefährdung soll nur dann vorliegen, wenn die Beteiligten **denselben Wissensstand** aufweisen.[195]

174 Allerdings ist die Bedeutung des Kriteriums des „überlegenen Wissens" zu relativieren: Nicht jedes Wissensgefälle zwischen den Beteiligten spricht gegen einen Zurechnungsausschluss. Denn für die Beurteilung der Eigenverantwortlichkeit der Entscheidung des sich selbst Gefährdenden kommt es nur darauf an, ob ihm die für eine tragfähige Entscheidung nötigen **Basis-Informationen** zur Verfügung standen. Ist dies der Fall, ändert es an der Eigenverantwortlichkeit der Entscheidung nichts, wenn der die Betäubungsmittel Überlassende (bspw. als Arzt) noch vertiefteres Spezialwissen über die genaue chemische Wirkungsweise der Substanzen hat.[196] Auch in dieser Konstellation bleibt daher richtigerweise Raum für eine eigenverantwortliche Entscheidung des Konsumenten.

(b) Einvernehmliche Fremdgefährdung

175 Von der eigenverantwortlichen Selbstgefährdung des Opfers muss nach h.M. die **einvernehmliche Fremdgefährdung** unterschieden werden.[197] Letztere liegt vor, wenn die **Tatherrschaft** über den Geschehensablauf nicht dem Geschädigten, sondern einem Dritten zukam.

Beispiel (sog. Autosurferfall):[198]
A betreibt in seiner Freizeit mit Hilfe des Fahrers F das sog. „Autosurfen". Dabei legt er sich auf das von F gesteuerte Auto und hält sich an den Türholmen der auf beiden Seiten geöffneten Fenster fest. In einer Rechtskurve wird A bei einer Geschwindigkeit von 70 km/h vom Autodach geschleudert und schwer verletzt.[199]

176 A hat sich hier in vollem Bewusstsein selbst in Gefahr begeben. Wie sich dies auf die Strafbarkeit des F wegen fahrlässiger Körperverletzung gem. § 229 auswirkt, ist umstritten.

195 *Heinrich*, AT Rn. 1049; *Wessels/Beulke/Satzger*, AT Rn. 187.
196 Vgl. dazu BGHSt 59, 150 sowie *Kaspar*, HRRS 2014, 436.
197 Vgl. dazu *Roxin*, AT I § 11 Rn. 121 ff. und den Überblick bei *Lasson*, ZJS 2009, 359. Z. T. wird dafür auch (synonym) der Begriff der „einverständlichen Fremdgefährdung" verwendet.
198 OLG Düsseldorf NStZ-RR 1997, 325.
199 Ein weiteres Beispiel ist der sog. Autowettrennen-Fall, BGHSt 53, 55 = BGH NJW 2009, 1155 mit Anm. *Kühl*.

177 In der Literatur wird die Figur der einvernehmlichen Fremdgefährdung teilweise als **Ausschluss der objektiven Zurechnung** diskutiert.[200] *Roxin* sieht den Grund für den Ausschluss der Zurechnung im Falle einer einvernehmlichen Fremdgefährdung ebenso wie im Fall der Teilnahme an einer eigenverantwortlichen Selbstgefährdung im **Schutzzweck der Norm**. Dieser sei nicht betroffen, wenn sich jemand selbst vorsätzlich oder fahrlässig gefährde bzw. gefährden lasse. Bei der einvernehmlichen Fremdgefährdung soll demnach eine Zurechnung ausgeschlossen sein, wenn sie in allen relevanten Aspekten einer Selbstgefährdung gleichsteht.[201] Die einvernehmliche Fremdgefährdung müsse letztlich Ausdruck einer **gleichrangigen Verantwortlichkeit** des Geschädigten sein, der in diesem Fall das Risiko übernommen habe.[202]

178 In den **Heroinspritzenfällen** müsste man eine solche gleichrangige Verantwortlichkeit und damit einen Zurechnungsausschluss auch dann annehmen, wenn der Gefährdete sich die Spritze nicht selbst setzt, sondern vom anderen setzen lässt.[203] Denn hier überblicken beide Beteiligten das Risiko in gleicher Weise und die eher zufällige Frage, wer die Handlung dann eigenhändig durchführt, fällt demgegenüber nicht ins Gewicht. Dagegen wäre im **Autosurferfall** ein Zurechnungsausschluss abzulehnen, nachdem zwischen Fahrer und Autosurfer keine ständige Kommunikation z.B. über die Geschwindigkeit stattfand, so dass der Gefährdete das Risiko nicht im selben Maße wie der Fahrer des PKW überblicken und steuern konnte.

179 Ein möglicher Zurechnungsausschluss aufgrund einvernehmlicher Fremdgefährdung kommt allerdings **nur** beim **Fahrlässigkeitsdelikt** in Betracht. Bei vorsätzlichen einvernehmlichen Fremdverletzungen (A verabreicht B auf dessen Aufforderung hin eine kräftige Ohrfeige) kann eine Straflosigkeit des Handelnden nur durch eine wirksame **Einwilligung**[204] des Verletzten erreicht werden. Einem Zurechnungsausschluss in dieser Konstellation stehen die Sonderregeln der **§§ 216, 228** entgegen, die nicht unterlaufen werden dürfen.

180 Der **BGH** erkennt die einvernehmliche Fremdgefährdung in seiner neueren Rechtsprechung insofern als Rechtsfigur an, als er auf der Zurechnungsebene zunächst das Vorliegen einer Selbstgefährdung prüft und bei Nichtvorliegen derselben im Anschluss fragt, ob eine „der Selbstgefährdung gleichzustellende Fremdgefährdung bzw. -schädigung" vorliegt[205]. Allerdings hat der BGH bislang soweit ersichtlich noch nie eine solche Gleichstellung und damit einen Zurechnungsausschluss anerkannt.[206] Der BGH bevorzugt also letztlich mit der noch h. Lit. eine Lösung über die

200 S. LK-StGB/*Rönnau*, Vor § 32 Rn. 169; *Roxin*, AT I § 11 Rn. 121. *Schünemann* will die Selbstgefährdung der einvernehmlichen Fremdgefährdung normativ gleichstellen; vgl. JA 1975, 715 (722).

201 *Roxin*, AT I § 11 Rn. 124.

202 *Roxin*, JZ 2009, 399 (401).

203 S. dazu oben Rn. 167 f.

204 S. hierzu Rn. 344 ff.

205 BGHSt 55, 53 (61 f.).

206 Auf Landgerichtsebene wurde die einvernehmliche Fremdgefährdung teilweise schon auf der Tatbestandsebene berücksichtigt, vgl. BGH NStZ 2003, 537 („Plastiktütenfall") sowie BGHSt 53, 55 („Autowettrennen").

Grundsätze der **Einwilligung** auf der Ebene der Rechtswidrigkeit, auf die später eingegangen wird.[207]

(3) Verantwortungsbereich dritter Personen

Diese Fallgruppe erfasst Konstellationen des Dazwischentretens dritter Personen.[208] Hierbei wird die Frage relevant, ob der eingetretene Erfolg noch als Werk des Täters anzusehen ist oder in den Verantwortungsbereich des Dritten fällt. 181

(a) Vorsätzliches Dazwischentreten eines Dritten

In dieser Konstellation will ein Dritter **vorsätzlich** einen Erfolg herbeiführen, indem er in einen durch den (Erst-)Täter in Gang gesetzten Kausalverlauf eingreift. Eine schematische Betrachtung, wonach das vorsätzliche Dazwischentreten stets zum Zurechnungsausschluss zugunsten des Ersttäters führt, ist abzulehnen. Richtigerweise kommt es darauf an, ob man einen **inneren Zusammenhang** von Erst- und Zweithandlung bejahen kann, der es ermöglicht, das Gesamtgeschehen noch als Werk (auch) des Ersttäters zu qualifizieren. 182

Beispiel:
Im oben erwähnten Gnadentodfall[209] hat der Anschlusstäter nicht nur äußerlich an die vom Ersttäter geschaffene Lage angeknüpft, sondern sich der Ausgangsgefahr insofern untergeordnet, als es ihm um die Verkürzung der Todesqualen des Opfers ging.[210] Sowohl dem Ersttäter, der den ersten tödlichen Schuss vorsätzlich abgegeben hat, als auch dem Anschlusstäter kann der Erfolg des Todes daher objektiv zugerechnet werden. Der Gnadenschuss unterbricht den Zurechnungszusammenhang nicht.

Bei einem nur **fahrlässigen Handeln** des Ersttäters stellt sich ebenso die Frage, ob ein vorsätzliches Dazwischentreten eines Dritten den Zurechnungszusammenhang unterbricht.[211] Die früher vertretene Lehre vom **Regressverbot**, wonach die Strafbarkeit des Vorsatztäters stets vorgehe und einen Rückgriff auf den fahrlässig handelnden Erstverursacher ausschließe, wird von der h.M. richtigerweise als zu pauschal abgelehnt.[212] 183

Zwar ist es naheliegend, dass man im Alltag nicht stets mit deliktischen Verhaltensweisen anderer Menschen rechnen muss, sondern grundsätzlich auf die Einhaltung der Rechtsordnung vertrauen darf.[213] Dieser **Vertrauensgrundsatz**[214] gilt aber nicht uneingeschränkt. 184

---

207 S. Rn. 371 ff.
208 *Heinrich*, AT Rn. 253.
209 S. Rn. 146.
210 *Rengier*, AT § 13 Rn. 89.
211 Überblick bei *Hillenkamp*, AT-Probleme, S. 238 ff.
212 Vgl. dazu NK-StGB/*Puppe*, Vor § 13 Rn. 167 ff., 178 ff.
213 S. auch *Roxin*, AT I § 24 Rn. 26 ff.; *Gropp*, AT § 12 Rn. 42 ff.
214 Zum Vertrauensgrundsatz im Fahrlässigkeitsbereich s. unten Rn. 875 ff.

185 Zunächst kommt ein strafbares fahrlässiges Verhalten dort in Frage, wo eine **„erkennbare Tatgeneigtheit“** des Vorsatztäters vorliegt, die das Vertrauen des fahrlässig Handelnden in das legale Verhalten des Dritten hätte erschüttern müssen.[215]

186 Eine Fahrlässigkeitsstrafbarkeit kommt trotz des vorsätzlichen Handelns Dritter überdies in Fällen in Betracht, in denen eine Person als **Garant** dafür Sorge zu tragen hat, dass es durch das vorsätzliche Verhalten Dritter nicht zu Beeinträchtigungen von Rechtsgütern kommt.[216]

Beispiel (nach BGH NStZ 2013, 238 – Amoklauf von Winnenden):
V bewahrt eine Schusswaffe in seinem Haus auf, ohne die Sorgfaltsvorschriften über die Lagerung von Waffen einzuhalten. Sein Sohn S nimmt die Waffe heimlich an sich und erschießt mit ihr im Rahmen eines sog. „Amoklaufs“ mehrere Menschen.

187 Da ein Missbrauch unsorgfältig aufbewahrter Waffen vorhersehbar zu tödlichen Folgen führen kann und die entsprechenden Sorgfaltsnormen genau diesem Schutzzweck dienen, ist eine Zurechnung der Todeserfolge gegenüber V möglich; ein die Zurechnung ausschließendes vorsätzliches Dazwischentreten des S ist unter diesem Umständen nicht gegeben.[217]

188 Nutzt der Dritte dagegen für seine Tat lediglich eine günstige Gelegenheit, die durch den Ersttäter unabhängig vom ihm geschaffen wurde, wird der Zurechnungszusammenhang hierdurch unterbrochen. Mit solchen Verhaltensweisen Dritter muss man nicht rechnen.

Beispiel:
T hat O mit Tötungsvorsatz eine schwere Schusswunde beigebracht. Im Krankenhaus nutzt Krankenschwester S, die mit O früher liiert war, diese Situation, um sich zu rächen und erstickt den O.

189 Der Schuss des T ist für den Tod des O kausal geworden. Er hat auch eine rechtlich missbilligte Gefahr geschaffen; allerdings hat sich nicht diese Ausgangsgefahr im Tod des O realisiert, sondern eine davon unabhängig gesetzte Gefahr (das Ersticken durch S). Mangels Zurechnung kommt bei T nur eine Strafbarkeit wegen eines versuchten Tötungsdelikts in Betracht.[218]

190 Handelt T im eben erwähnten Beispiel nur fahrlässig, so ist er beim tödlichen Dazwischentreten der S nicht wegen fahrlässiger Tötung gem. § 222, sondern lediglich wegen fahrlässiger Körperverletzung gem. § 229 zu bestrafen.[219]

---

215 S. auch vertiefend *Roxin*, AT I § 24 Rn. 28 ff.; *Kaspar*, JuS 2012, 112 (113 f.).
216 *Frisch*, JuS 2011, 116 (121); *Kaspar*, JuS 2012, 112 (114).
217 So auch *Wessels/Beulke/Satzger*, AT Rn. 192. Zum Fall „Winnenden“ s. auch *Braun*, JR 2013, 37 ff.; *Berster*, ZIS 2012, 623 ff.; *Mitsch*, ZJS 2011, 128 ff.
218 Vgl. *Rengier*, AT § 13 Rn. 91.
219 *Rengier*, AT § 13 Rn. 92.

(b) Unvorsätzliches Dazwischentreten eines Dritten

Hierbei geht es um Konstellationen, in denen ein Dritter durch unvorsätzliches, aber möglicherweise **fahrlässiges Handeln** den Erfolg unmittelbar herbeiführt. Inwieweit auch dies den Zurechnungszusammenhang in Bezug auf den Ersttäter unterbrechen kann, ist umstritten. 191

Beispiel:
Arzt A kümmert sich um das Opfer O, das von T mit Tötungsvorsatz verletzt wurde. Durch einen (leichten) Behandlungsfehler führt er fahrlässig den Tod des O herbei.

Nach h.M. realisiert sich hier im Tod des O immer noch die durch T geschaffene Ausgangsgefahr; der Fehler des A führt also nicht zu einer Unterbrechung des Zurechnungszusammenhanges. Begründet wird dieses Ergebnis auch damit, dass es **keinen atypischen Kausalverlauf** darstellt, wenn ein Opfer durch das fahrlässige Fehlverhalten eines Arztes stirbt.[220] Erst wenn der Arzt **grob fahrlässig** handelt, wird durch sein Eingreifen ein neuer und zugleich eher außergewöhnlicher, so nicht vorhersehbarer Kausalverlauf in Gang gesetzt. 192

Die **Retterfälle** außerhalb des Bereichs ärztlichen Handelns lassen sich ebenfalls dieser Fallgruppe zuordnen.[221] 193

Beispiel:[222]
A setzt das Haus des V in Brand. V will seine kleine Tochter T, die sich noch im Haus befindet, retten, dringt in das Haus ein und stirbt kurz darauf an einer Kohlenmonoxidvergiftung.

Umstritten ist, ob „Retterschäden" wie hier der Tod des V dem Erstverursacher der Gefahr (hier dem Brandstifter A) zugerechnet werden können.[223] Richtigerweise ist dabei zu differenzieren: Wenn das Verhalten ein „freiwilliges", d.h. insbesondere auf keiner rechtlichen Verpflichtung beruhendes Eingreifen darstellt, kann die Zurechnung unter dem Gesichtspunkt der **eigenverantwortlichen Selbstgefährdung** ausgeschlossen sein. Sie ist nur dann zu bejahen, wenn der Erstverursacher durch seine deliktische Handlung eine „naheliegende Möglichkeit und ein einsichtiges Motiv für eine Rettungshandlung"[224] geschaffen hat.[225] 194

Anders ist zu entscheiden, wenn der Retter (bspw. als Angehöriger wie hier der V im Verhältnis zu T) aufgrund einer **Garantenstellung** im Verhältnis zum Opfer oder auf Grund seines **Berufes** (bspw. als Feuerwehrmann) zum Eingreifen verpflichtet ist. In diesem Fall kann von einem freiwilligen Eingreifen im Sinne eines reinen „Privatvergnügens"[226] nicht gesprochen werden. Eine Zurechnung der Schäden, die eingreifen- 195

220 *Frister*, AT Kp. 10 Rn. 26. S. dazu auch *Roxin*, AT I § 11 Rn. 141 ff.
221 *Kindhäuser*, AT Rn. 55 ff.; *Roxin*, AT I § 11 Rn. 138 ff.
222 BGHSt 39, 322. S. dazu *Roxin*, AT I § 11 Rn. 116.
223 Zusammenfassend *Satzger*, Jura 2014, 695 ff.
224 *Wessels/Beulke/Satzger*, AT Rn. 192a a. E.
225 *Wessels/Beulke/Satzger*, AT Rn. 192a mit Verweis auf BGHSt 39, 322; vgl. auch MüKo-StGB/*Freund* Vor § 13 Rn. 425 m.w.N.
226 MüKo-StGB/*Freund* Vor § 13 Rn. 425.

de Rettungspersonen erleiden, ist in diesen Fällen nur dann (ausnahmsweise) ausgeschlossen, wenn die Rettungshandlung von vornherein offensichtlich sinnlos und unverhältnismäßig riskant ist.[227]

Wiederholungsfragen zu § 5 II. 2. (Objektiver Tatbestand)

1. Welche klassischen Auslegungsmethoden sind Ihnen bekannt? (Rn. 104)
2. Was ist der Unterschied zwischen Analogie und Auslegung? (Rn. 105 f.)
3. Wann ist eine Handlung nach der Äquivalenztheorie kausal? (Rn. 127)
4. Was versteht man unter alternativer Kausalität? (Rn. 137)
5. Was versteht man unter fortwirkender Kausalität? (Rn. 146)
6. Wann ist ein Erfolg objektiv zurechenbar? (Rn. 158)
7. Wie grenzt man die Selbstgefährdung von der Fremdgefährdung ab und welche Konsequenzen hat diese Unterscheidung? (Rn. 169)

3. Subjektiver Tatbestand

a) Grundlagen

196 Der **subjektive Tatbestand** enthält Elemente, welche die subjektive Beziehung des Täters zur objektiv vorliegenden Tatbestandserfüllung kennzeichnen. Es geht hier in erster Linie um die Frage, ob der Täter **vorsätzlich** gehandelt hat, d.h. mit **„Wissen und Wollen"** im Hinblick auf die Erfüllung des Tatbestandes.[228] Der Vorsatz (lateinisch: dolus) muss sich grundsätzlich auf alle Elemente des objektiven Tatbestandes beziehen.[229] Eine Vorsatzstrafbarkeit scheidet schon dann aus, wenn dem Handelnden das nötige Wissen und Wollen auch nur bezüglich eines dieser Elemente fehlt. In diesem Fall kommt lediglich eine Strafbarkeit wegen fahrlässigen Handelns in Betracht, vgl. § 16 Abs. 1.[230]

197 Die **Abgrenzung von Vorsatz und Fahrlässigkeit** ist von großer praktischer Bedeutung, da die Fahrlässigkeitsdelikte im Vergleich zur jeweiligen Vorsatzvariante fast durchweg mit einer deutlich milderen Strafdrohung versehen sind[231] und in manchen Bereichen sogar überhaupt keine Fahrlässigkeitsstrafbarkeit existiert, etwa bei der Sachbeschädigung.[232]

198 Bei manchen Delikten sind über den Vorsatz hinaus noch **besondere subjektive Tatbestandsmerkmale** zu prüfen, etwa die Zueignungsabsicht beim Diebstahl (§ 242)

---

227 OLG Stuttgart NStZ 2009, 331; *Wessels/Beulke/Satzger*, AT Rn. 192a.

228 Einführende Darstellung bei *Rönnau*, JuS 2010, 675; *Sternberg-Lieben/Sternberg-Lieben*, JuS 2012, 884 sowie 976.

229 Nicht hierzu zählen die sog. objektiven Bedingungen der Strafbarkeit, s. dazu unten Rn. 229 ff.

230 Zum Tatbestandsirrtum s. unten Rn. 606 ff.

231 Eine der seltenen Ausnahmen ist § 316 Abs. 2, wo die fahrlässige Begehung der vorsätzlichen im Hinblick auf den angedrohten Strafrahmen gleichgestellt wird.

232 Dass § 303 allein die vorsätzliche Sachbeschädigung unter Strafe stellt, ergibt sich nicht eindeutig aus dessen Wortlaut, sondern erst aus § 15, der eine ausdrückliche Regelung der Strafbarkeit fahrlässigen Handelns verlangt. Näher zur Fahrlässigkeitsstrafbarkeit unten Rn. 847 ff.

oder die Bereicherungsabsicht beim Betrug (§ 263). Sie unterscheiden sich vom Vorsatz insofern, als sie keine Entsprechung im objektiven Tatbestand haben. Ein vollendeter Diebstahl setzt also keine objektive Zueignung der Sache voraus, ein vollendeter Betrug keine tatsächlich eintretende Bereicherung. Es genügt jeweils, wenn der Täter mit der entsprechenden Absicht handelt. Wegen dieses rein subjektiven Überhanges spricht man von einer **„überschießenden Innentendenz“** der entsprechenden Delikte.[233] Die ebenfalls verwendete Bezeichnung als **„kupiertes Erfolgsdelikt“**[234] erklärt sich umgekehrt aus dem teilweisen Verzicht auf einen objektiven Taterfolg.

b) Vorsatzformen

Drei Vorsatzformen werden unterschieden: **Absicht (dolus directus I)**, **direkter Vorsatz (dolus directus II)** sowie der **bedingte Vorsatz (dolus eventualis)**. Sie sind für die Begründung der Strafbarkeit prinzipiell gleichwertig, es genügt grundsätzlich lediglich das Vorliegen von dolus eventualis als schwächster Vorsatzform. Nur ausnahmsweise hat der Gesetzgeber in einzelnen Tatbeständen erhöhte Anforderungen formuliert. So muss bspw. der Täter einer Verleumdung (§ 187) **„wider besseres Wissen“** falsche Tatsachen verbreiten. Hier ist also mindestens direkter Vorsatz des Täters erforderlich. In diesen Fällen kommt man nicht umhin, die Vorsatzform genauer zu untersuchen und ein Ergebnis zu formulieren. Aber auch ganz allgemein ist es im strafrechtlichen Gutachten nicht zu empfehlen, die Frage der Vorsatzform offen zu lassen und festzuhalten, dass der Täter „jedenfalls“ mit bedingtem Vorsatz gehandelt hat. Vorzugswürdig ist eine eindeutige Festlegung, die regelmäßig ohne ausführliche Subsumtion möglich sein sollte.[235] 199

Der Vorsatz wird, wie oben erwähnt, mit **„Wissen und Wollen“** bezüglich der Tatbestandsverwirklichung umschrieben. Die verschiedenen Vorsatzformen unterscheiden sich, wie im Folgenden dargelegt wird, im Hinblick auf die jeweilige Ausprägung des **(kognitiven) Wissenselements** sowie des **(voluntativen) Willenselements**. 200

aa) Absicht

Mit **Absicht (bzw. dolus directus I)** handelt der Täter, wenn er die Erfüllung des Tatbestandes, insbesondere die Herbeiführung des Taterfolges, **willentlich und zielgerichtet anstrebt**. Es muss ihm also auf die Erfüllung des Tatbestandes ankommen.[236] Die starke Ausprägung des Willenselements führt dazu, dass eine schwächere Ausprägung des Wissenselements in Kauf genommen werden kann. Auch wenn der Täter etwa den Erfolgseintritt für eher unwahrscheinlich hält, also gerade kein sicheres Wissen im Hinblick auf die Tatbestandsverwirklichung hat, handelt er absichtlich und damit vorsätzlich, wenn er diesen Erfolgseintritt zielgerichtet herbeiführen will. 201

233 MüKo-StGB/*Schmitz*, § 242 Rn. 110.
234 MüKo-StGB/*Hefendehl*, § 263 Rn. 700.
235 Vgl. ausführlich zum Vorsatz *Roxin*, AT I § 12 Rn. 1 ff.
236 *Rengier*, AT § 14 Rn. 7.

Beispiel:
A legt aus großer Entfernung mit dem Gewehr auf B an, weil er ihn töten will. Obwohl er seine Chancen als äußerst schlecht einschätzt, gelingt ihm wider Erwarten ein tödlicher Schuss. Hier ist Tötungsvorsatz in Form von Absicht (dolus directus I) zu bejahen.

202 Zu beachten ist, dass absichtliches Handeln des Täters auch dann vorliegen kann, wenn er eigentlich ein anderes Ziel erreichen will, dafür aber, wie ihm bewusst ist, notwendigerweise den Tatbestand erfüllen muss. Man spricht dann von einem **notwendigen Zwischenziel** des Handelnden, das er selbst dann mit Absicht anstrebt, wenn es ihm als solches gleichgültig ist.[237]

Beispiel:
A mischt dem B ein tödlich wirkendes Gift in den Kaffee. An sich hat er nichts gegen B, aber er weiß, dass er nur auf diese Weise dessen Erbe antreten kann. Hier wird die Tötung von A als notwendiges Zwischenziel auf dem Weg zum eigentlichen Ziel der Erbschaft angestrebt, so dass eine absichtliche Tötung zu bejahen ist.

bb) Direkter Vorsatz (dolus directus II)

203 Direkt vorsätzlich handelt der Täter, wenn er mit hinreichender Sicherheit weiß, dass er mit seinem Handeln den Tatbestand erfüllt, insbesondere den Taterfolg herbeiführen wird. Spiegelbildlich zur Situation bei der Absicht kann hier die starke Ausprägung des Wissenselements ein schwächer ausgeprägtes Willenselement kompensieren. Wer also (wie A im soeben erwähnten Giftbeispiel) sicher weiß, dass er den Erfolg herbeiführen wird, kann sich zumindest nicht darauf berufen, dass er dies keineswegs gewollt habe. Auf die Unerwünschtheit oder Erwünschtheit des Erfolgs kommt es in dieser Konstellation gar nicht an. Hier zeigt sich eine Überschneidung zur eben diskutierten Fallgruppe des notwendigen Zwischenziels, wenn der Täter zugleich ein anderes Ziel willentlich anstrebt.

cc) Bedingter Vorsatz (dolus eventualis)

204 Die größten Schwierigkeiten bereitet die Feststellung des bedingten Vorsatzes. Dieser sog. **dolus eventualis** muss vom fahrlässigen, lediglich unsorgfältigen Handeln abgegrenzt werden. Folgende wichtige Ansätze sollten im strafrechtlichen Gutachten bei Zweifeln über das Vorliegen von dolus eventualis erörtert werden:[238]

205 Nach der in der Literatur teilweise vertretenen sog. **Möglichkeitstheorie** genügt es, wenn der Täter erkennt, dass er mit seinem Handeln möglicherweise den Erfolg (etwa die Verletzung oder Tötung eines Menschen) herbeiführen wird.[239] Die **Wahrscheinlichkeitstheorie** nimmt bedingten Vorsatz erst an, wenn der Täter den Erfolgseintritt für wahrscheinlich hält.[240] Gemein ist beiden Ansätzen, dass es sich um **rein kognitive Theorien** handelt. Sie verzichten also vollständig auf das voluntative Ele-

237 *Rengier*, AT § 14 Rn. 8.
238 Dazu näher *Wessels/Beulke/Satzger*, AT Rn. 216 ff.
239 *Frister*, AT Kp. 11 Rn. 24 f.; vgl. auch *Kindhäuser*, AT § 14 Rn. 15 ff., 27 ff.
240 Nachweise bei *Hillenkamp*, AT-Probleme, S. 3.

ment.[241] Dagegen lässt sich – neben der Unbestimmtheit des angelegten Maßstabs – einwenden, dass eine Abgrenzung zur bewussten Fahrlässigkeit auf diese Weise nicht gelingen kann.[242] Denn auch dort erkennt der Handelnde, dass sein Verhalten riskant ist und den Erfolg herbeiführen kann.

Die **Rechtsprechung** hält daher zu Recht daran fest, dass neben das Wissenselement auch ein „Wollen“ des Täters treten muss. Sie geht von bedingtem Vorsatz aus, wenn der Täter den Erfolgseintritt als möglich vorausgesehen hat und billigend in Kauf nimmt (sog. **Billigungstheorie**).[243] An Letzteres werden allerdings keine hohen Anforderungen gestellt. Ein „Billigen im Rechtssinne“ könne auch dann vorliegen, wenn der Erfolgseintritt dem Täter an sich unerwünscht sei.[244] Die Entscheidung zwischen bedingtem Vorsatz und bewusster Fahrlässigkeit soll niemals schematisch, sondern nur nach Erforschung der höchst individuellen (psychischen) Situation des jeweiligen Täters und der jeweiligen Tat erfolgen. Die Rechtsprechung folgert ein „Billigen“ unter anderem aus **objektiven Faktoren.** Dazu zählt der erkennbare Grad der Gefährlichkeit des Handelns, die Fortführung eines Vorhabens trotz äußerster Gefährlichkeit sowie der Umstand, dass der Täter es dem Zufall überlässt, ob sich die von ihm erkannte Gefahr verwirklicht oder nicht („Daraufankommenlassen“).[245] Wer etwa mit schweren Stiefeln wuchtig mehrfach gegen den Kopf des Opfers tritt, nimmt dessen Tod regelmäßig in Kauf.[246] 206

In der früheren Rechtsprechung wurde allerdings gerade bei tödlichen Folgen von erhöhten Anforderungen an die Bejahung eines entsprechenden Vorsatzes ausgegangen. Aufgrund der natürlichen Hemmschwelle gegenüber der Tötung eines anderen Menschen dürfe deren billigende Inkaufnahme nicht zu schnell unterstellt werden. Von dieser (in ihren pauschalen psychologischen Grundannahmen zweifelhaften) sog. **„Hemmschwellentheorie“** hat sich die neuere Rechtsprechung aber distanziert. Es handelt sich, wie der BGH nun klargestellt hat, nicht um eine Modifizierung der materiellen Vorsatzvoraussetzungen, sondern lediglich um den (an sich rein deklaratorischen) Hinweis auf die sorgfältige Prüfung des Vorsatzes durch den Richter im Rahmen seiner freien Beweiswürdigung.[247] 207

Die in der Literatur herrschende Theorie bejaht bedingten Vorsatz, wenn der Täter das Risiko der Erfüllung des Tatbestandes erkennt, es ernst nimmt und sich damit abfindet (sog. **Ernstnahmetheorie**).[248] Sie ist vorzugswürdig, weil sie (im Gegensatz zur Ansicht der Rechtsprechung) schon begrifflich offenlegt, dass die Anforderungen 208

241 *Hilgendorf/Valerius*, AT § 4 Rn. 86.
242 *Rengier*, AT § 14 Rn. 30.
243 Ausgangspunkt dieser st. Rspr. war der sog. Lederriemen-Fall in BGHSt 7, 363 (369).
244 BGHSt 7, 363 (369); BGH NStZ 2008, 93.
245 BGH NJW 2007, 150 f.; BGH NStZ 2012, 207; Schönke/Schröder/*Sternberg-Lieben/Schuster*, § 15 Rn. 87 m.w.N.
246 BGH NStZ 2007, 639 (festes Schuhwerk); BGH NStZ 2009, 266 (Springerstiefel). Zur Vorsatzfeststellung im Zusammenhang mit Tritten gegen den Kopf vgl. MüKo-StGB/*Schneider*, § 212 Rn. 33 ff.
247 BGH NJW 2012, 1524. S. dazu *Kaspar/Broichmann*, ZJS 2013, 249 (252).
248 S. nur *Hoffmann-Holland*, AT Rn. 166; *Jescheck/Weigend*, AT S. 299 f.

an das voluntative Element eher niedrig angesetzt werden. Aufgrund der sehr weiten Interpretation des „Billigens“ durch die Rechtsprechung kommen sie und die h. Lit. fast immer zu denselben Ergebnissen.[249] Im strafrechtlichen Gutachten kann man die Entscheidung zwischen beiden Ansätzen dann offen lassen.

209 Als **Faustformel** für die Abgrenzung von bedingtem Vorsatz und bewusster Fahrlässigkeit kann darauf abgestellt werden, was der Täter sich bei seinem Handeln gedacht hat. Erkennt er das Risiko des Erfolgseintritts und handelt dennoch weiter unter dem Motto **„und wenn schon“**, spricht dies für bedingten Vorsatz. Dagegen liegt bewusste Fahrlässigkeit nahe, wenn der Täter bei seinem Handeln von dem Gedanken **„wird schon gut gehen“** geleitet wird.[250]

c) Relevanter Zeitpunkt

210 Der Vorsatz des Täters muss zum **Zeitpunkt der Begehung** der Tat vorliegen. Man spricht vom **Koinzidenzprinzip**, nach dem die objektive Tatbestandsverwirklichung und der Vorsatz zeitlich zusammenfallen müssen.[251] Diese Anforderung ergibt sich allgemein aus dem Schuldprinzip, lässt sich aber auch dem Wortlaut der Irrtumsregelung in § 16 entnehmen. Mit der „Tat“ im Sinne dieser Vorschrift ist der Zeitraum vom Eintritt in das Versuchsstadium (§ 22) bis zur Vollendung angesprochen.

211 Aus dem Koinzidenzprinzip folgt, dass ein erst nachträglich gefasster Vorsatz (sog. **dolus subsequens**) nicht für die Vorsatzstrafbarkeit genügt.[252]

Beispiel:
X überfährt aus Versehen mit seinem Pkw einen Passanten mit tödlichen Folgen. Erst nachträglich erkennt er, dass es sich um seinen verhassten Nachbarn N handelt, dessen bereits eingetretener Tod ihm sehr erwünscht ist.

212 Eine Strafbarkeit gem. § 212 scheidet aus, weil X zum relevanten Zeitpunkt des Überfahrens des Passanten ohne Tötungsvorsatz handelte. Die nachträgliche Billigung des Todes genügt dafür nicht. Lediglich eine Strafbarkeit gem. § 222 kommt in Betracht.

213 Ebenso wenig ausreichend ist der sog. **dolus antecedens,** also ein ursprünglich bestehender Tatvorsatz, der zum Handlungszeitpunkt aber bereits aufgegeben wurde.[253]

Beispiel:
Nachdem X vergeblich versucht hat, den N mit einem Schuss aus dem Hinterhalt zu töten, überfährt er kurze Zeit später auf dem Nachhauseweg mit seinem Pkw aus Versehen einen Passanten, der sofort verstirbt. Erst jetzt bemerkt X, dass es sich um N handelt. Hier fehlt es am relevanten Vorsatz zum entscheidenden Handlungszeitpunkt des tödlichen Unfalls.

---

249 Vgl. *Satzger*, Jura 2008, 112 (118).
250 *Wessels/Beulke/Satzger*, AT Rn. 220 f.
251 *Rengier*, AT § 14 Rn. 55.
252 *Heinrich*, AT Rn. 289.
253 *Rengier*, AT § 14 Rn. 56.

In diesen Zusammenhang lässt sich auch die bekannte Problematik des „**Jauchegrubenfalles**" einordnen, die bei mehraktigen Geschehen auftreten kann: Ein mit Tötungsvorsatz handelnder Täter glaubte, das Opfer sei aufgrund seiner Gewalthandlung bereits tot. In Wahrheit trat der Tod aber erst bei der Beseitigung der (vermeintlichen) Leiche in einer Jauchegrube ein.[254] Dass hier der allgemein gefasste Tötungsvorsatz im Sinne eines **dolus generalis** weiterwirkt, ist lebensfremd und wird der Situation nicht gerecht:[255] Zum Zeitpunkt der Beseitigung war ein aktueller Vorsatz, das Opfer zu töten, nicht mehr vorhanden. Vielmehr liegt die Konstellation des dolus antecedens vor. Ob hier eine vollendete oder lediglich versuchte Tötung vorliegt, entscheidet sich richtigerweise nach den allgemeinen Regeln der Abweichung vom Kausalverlauf.[256] 214

Der relevante Zeitpunkt der Begehung der Tat lässt sich weiter präzisieren. Aus der Regelung in § 8 folgt, dass es dafür auf den **Zeitpunkt der Tathandlung** ankommt, d.h. auf den Augenblick, in dem der Täter zur Erfolgsherbeiführung ansetzt und den Kausalverlauf aus der Hand gibt. Der (unter Umständen erst viel später eintretende) Taterfolg ist nicht maßgeblich. Es ist also unschädlich, wenn der Täter zum Zeitpunkt des Erfolgseintritts keinen aktuellen Vorsatz (mehr) hat, solange die Tathandlung vorsätzlich erfolgte.[257] 215

Beispiel:
A hat eine E-Mail mit beleidigendem Inhalt (§ 185) an B verfasst und abgeschickt. Sofort im Anschluss wird A von Reue gepackt, eine Herabwürdigung von B ist ihm nun sehr unrecht. Dennoch kann er nicht verhindern, dass B kurze Zeit später die Mail liest. Vorsatz des A zum relevanten Zeitpunkt der Tathandlung (Versenden der E-Mail) liegt vor.

Umgekehrt genügt es nicht, wenn der Vorsatz zum Zeitpunkt der Tathandlung fehlte und erst beim Erfolgseintritt vorlag. 216

Beispiel:
X erkennt den N im obigen Verkehrsunfallbeispiel einige Sekunden, bevor dieser verstirbt. Der Vorsatz des X liegt hier zwar zum Zeitpunkt des Erfolgseintritts (Tod des N) vor, das kann aber den fehlenden Tötungsvorsatz zum Handlungszeitpunkt (Anfahren des N) nicht kompensieren.

d) Reichweite des Vorsatzes

Der Vorsatz muss sich auf **alle Elemente des objektiven Tatbestands** beziehen, also auch auf den **Kausalverlauf.** Insbesondere hier können sich Probleme ergeben, wenn sich der tatsächliche Ablauf des Geschehens von der Vorstellung des Täters unterscheidet. 217

Es besteht Einigkeit darüber, dass nicht jede Einzelheit des Tathergangs vom Vorsatz des Täters umfasst sein muss, das wäre eine Überspannung der Anforderungen des Schuldprinzips. Tatsächlicher Verlauf und Tätervorstellung dürfen lediglich nicht zu 218

254 BGHSt 14, 193; dazu auch *Heinrich*, AT Rn. 287.
255 BGHSt 14, 193; *Roxin*, AT I § 12 Rn. 175.
256 S. sogleich Rn. 217 ff. und *Roxin*, AT I § 12 Rn. 174 ff.
257 *Heinrich*, AT Rn. 291.

stark auseinanderfallen; entscheidend ist dabei, ob sich die Abweichung von der Tätervorstellung noch im Rahmen des **nach allgemeiner Lebenserfahrung Erwartbaren** hält.[258]

Beispiel:
A will B mit einem Schuss unmittelbar am Tatort töten. B stirbt allerdings erst einige Zeit später an den Folgen des Schusses im Krankenhaus.

219 Trotz der Abweichung des tatsächlichen Kausalverlaufs von der Vorstellung des Täters ist der Vorsatz des A zu bejahen, weil sich die Abweichung im Rahmen des Erwartbaren bewegt. Auch dass das Opfer eines Angriffs wie im „Jauchegrubenfall“[259] erst bei der Entsorgung der vermeintlichen „Leiche“ durch den Täter zu Tode kommt, wird sich regelmäßig (noch) in diesem Rahmen halten und daher auch vom Vorsatz des Täters umfasst sein.[260]

220 Umgekehrt fehlt es am Tötungsvorsatz, wenn der Tod nur aufgrund ganz anderer, unvorhersehbarer Umstände eintritt.

Beispiel:
B wird nach dem lebensgefährlichen Schuss von A im Krankenhaus eingeliefert und stirbt dort an einem äußerst seltenen Erreger, den ein im selben Zimmer untergebrachter Patient von einer Auslandsreise eingeschleppt hat.

221 Aufgrund dieser deutlichen und so nicht zu erwartenden Abweichung vom ursprünglich anvisierten Kausalverlauf fehlt es an einem entsprechenden Vorsatz des A. Er kann daher nur wegen versuchten Totschlags bestraft werden. Eine andere Frage ist, ob man hier überhaupt bis zur Prüfung des subjektiven Tatbestandes vordringt. Denn nach der zumindest in der h. Lit. vertretenen Lehre von der objektiven Zurechnung wird es in diesen Fällen regelmäßig bereits am **objektiven Zurechnungszusammenhang** wegen eines **atypischen Kausalverlaufs** fehlen.[261]

222 Dass daneben dennoch ein Anwendungsbereich für fehlenden Tötungsvorsatz wegen einer relevanten „Abweichung vom Kausalverlauf“ verbleibt, versteht sich nicht von selbst. Es muss sich um Geschehensabläufe handeln, die nicht völlig atypisch sind, sich aber dennoch außerhalb des nach der Lebenserfahrung Erwartbaren bewegen. Möglich ist das deshalb, weil die **Bezugspunkte verschieden** sind. Der atypische Kausalverlauf wird rein nach objektiven Maßstäben bestimmt, während die Wesentlichkeit der Abweichung vom vorgestellten Kausalverlauf anhand der individuellen Tätervorstellung zu bestimmen ist.[262]

258 So schon BGHSt 7, 329.
259 S. dazu oben Rn. 214.
260 Vgl. nur *Frister*, AT Kp. 11 Rn. 54 sowie *Wessels/Beulke/Satzger*, AT Rn. 265 m.w.N. auch zu abweichenden Ansichten.
261 Dazu auch *Roxin*, AT I § 12 Rn. 152.
262 S. dazu näher unten Rn. 615 ff.

e) Dolus cumulativus und Dolus alternativus

Unter der Bezeichnung **dolus cumulativus** versteht man Konstellationen, in denen sich der Vorsatz des Täters darauf bezieht, mit seiner Handlung nebeneinander mehrere Tatbestände zu verwirklichen bzw. Taterfolge herbeizuführen.[263] 223

Beispiel:
Scharfschütze A will den Politiker P aus dem Hinterhalt erschießen. Dabei nimmt er billigend in Kauf, dass der neben P stehende Leibwächter L durch denselben Schuss ebenfalls tödlich getroffen wird, was auch geschieht.

Besondere Schwierigkeiten bestehen hier nicht; der A kann unproblematisch wegen zweier tateinheitlich begangener vollendeter vorsätzlicher Tötungsdelikte bestraft werden. 224

Weniger eindeutig ist die Lösung in den Fällen des sog. **dolus alternativus**, in denen der Vorsatz des Täters sich nur darauf bezieht, den einen oder den anderen Tatbestand bzw. Erfolg zu verwirklichen.[264] 225

Beispiele:
(1) Scharfschütze A nimmt es billigend in Kauf, dass anstelle des Politikers P der Leibwächter L tödlich getroffen wird; dass er beide gleichzeitig trifft, hält er für ausgeschlossen. L stirbt aufgrund eines tödlichen Treffers.
(2) Politiker P steht neben seinem Schäferhund. A nimmt es billigend in Kauf, anstelle des P den Hund tödlich zu treffen; dass er beide zugleich trifft, hält er für ausgeschlossen. A erschießt lediglich den Hund.

Die h.M. bestraft hier wegen **aller konstruktiv denkbarer Delikte.**[265] Im Beispiel (1) wäre A danach wegen eines vollendeten Tötungsdelikts (§§ 212, 211) an L und zugleich wegen eines entsprechenden Versuchs gegenüber P zu bestrafen. Im Beispiel (2) träte neben das versuchte Tötungsdelikt gegenüber P noch die vollendete Sachbeschädigung gem. § 303 bezüglich der Tötung des Hundes. Gegen diese Lösung spricht allerdings, dass damit die Grenze zum dolus cumulativus in nicht sachgerechter Weise eingeebnet würde. Anders als dort erstreckt sich der Vorsatz in den hier vorliegenden Fällen von vornherein nicht auf eine gleichzeitige Verwirklichung beider Tatbestände bzw. Erfolge. Stützt man die Vollendungsstrafbarkeit auf den Tötungsvorsatz bezgl. des L, ist dieser „verbraucht" und kann nicht zugleich (kumulativ!) zur Begründung einer Versuchsstrafbarkeit gegenüber P herangezogen werden. 226

Eine denkbare Lösung wäre nun, ausnahmslos auf das **vollendete Delikt** abzustellen.[266] Das würde aber zu dem merkwürdigen Ergebnis führen, dass in Beispiel (2) allein wegen vollendeter Sachbeschädigung gem. § 303 zu bestrafen wäre, obwohl das Unrecht des versuchten Tötungsdelikts deutlich schwerer wiegt und mit höherer Strafe bedroht ist.[267] Es leuchtet nicht ein, warum ein Täter, der alternativ noch 227

263 *Rengier*, AT § 14 Rn. 45 ff.
264 *Wessels/Beulke/Satzger*, AT Rn. 231 ff. Dazu auch *Jeßberger/Sander*, JuS 2006, 1065.
265 *Rengier*, AT § 14 Rn. 49. Differenzierend *Heinrich*, AT Rn. 292 ff.
266 Vgl. NK-StGB/*Zaczyk*, § 22 Rn. 20.
267 Ablehnend auch *Rengier*, AT § 14 Rn. 50.

einen weiteren deliktischen Erfolg in seinen Vorsatz aufnimmt, besser gestellt werden sollte als ein allein mit Tötungsvorsatz Handelnder.

228 Überzeugender ist daher die Ansicht, nach der im Ergebnis nur der **Vorsatz bezüglich des schwersten Delikts** relevant wird.[268] In Beispiel (1) wäre A daher allein wegen des vollendeten Totschlags bzw. Mordes gegenüber L zu bestrafen; in Beispiel (2) wäre aufgrund des deutlich höheren Unrechtsgehalts der Tötung gegenüber der Sachbeschädigung allein ein versuchtes Tötungsdelikt anzunehmen. Obwohl es im zuletzt genannten Fall um zwei verschiedene Delikte geht, lässt sich auch hier das Argument des „verbrauchten" Vorsatzes heranziehen: Zieht man den Tötungsvorsatz des A heran, um eine Versuchsstrafbarkeit zu begründen, hat man sich auf diese Variante des von A für möglich gehaltenen Geschehensablaufs festgelegt. Daneben ist kein Raum für die Annahme eines weiteren relevanten schädigenden Vorsatzes, wenn sich das Wissen und Wollen des A wie hier nicht auf eine kumulative Verwirklichung beider Erfolge bezogen hat.

Wiederholungsfragen zu § 5 II. 3. (Subjektiver Tatbestand)

1. Welche drei Vorsatzformen kennen Sie und wie werden sie unterschieden? (Rn. 199 ff.)
2. Welche Theorien werden zur Abgrenzung des dolus eventualis von der bewussten Fahrlässigkeit vertreten? (Rn. 205 ff.)
3. Welchen Inhalt hat das „Koinzidenzprinizp" im Vorsatzbereich und wo ist es verankert? (Rn. 210)
4. Was ist mit der Problematik des „dolus alternativus" gemeint und wie ist sie überzeugend zu lösen? (Rn. 225)

4. Objektive Bedingungen der Strafbarkeit

229 Nach der Prüfung von objektivem und subjektivem Tatbestand ist in der Mehrzahl der Fälle die Ebene der Tatbestandsmäßigkeit abgearbeitet. Nur in wenigen Ausnahmefällen sind nun noch sog. **objektive Bedingungen der Strafbarkeit** zu prüfen. Wichtige Beispiele sind die Begehung einer Rauschtat in § 323a sowie der Eintritt der schweren Folge im Anschluss an eine Schlägerei oder einen von mehreren verübten Angriff gem. § 231.

230 Das Besondere an diesen Merkmalen ist, dass sie außerhalb des notwendigerweise vom Vorsatz umfassten Bereichs des objektiven Tatbestandes stehen. Sie können daher zwar als sogenannter **Annex** der Tatbestandsmäßigkeit zugeordnet werden, müssen aber (auch gliederungstechnisch) klar vom objektiven und subjektiven Tatbestand abgegrenzt werden.

268 LK-StGB/*Vogel*, § 15 Rn. 136; *Kühl*, AT § 5 Rn. 27a f.

Ein Grund für die besondere Ausgestaltung der betroffenen Tatbestände ist **kriminalpolitischer Natur**: Die Strafbarkeit soll nicht von dem (hier besonders schwierigen) Nachweis von Vorsatz oder auch nur Fahrlässigkeit bezüglich der objektiven Strafbarkeitsbedingung abhängen. Beispielhaft: Ob der volltrunkene Täter seine im Zustand der Schuldunfähigkeit begangene Tat vorhergesehen hat oder zumindest hätte vorhersehen können, ist nach ganz h.M. für eine Strafbarkeit gem. § 323a irrelevant.[269] 231

Allein mit prozessualen Beweisproblemen lässt sich eine solche Ausdehnung der materiellen Strafbarkeit aber nicht überzeugend begründen. Zudem wenden Kritiker auf den ersten Blick plausibel ein, dass es einen Verstoß gegen das Schuldprinzip darstellt, wenn man für Umstände bestraft wird, bezüglich derer noch nicht einmal ein Fahrlässigkeitsvorwurf erhoben werden kann.[270] Die objektiven Bedingungen der Strafbarkeit sind daher nur legitimierbar, soweit sie im jeweiligen Einzelfall allein **strafbarkeitsbeschränkende Funktion** haben. Das wiederum setzt voraus, dass strafwürdiges Verhalten bereits unabhängig von der jeweiligen Bedingung bejaht werden kann und diese den Bereich potenzieller Straftaten lediglich eingrenzt. Das ist bei § 231 naheliegend, da bereits die Teilnahme an einer Schlägerei oder einem Angriff (abstraktes) Gefährdungsunrecht verwirklicht. Deutlich schwieriger ist dies aber bei § 323a, denn die bloße Volltrunkenheit (die sich auch allein zu Hause im „stillen Kämmerlein" vollziehen kann) weist kein annähernd vergleichbares Gefährdungspotenzial auf. Hinzu kommt eine nicht zu bestreitende soziale Üblichkeit selbst schwerer Rauschzustände, wenn man sich ein durchschnittliches Volksfest vor Augen hält.[271] Eine verfassungskonforme Reduktion der Norm dergestalt, dass zumindest Fahrlässigkeit bezüglich der Rauschtat festgestellt werden muss, liegt daher nahe.[272] 232

III. Die Ebene der Rechtswidrigkeit

1. Grundlagen

a) Funktion der Rechtswidrigkeitsprüfung

Ein tatbestandsmäßiges Verhalten ist dann nicht rechtswidrig, wenn zugunsten des Handelnden ein **Rechtfertigungsgrund** eingreift. In diesem Fall ist das Verhalten von der Rechtsordnung gedeckt; es kann damit weder strafbar sein noch einen „rechtswidrigen Angriff" im Sinne von § 32 darstellen, gegen den sich ein anderer in berechtigter Notwehr verteidigen könnte. 233

269 BGHSt 16, 124 (125); *Fischer*, StGB § 323a Rn. 17.
270 So (in Bezug auf § 323a) *Roxin*, AT I § 23 Rn. 9; A/W/H/H/*Hilgendorf* § 40 Rn. 10 f.
271 Ähnlich *Roxin*, AT I § 23 Rn. 8.
272 Vgl. MüKo-StGB/*Geisler*, § 323a Rn. 9 f.; 57 ff.; nach A/W/H/H/*Hilgendorf*, § 40 Rn. 11 soll die Voraussehbarkeit der eigenen (generellen) Deliktsneigung ohne Bezug zur konkreten Rauschtat genügen.

234 Inwieweit bereits die bloße Tatbestandserfüllung ein **(vorläufiges) Unwerturteil** ermöglicht, ist umstritten,[273] kann aber letztlich dahinstehen, da sich dies in rechtlicher Hinsicht nicht auswirkt: Sowohl die Strafbarkeit als auch die eben erwähnte Notwehrlage setzen stets ein **endgültiges Unwerturteil** voraus, also die Feststellung nicht lediglich tatbestandsmäßigen, sondern auch rechtswidrigen Handelns.

b) Überblick über die wichtigsten Rechtfertigungsgründe

235 Mit der **Notwehr gem. § 32** und dem **Notstand gem. § 34** sind zwei wichtige Rechtfertigungsgründe ausdrücklich im StGB normiert.[274] Strafrechtlich relevante Rechtfertigungsgründe müssen allerdings nicht zwingend dort geregelt sein. Auch was nach bürgerlichem oder öffentlichem Recht erlaubt ist, kann nach dem Gedanken der **Einheit der Rechtsordnung** im Strafrecht nicht als verboten angesehen werden. Selbst ungeschriebene, nur gewohnheitsrechtlich anerkannte Rechtfertigungsgründe sind denkbar;[275] ein Verstoß gegen das Gesetzlichkeitsprinzip (Art. 103 Abs. 2 GG) liegt darin nicht, da sich die Rechtfertigung zu Gunsten des Täters auswirkt.

236 Folgende **außerhalb des StGB** bzw. gesetzlich nicht ausdrücklich geregelte Rechtfertigungsgründe sind besonders relevant und werden daher im Folgenden vertieft:[276]

- Defensiver Notstand gem. § 228 BGB
- Aggressiver Notstand gem. § 904 BGB
- Rechtfertigende Einwilligung
- Mutmaßliche Einwilligung
- Hypothetische Einwilligung
- Recht der vorläufigen Festnahme gem. § 127 Abs. 1 StPO

c) Struktur der Rechtfertigungsgründe

237 Im Hinblick auf die Struktur der Rechtfertigungsgründe lassen sich zwei Elemente unterscheiden. Neben **objektiven Voraussetzungen** der Rechtfertigung tritt ein **subjektives Rechtfertigungselement**, das in seinen Voraussetzungen umstritten ist. Zumindest das Wissen des Handelnden um die tatsächlichen Umstände der rechtfertigenden Situation wird stets verlangt. Darüber hinaus wird von der h.M. bei einzelnen Rechtfertigungsgründen eine besondere Motivation des Handelnden für erforderlich gehalten, etwa ein „Verteidigungswille" im Rahmen der Notwehr gem. § 32;

---

273 Bejahend *Hoffmann-Holland*, AT Rn. 210; *Kühl*, AT § 6 Rn. 1; a.A. *Rengier*, AT § 17 Rn. 1.

274 Daneben ist noch der speziell für Beleidigungsdelikte geltende § 193 zu nennen.

275 *Wessels/Beulke/Satzger*, AT Rn. 274.

276 Als weitere Rechtfertigungsgründe kommen u.a. noch die rechtfertigende Pflichtenkollision sowie besondere Befugnisse von Amtsträgern in Betracht, vgl. *Wessels/Beulke/Satzger*, AT Rn. 282. Zur umstrittenen Frage einer unmittelbar auf Grundrechte wie die Kunstfreiheit in Art. 5 Abs. 3 GG gestützten Rechtfertigung s. nur *Roxin* AT I § 18 Rn. 49 ff. sowie umfassend *Kaspar* Verhältnismäßigkeit und Grundrechtsschutz, S. 544 ff. Zur strittigen Frage der Geltung strafrechtlicher Rechtfertigungsgründe für das Handeln staatlicher Hoheitsträger s. *Hillenkamp,* AT-Probleme, S. 40 ff.

überzeugend ist dieses rein auf die Gesinnung des Täters abzielende zusätzliche Merkmal allerdings nicht.[277]

Umstritten ist, welche **rechtliche Konsequenz** das **Fehlen des subjektiven Rechtfertigungselements** nach sich zieht. Die Rechtsprechungund ein Teil der Literatur sehen darin ein vollständiges Scheitern der Rechtfertigung und befürworten daher eine Bestrafung aus dem vollendeten Delikt.[278] Die Gegenansicht will dem Vorliegen der objektiven Rechtfertigungsvoraussetzungen (bei bloßem Fehlen des subjektiven Elements) dadurch Rechnung tragen, dass eine bloße **Versuchsstrafbarkeit** angenommen wird.[279] Das ist überzeugend, denn die objektive Rechtfertigung führt dazu, dass kein Erfolgsunrecht, sondern lediglich Handlungsunrecht zu bejahen ist.[280] Insofern ähnelt die Konstellation den Fällen des bloßen Versuchs, denen mit einer fakultativen Strafmilderung gem. § 23 in differenzierter Weise Rechnung getragen werden kann. 238

2. Notwehr, § 32

a) Inhalt und Grundprinzipien des Notwehrrechts

Der Rechtfertigungsgrund der **Notwehr** gem. **§ 32** erlaubt die Verteidigung gegen rechtswidrige Angriffe „von sich oder einem anderen". Erfasst ist somit nicht nur die Selbstverteidigung, sondern auch das Eingreifen zugunsten eines Dritten, der Opfer eines rechtswidrigen Angriffs ist; in letzterem Fall spricht man von **Nothilfe.** 239

Die **Grundprinzipien des Notwehrrechts** sind umstritten. Während eine im Vordringen befindliche Meinung in der Literatur die Basis der Notwehr ausschließlich im **Individualschutzprinzip** sieht,[281] wird vereinzelt auch allein auf das **Rechtsbewährungsprinzip** abgestellt.[282] Die herrschende Meinung hingegen vertritt einen **dualistischen Ansatz** und stützt die Notwehr auf eine Kombination beider Prinzipien.[283] 240

Inhaltlich besagt das **Individualschutzprinzip,** dass niemand die rechtswidrige Verletzung seiner Rechtsgüter (wie bspw. Leib, Leben oder Eigentum) widerstandslos erdulden muss. Demgegenüber verteidigt der Angegriffene nach dem **Rechtsbewährungsprinzip** nicht nur sein Individualrechtsgut, sondern er tritt zugleich für den Bestand der Rechtsordnung insgesamt ein. Er verteidigt somit an Stelle der abwesenden Staatsgewalt das Recht gegen das Unrecht. Das soll nach h.M. in manchen Konstellationen zu einer **Einschränkung des Notwehrrechts** führen, wenn die Rechtsordnung (etwa bei einer Attacke durch ein Kind) Nachsicht mit dem Angreifer vor- 241

277 S. dazu sogleich unten Rn. 296 f.
278 Vgl. etwa BGHSt 2, 111 (114); *Heinrich*, AT Rn. 392; *Zieschang*, AT Rn. 232.
279 *Stratenwerth/Kuhlen*, AT § 9 Rn. 153 ff; *Fischer*, StGB § 32 Rn. 27.
280 *Wessels/Beulke/Satzger*, AT Rn. 278.
281 MüKo-StGB/*Erb*, § 32 Rn. 12; Matt/Renzikowski/*Engländer*, § 32 Rn. 4; SK-StGB/*Günther*, § 32 Rn. 12 f.
282 *Schmidhäuser*, GA 1991, 112 ff.
283 BGHSt 24, 356 (359); *Roxin*, AT I § 15 Rn. 3; *Rengier*, § 18 Rn. 1; *Kühl*, AT § 7 Rn. 6 ff.; Schönke/Schröder/*Perron*, § 32 Rn. 1 f.

sieht.[284] Zugleich wird auf das Rechtsbewährungsprinzip auch eine **Ausweitung** des Umfangs legitimer Notwehr gestützt; selbst die Tötung des Angreifers zur Verteidigung von Sachwerten kann nach ganz h.M. aufgrund des Rechtsbewährungsgedankens vom „schneidigen" deutschen Notwehrrecht gedeckt sein.[285]

242 Das **Rechtsbewährungsprinzip** geht zurück auf die von *Berner* geprägte Formel, wonach „das Recht dem Unrecht nicht zu weichen" braucht.[286] Dabei handelt es sich jedoch um eine inhaltsleere Wendung, aus der man nicht ohne Weiteres Erkenntnisse über den Umfang des Notwehrrechts ableiten kann.[287] Anders als die Formel suggeriert, darf nicht von vornherein unterstellt werden, dass der Verteidiger sich im Rahmen „des Rechts" bewegt, denn um die Rechtmäßigkeit seiner Gegenwehr geht es ja erst im jeweils zu prüfenden Fall. Und auf der anderen Seite droht eine pauschale Qualifizierung des Angreifers als Verkörperung „des Unrechts" zu einer zu weitgehenden Entwertung von dessen Grundrechten auf Leib oder Leben zu führen (die er trotz seines rechtswidrigen Angriffs nicht etwa „verwirkt" hat).

243 Richtig erscheint daher eine nur eingeschränkte bzw. **asymmetrische dualistische Notwehrbegründung**, bei der das Individualschutzprinzip vorrangige Bedeutung hat. Das Rechtsbewährungsprinzip kommt nur ergänzend hinzu und wird nur als Hinweis auf eine **generalpräventive Funktion** der Notwehr bedeutsam. Das beinhaltet die Signalwirkung, die von der effektiven Abwehr eines rechtswidrigen Angriffs ausgeht, was eine gewisse Härte des Notwehrrechts erklären kann. Allerdings lassen sich übermäßige (v.a. tödliche) Notwehrhandlungen zur Verteidigung von Sachwerten entgegen der ganz h.M. kaum auf ein so verstandenes Rechtsbewährungsprinzip stützen. Denn wie eine empirische Untersuchung ergeben hat, werden solche Handlungen von der Bevölkerung überwiegend als illegitim eingeschätzt.[288] Dann ist aber nicht einzusehen, warum der Vorgang gleichzeitig zur „Verteidigung der Rechtsordnung" beitragen sollte.[289]

284 Zu diesen Konstellationen fehlender „Gebotenheit" der Notwehr s. Rn 267 ff.
285 Vgl. nur *Wessels/Beulke/Satzger*, AT Rn. 340 m.w.N.
286 *Berner*, Archiv des Criminalrechts 1848, 547.
287 *Kaspar*, RW 2013, 40 (47).
288 *Kilian*, Die Dresdner Notwehrstudie.
289 Ausführlich *Kaspar*, RW 2013, 40 ff.

b) Aufbau der Notwehrprüfung

Folgender Aufbau der Prüfung der **Notwehr** gem. § 32 empfiehlt sich: 244

Übersicht Notwehr, § 32 StGB
A. Notwehrlage
I. Angriff
II. Gegenwärtigkeit des Angriffs
III. Rechtswidrigkeit des Angriffs
B. Notwehrhandlung
I. Zielrichtung gegen den Angreifer
II. Geeignetheit
III. Erforderlichkeit
IV. Gebotenheit
C. Subjektives Notwehrelement

c) Notwehrlage

Eine Notwehrlage setzt einen gegenwärtigen und rechtswidrigen Angriff voraus. 245

aa) Angriff

Ein Angriff i.S.d. § 32 ist ein **menschliches Verhalten**, das ein Individualrechtsgut bedroht oder verletzt. Vorsätzliches oder gar schuldhaftes Handeln des Angreifers wird dabei von der ganz h.M. nicht verlangt.[290] 246

(1) Beschränkung auf individuelle Rechtsgüter

Notwehr ist nur gegen Angriffe auf **Individualrechtsgüter** möglich, also bspw. auf Leib und (auch ungeborenes) Leben, auf die Fortbewegungsfreiheit sowie auf weitere Rechtsgüter wie das Eigentum, den Besitz, die Ehre, das allgemeine Persönlichkeitsrecht (z.B. das Recht am eigenen Bild) oder das Hausrecht. Auch die allgemeine Handlungsfreiheit ist erfasst, wobei der Angriff auf dieses Rechtsgut die Schwelle der Nötigung i.S.d. § 240 überschritten haben muss.[291] 247

Kollektive Rechtsgüter sind nach Wortlaut und Sinn und Zweck der Norm nicht notwehrfähig.[292] So kann bspw. ein Korruptionsgeschehen als Beeinträchtigung des Rechtsguts der „Lauterkeit der staatlichen Verwaltung" nicht gewaltsam in berechtigter Notwehr unterbunden werden. Ganz allgemein gibt es **keine „Staatsnothilfe"** zum Schutz kollektiver Belange wie der der öffentlichen Ordnung.[293] Hier bleibt es in vollem Umfang beim Gewaltmonopol der Vertreter des Staates, die für ein effektives und zugleich möglichst schonendes Einschreiten besser ausgebildet sind. In Be- 248

290 *Wessels/Beulke/Satzger*, AT Rn. 327.
291 *Kühl*, AT § 7 Rn. 35.
292 *Heinrich*, AT Rn. 344.
293 MüKo-StGB/*Erb*, § 32 Rn. 101.

tracht kommt dagegen unproblematisch eine Nothilfe zum Schutz von **Individualrechtsgütern einer juristischen Person des Staates** (z.B. des Eigentums einer Gemeinde).[294] Weiterhin sind Fälle denkbar, in denen ein Verhalten (wie bspw. eine unmittelbar und aktuell drohende Gefährdung von badenden Personen durch die illegale Entsorgung von Umweltgiften) **sowohl individuelle als auch kollektive Rechtsgüter** beeinträchtigt. Auch hier wäre eine Notwehrlage zu bejahen.

(2) Beschränkung auf menschliches Verhalten

249 Weiterhin setzt ein Angriff **menschliches Verhalten** voraus. Bloße Zuckungen im Schlaf[295] stellen daher ebensowenig einen notwehrfähigen Angriff dar wie die Attacke durch ein Tier (solange diese nicht von einem Menschen gesteuert wird). Hier kommt lediglich eine Rechtfertigung nach Notstandsgesichtspunkten in Frage.[296]

250 Ein **Unterlassen** (zB das Nicht-Freilassen bei der Freiheitsberaubung gem. § 239) kann nach h.M. ein Angriff sein, wobei hierfür richtigerweise eine Pflicht zum Handeln im Sinne von § 13 erforderlich ist.[297]

(3) Ausschluss von Scheinangriffen

251 Das Verhalten muss eine **tatsächliche Gefährdung** eines Individualrechtsguts mit sich bringen. Ein an sich harmloser **Scheinangriff** eröffnet auch dann nicht den Anwendungsbereich des § 32, wenn der Verteidiger dies verkennt. In einem solchen Fall der sog. **„Putativnotwehr"** kommt lediglich ein **Erlaubnistatbestandsirrtum** in Betracht.

Beispiel:
Bei der Probe zu einem Theaterstück im Englischen Garten „attackiert" A seine Schauspielerkollegin B mit einer in Wahrheit harmlosen Messer-Attrappe. Der nichtsahnende C schlägt A nieder, um B zu „retten".

252 Hier fehlt es an einer echten Gefährdung von individuellen Rechtsgütern, so dass kein „Angriff" vorliegt. Mangels Notwehrlage kann sich C daher nicht auf § 32 berufen. Seiner Bestrafung aus dem Vorsatzdelikt des § 223 steht aber entgegen, dass er sich in einem Erlaubnistatbestandsirrtum befindet. Lediglich eine Strafbarkeit wegen fahrlässiger Körperverletzung kommt in Betracht.[298]

253 **Kein Scheinangriff** liegt dagegen vor, wenn zwar ein objektiv ungefährliches Nötigungsmittel (etwa: eine Plastikpistole bei einem Banküberfall) eingesetzt wird, dies für das Opfer aber nicht erkennbar ist.[299] Denn hier ist zumindest das Rechtsgut der Willensfreiheit tatsächlich betroffen.

---

294 *Rengier*, AT § 18 Rn. 11.
295 Vgl. *Kaspar*, JA 2006, 855 (857); *Roxin*, AT I § 15 Rn. 8.
296 *Roxin*, AT I § 15 Rn. 6; *Kühl*, AT § 7 Rn. 26; s. Rn. 306 ff.
297 *Heinrich*, AT Rn. 343.
298 S. dazu unten Rn. 649 ff.
299 *Rengier*, AT § 18 Rn. 13 f.

bb) Gegenwärtigkeit des Angriffs

Gegenwärtig ist ein Angriff, der unmittelbar bevorsteht, gerade stattfindet oder noch fortdauert.[300] Etwas näher erläuterungsbedürftig sind die Fälle des unmittelbaren Bevorstehens sowie des Fortdauerns. 254

(1) Unmittelbares Bevorstehen des Angriffs

Der Angriff steht unmittelbar bevor, wenn eine bedrohliche Lage vorliegt, die alsbald in eine Rechtsgutsverletzung umschlagen kann. Ist diese Voraussetzung nicht erfüllt, kommt eine Rechtfertigung gem. § 32 nicht in Betracht. 255

Die sogenannte **Präventiv-Notwehr**, in deren Rahmen der Verteidiger dem potenziellen Angreifer zuvorkommt, wird von der ganz h.M. **abgelehnt.** Das betrifft auch die Fälle der Tötung des schlafenden „Haustyrannen" durch die von ihm misshandelte Partnerin, wenn diese einem zu erwartenden Angriff zuvorkommt. Es lässt sich nicht leugnen, dass die erhöhten Verteidigungschancen gerade in solchen Konstellationen für die Anerkennung zumindest einer „notwehrähnlichen Lage"[301] sprechen könnten. Dem steht jedoch der klare Wortlaut des § 32 entgegen, der das Notwehrrecht von einem „gegenwärtigen" Angriff abhängig macht. Auch eine Analogie ist abzulehnen, denn das Notwehrrecht sollte aufgrund seiner weitreichenden Eingriffsbefugnisse nur in akut zugespitzten Situation zur Anwendung gelangen.[302] Hier kommt unter Umständen ein rechtfertigender Notstand gem. § 34 in Betracht.[303] 256

Problematisch sind in diesem Zusammenhang **automatische Gegenwehranlagen**, insbesondere Selbstschussanlagen, aber auch Wachhunde oder ausgelegte Fallen. Hier bringt der Verteidiger in Erwartung einer möglichen zukünftigen Notwehrlage alles zur Abwehr Erforderliche bereits auf den Weg, ohne dass zu diesem Zeitpunkt ein konkreter Angriff bevorsteht; man spricht diesbezüglich von **antizipierter Notwehr.** Bei einem späteren Angriff auf das Rechtsgut (zB Eigentum, Hausrecht) durch einen Eindringling findet dann die Abwehr selbstständig statt, indem etwa die Anlage schießt oder der Hund attackiert. Hier ist nicht auf den Zeitpunkt der Vorbereitungshandlung, sondern auf den Zeitpunkt der durchgeführten Verteidigungshandlung abzustellen. Die „Gegenwärtigkeit" des Angriffs ist daher zu bejahen, es liegt kein Fall bloßer Präventiv-Notwehr vor. Auch bezüglich der übrigen Gesichtspunkte der Notwehr ist so zu prüfen, als wenn anstelle der Anlage der Angegriffene gehandelt hätte.[304] 257

300 *Wessels/Beulke/Satzger*, AT Rn. 328.
301 *Kühl*, AT § 7 Rn. 41 m.w.N.
302 *Kühl*, AT § 7 Rn. 42.
303 *Wessels/Beulke/Satzger*, AT Rn. 329. S. dazu unten Rn. 306 ff.
304 Ausführlich *Rengier*, AT § 18 Rn. 52 f.

(2) Fortdauern des Angriffs

258 Der Angriff dauert fort, bis die Gefahr abgewendet oder die Rechtsverletzung endgültig eingetreten ist.[305] Beim Diebstahl dauert der Angriff an, solange der Dieb die Beute noch nicht gesichert hat. Nach dem Aussprechen einer Beleidigung dauert der Angriff auf die Ehre nicht mehr fort, es sei denn vom Angreifer geht ein fortlaufender Beleidigungsschwall aus.[306] Dagegen ist nach dem Aussprechen einer nötigenden Drohung gem. § 240, die den Genötigten zu einer späteren Handlung zwingen soll, die Beeinträchtigung der Willensfreiheit noch nicht abgeschlossen. Denn die Zwangswirkung der Drohung bleibt hier in der Welt und wirkt (wie ein „Damoklesschwert" über dem Haupt des Bedrohten)[307] fort.

259 Bei **Dauerdelikten** wie der Freiheitsberaubung gem. § 239 oder dem Hausfriedensbruch gem. § 123 dauert der Angriff bis zur Behebung des rechtswidrigen Zustands (durch Freilassen des Opfers oder Verlassen des Hauses durch den Eindringling) an.

cc) Rechtswidrigkeit des Angriffs

260 An der erforderlichen Rechtswidrigkeit des Angriffs fehlt es, wenn sich der Angreifer seinerseits auf einen **Rechtfertigungsgrund** berufen kann. Auf schuldhaftes oder im Ergebnis strafbares Verhalten des Angreifers kommt es nicht an. Ein vorsatzloser Angreifer muss nach (allerdings umstrittener) h.M. zumindest **objektiv sorgfaltswidrig** handeln.[308] Andernfalls wäre ihm gegenüber die einschneidende Rechtsfolge einer erlaubten Notwehr gegenüber § 32 nicht legitimierbar.

Beispiel:[309]
Ein Autofahrer, der im Straßenverkehr wegen eines Handytelefonats unaufmerksam ist und so eine Gefahr für einen gerade die Straße überquerenden Fußgänger hervorruft, handelt zwar nicht vorsätzlich, aufgrund der objektiven Sorgfaltswidrigkeit aber „rechtswidrig" im Sinne von § 32.

261 Anders ist zu entscheiden, wenn der Passant für den Fahrer völlig unvorhersehbar auf die Straße tritt: Da der Fahrer hier weder vorsätzlich, noch sorgfaltswidrig handelt, liegt richtigerweise kein rechtswidriger Angriff im Sinne von § 32 vor. In Betracht kommt hier lediglich eine Gefahrensituation im Sinne der Notstandsregelungen.

d) Notwehrhandlung

aa) Zielrichtung gegen den Angreifer

262 Die Notwehrhandlung darf sich, wie man dem Begriff der „Verteidigung" entnehmen kann, **nur gegen den Angreifer** richten. Werden bei Abwehrhandlungen Rechts-

305 *Hilgendorf/Valerius*, § 5 Rn. 27.
306 *Rengier*, AT § 18 Rn. 24.
307 *Kaspar*, JuS 2009, 830 (834); *Wessels/Beulke/Satzger*, AT Rn. 328; a.A. *Müller*, NStZ 1993, 366.
308 Vgl. nur *Roxin*, AT I § 15 Rn. 16; ebenso *Kindhäuser*, AT § 16 Rn. 22; a.A. *Jescheck/Weigend*, AT S. 341; Übersicht zum Streitstand bei *Kühl*, AT § 7 Rn. 54 ff.
309 Vgl. *Rengier*, AT § 18 Rn. 29.

güter Dritter betroffen, kommen lediglich andere Rechtfertigungsgründe wie ein rechtfertigender Notstand in Betracht.[310]

bb) Geeignetheit

Die Notwehrhandlung muss zunächst zur Abwehr des Angriffs **geeignet** sein. Das ist im Wortlaut zwar nicht ausdrücklich als separater Aspekt verankert, lässt sich aber als notwendiges Teilelement der in § 32 Abs. 2 erwähnten „Erforderlichkeit" verstehen. Die Anforderungen sind nicht besonders hoch. Es genügt, wenn dem Angriff aus der ex-ante-Perspektive irgendein Hindernis in den Weg gelegt wird. Es muss sich aber weder um die am besten geeignete Verteidigung handeln, noch muss sie im Ergebnis zur erfolgreichen Abwehr führen.[311] **263**

cc) Erforderlichkeit

Die Notwehrhandlung muss weiterhin **erforderlich** sein. Stehen dem in Notwehr Handelnden mehrere **gleich geeignete** Mittel zur Verfügung, um den Angriff wirksam und endgültig abzuwehren, muss er unter diesen das **mildeste Mittel** wählen. **264**

Jedoch muss sich der Angegriffene nicht auf das Risiko einer ungenügenden Abwehrhandlung einlassen;[312] er darf sich der Mittel bedienen, die eine **optimale Wirkung** versprechen. Erforderlich kann daher auch ein für den Angreifer lebensgefährliches Mittel sein, wenn mildere, gleichermaßen wirksame Mittel nicht zur Verfügung stehen. **265**

Ein **Ausweichen** des Angegriffenen (um zu fliehen oder um Hilfe zu holen) wird in vielen Fällen ein sehr wirksames Mittel sein, um dem Angriff zu entgehen. Dennoch ist diese Alternative aufgrund des Rechtsbewährungsprinzips nach h.M. grundsätzlich nicht zu berücksichtigen.[313] Sofern man darauf abstellt, dass ein solches Vorgehen ohnehin keine echte „Verteidigung" sei und man eine „schimpfliche Flucht" dem Angegriffenen nicht zumuten könne, lässt sich dieses Ergebnis auch auf Individualschutzaspekte stützen.[314] **266**

dd) Gebotenheit

Der Angegriffene darf nach ganz h.M. auch sehr intensive Mittel einsetzen, wenn sie zur Abwehr des Angriffs geeignet und erforderlich sind. Auf die **Verhältnismäßigkeit** des eingesetzten Mittels in Relation zu Art und Intensität des Angriffs oder eine sonstige **Güter- und Interessenabwägung** soll es nach h.M. grundsätzlich **nicht** ankommen.[315] **267**

---

310 BGHSt 5, 245 (248); *Wessels/Beulke/Satzger*, AT Rn. 334.

311 Zum seltenen Fall des ungeeigneten Mittels s. *Rengier*, AT § 18 Rn. 35.

312 BGHSt 24, 356 (358); 45, 378 (383); BGH NStZ 2009, 626 (627).

313 BGH NJW 2013, 2133 (2135); *Hoffmann-Holland*, AT Rn. 236.

314 Nach *Freund*, AT § 3 Rn. 106 ist es das Freiheitsrecht des Einzelnen, das dem Angriff nicht zu weichen braucht.

315 Zu den im Rahmen der „Gebotenheit" anerkannten Ausnahmen s. sogleich Rn. 271 ff. Für eine darüber hinausgehende Verhältnismäßigkeitsprüfung *Kaspar*, RW 2013, 40 (56 ff.); de lege ferenda auch *Bülte*, GA 2011, 145.

268 Damit steht das sprichwörtlich **„schneidige" deutsche Notwehrrecht** im internationalen Vergleich nahezu allein auf weiter Flur:[316] So darf bspw. gem. dem französischen Art. 122-5 CP das eingesetzte Verteidigungsmittel nicht außer Verhältnis zum Angriff stehen.[317] Auch das japanische Strafrecht, das materiell auf das deutsche Strafrecht zurückgeht, erfordert die Verhältnismäßigkeit des Verteidigungsmittels.[318]

269 Um dennoch Ergebnisse zu vermeiden, die sozial-ethisch völlig unerträglich wären, sind unter dem in § 32 erwähnten Gesichtspunkt der **Gebotenheit** gewisse sog. **normative Einschränkungen** vorzunehmen. Diese sind im Gesetzestext nicht explizit erwähnt, was im Hinblick auf Art. 103 Abs. 2 GG nicht unbedenklich ist,[319] da sich Einschränkungen eines Rechtfertigungsgrundes strafbarkeitserweiternd auswirken. Die Bedenken lassen sich aber entkräften, denn immerhin ist im Wortlaut von § 32 ausdrücklich das Kriterium der „Gebotenheit" erwähnt. Auch lassen sich die Fallgruppen der fehlenden Gebotenheit als sachgerechte **immanente Schranken des Notwehrrechts** mit seinen zwei Grundprinzipien begreifen,[320] was willkürlichen Erweiterungen entgegenwirkt.

270 Dem Angegriffenen steht das **volle Notwehrrecht** nach diesem Verständnis nur dann zu, wenn **beide Prinzipien** (Individualschutz und Rechtsbewährung) in **vollem Umfang** einschlägig sind. Ist dies nicht der Fall, besteht also in bestimmten Konstellationen nur ein eingeschränktes anerkennenswertes Interesse an der Verteidigung der individuellen Güter oder der Rechtsordnung, ist auch die Notwehr entsprechend nur in eingeschränktem Maße oder gar nicht zulässig. Folgende (im Einzelnen umstrittene) wichtige Fallgruppen lassen sich unterscheiden:[321]

(1) Bagatellangriffe und „krasses Missverhältnis"

271 Nach h.M. ist die Notwehr unzulässig, wenn ein **krasses Missverhältnis** zwischen dem vom Angreifer bedrohten Rechtsgut und dem durch die Verteidigung zu befürchtenden Schaden besteht. Das wird insbesondere der Fall sein, wenn es sich um einen eher **bagatellhaften Angriff** handelt.[322] Aufgrund der nur geringen drohenden Rechtsgutsverletzung fällt der **Individualschutz** hier nicht ins Gewicht. Zugleich ist die Verteidigung vor dem Hintergrund des **Rechtsbewährungsprinzips** nicht geboten, denn „das Recht bewährt sich nicht, wenn es […] erlaubt, mit Kanonen auf Spatzen zu schießen".[323]

---

316 *Bülte*, GA 2011, 145 (147).
317 *Pfützner*, in: Sieber/Cornils, Teilband 5, S. 112 ff.
318 *Eser*, in: Eser/Fletcher/Perron, S. 40 ff.
319 Zur Diskussion s. *Bülte*, GA 2011, 145 (161 ff.).
320 Dazu *Roxin*, AT I § 15 Rn. 59.
321 Zum Sonderproblem der Notwehr gegen eine Schweigegelderpressung (sog. „Chantage") s. *Roxin*, AT I § 15 Rn. 100 ff. sowie *Kaspar*, GA 2007, 36. Zur Diskussion um die (auch notwehrrechtliche) Zulässigkeit sog. „Rettungsfolter" s. nur *Fischer*, StGB § 32 Rn. 25 f.
322 *Rengier*, AT § 18 Rn. 63; zum „Anrauchen" als Angriff im Sinne von § 32 s. AG Erfurt NStZ 2014, 16; krit. dazu *Jäger*, JA 2014, 472 ff.; *Jahn*, JuS 2014, 176 ff.
323 *Rengier*, AT § 18 Rn. 58.

Ob das erforderliche **krasse Missverhältnis** zwischen Angriff und Abwehr vorliegt, bemisst sich nach dem Rang der betroffenen Rechtsgüter und der Intensität ihrer drohenden Beeinträchtigung. Ein klassischer Problemfall ist gewaltsame Verteidigung bis hin zur Tötung des Angreifers zur Abwehr nur geringer Vermögensschäden. 272

Beispiele:
Kann Wirt W den Verlust von zwei Biergläsern im Wert von zwei Euro nur durch potenziell tödliche Gewehrschüsse auf den flüchtenden Dieb verhindern, hat er auf Grund des extremen Missverhältnisses der jeweils betroffenen Rechtsgüter den Angriff auf sein Vermögen hinzunehmen.[324]

Von solchen absoluten Extremfällen abgesehen bejaht die h.M. mit Hinweis auf das Rechtsbewährungsprinzip die **Zulässigkeit einer Tötung** zur Verteidigung des Eigentums und setzt die Mindestwertgrenze für den zu rettenden Sachwert je nach Umständen teilweise schon bei lediglich 50-200 € an.[325] Dabei wird argumentiert, dass einer gerechtfertigten Tötung in solchen Fällen die Norm des **Art. 2 Abs. 2 EMRK** nicht entgegenstehe: Das dort enthaltene Verbot absichtlicher Tötungen könne nicht ins Feld geführt werden, da sichdie EMRK allein an Hoheitsträger richte und daher nicht die Notwehr unter Bürgern einschränken könne.[326] 273

Das ist allerdings zweifelhaft.[327] Denn immerhin geht es hier um die Reichweite von § 32, also einer staatlichen Maßnahme, die als solche in vollem Umfang an der EMRK zu messen ist. Dieser Gedanke müsste konsequenterweise auch für das in **Art. 2 Abs. 2 GG** verankerte **Grundrecht auf Leben** gelten, das der Angreifer trotz seines rechtswidrigen Verhaltens nicht verwirkt. Gerade im Bereich potenziell tödlicher Verteidigungshandlungen wäre daher eine stärkere Einschränkung des Notwehrrechts verfassungsrechtlich geboten.[328] 274

(2) Angriffe von Schuldlosen

Bei Angriffen schuldlos handelnder Personen muss der Angegriffene ausnahmsweise zunächst die Möglichkeiten des **Ausweichens** (Flucht oder Hilfe holen) und der **Schutzwehr** (passive Verteidigungsmaßnahmen) ausgeschöpft haben, bevor er zur aktiven **Trutzwehr** übergehen darf. Das lässt sich damit begründen, dass die Rechtsordnung Nachsicht gegenüber schuldlos Handelnden übt (vgl. §§ 19, 20, 35).[329] Entsprechend ist bei einem Angriff eines Kindes, eines Geisteskranken oder eines Volltrunkenen das Bedürfnis nach **Rechtsbewährung** erheblich geringer. Insoweit re- 275

324 Vgl. RGSt 23, 116 (117).
325 *Roxin*, AT I § 15 Rn. 91; *Rengier*, AT § 18 Rn. 59.
326 *Hoffmann-Holland*, AT Rn. 251; *Fischer*, StGB § 32 Rn. 40. Überblick über den Streitstand bei *Hillenkamp*, AT-Probleme, S. 23 ff.
327 Vgl. MüKo-StGB/*Erb*, § 32 Rn. 24; *Hoffmann-Holland*, AT Rn. 251; differenzierend *Roxin*, AT I § 15 Rn. 86 ff.
328 S. mit unterschiedlichen Ansätzen *Kaspar*, RW 2013, 49 (56 ff.); *Bülte*, GA 2011, 145 (155 ff.); *Bernsmann*, ZStW 104 (1992), 290 ff.
329 *Rengier*, AT § 18 Rn. 66.

duziert sich die Eingriffsbefugnis in die Rechte des Angreifers auf das, was der **Individualschutz** zwingend erfordert.

Beispiel:
Wer von einem Volltrunkenen angegriffen wird, muss zunächst versuchen, dem Angriff möglichst auszuweichen oder passiv-abwehrend zu begegnen. Lässt sich auf diese Weise eine Beeinträchtigung eigener individueller Güter nicht vermeiden, darf als ultima ratio aber auch zur Trutzwehr übergegangen werden.

(3) Notwehrprovokation

276 Einschränkungen des Notwehrrechts werden auch in den Fällen der Notwehrprovokation diskutiert. Dabei lassen sich verschiedene Konstellationen unterscheiden.

(a) Absichtsprovokation

277 Denkbar ist zunächst der Fall, dass jemand absichtlich einen anderen zum Angriff provoziert, um ihn dann im Rahmen der Notwehr gem. § 32 wie gewünscht (vermeintlich) verletzen zu „dürfen“. Das **Individualschutzprinzip** ist hier nicht einschlägig, da der Angegriffene angegriffen werden möchte und somit kein legitimes Schutzbedürfnis besteht. Auch das **Rechtsbewährungsprinzip** kann nicht herangezogen werden, da der Provokateur das Notwehrrecht für seine Zwecke zu missbrauchen versucht.[330] Das Notwehrrecht ist ihm damit nach wohl herrschender, aber umstrittener Ansicht vollständig versagt.[331]

Beispiel:
A schafft es durch gezielte Beleidigungen, den reizbaren B zu einem tätlichen Angriff zu provozieren. Wie geplant nutzt der körperlich überlegene A diese Gelegenheit, um B mit einem Faustschlag zu Boden zu strecken. Aufgrund der absichtlichen Notwehrprovokation kann sich A mangels Gebotenheit seiner Handlung nicht auf § 32 berufen.

(b) Sonstige Vorsatzprovokation

278 Fraglich ist, ob diese rigide Rechtsfolge der vollständigen Versagung des Notwehrrechts auch in den Fällen **sonstiger Vorsatzprovokation** angezeigt ist. Hier führt der Provokateur den Angriff nicht mit Absicht herbei, sondern lediglich mit direktem oder nur bedingtem Vorsatz. Der BGH hat dies in einer Entscheidung bejaht: Auch wenn der Provokateur den späteren Angriff lediglich „billigend in Kauf nehme“, also diesbezüglich mit bedingtem Vorsatz handele, sei eine ähnliche Einschränkung wie bei der Absichtsprovokation angezeigt.[332] Das erscheint als zu pauschale Gleichstellung der Fallgruppen. Vielmehr wird bei den Fällen der sonstigen Vorsatzprovokation unterhalb der Schwelle des absichtlichen Handelns zu differenzieren sein.

279 Handelt der Provokateur mit sicherem Wissen, dass er mit seinem Verhalten einen Angriff hervorrufen wird, also mit **direktem Vorsatz**, liegt eine Gleichstellung mit

330 Vgl. *Kühl*, AT § 7 Rn. 234 m.w.N.
331 Zu den vertretenen Ansichten *Heinrich*, AT Rn. 372 ff. sowie *Hillenkamp*, AT-Probleme, S. 15 ff.
332 BGH NStZ-RR 2011, 305.

der Absicht nahe.[333] Denn auch hier begibt sich der Provokateur in vollem Umfang „sehenden Auges“ in die spätere Angriffssituation und hat demgemäß entsprechend Zeit, sich auf die Verteidigungshandlung vorzubereiten. Ein legitimes Interesse am Schutz der individuellen Güter besteht hier nicht.

Anders ist dies, wenn der Provokateur lediglich mit bedingtem Vorsatz handelt, den 280
späteren Angriff als möglich voraussieht und dies billigend in Kauf nimmt bzw. sich damit abfindet.[334] Da er in diesem Fall nicht sicher mit einem Angriff rechnet, gibt es für ihn keinen vergleichbaren Anlass, sich für eine Gegenwehr zu wappnen. Auch steht das (potenziell rechtsmissbräuchliche) „Sich-Verschaffen“ einer Notwehrlage hier nicht so sehr im Vordergrund wie bei absichtlichem oder direkt vorsätzlichem Handeln. Daher ist es sachgerecht, bei der hier sog. **Eventualvorsatzprovokation** keinen vollständigen Ausschluss des Notwehrrechts anzunehmen, sondern dem Provokateur lediglich ein vorheriges Ausweichen bzw. Maßnahmen der bloßen Schutzwehr zuzumuten.[335]

(c) Sonst vorwerfbar provozierter Angriff

Besonders umstritten sind Fälle, in denen der Angegriffene den Angreifer zwar nicht 281
vorsätzlich, aber **in sonst vorwerfbarer Weise provoziert.** Eine Einschränkung des Notwehrrechts liegt hier weniger nahe, da kein rechtsmissbräuchliches Verhalten des Provokateurs vorliegt und die Verantwortung für die Notwehrlage stärker beim Angreifer liegt.

Man muss diese Fallgruppe daher restriktiv handhaben, um ein ausreichendes Maß 282
an Verantwortlichkeit des Provokateurs für den Angriff sicherzustellen. Für den Provokateur muss zunächst **vorhersehbar** gewesen sein, dass sein Verhalten den Angriff eines anderen auslösen könnte; weiterhin muss ein gewisser **zeitlicher** und **örtlicher Zusammenhang** von Provokation und späterem Angriff bestehen.[336] Erfolgt das provozierende Verhalten (etwa eine Beleidigung) also eine Woche vor dem späteren Angriff, fehlt es am ausreichenden zeitlichen Zusammenhang. Das Notwehrrecht steht dem ursprünglichen Beleidiger dann in vollem Umfang zur Verfügung. Schließlich ist (schon aus Gründen der Rechtssicherheit) **rechtswidriges Provokationsverhalten** zu fordern. Bloße Belästigungen unterhalb dieser Schwelle genügen entgegen der Ansicht des BGH[337] nicht, auch wenn sie sozial-ethisch missbilligenswert erscheinen.[338]

Die Reichweite einer Einschränkung des Notwehrrechts ist erneut mit Blick auf die 283
Notwehrprinzipien zu bestimmen. Dabei ist zunächst festzuhalten, dass das **Individualschutzprinzip** hier in vollem Umfang zur Geltung kommt. Allerdings ergeben sich Abstriche beim **Rechtsbewährungsprinzip.** Denn wer durch eine rechtswidrige

333 So auch *Kühl*, AT § 7 Rn. 228.
334 Zu den Voraussetzungen des bedingten Vorsatzes s. oben Rn. 304 ff.
335 So i.E. auch *Kühl*, AT § 7 Rn. 250.
336 *Rengier*, AT § 18 Rn. 79.
337 BGHSt 42, 97.
338 Ebenso *Roxin*, AT I § 15 Rn. 72 ff.

Handlung zur Entstehung einer Notwehrlage beiträgt, kann sich nicht auf die Rolle des Verteidigers der Rechtsordnung berufen. Auch dies zeigt, dass eine lediglich sozial-ethisch zu missbilligende, aber nicht rechtswidrige Provokation für eine Notwehreinschränkung nicht genügen kann. Denn wo ein Verhalten der Rechtsordnung nicht entgegensteht, ist es der Provozierte, der sich durch sein Verhalten erstmalig gegen die Rechtsordnung wendet.[339]

284 Bei einem Angriff nach sonst vorwerfbarer Herbeiführung einer Notwehrlage besteht das Notwehrrecht daher nur in den Grenzen des **Individualschutzes:** Das Ausweichen und als zweite Stufe die Schutzwehr gehen der Trutzwehr vor.

Beispiel (nach BGHSt 42, 97):
Zugpassagier P will seine Ruhe haben und versucht, den Mitreisenden B aus dem Abteil „hinauszuekeln", indem er gegen dessen erklärten Willen immer wieder das Fenster öffnet. Statt das Abteil zu verlassen, greift B den P daraufhin an.

285 Nach der hier vertretenen Ansicht ist das Notwehrrecht des P nicht beschränkt, er darf sich gegen B sogleich in Trutzwehr verteidigen. Der BGH kommt dagegen in dieser Konstellation zu einer Beschränkung des Notwehrrechts wegen eines sozialethisch zu missbilligenden Provokationsverhaltens.[340]

Variante:
P will den B durch mehrfache rechtswidrige Beleidigungen vertreiben. Dadurch in Rage geraten greift B den P an. Hier muss P aufgrund seines rechtswidrigen provokativen Vorverhaltens zunächst versuchen, auszuweichen oder andere Zugpassagiere zur Hilfe zu rufen, bevor er zu aktiver Trutzwehr greifen darf.

(4) Angriffe innerhalb persönlicher Näheverhältnisse

286 Bei Angriffen des Ehepartners, des eingetragenen Lebenspartners oder eines nahen Familienangehörigen wird diskutiert, ob das Notwehrrecht durch die besondere Pflicht zur menschlichen Rücksichtnahme eingeschränkt wird.[341] In den genannten Fällen stehen die Beteiligten in einem besonderen Näheverhältnis zueinander, was in der sog. **Garantenstellung** gem. § 13 zum Ausdruck kommt. Die Betroffenen sind damit unter Strafandrohung verpflichtet, füreinander einzustehen und Schaden vom anderen abzuwenden.

Beispiel:[342]
Ehemann E verprügelt seine Frau F. Da keine andere Möglichkeit zur sicheren Abwendung dieses Angriffs besteht, sticht F dem E mit einem Messer in die Brust. Dabei trifft sie die Herzkammern, der Mann ist sofort tot.

339 Zu Recht wird außerdem eingewandt, dass es „nicht einmal halbwegs eindeutig zu beantworten" ist, was sozialethisch zu missbilligen ist, s. *Roxin*, StV 2006, 235 (237).
340 BGHSt 42, 97 (101).
341 *Frister*, AT Kp. 16 Rn. 33.
342 Nach BGH NJW 1975, 62.

Nach verbreiteter Ansicht ist das Notwehrrecht in solchen Näheverhältnissen zu beschränken:[343] Der angegriffene Partner müsse ausweichen, rein passive Schutzwehr üben oder ggf. auch eine leichtere Körperverletzung dulden, wenn die Abwehr nur durch lebensgefährliche Mittel möglich wäre. 287

Als Argument wird vorgebracht, dass das **Rechtsbewährungsprinzip** in solchen Fällen nicht in vollem Umfang einschlägig sei.[344] Denn immerhin gebiete die Rechtsordnung für das Wohl des anderen einzustehen, etwa im Rahmen der Pflicht zur Verständnisbereitschaft im Eherecht oder der Beschützergarantenstellung im Strafrecht.[345] Der Verteidiger könne sich nicht uneingeschränkt auf seine Rolle als Bewahrer der Rechtsordnung berufen, da er selbst gegen besondere Rechtspflichten verstoße, wenn er sein Gegenüber nicht ausreichend schone. Dieser Ansatz wird teilweise eingeschränkt, so dass entwürdigende und wiederholte Angriffe (z.B. innerhalb einer bereits zerrütteten Partnerschaft) das Solidaritätsverhältnis beseitigen sollen.[346] 288

Nach hier vertretener Ansicht ist eine **Einschränkung des Notwehrrechts** in den persönlichen Näheverhältnissen allerdings fraglich und im Ergebnis **abzulehnen**.[347] Sie ist nicht schlüssig begründet, weil dabei die Pflicht zur gegenseitigen Rücksichtnahme einseitig beim Angegriffenen in Rechnung gestellt wird. Man könnte umgekehrt argumentieren, dass es sich um einen besonders gravierenden Verstoß gegen die Rechtsordnung handelt, wenn der rechtswidrig Angreifende nicht nur seine allgemeinen Rechtspflichten gegen jedermann, sondern zusätzlich seine besonderen Rechtspflichten gegenüber der nahestehenden Person verletzt.[348] Es leuchtet nicht ein, wieso hier geringerer Bedarf danach bestünde, dass sich das Recht bewährt. 289

Auch die **Garantenstellung** gem. § 13 lässt sich nicht überzeugend für eine Einschränkung des Notwehrrechts anführen. Denn diese betrifft das Einstehen gegenüber drohenden Gefahren von außen und sagt damit nichts über die Situation aus, in der sich der andere innerhalb der Nähebeziehung als „Gefahrenquelle“ entpuppt. 290

Das gilt auch innerhalb **ehelicher Beziehungen**. Zwar sind Ehe und Familie durch Art. 6 Abs. 1 GG gegen Eingriffe des Staates besonders geschützt; das bedeutet aber selbstverständlich nicht, dass die Rechtsordnung nur bis zur Tür der ehelichen Wohnung reicht und im häuslichen Bereich das „Rechts des Stärkeren“ gelten darf.[349] 291

343 BGH NJW 1969, 802; NJW 1975, 62; *Roxin*, AT I § 15 Rn. 93 ff.; *Kühl*, AT § 7 Rn. 202 ff.; SSW-StGB/*Rosenau*, § 32 Rn. 33.
344 *Roxin*, AT I § 15 Rn. 93; Schönke/Schröder/*Perron*, § 32 Rn. 53; *Jescheck*/*Weigend*, AT S. 346.
345 MüKo-BGB/*Roth*, § 1353 Rn. 26.
346 Vgl. *Kühl*, AT § 7 Rn. 205; *Heinrich*, AT Rn. 381 a.E.
347 Ebenso Matt/Renzikowski/*Engländer*, § 32 Rn. 48; *Freund*, AT § 3 Rn. 123; *Gropp*, AT § 6 Rn. 87; *Zieschang*, Jura 2003, 527 (531 f.).
348 Ähnlich Schönke/Schröder/*Perron*, § 32 Rn. 53.
349 *Heinrich*, AT Rn. 381.

292 Schließlich ist festzustellen, dass die Beziehungstat unter den Gewalttaten eher klassischer Fall als Ausnahme ist.[350] Es ist mithin auch kriminalpolitisch geboten, die Opfer häuslicher Gewalt in ihren Verteidigungsrechten nicht schlechter zu stellen als dem Täter unbekannte Opfer.

293 Insgesamt überwiegen also die Bedenken gegen eine Notwehreinschränkung im Bereich persönlicher Näheverhältnisse. Der **BGH** hat in einer Entscheidung festgestellt, dass die frühere Rechtsprechung zumindest einzuschränken sei; ob an ihr festgehalten werden könne, wurde ausdrücklich offen gelassen.[351]

(5) Fazit

294 Ein **systematischer Überblick** über die diskutierten Fallgruppen der fehlenden Gebotenheit der Notwehr zeigt die Abhängigkeit des Umfangs der Einschränkung von den jeweils betroffenen Notwehrprinzipien. Sind weder das Individualschutzprinzip noch das Rechtsbewährungsprinzip anzuerkennen, ist der Angriff zu dulden. Ist das Rechtsbewährungsprinzip (trotz Fortbestehens des legitimen Individualschutzinteresses) nicht einschlägig, muss der Verteidiger zunächst ausweichen oder Schutzwehr üben, bevor er zur Trutzwehr greift. Sind beide Prinzipien in vollem Umfang gegeben, bleibt es dagegen beim vollen Notwehrrecht.

Übersicht: Fallgruppen fehlender „Gebotenheit“ der Notwehr			
	Individualschutz	Rechtsbewährung	Gebot der Notwehr
Krasses Missverhältnis / Bagatellangriff	(-)	(-)	Duldung des Angriffs
Angriff von schuldlos Handelnden	(+)	(-)	Ausweichen vor Schutzwehr vor Trutzwehr
Absichts- und direkte Vorsatzprovokation	(-)	(-)	Duldung des Angriffs
Eventualvorsatzprovokation und sonst vorwerfbare rechtswidrige Provokation	(+)	(-)	Ausweichen vor Schutzwehr vor Trutzwehr
Angriff im sozialen Näheverhältnis	(+)	(+)	Auch Trutzwehr gerechtfertigt (keine Einschränkung der Notwehr)

e) Subjektives Rechtfertigungselement

295 Als subjektives Rechtfertigungselement ist im Rahmen von § 32 zu verlangen, dass der Verteidiger **Kenntnis** vom Vorliegen der objektiven Notwehrvoraussetzungen hat.

296 Umstritten ist, ob darüber hinaus mit der Rechtsprechung und einem Teil der Literatur eine zielgerichtete Motivation im Sinne eines **Verteidigungswillens** zu verlangen

350 Vgl. *Neubacher*, Kriminologie Kp. 24 Rn. 3.
351 BGH NStZ-RR 2002, 203.

ist.[352] Die Vertreter dieser Ansicht argumentieren mit dem Wortlaut der Norm; außerdem müsse sichergestellt sein, dass dem Handlungsunwert eine ausreichende Kompensation durch einen positiven Handlungswert gegenüberstehe.[353] Das Erfordernis des Verteidigungswillens wird dahingehend eingeschränkt, dass der Verteidiger auch andere Motive verfolgen dürfe (etwa Hass, Rache, Zorn, Eifersucht), „solange sie den Verteidigungszweck nicht völlig in den Hintergrund drängen."[354]

Die wohl herrschende Gegenauffassung lässt zu Recht die Kenntnis der Notwehrlage genügen. Schon das bloße Bewusstsein der Rechtmäßigkeit des eigenen Handelns kompensiert das Handlungsunrecht;[355] die strafrechtliche Bewertung darüber hinaus von billigenswerten Motiven des Verteidigers abhängig zu machen, ist nicht überzeugend[356] und gerät in die Nähe einer problematischen strafrechtlichen Relevanz der bloßen Gesinnung des Täters.[357] 297

Beispiel:
Taschendieb T will der Millionärin M eine Halskette aus der Handtasche stehlen. M bemerkt T und schlägt ihn nieder. M war des Schmuckstücks sowieso überdrüssig, die Kette ist ihr völlig egal, M will dem T lediglich einen schmerzhaften „Denkzettel" erteilen.

Nach Ansicht der Rechtsprechung[358] wäre das subjektive Rechtfertigungselement wegen des fehlenden Verteidigungswillens der M nicht erfüllt, sie wäre daher gem. § 223 strafbar. Überzeugender ist es, eine Rechtfertigung der Verteidigung durch M gem. § 32 zu bejahen, da deren objektive Voraussetzungen vorlagen und M in Kenntnis dieser Voraussetzungen handelte. 298

f) Besonderheiten der Nothilfe

Wehrt der Verteidiger den Angriff nicht von sich, sondern von einem anderen ab, spricht man von sog. **Nothilfe**. Sie hat grundsätzlich dieselben Voraussetzungen wie die Notwehr im Zwei-Personen-Verhältnis, zumal das Gesetz in dieser Hinsicht keine Differenzierung erkennen lässt. Allerdings ergeben sich aus der nur hier vorliegenden **Dreiecks-Konstellation** von Angreifer, Angriffsopfer und Verteidiger einige besondere Probleme.[359] 299

Dazu zählt insbesondere die sog. **aufgedrängte Nothilfe**.[360] Damit wird die Situation bezeichnet, in der das helfende Eingreifen des Verteidigers vom Angegriffenen gar nicht gewünscht ist. 300

352 BGHSt 5, 245 (247); zum Streitstand s. *Hillenkamp*, AT-Probleme, S. 30 ff.
353 *Rengier*, AT § 18 Rn. 108.
354 BGH NStZ 2000, 365.
355 *Roxin*, AT I § 14 Rn. 97 ff.; *Kindhäuser*, AT § 16 Rn. 37 f.; Matt/Renzikowski/*Engländer*, § 32 Rn. 63.
356 So auch *Frister*, AT Kp. 14 Rn. 25; *Stratenwerth/Kuhlen*, AT Rn. 150 f.
357 Matt/Renzikowski/*Engländer*, Vor § 32 Rn. 7.
358 BGH NStZ 2007, 325; GA 1980, 67 (68).
359 Vgl. *Kasiske*, Jura 2004, 832.
360 S. dazu *Kaspar*, JuS 2014, 769.

301 Die Problematik wurde vom BGH erstmals im sog. **„Sünderin"-Fall** aus dem Jahre 1953 behandelt.[361] Es ging dabei um die Aufführung des von strengen Tugendwächtern als skandalös empfundenen Films „Die Sünderin", in dem Hildegard Knef als Hauptdarstellerin in einer kurzen Einstellung unbekleidet zu sehen war. Während einer Aufführung des Films stürmten Protestierende den Kinosaal und zwangen die anwesenden Zuschauer durch den Einsatz mehrerer Stinkbomben dazu, diesen zu verlassen. Der BGH bejaht hier eine Nötigungshandlung und lässt bei der Prüfung einer möglichen Rechtfertigung die Frage offen, ob im Vorführen des Films ein rechtswidriger Angriff auf ein notwehrfähiges Rechtsgut liege. Jedenfalls sei die Handlung der Protestierenden keine erlaubte Verteidigung gewesen, weil sie von den Zuschauern gar nicht gewollt war. Damit war die Fallgruppe der aufgedrängten Nothilfe geboren.

302 Bei genauer Betrachtung handelte es sich beim Sünderin-Fall aber aus mehreren Gründen um **keinen echten Anwendungsfall** der Problematik. Denn zum einen richtete sich die angebliche Verteidigungshandlung der Protestierenden nicht allein gegen den Kinobetreiber als vermeintlichen „Angreifer", sondern als nötigender Zwang gegen die Zuschauer. Von diesen ging unstreitig kein „Angriff" aus, und schon aus diesem Grund konnte deren Beeinträchtigung nicht wegen Nothilfe gem. § 32 gerechtfertigt sein.[362] Hinzu kommt, dass sich die Zuschauer dem „Skandalfilm" freiwillig ausgesetzt hatten, so dass der (als solcher schon fragliche) „Angriff" auf ihr Persönlichkeitsrecht jedenfalls von einer Einwilligung gedeckt war. Dann fehlt es aber bereits an einem rechtswidrigen Angriff, mithin an einer Notwehrlage.

303 Das eigentliche Problem der aufgedrängten Nothilfe stellt sich somit nur in den Konstellationen, in denen ein **rechtswidriger Angriff** vorliegt, dem der Verteidiger an sich in erlaubter Notwehr begegnen dürfte, dies vom Angegriffenen aber (aus welchen Gründen auch immer) abgelehnt wird.

Beispiel:
Jogger J beobachtet, dass A seine Freundin F auf offener Straße laut beschimpft und mit Schlägen traktiert. J eilt herbei und will den A mangels milderer, gleich geeigneter Verteidigungsmittel niederschlagen. Die F verbittet sich allerdings vehement jedes Eingreifen des J, da sie trotz allem nicht will, dass A verletzt wird.

304 Ob J hier den A auch gegen den ausdrücklichen Willen der F im Rahmen zulässiger Nothilfe niederschlagen darf, hängt davon ab, welchem **Notwehrprinzip** man den Vorrang einräumt. Vertreter einer rein auf Rechtsbewährung gestützten Notwehrkonzeption müssten konsequenterweise das volle Nothilferecht des J anerkennen, da das Bedürfnis nach kollektiver Rechtsbewährung unabhängig davon besteht, ob der Angegriffene überhaupt verteidigt werden will. Geht man dagegen wie hier von einem am Individualschutz ausgerichteten Notwehrrecht aus, das vom Rechtsbe-

361 BGHSt 5, 245.
362 Zur nötigen Zielrichtung der Verteidigungshandlung gegen den Angreifer s. oben Rn. 262.

währungsprinzip nur ergänzend modifiziert wird, liegt es nahe, die Fälle der aufgedrängten Nothilfe durch sinngemäße Heranziehung der **Regeln über die Einwilligung** zu lösen.[363]

Grundsätzlich ist der Verzicht auf Nothilfe durch den Angegriffenen daher beachtlich und schließt erlaubte Notwehr (auf der Ebene der Gebotenheit) aus. Anders ist dies, wenn eine Einwilligung des Angegriffenen wegen fehlender Einwilligungsfähigkeit, wegen relevanter Willensmängel wie Irrtum oder Täuschung oder wegen fehlender Disponibilität des Rechtsguts unwirksam wäre. Die Wertung des § 216, wonach in die eigene Tötung nicht eingewilligt werden kann, wird also auch hier wirksam: Wer in lebensgefährlicher Weise angegriffen wird, kann mangels Verfügbarkeit des Rechtsguts Leben kein wirksames „Veto" gegen die Verteidigung durch einen Dritten einlegen. Auch Körperverletzungen, die (etwa aufgrund ihrer Lebensgefährlichkeit) die Grenze der Sittenwidrigkeit gem. § 228 überschreiten, dürfen gegen den Willen des Angegriffenen vom Nothelfer abgewehrt werden. Geht man davon aus, dass die Grenze der Sittenwidrigkeit im obigen Beispielsfall des Verprügelns der F durch A nicht überschritten ist, darf der J seine Nothilfe nicht aufdrängen. Eine Rechtfertigung gem. § 32 scheidet dann aus.[364] 305

3. Rechtfertigender Notstand (§ 34 StGB; §§ 228, 904 BGB)

a) Grundlagen

Während es bei der Notwehr um die Verteidigung gerade gegenüber einem rechtswidrig Angreifenden geht, kommt ein rechtfertigender Notstand bei drohenden Gefährdungen aller Art in Betracht.[365] Mangels vorausgegangenen Rechtsbruchs durch einen menschlichen Angreifer entfällt hier das Prinzip der Rechtsbewährung; der Notstand stützt sich allein auf den Gedanken des **Individualschutzes**. 306

Die Notstandshandlung kann sich typischerweise auch gegen eine unbeteiligte Person und deren Rechtsgüter richten. Es stehen sich dann die Rechtsgüter des Gefährdeten und die Rechtsgüter des durch die Notstandshandlung Betroffenen gegenüber, ohne dass eine Seite in der Rolle des Bewahrers des Rechts pauschal bevorzugt werden könnte. Daher kann ein Eingriff in ein Rechtsgut eines anderen nach Notstandsgesichtspunkten nur dann (ausnahmsweise) gerechtfertigt sein, wenn eine **Interessensabwägung** ergibt, dass das Interesse an der Erhaltung des gefährdeten Rechtsguts überwiegt. 307

Der allgemeine rechtfertigende Notstand ist in **§ 34 StGB** geregelt. Daneben existieren zwei spezielle und in der Prüfung vorrangige Notstandsnormen im BGB, die nach dem Grundsatz der Einheit der Rechtsordnung auch im Strafrecht als Rechtfer- 308

363 S. dazu unten Rn. 344 ff.
364 Damit ist über die Strafbarkeit noch nicht entschieden. Zu prüfen bleibt das Vorliegen eines Erlaubnistatbestandsirrtums, eines Verbotsirrtums oder eines Notwehrexzesses gem. § 33, s. *Kaspar*, JuS 2014, 769 (776).
365 Vertiefend *Zieschang*, JA 2007, 679; *Erb*, JuS 2010, 17.

tigungsgrund heranzuziehen sind. Dabei handelt es sich um den **Defensivnotstand** gem. **§ 228 BGB**, der eine weitreichende Befugnis zur Einwirkung auf Sachen verleiht, von denen eine Gefahr ausgeht.[366] Demgegenüber enthält die Regelung zum sog. **Aggressivnotstand** in **§ 904 BGB** eine allgemeine Rechtfertigung für Eingriffe in fremdes Eigentum zur Abwendung von Notstandssituationen.[367]

b) Rechtfertigender Notstand gem. § 34

309 Bei der Prüfung des rechtfertigenden Notstandes gem. § 34 empfiehlt sich folgendes Schema:

Übersicht: Rechtfertigender Notstand, § 34

A. Notstandslage
  I. Gefahr für ein Rechtsgut
  II. Gegenwärtigkeit der Gefahr
B. Notstandshandlung
  I. Geeignetheit
  II. Erforderlichkeit
  III. Interessensabwägung
  IV. Angemessenheit
C. Subjektives Rechtsfertigungselement

aa) Notstandslage

(1) Geschützte Rechtsgüter

310 Geschützt sind anders als bei der Notwehr alle **Rechtsgüter**, wie man dem Wortlaut von § 34 entnehmen kann. Umfasst sind somit nicht nur Rechtsgüter eines anderen, die im Wege der sog. Notstandshilfe gerettet werden, sondern auch **Rechtsgüter der Allgemeinheit**, soweit sie im konkreten Fall schutzbedürftig und schutzwürdig sind.[368]

(2) Gefahr

311 Eine **Gefahr** im Sinne des § 34 ist ein Zustand, in dem der Eintritt einer Rechtsgutsverletzung nicht ganz unwahrscheinlich ist.[369] Wie hoch der Grad der Wahrscheinlichkeit ist, wird später im Rahmen der Interessenabwägung relevant. Der Ursprung der Gefahr ist unerheblich; beruht sie auf einem gegenwärtigen rechtswidrigen Angriff, ist allerdings die Notwehr gem. § 32 als vorrangige (und abschließende) spezi-

366 S. unten Rn. 332 ff.
367 S. unten Rn. 336 ff.
368 Dazu näher *Wessels/Beulke/Satzger*, AT Rn. 300 f.
369 *Roxin*, AT I § 16 Rn. 14.

elle Regelung einschlägig.[370] Bei Gefahren, die von einer Sache ausgehen, ist § 228 BGB vorrangige lex specialis.[371]

(3) Gegenwärtigkeit

Gegenwärtig ist die Gefahr, wenn jederzeit der Eintritt eines Schadens drohen kann. 312
Eine konkret zugespitzte Situation wie beim unmittelbar bevorstehenden „Angriff" im Sinne von § 32 ist allerdings nicht erforderlich. Umfasst ist daher auch die **Dauergefahr**, die sich über einen längeren Zeitraum erstreckt, innerhalb dessen es jederzeit zur Rechtsgutsverletzung kommen kann.[372] Der Begriff der Gegenwärtigkeit ist beim Notstand daher weiter als bei der Notwehr.

Beispiel:[373]
Wenn ein „Haustyrann" immer wieder in unberechenbarer Weise gegenüber den Familienangehörigen gewalttätig wird, lässt sich eine „Dauergefahr" im Sinne von § 34 begründen, so dass Gegenmaßnahmen auch außerhalb einer konkreten Angriffssituation gerechtfertigt sein können.

bb) Notstandshandlung

(1) Geeignetheit und Erforderlichkeit

Die Notstandshandlung muss zur Abwendung der gegenwärtigen Gefahr geeignet 313
und erforderlich sein.

Geeignet ist das gewählte Mittel, wenn es zumindest eine gewisse, wenn auch gerin- 314
ge Rettungschance verspricht.[374] Die Gefahr darf zudem „nicht anders abwendbar" sein, das gewählte Mittel muss also **erforderlich** sein. Das ist der Fall, wenn es das **relativ mildeste Mittel** ist.[375] Um die Gefahr abzuwenden muss daher so gehandelt werden, dass in fremde Rechtsgüter so wenig wie möglich eingegriffen wird.

Weil das Rechtsbewährungsprinzip im Rahmen des Notstands nicht einschlägig ist 315
(und dem Handelnden zudem durch den weiteren Gegenwärtigkeitsbegriff u.U. etwas mehr Zeit bleibt), müssen beim Notstand stets das **Ausweichen** und das **Holen von (auch staatlicher) Hilfe** als vorrangige mildere Mittel erwogen werden.

(2) Interessenabwägung

Der strenge Abwägungsmaßstab ergibt sich unmittelbar aus dem Wortlaut von § 34. 316
Danach muss das vom Handelnden geschützte Interesse („**Erhaltungsgut**") das durch die Notstandshandlung beeinträchtigte Interesse („**Eingriffsgut**") **wesentlich überwiegen**. Was das genau bedeutet, ist nicht unumstritten. Teilweise wird angenommen, dass jedes Überwiegen genügt, solange es nur eindeutig gegeben ist.[376] Der

370 *Rengier*, AT § 19 Rn. 4.
371 *Rengier*, AT § 19 Rn. 3.
372 Matt/Renzikowski/*Engländer*, § 34 Rn. 15.
373 Nach BGHSt 48, 255 (257); s. dazu auch *Rengier*, AT Rn. 18.
374 *Rengier*, AT § 19 Rn. 22.
375 Vgl. BGHSt 2, 111 sowie Rn. 264 f. zur Erforderlichkeit der Notwehr.
376 *Roxin*, AT I § 16 Rn. 89; differenzierend *Kühl*, AT § 8 Rn. 101.

Wortlaut der Norm spricht aber dafür, dass hier mit der wohl h.M. mehr als nur einfaches Überwiegen erforderlich ist.[377]

317 Bei der Abwägung sind alle **Umstände des konkreten Einzelfalls** einzubeziehen. Um diese Prüfung etwas zu strukturieren empfiehlt es sich, folgende Aspekte in der vorgegebenen Reihenfolge zu erörtern:

- Abstraktes Rangverhältnis der Rechtsgüter
- Konkretes Rangverhältnis der Rechtsgüter
- Ggf. Berücksichtigung weiterer Umstände.

(a) Abstraktes Rangverhältnis

318 Die Rechtsordnung schützt die verschiedenen Rechtsgüter in unterschiedlich hohem Maße. Zwar gibt es insoweit keine klare Rangfolge, jedoch lässt die Rechtsordnung an vielerlei Stellen eine gewisse **Hierarchie** erkennen. Die wichtigsten Rechtsgüter sind im **Grundgesetz** mit einer grundrechtlichen Gewährleistung versehen; innerhalb der Strafrechtsordnung lässt sich vor allem mit Hilfe des angedrohten **Strafmaßes** auf die Bedeutung der Rechtsgüter schließen.[378]

319 Die Strafandrohung für Totschlag gem. § 212 reicht bspw. von fünf bis zu fünfzehn Jahren, die der einfachen Körperverletzung gem. § 223 bis zu fünf und die der Sachbeschädigung gem. § 303 bis zu zwei Jahren. Dies deutet auf folgende abstrakte Hierarchie der Individualrechtsgüter hin: Leben vor körperlicher Unversehrtheit („Leib"), vor Eigentum und anderen Sachwerten.

320 Im Grundsatz anerkannt ist, dass das **menschliche Leben** eine **absolute Grenze** darstellt. Denn es ist in seinem Wert „nicht nach Alter, Gesundheit, sozialer Leistungsfähigkeit usw. abstufbar".[379] Auch können Leben nicht nach der jeweils betroffenen Anzahl gegeneinander aufgewogen werden.[380] Jeder einzelne Mensch hat einen unantastbaren und nicht abwägbaren Wert, wie sich der **Menschenwürdegarantie** in Art. 1 Abs. 1 GG entnehmen lässt. Ausnahmen von diesem **Gebot des absoluten Lebensschutzes** sind gefährlich und missbrauchsanfällig, wie die von den Nationalsozialisten propagierte Kategorie des „lebensunwerten Lebens" deutlich gezeigt hat.[381] Dementsprechend hat das BVerfG auch die infolge der Terroranschläge am 11. September 2001 eingeführte Ermächtigung zum Abschuss von Flugzeugen auf Anordnung des Bundesverteidigungsministers in § 14 Abs. 3 LuftSiG als verfassungswidrig und damit nichtig erklärt.[382]

---

377 Matt/Renzikowski/*Engländer*, § 34 Rn. 23; LK-StGB/*Zieschang*, § 34 Rn. 76; NK-StGB/*Neumann*, § 34 Rn. 67.
378 *Rengier*, AT § 19 Rn. 28.
379 *Lackner/Kühl*, StGB § 34 Rn. 7.
380 *Roxin*, AT I § 16 Rn. 34.
381 *Roxin*, AT I § 16 Rn. 33.
382 BVerfGE 115, 118; s. dazu auch unten Rn. 477.

Auch **weitere absolute Grenzen** werden diskutiert. Nach verbreiteter Ansicht verstößt z.B. eine erzwungene Blutabnahme zur Rettung eines anderen gegen die Menschenwürde.[383] Dies sei nicht zu rechtfertigen, denn der Beeinträchtigte sei als „menschliche Blutbank" lediglich Mittel zum Zweck.[384] Hier pauschal eine absolute Grenze zu ziehen ist allerdings zweifelhaft.[385] Zwar dient der Mensch dabei in der Tat als Mittel zum Zweck. Das ist aber keine Besonderheit, sondern liegt in der Konsequenz der Regelung des § 34, die den Zugriff auf fremde Rechtsgüter zur Verfolgung externer Zwecke erlaubt. Entscheidend ist, dass der Betroffene hier in seiner Existenz nicht auf die aufgezwungene Mitwirkung zur Erreichung eines Zwecks reduziert wird. Die lege artis durchgeführte Blutabnahme ist ein nur punktueller und zumutbarer Eingriff in die körperliche Integrität. Es wäre widersprüchlich, wenn die Rechtsordnung die erzwungene Blutabnahme zu Beweiszwecken ermöglicht (vgl. u.a. § 81a Abs. 1 S. 2 StPO), jedoch unter keinen Umständen zur Lebensrettung.[386] Richtig ist, dass die betroffenen Grundrechte einen hohen Stellenwert einnehmen – das ist aber eine Frage der Abwägung und keine absolute Grenze. 321

(b) Konkretes Rangverhältnis

Die Bestimmung des abstrakten Rangverhältnisses wird nicht stets zu einem klaren Ergebnis führen und kann schon deswegen nur Ausgangspunkt der Betrachtung sein. Entscheidend ist das Rangverhältnis der Rechtsgüter in der **konkreten Situation**. Es ist zu ermitteln, ob unter den gegebenen Umständen zum jeweiligen Zeitpunkt das Erhaltungsgut wesentlich schutzwürdiger erscheint als das Eingriffsgut. Maßgeblich sind unter anderem der Grad der Wahrscheinlichkeit und die Intensität der drohenden Rechtsgutsverletzung sowie die Erfolgsaussichten der Notstandshandlung. 322

(c) Weitere Umstände

Auch weitere, ggf. ergänzend zu berücksichtigende Umstände kommen in Betracht. Wer z.B. eine **Notstandslage absichtlich herbeiführt**, um sich dann unter Verletzung anderer Rechtsgüter aus ihr befreien zu können, ist nicht gerechtfertigt. Auch die sonst vorwerfbare Herbeiführung[387] einer Notstandslage wirkt sich in der Abwägung negativ auf die Gewichtung des zu rettenden Rechtsguts aus. 323

Ein weiterer Aspekt sind **besondere Gefahrtragungspflichten**: Wer sich als Feuerwehrmann oder Soldat aus einer berufsspezifischen Gefahr unter Beeinträchtigung fremder Rechtsgüter befreien möchte, dessen rechtlich geschütztes Interesse ist gemindert.[388] Der Gesichtspunkt der Gefahrtragungspflicht kann auch bei Beschützergaranten relevant werden. So können bspw. Eltern die Rettung ihres Kindes aus 324

383 *Wessels/Beulke/Satzger*, Rn. 320; *Rengier*, AT § 19 Rn. 61; Schönke/Schröder/*Perron*, § 34 Rn. 41e; LK-StGB/*Zieschang*, § 34 Rn. 68; NK-StGB/*Neumann*, § 34 Rn. 118.
384 NK-StGB/*Neumann*, § 34 Rn. 118.
385 Ebenso *Roxin*, AT I § 16 Rn. 94; *Kühl*, AT § 8 Rn. 169-174; *Baumann/Weber/Mitsch*, AT § 17 Rn. 78.
386 *Roxin*, AT I § 16 Rn. 49.
387 Zur Problematik der sonst vorwerfbaren Herbeiführung einer Notwehrlage s. oben Rn. 281 ff.
388 MüKo-StGB/*Erb*, § 34 Rn. 143.

einer Gefahrensituation nicht ohne Weiteres mit Hinweis auf eigene gesundheitliche Risiken in gerechtfertigter Weise verweigern.[389]

325 Eine besondere Konstellation, die bereits im Rahmen der Interessenabwägung diskutiert werden kann,[390] ist der sog. **Nötigungsnotstand.** Es geht dabei um einen Täter, der unter dem Eindruck nötigenden Zwangs eine tatbestandsmäßige Handlung begeht. Ob dies gem. § 34 gerechtfertigt ist, wenn ein „wesentliches Überwiegen" allein mit Blick auf Eingriffs- und Erhaltungsgut zu bejahen wäre, ist umstritten.

Beispiel:
A zwingt B mit vorgehaltener Pistole und mittels der Drohung, ihn ansonsten zu erschießen, im Musikgeschäft des L eine CD im Wert von 20 Euro zu stehlen.

326 Geht man davon aus, dass B die Gefahr für sein Leben nicht anders als durch Begehung des Diebstahls abwenden kann, wäre eine Rechtfertigung denkbar, da das Erhaltungsgut (Leben) das Eingriffsgut (Eigentum) an sich „wesentlich überwiegt". Dagegen wird von der wohl h.M. eingewandt, dass B hier (wenn auch nur unter dem Eindruck der Drohung) „auf die Seite des Unrechts" tritt.[391] Danach sei es unbillig, dem B in dieser Situation ein „Recht" zur Begehung des Diebstahls einzuräumen und damit zugleich dem L ein dagegen gerichtetes Notwehrrecht zu versagen.[392] In den Fällen des Nötigungsnotstandes kommt nach dieser Ansicht lediglich eine **Entschuldigung** gem. **§ 35** in Betracht.[393]

327 Ein pauschaler Ausschluss der Rechtfertigung erscheint allerdings nicht überzeugend. Denn die Voraussetzungen des deutlich enger formulierten § 35 werden in vielen Fällen nicht vorliegen, so dass sich der Genötigte dann trotz der offensichtlich vorliegenden Zwangslage mit einer Strafbarkeit konfrontiert sähe. Auch sind durchaus Fälle denkbar, in denen ein „Duldungsrecht" des Dritten (das ja stets und nicht nur in der vorliegenden Konstellation die Folge einer Rechtfertigung gem. § 34 ist) zumutbar erscheint. Ein schonender Ausgleich der Interessen aller Beteiligten wird durch eine **differenzierende Lösung** erzielt, bei der eine Rechtfertigung in Betracht kommt, wenn (wie im obigen Beispielsfall) nur in vergleichsweise geringfügiger Weise in ein Individualrechtsgut eingegriffen wird.[394] Auch Eingriffe in kollektive Rechtsgüter sind einer Rechtfertigung zugänglich, da hier kein Notwehrrecht eines betroffenen Individuums im Raum steht.[395]

---

389 *Roxin*, AT I § 16 Rn. 66.
390 Überwiegend wird die Problematik bei der „Angemessenheit" eingeordnet, vgl. *Rengier*, AT § 19 Rn. 51 ff.
391 *Wessels/Beulke/Satzger*, AT Rn. 443.
392 Vgl. *Wessels/Beulke/Satzger*, AT Rn. 443; *Heinrich*, AT Rn. 437 sowie 580.
393 S. dazu unten Rn. 452 ff.
394 Vgl. *Rengier*, AT § 19 Rn. 54 m.w.N.
395 Vgl. das Fallbeispiel bei *Rengier*, AT § 19 Rn. 55; s. auch *Zieschang*, AT Rn. 272.

(3) Angemessenheit

Im Anschluss an die Interessensabwägung wird von der h.M. die **Angemessenheit des Mittels** gem. § 34 S. 2 gesondert geprüft.[396] Dies ist liegt angesichts des klaren Wortlauts des Gesetzes nahe, erscheint allerdings inhaltlich als weitgehend verzichtbar.[397] Denn bereits die Interessensabwägung ist, wie oben dargestellt, umfassend vorzunehmen. Es wäre inkonsequent, relevante Erwägungen zunächst beiseite zu lassen, um sie erst später als Problem der Angemessenheit zu thematisieren.[398] Daher dürfte auch der nochmaligen Überprüfung, ob das Abwägungsergebnis nicht der Menschenwürdegarantie widerspricht[399] kaum ein sinnvoller Anwendungsbereich zukommen. 328

Die hier vertretene **Verzichtbarkeit einer zweistufigen Prüfung** von Abwägung und Angemessenheit entspräche auch der Verhältnismäßigkeitsprüfung im Verfassungsrecht, bei der nach der Erörterung der „Geeignetheit" und „Erforderlichkeit" die „Angemessenheit" thematisiert wird, was eine umfängliche Interessensabwägung beinhaltet. 329

In der **gutachterlichen Prüfung** empfiehlt sich ein kurzer Hinweis, dass alle relevanten Aspekte bereits umfassend gewürdigt wurden und das Mittel daher auch „angemessen" im Sinne von § 34 S. 2 ist. 330

cc) Subjektives Rechtfertigungselement

Als subjektives Element muss unstreitig **Vorsatz** des Handelnden bezüglich des Vorliegens der objektiven Notstandsvoraussetzungen gegeben sein. Zusätzlich ist nach der (hier aber abgelehnten)[400] herrschenden Meinung mit dem **Rettungswillen** eine spezifische Motivation des Handelnden erforderlich.[401] Fehlt das subjektive Rechtfertigungselement ist richtigerweise nur nach den Grundsätzen des Versuchs zu bestrafen.[402] 331

c) Zivilrechtlicher Notstand

aa) Defensivnotstand, § 228 BGB

Zu nennen ist zunächst der **Defensivnotstand** gem. **§ 228 BGB.** Danach handelt der Täter nicht rechtswidrig, wenn er eine Sache beschädigt oder zerstört, von der eine gegenwärtige Gefahr ausgeht und wenn der dadurch angerichtete Schaden „nicht außer Verhältnis" zu dem abgewendeten Schaden steht. Der **Maßstab der Abwägung** ist hier also im Vergleich zu § 34 weniger streng und deutlich zu Gunsten des 332

---

396 Vgl. nur *Rengier*, AT § 19 Rn. 49; *Hoffmann-Holland*, AT Rn. 293; Matt/Renzikowski/*Engländer*, § 34 Rn. 31.

397 Ebenso *Baumann/Weber/Mitsch*, AT § 17 Rn. 83; Schönke/Schröder/*Perron*, § 34 Rn. 46; *Zieschang*, JA 2007, 679 (683 f.).

398 *Zieschang*, JA 2007, 679 (683 f.).

399 So *Roxin*, AT I § 16 Rn. 100.

400 Zur Diskussion im Rahmen der Notwehr s. oben Rn. 296 f.

401 Vgl. *Wessels/Beulke/Satzger*, AT Rn. 277.

402 S. oben Rn. 238.

Eingreifenden verschoben. Der Gesetzgeber trägt damit dem Umstand Rechnung, dass in Rechtsgüter einer Person eingegriffen wird, aus deren Sphäre die Gefahr stammt.

Beispiel:
A kann einen auf ihn losstürmenden Hund, der ihn zu beißen droht, nur mittels eines gezielten tödlichen Schusses stoppen.

333 A kann sich zur Rechtfertigung der damit tatbestandlich verwirklichten Sachbeschädigung gem. § 303 auf § 228 BGB berufen. An diesem Ergebnis würde sich nichts ändern, wenn von vornherein feststünde, dass durch den Biss nur eine geringfügige Verletzung des A droht.

334 Anders wäre ggf. zu entscheiden, wenn es sich um einen teuren Rassehund handelte, von dem lediglich die Gefahr der Zerstörung eines deutlich weniger wertvollen Gegenstandes ausginge.[403] Denn hier stünde der dem A drohende Schaden außer Verhältnis zu dem von ihm verursachten Schaden.

335 Eine **Schadensersatzpflicht** ist beim Defensivnotstand vorgesehen, wenn der im Notstand Handelnde die Gefahr selbst verschuldet hat (**§ 228 S. 2 BGB**); an der strafrechtlichen Rechtfertigung ändert dieser Umstand aber nichts.[404]

bb) Aggressivnotstand, § 904 BGB

336 Beim **Aggressivnotstand** gem. § 904 BGB geht es um Eingriffe in Sachen zur Abwendung einer Gefahr, die nicht von der Sache selbst ausgeht. Da hier einem **unbeteiligten Eigentümer** eine Aufopferung seines Rechtsguts zugemutet wird (gegen die er sich seinerseits nicht in rechtmäßiger Notwehr verteidigen darf!), sind die Anforderungen der Interessenabwägung im Vergleich zu § 228 BGB erhöht. Danach ist der Handelnde nur gerechtfertigt, wenn „der **drohende Schaden** gegenüber dem aus der Einwirkung dem Eigentümer entstehenden Schaden **unverhältnismäßig groß**" ist. Das entspricht in etwa dem in § 34 genannten „wesentlichen Überwiegen".[405] Zugleich kann der betroffene Eigentümer für seine Einbuße stets gem. § 904 S. 2 BGB **Schadensersatz** verlangen.

Beispiel:
A kann den Angriff des Hundes nur abwehren, indem er diesem einen gezielten Schlag mit einer billigen Vase aus Porzellan versetzt, die dem B gehört und (wie von A vorhergesehen) bei dem Schlag zu Bruch geht.

337 Angesichts der nur geringen materiellen Einbuße des B und den Gefahren für die körperliche Unversehrtheit, die dem A drohen, ist eine Rechtfertigung der tatbestandlich verwirklichten Sachbeschädigung gem. § 904 BGB zu bejahen.

403 *Rengier*, AT § 20 Rn. 10.
404 *Wessels/Beulke/Satzger*, AT Rn. 283.
405 *Heinrich*, AT Rn. 493.

4. Einwilligung und Einverständnis

a) Grundlagen

Das Strafrecht dient dem Rechtsgüterschutz. Insofern erscheint es konsequent, dass es kein strafrechtliches Unrecht darstellt, wenn der Betroffene seine Zustimmung zur Verletzung oder Gefährdung seines Rechtsgutes erklärt hat (**„volenti non fit inuria“**). Dabei unterscheidet die h.M. zwischen dem **tatbestandsausschließendem Einverständnis** und der **rechtfertigenden Einwilligung.**[406] 338

Das **tatbestandsausschließende Einverständnis** ist demzufolge bei Delikten relevant, bei denen schon die Tatbestandshandlung begrifflich ein Handeln gegen oder ohne den Willen des Verletzten voraussetzt.[407] 339

Beispiel:
Der Hausfriedensbruch gem. § 123 Abs. 1 setzt ein „Eindringen“ des Täters voraus. Daran fehlt es, wenn ein Gast mit Zustimmung des Hauseigentümers dessen Grundstück betritt.

Eine **rechtfertigende Einwilligung** soll dagegen vorliegen, wenn die Zustimmung des Rechtsgutsinhabers nichts am Vorliegen der tatbestandlich umschriebenen Beeinträchtigung des Rechtsguts ändert.[408] 340

Beispiel:
A ist Eigentümer eines großen Gartens mit mehreren hohen Bäumen. Erlaubt er dem F, einen dieser Bäume zu fällen und zu zersägen, ändert dies nach h.M. nichts an der Erfüllung des objektiven und subjektiven Tatbestands der Sachbeschädigung, § 303 Abs. 1. Die Einwilligung führt nach dieser Ansicht nur zum Ausschluss der Rechtswidrigkeit.

Eine verbreitete **Gegenmeinung**[409] lehnt die unterschiedliche Behandlung von Einwilligung und Einverständnis ab. Nach dieser Ansicht wirkt auch die **Einwilligung** bereits **tatbestandsausschließend.**[410] Hierbei wird die Bedeutung des Individualrechtsguts für die Freiheitsbetätigung des Gutsinhabers betont. Nach *Roxin* als Vertreter dieser Ansicht kann keine Rechtsgutsverletzung vorliegen, „wenn eine Handlung auf einer Disposition des Rechtsgutsträgers beruht, die seine freie Entfaltung nicht beeinträchtigt, sondern im Gegenteil deren Ausdruck ist.“[411] 341

Aus dieser Perspektive wäre im obigen Beispiel des Fällens des Baumes zu berücksichtigen, dass das Rechtsgut des § 303 das Eigentum ist; es wäre daher verkürzt, allein auf die äußere Verletzung des Tatobjekts „Sache“ abzustellen, ohne dabei die rechtlichen Befugnisse des Eigentümers gem. § 903 BGB zu berücksichtigen. Stimmt der Eigentümer der Zerstörung zu, liegt darin schon prima facie keine Verletzung seiner Rechtsposition. 342

406 Vgl. nur *Wessels/Beulke/Satzger*, AT Rn. 360 ff.
407 *Rengier*, AT § 23 Rn. 3 f.
408 *Heinrich*, AT Rn. 441.
409 Siehe *Roxin*, AT I § 13 Rn. 11 ff. m.w.N.
410 Nachweise bei *Wessels/Beulke/Satzger*, AT Rn. 363.
411 *Roxin*, AT I § 13 Rn. 12.

343 Für die tatbestandsausschließende Wirkung auch der Einwilligung sprechen somit gute Gründe. In der **gutachterlichen Prüfung** empfiehlt es sich allerdings zur Vermeidung von Missverständnissen und zusätzlichem Begründungsaufwand, der h.M. zu folgen und die Einwilligung als Rechtfertigungsgrund zu prüfen.[412]

b) Einwilligung

344 Die Einwilligung sowie die später noch zu erörternde mutmaßliche Einwilligung[413] sind ungeschriebene Rechtfertigungsgründe, die **gewohnheitsrechtlich anerkannt** sind. Lediglich in § 228 im Zusammenhang mit der Körperverletzung wird die Einwilligung im Gesetz ausdrücklich erwähnt. Da die Einwilligung zum Ausschluss der Rechtswidrigkeit führt und es sich somit um Gewohnheitsrecht **zu Gunsten des Täters** handelt, liegt kein Verstoß gegen das Gesetzlichkeitsprinzips gem. Art. 103 Abs. 2 GG vor.[414]

345 Bei der Prüfung der Einwilligung[415] ist folgender Aufbau zu empfehlen:

Übersicht Einwilligung

A. Objektive Rechtfertigungselemente
   I. Disponibles Rechtsgut
   II. Dispositionsbefugnis
   III. Einwilligungsfähigkeit
   IV. Einwilligungserklärung vor der Tat
   V. Freiheit von Willensmängeln
B. Subjektives Rechtfertigungselement

aa) Disponibilität des Rechtsguts

346 Zunächst muss es sich um ein disponibles Rechtsgut handeln. Das ist bei fast allen **Individualrechtsgütern** wie dem Eigentum oder der Fortbewegungsfreiheit der Fall, die ohne Einschränkung der Verfügungsmacht des Rechtsgutsträgers unterfallen. Über das **Leben** als besonders hochrangiges Rechtsgut kann dagegen auch vom Rechtsgutsträger selbst nicht verfügt werden, wie die Regelung des § 216 zeigt. Darüber hinaus ist an die bereits erwähnte Vorschrift des § 228 zu erinnern, die der Einwilligung in eine **sittenwidrige Körperverletzung** Grenzen setzt.[416] Über **Rechtsgüter der Allgemeinheit** wie die Sicherheit des Straßenverkehrs kann generell nicht disponiert werden, weil sie keiner einzelnen natürlichen Person als Rechtsgutsträger zustehen.

412 So auch *Rengier*, AT § 23 Rn. 2.
413 Dazu sogleich unten Rn. 376 ff.
414 *Rengier*, AT § 23 Rn. 1.
415 S. vertiefend *Jahn*, JuS 2013, 945.
416 S. nur BGHSt 49, 170.

Beispiel:
Willigt Beifahrer B ein, von dem wegen Trunkenheit fahruntüchtigen A nach Hause gefahren zu werden, führt dies nach h.M. nicht zum Ausschluss der Rechtswidrigkeit der Straßenverkehrsgefährdung gem. § 315c, weil diese Norm neben der körperlichen Unversehrtheit auch das Kollektivrechtsgut der Sicherheit des Straßenverkehrs schützt.[417]

bb) Dispositionsbefugnis

Die **Dispositionsbefugnis** in Bezug auf ein Rechtsgut liegt grundsätzlich bei dessen Inhaber. Ist der Rechtsgutsträger selbst nicht einwilligungsfähig,[418] geht die Verfügungsbefugnis auf den gesetzlichen Vertreter über, bspw. auf die Eltern (§§ 1626, 1629 BGB). Kommt es im Rahmen von Einwilligungsangelegenheiten zu einem Missbrauch des Sorgerechts, können Maßnahmen des Familien- oder Vormundschaftsgerichts erfolgen (§§ 1666, 1837 Abs. 4 BGB). Auf diese Weise kann bspw. die Einwilligung in eine Operation ersetzt werden, die vom Sorgeberechtigten verweigert wurde.[419] Bei juristischen Personenerfolgt die Einwilligung durch das zuständige Vertretungsorgan, bei der GmbH also bspw. durch den Geschäftsführer (§ 35 Abs. 1 GmbHG). 347

cc) Einwilligungsfähigkeit

Die **Einwilligungsfähigkeit** beurteilt sich nach ständiger Rechtsprechung nicht nach festen Altersgrenzen oder nach den Regeln, die für die zivilrechtliche Geschäftsfähigkeit gelten, sondern nach der tatsächlichen Einsichts- und Urteilsfähigkeit desjenigen, der durch die Einwilligungserklärung auf den Schutz seines Rechtsguts verzichtet.[420] Ausschlaggebend sind die geistige und sittliche Reife des Rechtsgutsträgers, das Wesen, die Bedeutung und die Tragweite des fraglichen Eingriffs zu erkennen und angemessen beurteilen zu können. Volljährige Personen sind in der Regel, sofern keine entgegenstehenden Anhaltspunkte vorliegen, einwilligungsfähig. Bei Jugendlichen zwischen 14 und 17 Jahren (vgl. § 1 Abs. 2 JGG) ihängt die Einwilligungsfähigkeit u.a. davon ab, wie schwer der Eingriff ist und wie weit der Betroffene von der Volljährigkeitsgrenze entfernt ist. 348

Beispiel:
Verlangt eine erwachsene Person die Extraktion sämtlicher plombierter Zähne entgegen ärztlichem Rat und aus „laienhaftem Unverstand",[421] so ändert die Unvernünftigkeit dieser Entscheidung an der Einwilligungsfähigkeit nichts, solange keinerlei Anhaltspunkte dafür bestehen, dass der Einwilligende in rechtlich relevanter Weise geistig oder seelisch gestört war.[422] Die allgemeine Handlungsfreiheit gem. Art. 2 Abs. 1 GG umfasst auch die Freiheit zu unvernünftigen Handlungen.[423]

---

417 Str., s. dazu *Rengier*, BT II § 44 Rn. 19.
418 Dazu sogleich.
419 *Rengier*, AT § 23 Rn. 14.
420 BayObLG NJW 1999, 372 m.w.N.
421 Vgl. BGH NJW 1978, 1206; dazu *Rengier*, AT § 23 Rn. 17.
422 Der BGH verneinte die Einwilligungsfähigkeit der Patientin, die seit Jahren unter starken Kopfschmerzen litt, auf Grund ihrer seelischen Verfassung, „die ein verstandesmäßiges Abwägen der vorgebrachten medizinischen Argumente verhinderte", vgl. BGH NJW 1978, 1206.
423 *Roxin*, AT I § 13 Rn. 87.

349 Ein 16-Jähriger kann in eine Impfung gegen Grippe einwilligen, solange nichts gegen dessen diesbezügliche Einsichts- und Urteilsfähigkeit spricht. Ebenso ist die Einwilligung einer 16-jährigen Person in ein Piercing in der Regel wirksam, da dieses wieder mühelos entfernt werden kann. Bei einer größeren Tätowierung, die nur mithilfe von Laserbehandlungen wieder entfernt werden kann, ist eine Einwilligung des Jugendlichen dagegen tendenziell unwirksam.[424]

350 Auf die Kontroverse über die Wirksamkeit der elterlichen Einwilligung in die **Beschneidung** ihres einwilligungsunfähigen Sohnes hat der Gesetzgeber im Anschluss an das Urteil des Landgerichts Köln vom 7.5.2012[425] mit der Einführung eines speziellen Rechtfertigungsgrundes in **§ 1631d Abs. 1 BGB** reagiert.[426]

dd) Einwilligungserklärung

351 Die Einwilligung muss **vor der Tat erklärt** werden, nur dann steht zum relevanten Zeitpunkt fest, dass die Handlung kein strafrechtliches Unrecht darstellt. Eine bereits früher erteilte Einwilligung ist bis zur Tatbegehung frei widerruflich. Eine nachträgliche „Genehmigung" der Tat durch den Geschädigten ist im Hinblick auf die materielle Strafbarkeit bedeutungslos und allenfalls für die Strafzumessung relevant.

352 Die Erklärung kann **ausdrücklich** oder **konkludent,** also durch schlüssiges Verhalten, erfolgen.[427] Unverzichtbar ist aber eine Form der **Kundgabe nach außen**; die rein innere Zustimmung genügt nicht für eine Rechtfertigung.[428] Bezugspunkt der Einwilligung ist bei Vorsatztaten die Eingriffshandlung und der tatbestandsmäßige Erfolg.[429] Bei einer Einwilligung in eine körperverletzende Blutentnahme bezieht sich diese bspw. auf die Handlung „Stich mit der Injektionsnadel" sowie auf den tatbestandlichen Erfolg „Einstichwunde und Blutverlust".

ee) Freiheit von Willensmängeln

353 Die Einwilligung muss **frei von wesentlichen Willensmängeln** zustande gekommen sein.[430] Ursachen für Willensmängel können insbesondere die Nötigungsmittel Gewalt und Drohung sein,[431] daneben auch auf Täuschung beruhende Irrtümer.[432]

(1) Gewalt und Drohung

354 Wird eine Einwilligung durch Gewalt oder Drohung erzwungen, liegt ein wesentlicher Willensmangel vor, weil eine Fremdbestimmung in Form einer Nötigung die Freiwilligkeit der Einwilligungserklärung ausschließt. Hinsichtlich der erforderlichen

---

424 Vgl. *Rengier*, AT § 23 Rn. 19.
425 LG Köln NJW 2012, 2128.
426 Siehe näher *Wessels/Beulke/Satzger*, AT Rn. 374.
427 LK-StGB/*Rönnau*, Vor §§ 32 Rn. 163 m.w.N.
428 *Rengier*, AT § 23 Rn. 21.
429 LK-StGB/*Rönnau*, Vor §§ 32 Rn. 164 m.w.N. Zur Frage der Einwilligung bei Fahrlässigkeitsdelikten s. Rn. 371 ff.
430 Vgl. LK-StGB/*Rönnau*, Vor §§ 32 Rn. 198 ff.; *Roxin*, AT I § 13 Rn. 97 ff.
431 BGHSt 11, 111.
432 *Rengier*, AT § 23 Rn. 23.

Intensität müssen nach h.M. die Grenzen einer verwerflichen Nötigung gem. § 240 Abs. 1, Abs. 2 überschritten sein.[433] Es genügt demnach nicht jede harmlose, im sozialen Zusammenleben hinzunehmende Drohung; auf der anderen Seite geht es zu weit, eine Situation i.S.d. § 35 (d.h. eine gegenwärtige Gefahr für eines der dort genannten hochrangigen Rechtsgüter wie Leib oder Leben) zu verlangen.[434]

(2) Täuschungsbedingte Irrtümer

Wie sich ein täuschungsbedingter Irrtum auf die Wirksamkeit der Einwilligung auswirkt, ist äußerst umstritten.[435] Es geht insbesondere um die Frage, ob grundsätzlich alle täuschungsbedingten Irrtümer relevant werden oder nur diejenigen, die eine bestimmte Qualität aufweisen.[436] 355

Nach der engsten, „täterfreundlichen" Ansicht führen nur Fehlvorstellungen, die **rechtsgutsbezogen** sind, zu einer Unwirksamkeit der Einwilligung. Der Verfügende muss sich danach über Art, Umfang, Schwere oder Risiken des Eingriffs irren, so dass er sich über die Folgen seines Tuns für das verletzte Rechtsgut nicht im Klaren ist. Unbeachtlich sind dagegen Fehlvorstellungen über die Begleitumstände der Tat und bloße Motivirrtümer, soweit sie nicht rechtsgutsbezogen sind.[437] 356

Beispiel:
Wird jemand über die wertbildenden Eigenschaften einer in seinem Eigentum stehenden Sache getäuscht (etwa Alter und Herkunft einer antiken Vase) und erlaubt er deshalb dem Täuschenden, diese Sache zu zerstören, leidet die Einwilligung an einem wesentlichen, unmittelbar auf das Rechtsgut bezogenen Willensmangel und ist unwirksam.

Ein nach dieser Ansicht **unbeachtlicher Motivirrtum** wäre dagegen die Fehlvorstellung einer Person P im Rahmen einer Blutspende, dass sich auch der Nachbar N hierzu bereit erklärt habe.[438] P irrt hier nicht rechtsgutsbezogen, weil ihm Art und Tragweite seiner Entscheidung vollumfänglich bewusst sind. Die durch die Täuschung hervorgerufene unzutreffende Motivation für die Blutspende führt nicht zur Unwirksamkeit der Einwilligung. 357

Nach der weitesten, „opferfreundlichen" Ansicht führt **jeder täuschungsbedingte Irrtum** zu einem relevanten Willensmangel.[439] 358

Beispiel:
Im eben angeführten Beispiel des Erschleichens einer Blutspende mit der falschen Behauptung, der Nachbar habe sich dafür gleichfalls zur Verfügung gestellt, wäre die Einwilligung also unwirksam. Obwohl der Einwilligende im Hinblick auf sein Rechtsgut körperliche Unversehrt-

---

433 Schönke/Schröder/*Lenckner/Sternberg-Lieben*, Vorbem. §§ 32 ff. Rn. 48 m.w.N.; *Rengier*, AT § 23 Rn. 23.
434 Schönke/Schröder/*Lenckner/Sternberg-Lieben*, Vorbem. §§ 32 ff. Rn. 48.
435 Überblick über den Streitstand bei *Hillenkamp*, AT-Probleme, S. 53 ff.
436 *Rengier*, AT § 23 Rn. 25 ff.
437 Schönke/Schröder/*Lenckner/Sternberg-Lieben*, Vorbem. § 32 ff. Rn. 46 f.
438 S. *Rengier*, AT § 23 Rn. 33.
439 Schönke/Schröder/*Lenckner/Sternberg-Lieben*, Vorbem. §§ 32 ff. Rn. 47. Auch LK-StGB/*Rönnau*, Vor § 32 Rn. 199, 206 vertritt eine tendenziell opferfreundliche Ansicht: Willensmängel führen danach immer zur Unwirksamkeit bzw. zum Fehlen der Einwilligung, wenn sie dem Täter objektiv zuzurechnen sind.

heit weiß, was er tut und seine Entscheidung insoweit das Ergebnis eines frei gefassten Entschlusses ist, wird der Motivirrtum „Beteiligung des Nachbarn" als relevanter Willensmangel behandelt.

359 Spendet die Mutter M für ihr Kind eine Niere aufgrund der bewussten Täuschung des Arztes, dass dies wegen einer Lebensgefahr für das Kind medizinisch indiziert sei, so ist die hierfür erteilte Einwilligungserklärung unwirksam. Nach der Lehre vom rechtsgutsbezogenen Irrtum müsste dagegen ein wesentlicher Willensmangel verneint werden, obwohl die Entscheidungsfreiheit der Mutter hier stark eingeschränkt erscheint.

360 Eine vermittelnde Ansicht stellt den **Autonomiegedanken** in den Vordergrund. Eine Einwilligung soll dann wirksam sein, wenn sie als Ausdruck einer selbstbestimmten Entscheidung aufgefasst werden kann.[440] Die Wirksamkeit der Einwilligung wird danach verneint, wenn der Einwilligende in eine Situation **rechtsgutsbezogener Unfreiheit** gebracht wird, die (wie im Verhältnis Mutter-Kind im eben angeführten Organspendefall) einer notstandsähnlichen Zwangslage[441] oder einer Drohungssituation nahekommt.[442]

361 Die **Rechtsprechung** hat sich mit Ausnahme des speziellen Bereichs der ärztlichen Heileingriffe bisher nur in wenigen Fällen mit Willensmängeln im Rahmen der Einwilligung beschäftigt. In den vorhandenen Judikaten machte sie die Qualifizierung der Einwilligung als wirksam oder unwirksam von den Umständen des Einzelfalles abhängig, ohne dabei allgemeingültige – und damit Orientierung schaffende – Grundsätze aufzustellen.[443]

(3) Sonstige Irrtümer

362 Nicht täuschungsbedingte Irrtümer führen jedenfalls dann zur Unwirksamkeit einer Einwilligung, wenn den Täter als Garanten eine **Aufklärungspflicht** trifft. Insbesondere im Rahmen der Aufklärung des Patienten bei einem ärztlichen Heileingriff hat das Erfordernis einer irrtumsfreien Einwilligung besondere praktische Bedeutung,[444] da die Rechtsprechung diesen als vorsätzliche Körperverletzung einstuft.[445] Das Ziel einer solchen Aufklärung muss es sein, dem Patienten Art, Bedeutung und Tragweite des Eingriffs jedenfalls in seinen Grundzügen erkennbar zu machen, um ihm eine Abschätzung von Für und Wider des Eingriffs zu ermöglichen. Umfang und Intensität der Aufklärung lassen sich nicht abstrakt festlegen, sondern sind an der konkreten Sachlage auszurichten, wobei dem Patienten auf jeden Fall eine allgemeine Vor-

---

440 *Rengier*, AT § 23 Rn. 30; *Roxin*, AT I § 13 Rn. 99 ff.
441 *Rengier*, AT § 23 Rn. 30.
442 Vgl. *Roxin*, AT § 13 Rn. 104; Schönke/Schröder/*Lenckner/Sternberg-Lieben*, Vorbem. §§ 32 ff. Rn. 47.
443 Vgl. die Nachweise bei LK-StGB/*Rönnau*, Vor § 32 Rn. 198.
444 Vgl. näher Schönke/Schröder/*Eser*, § 223 Rn. 39 ff. m.w.N.
445 Zur Problematik des ärztlichen Heileingriffs vgl. ausführlich Schönke/Schröder/*Eser* § 223 Rn. 27 ff. m.w.N.

stellung von der Schwere des Eingriffs und den spezifisch mit ihm verbundenen Risiken vermittelt werden muss, ohne diese zu beschönigen oder zu übertreiben.[446]

ff) Subjektives Rechtfertigungselement

Als subjektives Element ist ein Handeln **in Kenntnis der Einwilligung** zu verlangen. 363
Teilweise wird darüber hinaus gefordert, der Täter müsse auch **„aufgrund" der Einwilligung** gehandelt haben.[447] Das ist als zusätzliches „motivationales" Element nach hier vertretener Ansicht entbehrlich.[448] Praktische Relevanz kommt diesem Aspekt ohnehin nicht zu, da das Wissen um die Einwilligung nicht das einzige Motiv des Handelnden gewesen sein muss; wenn es nicht völlig in den Hintergrund gedrängt wird, genügt dies.[449]

c) Tatbestandsausschließendes Einverständnis

Ein Einverständnis des Betroffenen schließt bereits die Tatbestandsmäßigkeit der 364
Tathandlung aus, wenn diese gerade ein Handeln gegen oder ohne den Willen des Verletzten verlangt.[450] Aufgrund der engen Nähe zum Rechtfertigungsgrund der Einwilligung wird auf die Voraussetzungen des Einverständnisses erst hier im Kontext der Rechtswidrigkeit eingegangen.

Die Differenzierung der h.M.[451] zwischen dem tatbestandsausschließenden Einver- 365
ständnis und der rechtfertigenden Einwilligung basiert maßgeblich auf der Auffassung, dass das Einverständnis mehr **faktischer Natur** sei und der Einwilligung ein **rechtlicher Charakter** zukomme.[452] Für die Einverständnisfälle können allerdings keine pauschal geltenden Regeln aufgestellt werden.[453] Vielmehr ergeben sich vor dem Hintergrund der Funktion des jeweiligen Tatbestands und dem Wesen des dort geschützten Rechtsguts Besonderheiten der Voraussetzungen eines Einverständnisses.[454] Die diskutierten Unterschiede betreffen die Einverständniserklärung, die „Einverständnisfähigkeit" und die Auswirkungen von Willensmängeln.

aa) Einverständniserklärung

Aus dem eher faktischen Charakter des Einverständnisses wird von der h.M. gefol- 366
gert, dass dieses weder ausdrücklich noch konkludent erklärt werden und dem Täter auch nicht zur Kenntnis gelangt sein müsse. Anders als bei der Einwilligung soll hier also auch die bloße innere Zustimmung des Rechtsgutsträgers genügen.[455] Sofern

446 BGH NJW 2009, 1210; Schönke/Schröder/*Eser*, § 223 Rn. 40a-d.
447 *Wessels/Beulke/Satzger*, AT Rn. 379.
448 Siehe Rn. 296 f.
449 *Rengier*, AT § 23 Rn. 38.
450 S. bereits oben Rn. 338 ff.
451 LK-StGB/*Rönnau*, Vor § 32 Rn. 147 f.
452 Vgl. *Rengier*, AT § 23 Rn. 40.
453 *Rengier*, AT § 23 Rn. 40.
454 LK-StGB/*Rönnau*, Vor § 32 Rn. 157a.
455 LK-StGB/*Rönnau*, Vor § 32 Rn. 159.

der Täter irrig davon ausgeht, dass kein Einverständnis vorliegt, kommt lediglich ein (untauglicher) Versuch in Betracht.

Beispiel:
Glaubt A, gegen den Willen des Eigentümers E in dessen Haus „einzudringen", obwohl E dem insgeheim zustimmt, ist der Tatbestand des § 123 nach h.M. nicht erfüllt. Mangels Versuchsstrafbarkeit des Hausfriedensbruchs bleibt A straflos.

bb) „Einverständnisfähigkeit"

367 Hinsichtlich der Einsichtsfähigkeit bei der Erteilung eines Einverständnisses reicht – im Gegensatz zur Einwilligung – bei einigen Delikten bereits die **natürliche Willensfähigkeit** aus. Auch Kinder oder Geisteskranke können daher nicht gem. § 240 „genötigt" werden, wenn sie mit dem Verhalten des Täters einverstanden sind. Gleiches gilt für den Tatbestand des Diebstahls gem. § 242, der für die Wegnahme den Bruch des Gewahrsams an einer Sache voraussetzt. Einem Kind kann eine in seinem Alleingewahrsam befindliche Sache mit dessen Einverständnis deshalb nicht im Sinne von § 242 „weggenommen" werden.

368 In anderen Fällen wird das wirksame Einverständnis an eine natürliche Einsichts- und Urteilsfähigkeit oder – bei rechtsgeschäftlich bedeutsamen Positionen – sogar an eine Geschäftsfähigkeit geknüpft. So soll in Situationen des § 185, in denen bei einer Zustimmung schon der beleidigende Charakter der Äußerung entfällt, das Einverständnis nur dann tatbestandsausschließend wirken, wenn der Adressat das Ehrenrührige der Äußerung und den sozialen Wert der persönlichen Ehre verstanden hat.[456]

cc) Willensmängel

369 Im Gegensatz zur Einwilligung soll nach h.M. eine **Täuschung** in den Konstellationen des Einverständnisses in der Regel **unbeachtlich** sein.[457] Wer sich demnach durch Täuschung Zutritt zu einer Wohnung verschafft, dringt nicht gem. § 123 Abs. 1 ein. Hat das tatbestandsausschließende Einverständnis dagegen – wie im Bereich der Untreue gem. § 266 Abs. 1 **rechtsgeschäftlichen Charakter**, wird eine Täuschung überwiegend als beachtlich und in der Folge ein Einverständnis als unwirksam eingestuft.[458] Auch bei einem nur unter dem Eindruck **nötigenden Zwangs** erteilten Einverständnis muss dessen Wirksamkeit verneint werden.[459] Wer sich also unter Vorhaltung einer Waffe den Zutritt zu einer Wohnung verschafft, erfüllt den Tatbestand des Hausfriedensbruchs gem. § 123 Abs. 1.

370 Die wichtigsten von der h.M. formulierten **Unterschiede** zwischen Einverständnis und Einwilligung lassen sich der folgenden Übersicht entnehmen:

456 LK-StGB/*Rönnau*, Vor § 32 Rn. 158.
457 *Rengier*, AT § 23 Rn. 42.
458 LK-StGB/*Rönnau*, Vor § 32 Rn. 159.
459 *Rengier*, AT § 23 Rn. 44.

Übersicht: Einverständnis und Einwilligung	
Einverständnis	**Einwilligung**
Wirkung: tatbestandsausschließend	Wirkung: rechtfertigend
Innere Zustimmung während der Tat	Erklärung vor der Tat
Grds. natürliche Willensfähigkeit ausreichend	Ausreichende Einsichts- und Urteilsfähigkeit

d) Einwilligung bei Fahrlässigkeitsdelikten

Bei **vorsätzlichen** Erfolgsdelikten muss sich die Einwilligung gleichermaßen auf die Handlung wie auf den Erfolg beziehen, damit sowohl das Handlungs- als auch das Erfolgsunrecht als Anknüpfungspunkt für eine Strafbarkeit entfallen. Die Voraussetzungen der Einwilligung in eine einvernehmliche **vorsätzliche Fremdverletzung** sind insoweit unstrittig. 371

Schwieriger zu beurteilen sind in dieser Hinsicht die **fahrlässigen Erfolgsdelikte** (bspw. §§ 222, 229) in den Fällen der **einvernehmlichen Fremdgefährdung.** Wird in Konstellationen wie dem Autosurfer-Fall[460] ein Zurechnungsausschluss mangels Vorliegen einer Selbstgefährdung mit der h.M. verneint,[461] muss auf der Ebene der Rechtswidrigkeit geprüft werden, ob der Verletzte wirksam in seine Gefährdung, also in das verwirklichte Fahrlässigkeitsdelikt, eingewilligt hat. Die Voraussetzungen der Einwilligung beim **Fahrlässigkeitsdelikt** sind jedoch umstritten.[462] Denn bei der einvernehmlichen Fremdgefährdung begibt sich das Opfer zwar vorsätzlich in eine Gefährdungslage für seine Rechtsgüter, wird aber in aller Regel mit dem Verletzungserfolg nicht einverstanden sein, sondern vielmehr auf dessen Ausbleiben hoffen. 372

Die **h.M.** in Rechtsprechung und Lehre löst dieses Problem unter Rückgriff auf die herkömmlichen **Einwilligungsregeln,** die jedoch den Besonderheiten des Fahrlässigkeitsdelikts angepasst werden. Die wichtigste Abweichung besteht darin, dass der (ggf. nur konkludent erklärte) zustimmende Wille – anders als bei den Vorsatzdelikten – nicht auf die Handlung und den Erfolg, sondern allein auf die Gefährdungshandlung bezogen wird. Man spricht insofern von der sog. **Risikoeinwilligung.**[463] Damit wird die bewusste Einwilligung in eine bloße Rechtsgutsgefährdung bezeichnet,[464] die das Handlungsunrecht der Tat beseitigt. Nachdem Beeinträchtigungen von tatbestandlich geschützten Gütern ohne Vorliegen von Handlungsunrecht strafrechtlich irrelevant sind, kommt eine Bestrafung des Gefährders wegen des von ihm lediglich mitverursachten Rechtsgutsschadens richtigerweise nicht in Betracht.[465] 373

Akzeptiert man die Möglichkeit einer solchen Risikoeinwilligung, muss im Bereich der Körperverletzungsdelikte noch die Schranke der Sittenwidrigkeit gem. § 228 beachtet werden. Diese soll nach h.M. auch bei § 229 Anwendung finden und eine 374

460 OLG Düsseldorf NStZ-RR 1997, 325.
461 S. Rn. 175 ff.
462 LK-StGB/*Rönnau*, Vor § 32 Rn. 165 ff.
463 LK-StGB/*Rönnau*, Vor § 32 Rn. 165; krit. *Duttge*, NStZ 2006, 272.
464 *Lackner/Kühl*, StGB § 228 Rn. 2a m.w.N.
465 LK-StGB/*Rönnau*, Vor § 32 Rn. 165; zur Gegenansicht s. nur *Lasson*, ZJS 2009, 359.

Disposition des Opfers über seine Rechtsgüter in der Konstellation der **konkreten Todesgefahr** (Wertung des § 216) bzw. der **dauerhaften besonders schweren Verletzungen** (Wertung des § 226) verhindern.[466] Allerdings ist zu bestreiten, dass die auf vorsätzliche Handlungen zugeschnittene „Einwilligungssperre" des § 228 (wie diejenige des § 216) auch bei bloß fahrlässig herbeigeführten Verletzungsfolgen anwendbar ist. Sie enthalten eine „Tabuisierung" bestimmter Handlungen, die ersichtlich auf vorsätzliches Handeln zugeschnitten ist.[467] Setzt sich jemand bewusst dem Risiko eines vom anderen fahrlässig herbeigeführten Todes aus, so ist das etwas anderes als eine Einwilligung in eine vorsätzliche Tötung.[468] Daher entfällt im Ergebnis auch in Fällen der einvernehmlichen Fremdgefährdung jedenfalls die Rechtswidrigkeit des Handelns, was zur Verneinung der Strafbarkeit führt.[469]

375 Die Schwierigkeiten bei der Suche nach einer widerspruchsfreien und sachgerechten Lösung auf der Rechtswidrigkeitsebene sprechen dafür, die einvernehmliche Fremdgefährdung mit der Mindermeinung als Fallgruppe der objektiven Zurechnung anzuerkennen. In den Worten von *Rönnau:* „Der – im Einzelnen noch weiter zu präzisierenden – **Zurechnungslösung** dürfte strafrechtsdogmatisch die Zukunft gehören. Sie benennt mit der Selbstverantwortung das maßgebliche Zuschreibungsprinzip, vermeidet die skizzierten methodischen Probleme der Einwilligungslösung und ist darüber hinaus nicht gezwungen, die Einwilligungsregeln zu modifizieren."[470]

e) Mutmaßliche Einwilligung

376 Bei der mutmaßlichen Einwilligung handelt es sich um einen **gewohnheitsrechtlich** anerkannten Rechtfertigungsgrund,[471] der in seiner Struktur der Einwilligung ähnelt, allerdings mangels ausdrücklicher Erklärung der Einwilligung durch den Träger des betroffenen Rechtsguts eine prognostische Entscheidung über dessen mutmaßlichen Willen voraussetzt.

466 BGHSt 35, 249; *Rengier*, BT II § 20 Rn. 7 ff.
467 *Kühl*, AT § 17 Rn. 87; *Schünemann*, JA 1975, 717 (723).
468 *Kaspar*, JuS 2012, 112 (115); zustimmend *Kühl*, AT § 17 Rn. 87.
469 A.A. die Rspr. bei konkreter Todesgefahr, s. nur BGHSt 49, 166 (173).
470 LK-StGB/*Rönnau*, Vor § 32 Rn. 169.
471 *Wessels/Beulke/Satzger*, AT Rn. 380 sowie vertiefend *Mitsch*, ZJS 2012, 38; zur Frage der Übertragung auf die Fälle des „mutmaßlichen Einverständnisses" s. *Ludwig/Lange*, JuS 2000, 446.

Folgendes Aufbauschema ist für die gutachterliche Prüfung zu empfehlen: 377

Übersicht: Mutmaßliche Einwilligung

A. Objektive Rechtfertigungselemente
   I. Disponibles Rechtsgut
   II. Dispositionsbefugnis
   III. Einwilligungsfähigkeit
   IV. Übereinstimmung mit mutmaßlichem Willen
      1. Handeln im Interesse des Betroffenen (subsidiär zur ausdrücklichen Einwilligung) oder
      2. Mangelndes Interesse des Betroffenen

B. Subjektives Rechtfertigungselement

aa) Erscheinungsformen

Die mutmaßliche Einwilligung ist nach h.M. in **zwei Konstellationen** denkbar.[472] 378

In der praktisch wichtigsten Variante geht es um das **Handeln im materiellen Interesse** des Rechtsgutsträgers. Darauf darf allerdings nur abgestellt werden, wenn dessen tatsächliche Einwilligung nicht eingeholt werden kann. Nur dann kann (**subsidiär**) eine Rechtfertigung angenommen werden, wenn das Handeln dem mutmaßlichen Willen des Rechtsgutsträgers entspricht. 379

Beispiel:
Arzt A führt bei dem bewusstlosen Unfallopfer U eine lebensrettende und unaufschiebbare Operation durch. Auf eine tatsächlich erteilte Einwilligung des U kann er sich dabei nicht stützen, allerdings entspricht der lebensrettende Eingriff dem mutmaßlichen Willen des U. A kann sich daher auf den Rechtfertigungsgrund der mutmaßlichen Einwilligung berufen.

Daneben existiert nach h.M. auch die Variante, bei der das tatbestandsmäßige Handeln (oft aufgrund seines bagatellhaften Charakters) von vornherein keine erkennbaren Interessen des Betroffenen tangiert. Ist dies eindeutig der Fall, kann (ausnahmsweise) eine mutmaßliche Einwilligung aufgrund **mangelnden Interesses** angenommen werden.[473] Auf die vorrangige Möglichkeit der Einholung einer tatsächlichen Einwilligung kommt es in diesem Fall nicht an; über eine ausdrücklich ablehnende Äußerung des Rechtsgutsträgers darf man sich aber auch hier nicht hinwegsetzen. 380

Beispiel:[474]
A entnimmt der Geldbörse des B zwei saubere und glatte 10-Euro-Scheine und tauscht sie gegen zwei verschmutzte Scheine aus seinem Vermögen aus.

Hier ist keinerlei schutzwürdiges Interesse des B erkennbar, den Besitz gerade an den zwei sauberen Scheinen zu behalten. 381

472 *Rengier*, AT § 23 Rn. 52 ff.; *Heinrich*, AT Rn. 477 ff.
473 *Rengier*, AT § 23 Rn. 55.
474 Nach *Wessels/Beulke/Satzger*, AT Rn. 384.

382 Selbst wenn A die Möglichkeit gehabt hätte, B vorher zu fragen, kann er sich daher unmittelbar auf den Rechtfertigungsgrund der mutmaßlichen Einwilligung stützen. Anders wäre nur zu entscheiden, wenn A positive Kenntnis davon hat, dass B großen Wert auf den Besitz sauberer Geldscheine legt.

383 **Keine eigenständige Fallgruppe** stellt nach hier vertretener Ansicht das **Handeln im eigenen Interesse** dar.[475] Sofern es sich nicht dem Handeln (auch) im Interesse des Rechtsgutsträgers oder (naheliegender) der Konstellation des mangelnden Interesses zuordnen lässt, kommt eine Rechtfertigung wegen mutmaßlicher Einwilligung nicht in Betracht.

bb) Ermittlung des mutmaßlichen Willens

384 Um dem Selbstbestimmungsrecht des Rechtsgutsträgers Genüge zu tun, muss bei der mutmaßlichen Einwilligung in **inhaltlicher Hinsicht** möglichst **dessen mutmaßlicher Wille** getroffen werden. Hierbei sind in erster Linie die individuellen Interessen, Wünsche, Bedürfnisse und Wertvorstellungen des Betroffenen maßgebend. Nur ergänzend darf auf objektive Maßstäbe zurückgegriffen werden. Der BGH führt dazu aus:

> „Objektive Kriterien, insbesondere die Beurteilung der Maßnahme als gemeinhin vernünftig und normal sowie den Interessen eines verständigen Patienten üblicherweise entsprechend, haben keine eigenständige Bedeutung, sondern dienen lediglich der Ermittlung des individuellen hypothetischen Willens.“[476]

385 Liegen Äußerungen des Rechtsgutsträgers hinsichtlich des fraglichen Eingriffs vor, so müssen sie in den Entscheidungsprozess Eingang finden. Hat sich ein Patient vor einer OP bspw. gegen eine eventuell notwendige Bluttransfusion ausgesprochen (weil er z.B. den Zeugen Jehovas angehört), muss diese Entscheidung respektiert werden, auch wenn das im Ernstfall den Tod des Patienten nach sich zieht. In diesem Zusammenhang wird auch die **Patientenverfügung** relevant, die seit 2009 in § 1901a Abs. 1 BGB genauer geregelt ist.[477] Hierin kann genau festgelegt werden, welche Maßnahmen eine Person in einer bestimmten Behandlungssituation durchgeführt wissen will und welche nicht.

386 All dies erklärt auch, warum die auf den subjektiven Willen des Einzelnen zugeschnittene Prüfung der Einwilligung wie auch der mutmaßlichen Einwilligung stets **Vorrang** vor dem auf eine rein objektive Güter- und Interessenabwägung zugeschnittenen **rechtfertigenden Notstand gem. § 34** hat. Fehlt es an der (mutmaßlichen) Einwilligung hinsichtlich bestimmter ärztlicher Maßnahmen, darf der (mutmaßliche) Wille des Patienten und damit sein Selbstbestimmungsrecht nicht mithilfe des § 34 übergangen werden.[478]

---

475 Vgl. demgegenüber *Rengier*, AT § 23 Rn. 53 f.
476 BGH NJW 2000, 885 (886).
477 Dazu näher *Wessels/Beulke/Satzger*, AT Rn. 381 f.
478 *Rengier*, AT § 23 Rn. 5.

In **zeitlicher Hinsicht** ist der mutmaßliche Wille aus einer **ex-ante-Perspektive** nach den erkennbaren Umständen zum Tatzeitpunkt zu bestimmen. Es handelt sich demnach um ein „Wahrscheinlichkeitsurteil über den wahren Willen",[479] um ein „normatives Konstrukt".[480] Wird im Rahmen dieses Prozesses eine mutmaßliche Einwilligung bejaht, ist es nicht von Belang, ob der betroffene Rechtsgutsträger dem Eingriff nachträglich widerspricht oder ihn billigt.[481] Stellt sich also im obigen Beispiel nach erfolgreicher Durchführung der Notoperation heraus, dass U jede ärztliche Behandlung verweigert hätte, ändert dies nichts an der Rechtfertigung der Handlung des A. Denn ex ante war (mangels gegenteiliger Anhaltspunkte) davon auszugehen, dass U gerettet werden wollte. 387

cc) Subsidiarität

Wie bereits angesprochen, hat eine existierende **tatsächliche Erklärung des Rechtsgutsträgers Vorrang** vor der mutmaßlichen Einwilligung. Der Sachverhalt ist daher zunächst auf das Vorliegen einer (ggf. konkludenten) zustimmenden oder ablehnenden Erklärung hin zu untersuchen. Bei Vorliegen einer wirksamen Erklärung darf diese nicht durch eine gegenläufige mutmaßliche Einwilligung ersetzt werden.[482] 388

Auch wenn eine tatsächliche Erklärung noch nicht vorliegt, der Rechtsgutsträger aber in zumutbarer Weise befragt werden könnte, scheidet der Rückgriff auf die mutmaßliche Einwilligung im Fall des Handelns im materiellen Interesse des Betroffenen aus. Verzichtbar ist dieses strenge Subsidiaritätskriterium dagegen, wenn man die mutmaßliche Einwilligung ausnahmsweise auf das mangelnde Interesse des Rechtsgutsträgers stützen kann.[483] 389

f) Hypothetische Einwilligung

Streng von der mutmaßlichen Einwilligung ist die **hypothetische Einwilligung** zu unterscheiden. Diese wurde im Bereich des **Arztstrafrechts** entwickelt und ist (bislang) hierauf beschränkt.[484] Kennzeichen dieser Konstellationen ist, dass mangels (vollständiger) Aufklärung eine wirksame Einwilligung des Patienten in die Operation fehlt. Auch der Rückgriff auf die mutmaßliche Einwilligung scheitert hier wegen der bestehenden Möglichkeit, eine wirksame tatsächliche Einwilligung einzuholen.[485] 390

Dennoch kommt die Rechtsprechung den Ärzten in diesen Fällen entgegen und eröffnet die Möglichkeit einer Rechtfertigung, wenn sich feststellen lässt, dass der **Patient** bei ordnungsgemäß erfolgter Aufklärung dem Eingriff **(hypothetisch) zuge-** 391

479 *Wessels/Beulke/Satzger*, AT Rn. 381.
480 *Roxin*, AT I § 18 Rn. 4.
481 *Rengier*, AT § 23 Rn. 51.
482 *Rengier*, AT § 23 Rn. 57.
483 *Heinrich*, AT Rn. 478; a.A. LK-StGB/*Rönnau*, Vor § 32 Rn. 222.
484 S. näher *Rosenau*, in: FS-Maiwald, S. 684 ff.; *Roxin*, AT I § 13 Rn. 119 ff. Vgl. aus der Rechtsprechung insbesondere BGH NStZ 1996, 34; BGH StV 2004, 376.
485 Zum Subsidiaritätskriterium s. oben Rn. 388 f.

stimmt hätte. Dieser Gedanke ist seit 2013 in der Beweislastregel des **§ 630h Abs. 2 S. 2 BGB** ausdrücklich kodifiziert.[486]

392 Ein wichtiges Indiz für diese Beurteilung ist die spätere Aussage des betroffenen Patienten als Zeuge;[487] um eine dem Strafrecht fremde „nachträgliche Genehmigung" eines an sich tatbestandsmäßigen und rechtswidrigen Verhaltens handelt es sich dabei zwar nicht. Dennoch ist nicht zu übersehen, dass die faktische Wirkung einer später erteilten Zustimmung des Patienten in diese Richtung geht. Hinzu kommt, dass nach der Rechtsprechung in Zweifelsfällen nach dem Grundsatz **„in dubio pro reo"** von der hypothetisch erteilten Einwilligung auszugehen ist. Das erweitert den Anwendungsbereich der Figur und schwächt, wie Kritiker einwenden, den Schutz des Selbstbestimmungsrechts des Patienten.[488]

Beispiel (nach BGH NStZ-RR 2004, 16):
Bei der Patientin P wurde in zwei übereinanderliegenden Bandscheibenfächern ein Vorfall diagnostiziert. Der obere (schwerere) Bandscheibenvorfall sollte operativ entfernt werden. Bei der Operation verwechselte die Ärztin jedoch die Fächer und entfernte lediglich den leichteren Vorfall im unteren Fach. Als dieser Behandlungsfehler auffiel, weil P immer noch über Schmerzen klagte, informierte die Ärztin sie über die Notwendigkeit einer zweiten Operation. Sie erklärte dies wahrheitswidrig damit, dass es zu einem sog. Frührezidiv, einem erneuten Vorfall, gekommen sei. P wurde über den Fehler der Ärztin und damit über den Grund für die Notwendigkeit des erneuten Eingriffs getäuscht. P willigte daraufhin in die zweite, letztlich erfolgreiche OP ein. Später stellte sich heraus, dass P wegen der Notwendigkeit und Dringlichkeit des Eingriffs möglicherweise auch bei Kenntnis des wahren Sachverhalts in diesen eingewilligt hätte.

393 Hinsichtlich der zweiten OP liegt aufgrund der Täuschung ein relevanter Willensmangel vor, so dass keine wirksame Einwilligung der P gegeben ist.[489] Eine mutmaßliche Einwilligung scheitert daran, dass eine tatsächliche Einwilligung eingeholt werden konnte. Der BGH kommt dennoch zu einer Rechtfertigung über die Rechtsfigur der hypothetischen Einwilligung. Das Handeln der Ärztin war gemäß dem BGH nicht als rechtswidrig einzustufen, weil P möglicherweise in die OP auch dann eingewilligt hätte, wenn sie den wirklichen Grund für die OP erfahren hätte.

394 Dabei soll es nach der Rechtsprechung nicht darauf ankommen, dass der weitere Eingriff ohnehin vernünftigerweise hätte vorgenommen werden müssen. Vielmehr sei wesentlich auf das konkrete Ergebnis der nachträglichen Befragung des Patienten abzustellen. Die (hypothetische) Zustimmung zum damaligen Zeitpunkt müsse sich als „nachvollziehbare und mögliche Schlussfolgerung" darstellen.[490]

395 In der Literatur wird neben zum Teil geäußerter grundlegender Kritik an der Figur der hypothetischen Einwilligung auch deren Einordnung als herkömmlicher Recht-

486 Zur Frage, ob es sich dabei um einen Rechtfertigungsgrund im Sinne des Strafrechts handelt s. (verneinend) *Conrad/Koranyi*, JuS 2013, 979 (984) sowie *Zieschang*, AT Rn. 312.
487 *Rengier*, AT § 23 Rn. 62; *Rengier*, BT II § 13 Rn. 19 f.
488 S. nur *Heinrich*, AT Rn. 478c.
489 Zur Frage relevanter Willensmängel s. Rn. 355 ff.
490 Schönke/Schröder/*Eser*, § 223 Rn. 40e.

fertigungsgrund bestritten. Es handele sich vielmehr um eine Frage der **objektiven Zurechnung** auf der **Ebene der Rechtswidrigkeit.**[491] Wenn der tatbestandliche Erfolg (Körperverletzung durch Operation) auch bei einem **rechtmäßigen Alternativverhalten** des Arztes (mangelfreie Aufklärung) mit an Sicherheit grenzender Wahrscheinlichkeit eingetreten wäre, liege die Annahme eines darauf gestützten Ausschlusses der objektiven Zurechnung, in diesem Fall auf der Ebene der Rechtswidrigkeit, nahe.[492]

Unabhängig von der Frage, ob man die Rechtsfigur der hypothetischen Einwilligung (als Rechtfertigungsgrund oder als Zurechnungsausschlussgrund auf Rechtswidrigkeitsebene) anerkennt oder sie ablehnt, empfiehlt es sich, die Darstellung der Problematik in der gutachterlichen Prüfung folgendermaßen aufzubauen: 396

Übersicht hypothetische Einwilligung

A. Tatbestand
   I. Objektiver Tatbestand der Körperverletzung
   II. Subjektiver Tatbestand der Körperverletzung
B. Rechtswidrigkeit
   I. Erteilte Einwilligung wegen Aufklärungsmangel unwirksam
   II. Mutmaßliche Einwilligung wegen Subsidiarität nicht anwendbar
   III. Hypothetische Einwilligung

5. Festnahmerecht, § 127 Abs. 1 StPO

a) Grundlagen

Das in **§ 127 Abs. 1 StPO** geregelte **Festnahmerecht** berechtigt **„jedermann“** zur vorläufigen Festnahme einer auf „frischer Tat“ betroffenen Person.[493] Wortlaut und systematische Stellung der Norm zeigen, dass hier anders als bei der Notwehr nicht der Schutz individueller Güter im Vordergrund steht, sondern das **öffentliche Interesse** an einer **effektiven Strafverfolgung.** Die Norm trägt der Tatsache Rechnung, dass die Angehörigen der Strafverfolgungsbehörden, deren spezielle Festnahmebefugnis in § 127 Abs. 2 geregelt ist, nicht stets präsent sein können. Der Staat ist daher auf die stellvertretende Mithilfe der Bürger angewiesen; allein dieser Hintergrund der Norm erklärt, warum hier (anders als bei rein privatem Handeln) der Grundsatz der Verhältnismäßigkeit gelten soll, so dass nur maßvolles Einschreiten erlaubt ist.[494] 397

491 LK-StGB/*Rönnau*, Vor § 32 Rn. 230; *Rosenau*, in: FS-Maiwald, S. 690 f.; *Roxin*, AT I § 13 Rn. 120, 122 Fn. 197.
492 *Wessels/Beulke/Satzger*, AT Rn. 384a. Zu diesem Zusammenhang auch *Hillenkamp*, AT-Probleme, S. 237 f.
493 Vertiefend *Satzger*, Jura 2009, 107.
494 Vgl. *Kühl*, AT § 9 Rn. 91.

398 Bei der Prüfung des Festnahmerechts ist folgendes Aufbauschema zu empfehlen:

Übersicht Festnahmerecht, § 127 Abs. 1 StPO

A. Festnahmelage
   I. Betreffen oder Verfolgen auf „frischer Tat"
   II. Festnahmegrund
B. Festnahmehandlung
   I. Geeignetheit
   II. Erforderlichkeit
   III. Verhältnismäßigkeit
C. Subjektives Rechtfertigungselement

b) Voraussetzungen des Festnahmerechts

aa) Festnahmelage

399 Eine Festnahmelage setzt zunächst voraus, dass eine Person auf **„frischer Tat"** betroffen oder verfolgt wird.

400 Unter einer **Tat** sind alle strafbaren Handlungen zu verstehen, nicht aber Ordnungswidrigkeiten oder nur zivilrechtswidrige Handlungen.[495] Auch Taten von gem. § 20 schuldunfähigen Personen sind erfasst; dagegen sollen Taten von gem. § 19 strafunmündigen Kindern, gegen die keinerlei strafrechtliche Sanktionen denkbar sind, nach h.M. vom Anwendungsbereich der Norm ausgeschlossen sein.[496] Auf die **Schwere der Tat** kommt es weder nach dem Wortlaut noch nach dem Sinn und Zweck von § 127 Abs. 1 StPO an.[497]

401 **Auf „frischer" Tat betroffen** wird, wer während oder unmittelbar nach der Tat noch am Tatort angetroffen wird; erforderlich ist also ein zeitlich-räumlicher Zusammenhang zur Tatbegehung.[498] Eine **Verfolgung** liegt vor, wenn der Betroffene zwar nicht unmittelbar am Tatort angetroffen wird, aber aufgrund von Ermittlungsmaßnahmen, die direkt im Anschluss an die Tatentdeckung eingeleitet wurden.[499]

402 Sehr umstritten ist, ob es sich hierbei um eine tatsächlich begangene (zumindest versuchte) Straftat handeln muss, oder ob auch der bloße **Verdacht einer Straftat**, der sich hinterher als falsch herausstellt, für die Anwendung des Festnahmerechts genügen kann.[500]

495 *Heinrich*, AT Rn. 501.
496 *Satzger*, Jura 2009, 108 f.
497 *Rengier*, AT § 22 Rn. 5.
498 *Heinrich*, AT Rn. 501.
499 *Rengier*, AT § 22 Rn. 6.
500 S. dazu *Wessels/Beulke/Satzer*, AT Rn. 354 m.w.N. sowie den Überblick bei *Hillenkamp*, AT-Probleme, S. 60 ff.

Letzteres ist – entgegen der mittlerweile wohl h.M.[501] – richtigerweise **abzulehnen.**[502] Dafür spricht zunächst der Wortlaut der Norm, der ohne Einschränkung von einer „Tat" spricht. Hinzu kommt der systematische Vergleich zum behördlichen Festnahmerecht in § 127 Abs. 2 StPO, bei dem der bloße dringende Tatverdacht im Sinne von § 112 Abs. 1 StPO ausdrücklich als Grundlage der Festnahme genügt. Zwar erlaubt das Festnahmerecht nur vergleichsweise niedrigschwellige Eingriffe in die Rechtsgüter des Festgenommenen. Dennoch wäre es dem zu Unrecht Verdächtigten nicht zumutbar, wenn er sich gegen eine irrtümliche, aber dennoch rechtmäßige vorläufige Festnahme nicht in erlaubter Notwehr verteidigen dürfte.[503] Dem gutgläubig bei einer vermeintlichen Straftat eingreifenden Bürger droht damit kein unzumutbares Strafbarkeitsrisiko, da bei ihm ein Erlaubnistatbestandsirrtum jedenfalls im Hinblick auf das Vorsatzdelikt zur Straflosigkeit führen wird.[504] 403

Als **Festnahmegrund** muss hinzukommen, dass bei dem auf frischer Tat betroffenen Täter Fluchtgefahr besteht oder seine Identität nicht auf andere Weise festgestellt werden kann. 404

bb) Festnahmehandlung

Das Festnahmerecht erlaubt Handlungen, die geeignet und (als mildestes Mittel) erforderlich sind, um den Täter bei Fluchtgefahr oder zur Identitätsfeststellung vorläufig „festzunehmen". Das beinhaltet unstreitig Maßnahmen wie ein Festhalten als kurzzeitige Freiheitsberaubung. Auch moderate Formen der Körperverletzung wie ein schmerzhaftes Zupacken sind gerechtfertigt. Ausgeschlossen sind dagegen unverhältnismäßige Festnahmemaßnahmen wie schwere Formen der Gewaltanwendung.[505] Dazu zählt insbesondere der Schusswaffengebrauch, der im Bereich der Strafverfolgung richtigerweise den staatlichen Akteuren vorbehalten bleiben sollte.[506] 405

cc) Subjektives Rechtfertigungselement

Als subjektives Element muss nach der h.M. zur Kenntnis der Festnahmelage die Absicht hinzukommen, den anderen festzunehmen, um ihn der Strafverfolgung zuzuführen.[507] Wie auch sonst ist aber nicht einzusehen, warum die Rechtfertigung des Täters bei äußerlich identischer Handlung allein an der fehlenden positiven Gesinnung scheitern sollte. Auf das zusätzliche Element eines solchen **Festnahmewillens zugunsten der Strafrechtspflege** sollte daher richtigerweise verzichtet werden. 406

---

501 *Roxin*, AT I § 17 Rn. 24 f.; *Heinrich*, AT Rn. 505 ff.
502 Wie hier z.B. *Kühl*, AT § 9 Rn. 83 ff.; *Zieschang*, AT Rn. 321.
503 A.A. *Rengier*, AT § 22 Rn. 10.
504 *Wessels/Beulke/Satzger*, AT Rn. 354.
505 BGHSt 45, 378 (381); s. auch *Kühl*, AT § 9 Rn. 91.
506 *Wessels/Beulke/Satzger*, AT Rn. 356.
507 *Heinrich*, AT Rn. 504.

Wiederholungsfragen zu § 5 III. (Rechtswidrigkeit)

1. Welche gewohnheitsrechtlich anerkannten Rechtfertigungsgründe kennen Sie und warum verstoßen diese nicht gegen Art. 103 Abs. 2 GG? (Rn. 235 f.)
2. Was folgt rechtlich aus dem Fehlen des subjektiven Rechtfertigungselements? (Rn. 238)
3. Wie lauten die beiden Grundprinzipien, von denen nach h.M. das Notwehrrecht bestimmt wird? (Rn. 240)
4. Welche Fälle der eingeschränkten „Gebotenheit" der Notwehr kennen Sie? (Rn. 271 ff.)
5. Nennen Sie die Voraussetzungen des rechtfertigenden Notstands gem. § 34. (Rn. 309)
6. Worin besteht nach der h.M. der grundlegende Unterschied zwischen Einverständnis und Einwilligung? (Rn. 338 ff.)
7. Welche Willensmängel sind im Rahmen der Einwilligung relevant? (Rn. 353 ff.)
8. Welche Fallgruppen der mutmaßlichen Einwilligung kennen Sie und inwiefern unterscheiden diese sich? (Rn. 378 ff.)
9. In welchen Fällen wird die Figur der hypothetischen Einwilligung angewandt und welche Kritik wird hieran geübt? (Rn. 390 ff.)
10. Setzt das Festnahmerecht gem. § 127 Abs. 1 ein tatsächlich begangene Straftat voraus oder genügt der bloße Tatverdacht? (Rn. 402 f.)

IV. Die Ebene der Schuld

1. Grundlagen

407 Nach der Feststellung, dass in rechtswidriger Weise der Tatbestand eines Strafgesetzes verwirklicht wurde, ist zu klären, ob auch ein schuldhaftes Handeln des Betroffenen bejaht werden kann. Damit ist die **Schuld** als **dritte Stufe im deliktischen Prüfungsaufbau** angesprochen.

a) Schuld als Vorwerfbarkeit der Tat

408 Es geht hier im Kern um die Frage, ob das Verhalten dem individuellen Täter in der konkreten Situation **vorgeworfen** werden kann. Das hat einen verfassungsrechtlichen Hintergrund: Im Strafrecht gilt, wie oben erläutert,[508] das **Schuldprinzip**, das den Grundsatz „Keine Strafe ohne Schuld" beinhaltet. Dies ergibt sich nach der Rechtsprechung des BVerfG u.a. aus der Würde des Menschen (Art. 1 Abs. 1 GG).[509] Hiergegen würde man verstoßen, wenn man bspw. auch Kinder oder Erwachsene mit schweren geistigen Störungen für ihre Taten bestrafen wür-

508 Vgl. oben Rn. 36 f.
509 BVerfGE 20, 323; 95, 96 (140); 110, 1 (13).

de. Dem steht ihre mangelnde Schuldfähigkeit entgegen, wie es auch in §§ 19, 20 StGB geregelt ist.

409 Wann ein Verhalten dem Täter vorgeworfen werden kann, ist bis heute allerdings umstritten. Das berührt die Frage, was genau **Gegenstand des Schuldvorwurfs** ist. Nach der klassischen Position des BGH ist es der Vorwurf, dass sich der Betroffene für das Unrecht und gegen das Recht entschieden hat.[510] Damit wird der strafrechtliche Schuldvorwurf **indeterministisch** begründet, also mit der Existenz eines (nachweisbaren) **freien Willens** in der konkreten Tatsituation verknüpft. Die Gegenposition, die durch die Ergebnisse der modernen Hirnforschung neuen Auftrieb erhalten hat, bestreitet einen freien Willen und geht davon aus, dass der Mensch in seinem Verhalten durch die natürlichen Gegebenheiten **determiniert** ist.[511] Wenn der Mensch in seinem Handeln aber tatsächlich völlig vorbestimmt sei und der freie Wille bloße Illusion, könne man einem Straftäter sein Verhalten nach manchen Vertretern dieser Ansicht nicht vorwerfen, womit dem Schuldstrafrecht der Boden entzogen sei.

410 Richtigerweise kommt es für die Begründung strafrechtlicher Schuld nicht auf den Nachweis einer freien Willensentscheidung des Handelnden an. Vorzugswürdig ist ein **normativer** und zugleich **sozialer Schuldbegriff**, der die gesellschaftliche **Realität der gegenseitigen Zuschreibung von Verantwortlichkeit** unter volljährigen Menschen ohne geistige Defekte im Sinne von § 20 in den Blick nimmt.

411 Ein solcher Schuldbegriff vermeidet eine (unmittelbare) Anknüpfung an die Willensfreiheit. Ausgangspunkt ist der gesellschaftliche Konsens, dass wir uns selbst wie auch die anderen grundsätzlich als **frei handelnde Menschen erleben.**[512] Maßgeblich ist innerhalb dieses Rahmens allein, ob der Täter im Zeitpunkt seines Verhaltens als **normativ ansprechbar**[513] erscheint. Für diese Frage ist zwingend auf vorhandene wissenschaftliche Erkenntnisse (v.a. aus dem Bereich der Psychiatrie) zurückzugreifen. Begründet man die Verantwortlichkeit eines Menschen für sein Tun auf diese Weise, handelt es sich um eine wertende Zuschreibung, aber eben nicht um eine willkürliche oder rein fiktive, sondern auf Tatsachenwissen beruhende und (auch dem Betroffenen gegenüber) legitimierbare Zuschreibung.

b) Ergänzung durch Präventionsbedürfnisse

412 Zu beachten ist, dass sich die Aspekte, die üblicherweise auf der Prüfungsstufe der „Schuld“ diskutiert werden, richtigerweise nicht in der Frage der Vorwerfbarkeit des Verhaltens erschöpfen. Vorwerfbarkeit ist lediglich eine notwendige, aber keine hinreichende Bedingung für die Bestrafung. Hinzu kommen muss ein ausreichendes **Präventionsbedürfnis**, ansonsten wäre die Bestrafung nach hier vertretener Ansicht un-

510 BGHSt 2, 194.
511 Zusammenfassend (kritisch) *Hillenkamp*, JZ 2005, 313 m.w.N.
512 *Rengier*, AT § 24 Rn. 2.
513 *Roxin*, AT I § 19 Rn. 36 ff.

verhältnismäßig.[514] Die damit angesprochene Komponente des fehlenden Präventionsbedürfnisses lässt sich, wie *Roxin* gezeigt hat, der Deliktsstufe der „Schuld" zuordnen, auch wenn man dann treffender von „**Verantwortlichkeit**" als Oberbegriff spricht.[515]

413 Auf diese Weise lässt sich bspw. besser erklären, warum in bestimmten Zwangslagen (vgl. §§ 33, 35) keine Bestrafung mangels „Schuld" erfolgt, obwohl der Täter prinzipiell „normativ ansprechbar" war und die Vorwerfbarkeit seiner Tat allein aufgrund der Zwangssituation auch nicht völlig entfällt.[516] Hier erscheint aufgrund der besonderen Umstände der Tat eine Bestrafung weder aus spezial- noch aus generalpräventiven Gründen erforderlich.

414 Das zur Vorwerfbarkeit hinzutretende **Präventionsbedürfnis** muss nicht bei jeder Tat positiv festgestellt werden; die Strafbewehrung eines Verhaltens bringt die (grundsätzlich anzuerkennende) gesetzgeberische Wertung zum Ausdruck, dass diesbezüglich generell ein Präventionsbedürfnis besteht.[517] In einigen (überwiegend gesetzlich geregelten)[518] Ausnahmekonstellationen wie §§ 33, 35 liegt dies aber anders, so dass eine Bestrafung ausgeschlossen ist.

c) Überblick über die Schuldausschließungs- und Entschuldigungsgründe

415 Die Aspekte, die zum Verzicht auf den strafrechtlichen Schuldvorwurf führen, lassen sich in zwei Gruppen unterteilen.[519] Als echte **Schuldausschließungsgründe** sind die Vorschriften über die Strafunmündigkeit (§ 19) sowie die Schuldunfähigkeit (§ 20) zu nennen.[520] Hinzu kommt der unvermeidbare Verbotsirrtum gem. § 17 S. 1, der im Kapitel über die Irrtumslehre behandelt wird.[521] Als wichtigste **Entschuldigungsgründe** sind der entschuldigende Notstand (§ 35),[522] der übergesetzliche entschuldigende Notstand[523] sowie der Notwehrexzess (§ 33)[524] zu nennen.[525]

2. Schuldfähigkeit

416 In den §§ 19, 20 finden sich Regelungen über den vollständigen **Ausschluss strafrechtlicher Schuld** mangels Schuldfähigkeit. Diesen Normen lässt sich entnehmen, dass die Tat nur dem schuldfähigen Täter vorgeworfen werden kann.

---

514 *Kaspar*, Verhältnismäßigkeit und Grundrechtsschutz, S. 257 f.
515 Vgl. *Roxin*, AT § 19 Rn. 36 ff.
516 Vgl. *Roxin*, AT § 22 Rn. 11 sowie Rn. 72.
517 *Roxin*, AT I § 19 Rn. 3.
518 Zum übergesetzlichen entschuldigenden Notstand s. unten Rn. 473 ff..
519 Vgl. *Wessels/Beulke/Satzger*, AT Rn. 432.
520 S. unten Rn. 416 ff.
521 S. unten Rn. 641 ff.
522 S. unten Rn. 452 ff.
523 S. unten Rn. 473 ff.
524 S. unten Rn. 480 ff.
525 Ergänzend kann noch das Handeln aufgrund einer für verbindlich gehaltenen rechtswidrigen dienstlichen Weisung genannt werden, s. dazu *Wessels/Beulke/Satzger,* AT Rn. 450.

a) Strafunmündigkeit gem. § 19

Gem. § 19 sind **Kinder unter 14 Jahren** kraft Gesetzes strafunmündig und damit schuldunfähig. Es handelt sich dabei um die unwiderlegliche Vermutung, dass bis zum Alter von 13 Jahren keine ausreichende strafrechtliche Verantwortlichkeit besteht, unabhängig von der Schwere der Tat und vom Entwicklungsstand des individuellen Kindes. 417

Bei Jugendlichen zwischen 14 und unter 18 Jahren wird die Möglichkeit der Strafmündigkeit angenommen, allerdings ist ergänzend jeweils im Einzelfall eine Prüfung der **Verantwortlichkeit gem. § 3 JGG** vorzunehmen. 418

b) Schuldunfähigkeit gem. § 20

Gem. **§ 20** können bestimmte seelische Störungen und andere Defekte zur **Schuldunfähigkeit** führen. Ergänzt wird diese Norm durch **§ 21**, nach dem die Strafe bei bestehender, aber **verminderter Schuldfähigkeit** gem. § 49 Abs. 1 zwar nicht ausgeschlossen ist, aber doch gemildert werden kann. 419

aa) Struktur der Schuldfähigkeitsprüfung

Die Prüfung, ob die Schuldfähigkeit gem. § 20 entfällt, verläuft in **zwei Stufen** bzw. „Stockwerken".[526] Auf der **ersten Stufe** der sog. „Eingangsmerkmale" bedarf es eines Defekts beim Täter; das Gesetz unterscheidet dabei zwischen vier Varianten. 420

Das erste Eingangsmerkmal ist die **krankhafte seelische Störung.** Damit sind psychische Störungen gemeint, die auf eine physiologische Ursache zurückgeführt werden können (z.B. traumatische Psychosen nach Hirnverletzungen, Epilepsie).[527] Auch **Rauschzustände** aufgrund von Alkohol- und Drogenkonsum fallen nach h.M. unter dieses Merkmal. Feste Grenzwerte der **Blutalkohol-Konzentration**, ab denen Schuldunfähigkeit vorliegt, gibt es nicht; es kommt vielmehr stets auf den Einzelfall an (u.a. Alkoholgewöhnung und Physiognomie des Täters). Als **Faustregeln mit einer gewissen Indizwirkung** werden in der Praxis folgende Werte herangezogen:[528] **3,0 ‰** in Bezug auf einen Schuldausschluss gem. § 20 bzw. **2,0 ‰** in Bezug auf eine verminderte Schuldfähigkeit des Täters gem. § 21.[529] 421

Die **tiefgreifende Bewusstseinsstörung** als zweites Eingangsmerkmal umfasst nichtkrankhafte, aber dennoch erhebliche Bewusstseinsstörungen (z.B. aufgrund von Erschöpfung, Übermüdung, Schlaftrunkenheit, Hypnose oder bestimmten Affekten).[530] Der **Schwachsinn** als drittes Eingangsmerkmal bezieht sich auf angeborene Intelligenzminderungen. Zur Auffangkategorie des vierten Eingangsmerkmals, den sonstigen **schweren seelischen Abartigkeiten,** gehören u.a. Psychopathien und sexuelle Stö- 422

526 *Roxin*, AT I § 20 Rn. 2.
527 Vgl. SSW-StGB/*Kaspar*, § 20 Rn. 27 ff.
528 Nachweise bei *Fischer*, StGB § 20 Rn. 19 ff. sowie SSW-StGB/*Kaspar*, § 20 Rn. 36 ff.
529 Bei den Tötungsdelikten wird von der Rspr. teilweise eine Erhöhung dieser Indizwerte angenommen, da hier eine höhere Hemmschwelle bestehe, vgl. nur BGHSt 37, 235.
530 SSW-StGB/*Kaspar*, § 20 Rn. 56 ff.

rungen.[531] Besonders hier drängt sich eine Reform des Gesetzeswortlauts aufgrund der stigmatisierenden Begrifflichkeit auf.

423 Auf der **zweiten Stufe** ist festzustellen, ob der Täter infolge eines in der ersten Stufe festgestellten Defektes unfähig war, das Unrecht der Tat einzusehen (**Einsichtsfähigkeit**) oder nach dieser Einsicht zu handeln (**Steuerungsfähigkeit**).

424 Die Entscheidung über die Schuldfähigkeit ist letztlich vom zuständigen Richter vorzunehmen und zu verantworten.[532] Allerdings sind hierfür aufgrund der biologisch-psychologischen Anknüpfungspunkte in der Regel Einschätzungen eines **Sachverständigen** erforderlich.

bb) Hinweise zur gutachterlichen Prüfung

425 In der **Fallbearbeitung** ist auf die Frage der Schuldfähigkeit selten ausführlich einzugehen. Wenn überhaupt finden sich im Sachverhalt hierzu deutliche Hinweise, wie „der im Sinne von § 20 schuldunfähige Täter" oder „der stark schwankende volltrunkene Täter mit einer Blutalkoholkonzentration von 3,4 ‰". Formulierungen wie „der aus Eifersucht handelnde Täter" verlangen regelmäßig keine Überprüfung der Schuldfähigkeit. Es genügt die knappe Feststellung, dass der Täter schuldhaft handelte.

426 Da sich die **verminderte Schuldfähigkeit** lediglich auf die Strafzumessung auswirkt, ist auch auf § 21 nicht ausführlich einzugehen;[533] empfehlenswert ist aber ein kurzer Hinweis auf die Möglichkeit einer damit verbundenen Strafrahmenmilderung.

c) Vorwerfbare Herbeiführung der Schuldunfähigkeit („actio libera in causa")

427 Gem. § 20 handelt ohne Schuld, wer **bei Begehung der Tat** wegen eines Defektes unfähig ist, das Unrecht der Tat einzusehen oder nach dieser Einsicht zu handeln. Nach dem **Koinzidenzprinzip** ist die Tat nur strafbar, wenn die Schuldfähigkeit des Täters und die Begehung der Tat zeitlich zusammenfallen.[534]

428 Eine auf § 20 gestützte Straflosigkeit kann zweifelhaft sein, wenn der Täter den Zustand der Schuldunfähigkeit **vorwerfbar herbeigeführt** hat. Als besonders problematisch erscheint dabei der Fall, in dem der Täter eine Straftat plant und sich zu diesem Zweck – etwa durch den Konsum alkoholischer Getränke – bewusst in den Zustand der Schuldunfähigkeit versetzt, bevor er die Tat begeht.

Beispiel:
A beschließt, seinen Widersacher B zu töten. Da er sich in nüchternem Zustand nicht traut, dies in die Tat umzusetzen, betrinkt er sich derart, dass Schuldunfähigkeit gem. § 20 eintritt. In diesem Zustand tötet er, wie zuvor geplant, den B.

---

531 SSW-StGB/*Kaspar*, § 20 Rn. 72 ff.
532 *Roxin*, AT I § 20 Rn. 28.
533 Vgl. *Hoffmann-Holland*, AT Rn. 366.
534 Zum Koinzidenzprinzip in Bezug auf das Vorliegen des Vorsatzes s. oben Rn. 210.

Das Erfordernis der Gleichzeitigkeit von Tatbegehung und Schuldfähigkeit ist hier an sich nicht erfüllt. Dennoch erscheint das Ergebnis des Schuldausschlusses des A in Bezug auf § 212[535] als unbillig; denn der Täter handelt **rechtsmissbräuchlich** und quasi „unter dem Deckmantel" seiner Schuldunfähigkeit.[536] 429

Vor diesem Hintergrund hat die Rechtswissenschaft die Figur der **actio libera in causa (alic)** entwickelt. Wörtlich übersetzt bedeutet dies eine „bei der Ursachensetzung freie Handlung". Gemeint ist, dass der Täter zwar bei der eigentlichen Tatausführung nicht mehr „frei" (sprich: schuldfähig) agiert, er aber sehr wohl frei handelte, als er die Ursache für seine spätere Schuldunfähigkeit setzte. 430

Daher soll der Täter nach ganz überwiegender Ansicht **wegen vorsätzlicher Tat** bestraft werden, sofern er wie im obigen Beispiel sowohl bezüglich der Herbeiführung als auch bezüglich der späteren Tatbegehung mit Wissen und Wollen handelte. Liegt ein solcher **„Doppelvorsatz"** vor, spricht man von der **vorsätzlichen alic.** 431

Der Vorsatz muss dabei eine **bestimmte Tat** umfassen;[537] die Kenntnis der generellen eigenen Neigung zu Gewalttätigkeiten genügt nicht. Allerdings muss die Tat auch nicht in allen Details geplant sein; insoweit gelten die allgemeinen Grundsätze zur Bestimmtheit des Vorsatzes.[538] 432

Beispiel:[539]
A geht in seine Stammkneipe, um sich ganz bewusst in einen volltrunkenen Zustand zu versetzen. Dabei nimmt er billigend in Kauf, später irgendeine Frau zu vergewaltigen. Auf dem Heimweg kommt ihm die B entgegen, die er im volltrunken und schuldunfähigen Zustand vergewaltigt. Die Voraussetzungen einer vorsätzlichen alic liegen hier vor, da A sowohl bezüglich der Herbeiführung der Schuldunfähigkeit als auch bezüglich der Tatbegehung mit Vorsatz handelte. Dass A seinen Tatvorsatz zunächst nur abstrakt gefasst und erst später, im schuldunfähigen Zustand, auf die B konkretisiert hat, ist unschädlich.[540]

Fehlt es am eben erwähnten Doppelvorsatz, handelt der Täter also bezüglich der Herbeiführung der Schuldunfähigkeit oder bezüglich der Tatbegehung zwar nicht vorsätzlich, aber zumindest fahrlässig, soll auch dies der Annahme von Schuldunfähigkeit entgegenstehen und eine Bestrafung aus dem Fahrlässigkeitsdelikt ermöglichen, sog. **fahrlässige alic.**[541] 433

Ob dieses Ergebnis der Strafbarkeit trotz Schuldunfähigkeit zum Zeitpunkt der unmittelbaren Ausführungshandlung de lege lata in dogmatisch überzeugender Weise erzielt werden kann, ist sehr umstritten.[542] 434

535 Es bleibt dann bei der Möglichkeit einer Bestrafung wegen Vollrausches gem. § 323a, die allerdings auf maximal fünf Jahre Freiheitsstrafe begrenzt ist; s. dazu unten Rn. 443.
536 *Satzger*, Jura 2006, 513 (514).
537 BGHSt 2, 14 (17); BGH NStZ 1992, 536.
538 Siehe Rn. 217 ff. sowie den Beispielsfall bei *Kaspar*, Jura 2007, 69.
539 Nach BGHSt 21, 381.
540 BGHSt 21, 381 (383).
541 Ob es hier der Konstruktion der alic überhaupt bedarf, wird zu Recht bestritten. Dazu näher unten Rn. 449.
542 Zusammenfassend *Hillenkamp*, AT-Probleme, S. 93 ff.

aa) Begründungsansätze

(1) Ausnahmemodell

435 Nach einer Ansicht stellt die actio libera in causa eine richterrechtlich entwickelte und gewohnheitsrechtlich anerkannte **Ausnahme vom Koinzidenzprinzip** dar.[543] Dem steht allerdings der klare Wortlaut des § 20 entgegen. Eine Abweichung hiervon, die sich zu Lasten des Täters auswirkt, kann wegen Art. 103 Abs. 2 GG nicht auf Gewohnheitsrecht gestützt werden.[544]

(2) Tatbestandsmodell

436 Von der h.M. wird vertreten, dass bereits das Sich-Berauschen der Beginn der Tatbestandsverwirklichung sei. Teilweise wird dabei auch die Parallele zur **mittelbaren Täterschaft**[545] gezogen: Der Täter benutze sich selbst als schuldlos handelndes Werkzeug.[546]

437 Gegen die Auffassung, wonach bereits das Sich-Berauschen ein Teil der Tatbestandsverwirklichung ist, spricht, dass dann bereits mit dem Beginn des Sich-Berauschens ein unmittelbares Ansetzen zur Tat gem. § 22 vorliegen müsste. Das geht zu weit, denn dann wäre A in den erwähnten Beispielsfällen wegen versuchter Tötung bzw. versuchter Vergewaltigung strafbar, wenn er sich lediglich in den Vollrausch versetzt und anschließend ohnmächtig wird, es also gar nicht zum Beginn der eigentlichen Tatausführung kommt.[547]

438 Auch der Rückgriff auf die mittelbare Täterschaft ist problematisch, denn der Wortlaut des § 25 Abs. 1 Alt. 2 setzt das Handeln „durch einen anderen" voraus, was nicht vorliegt, wenn der Täter sich selbst als „Werkzeug" einsetzt. Eine analoge Anwendung der Norm kommt wegen Art. 103 Abs. 2 GG nicht in Betracht.

439 Auch der BGH folgt grundsätzlich diesem Ansatz, hält die alic aber bei verhaltensgebundenen und eigenhändigen Delikten wie bspw. der Straßenverkehrsgefährdung gem. § 315c für nicht begründbar.[548] Die Tathandlung des „Führens eines Kraftfahrzeugs", so der BGH, könne nicht mit der Handlung des Sich-Berauschens gleichgesetzt werden. Das ist zwar überzeugend, lässt sich aber kaum auf verhaltensgebundene und eigenhändige Delikte beschränken: Das Betrinken ist kein „Führen eines Kraftfahrzeugs", aber eben auch kein „Töten" oder „körperlich Misshandeln".[549]

(3) Ausdehnungsmodell

440 Nach anderer Ansicht ist das Sich-Berauschen zwar noch kein Beginn der potenziell strafbaren Tatbestandsverwirklichung. Dennoch sei unter „Tat" i.S.d. § 20 ein Ge-

543 *Kühl*, AT § 11 Rn. 9 f., 18; a.A. *Satzger*, Jura 2006, 513 (515).
544 BGHSt 42, 235 (241); *Roxin*, AT I § 20 Rn. 58.
545 S. dazu unten Rn. 529 ff.
546 *Roxin*, AT I § 20 Rn. 61; *Baumann/Weber/Mitsch*, AT § 19 Rn. 45.
547 Ein Rücktritt gem. § 24 Abs. 1 (dazu näher unten Rn. 754 ff.) kommt hier nicht in Betracht, da es wegen der Ohnmacht am freiwilligen Aufgeben der Tat fehlt.
548 BGHSt 42, 235 (238 ff.).
549 Ausführlich SSW-StGB/*Kaspar*, § 20 Rn. 103a.

samtgeschehen zu verstehen, das auch relevante Vorfeldhandlungen wie bspw. das Sich-Berauschen umfasse.[550] Damit wird zwar die Versuchsstrafbarkeit des bloßen Sich-Berauschens vermieden, die gegen das Tatbestandsmodell spricht. Allerdings ist es wenig überzeugend, den Begriff der „Tat" in § 20 weiter auszulegen als denjenigen in § 22. Der Einwand einer ad-hoc-Konstruktion, mit deren Hilfe der klare Wortlaut von § 20 umgangen wird, liegt dabei nahe.

(4) Unvereinbarkeitstheorie

Wie gesehen bestehen gegen sämtliche Ansätze zur Begründung der alic Bedenken, die nicht vollständig auszuräumen sind. Zustimmung verdient daher eine im Vordringen befindliche Auffassung, welche die Rechtsfigur der alic insgesamt **ablehnt.**[551] 441

Für dieses Ergebnis spricht auch der **Umkehrschluss** zu den Regelungen in **§ 17 S. 2** sowie **§ 35 Abs. 1 S. 2,** in denen der Gesetzgeber Fälle der Mitverantwortung des Handelnden (mit für ihn nachteiligen Folgen)[552] normiert hat. In § 20 ist eine solche Klausel nicht vorgesehen. 442

Gravierende Strafbarkeitslücken entstehen dadurch nicht, denn das StGB stellt mit **§ 323a** im **Vollrausch** begangene Straftaten unter Strafe. Anstoß genommen wird lediglich am Strafrahmen dieser Norm, der höchstens fünf Jahre umfasst. Wer sich wie A im obigen Beispiel vorsätzlich bis zur Schuldunfähigkeit berauscht, um dann einen Totschlag zu begehen, könnte also nach aktueller Gesetzeslage nicht schwerer bestraft werden. Die praktische Relevanz solcher Fallgestaltungen hält sich zwar in Grenzen. Wer hier dennoch einen unerträglichen Missstand sieht, muss unter der Geltung von Art. 103 Abs. 2 GG ein **Tätigwerden des Gesetzgebers** fordern. Diesem wäre es vorbehalten, in § 20 eine entsprechende Einschränkung bei vorwerfbarer Herbeiführung der Schuldunfähigkeit zu verankern.[553] 443

Im praktisch relevanteren Bereich der lediglich **verminderten Schuldfähigkeit gem. § 21** besteht bereits de lege lata die Möglichkeit, die vorwerfbare Herbeiführung des Defektzustands zu Lasten des Täters zu berücksichtigen, da die Strafmilderung im Ermessen des Richters steht (vgl. den Wortlaut: „kann"). 444

bb) Die actio libera in causa in der Fallbearbeitung

Auch wer – wie hier vertreten – die alic ablehnt, muss sich mit ihr in der Fallbearbeitung auseinandersetzen, denn die Rechtsprechung und weite Teile der Literatur befürworten diese Konstruktion nach wie vor. Empfohlen werden kann dabei aus Gründen der Übersichtlichkeit ein **zweistufiges Vorgehen.** 445

---

550 MüKo-StGB/*Streng*, § 20 Rn. 128.

551 Vgl. Schönke/Schröder/*Perron*/*Weißer*, § 20 Rn. 35b; SSW-StGB/*Kaspar*, § 20 Rn. 104.

552 Bei § 17 S. 2 führt die Vermeidbarkeit des Irrtums dazu, dass anstelle eines Schuldausschlusses lediglich eine fakultative Strafrahmenmilderung gewährt wird, s. Rn. 641 ff. Bei § 35 führt die Verursachung der Gefahr zur vollständigen Versagung des Entschuldigungsgrundes, s. Rn. 452 ff.

553 *Kindhäuser*, AT § 23 Rn. 21.

446 Auf der **ersten Stufe** ist zunächst (allein) die unmittelbare Ausführungshandlung strafrechtlich zu würdigen, etwa das Töten des B durch A im obigen Beispiel. Auf der Ebene der Schuld ist dann festzustellen, dass der Täter zum Zeitpunkt der Begehung der Tat (etwa aufgrund von Volltrunkenheit) schuldunfähig war. Nun ist zu prüfen, ob die Voraussetzungen einer vorsätzlichen oder zumindest fahrlässigen alic vorliegen. Wird dies bejaht, ist zu erörtern, ob mit dem **Ausnahmemodell** (aufgrund Ignorieren des Wortlauts von § 20) oder mit dem **Ausdehnungsmodell** (aufgrund extrem weiter Auslegung des Wortlauts von § 20) dennoch eine Strafbarkeit bejaht werden kann, was richtigerweise abzulehnen ist.[554] Folgt man dem, ist als Ergebnis die Straflosigkeit der unmittelbaren Ausführungshandlung wegen Schuldunfähigkeit festzuhalten.

447 Auf der **zweiten Stufe** wird nun – das ist entscheidend – die vorgelagerte Handlung als mögliche Tathandlung gewürdigt, also das Sich-Berauschen. Der Obersatz könnte dann folgendermaßen lauten: „A könnte sich dadurch, dass er sich betrunken hat, wegen eines Totschlags gem. § 212 StGB strafbar gemacht haben“. Das ist gewöhnungsbedürftig, liegt aber in der Konsequenz des **Tatbestandsmodells**, das an dieser Stelle diskutiert werden muss.

448 Lehnt man wie hier vertreten auch das Tatbestandsmodell zu Begründung der Strafbarkeit ab, ist anschließend der **Vollrausch gem. § 323a** zu prüfen. Bejaht man die alic dagegen, genügt die anschließende knappe Feststellung, dass § 323a dann ausweislich seiner tatbestandlichen Fassung (*„wenn er in diesem Zustand eine rechtswidrige Tat begeht und ihretwegen nicht bestraft werden kann“*) nicht einschlägig ist.

cc) Besonderheiten der fahrlässigen actio libera in causa

449 Nach der Rechtsprechung ist die alic auch bei Fahrlässigkeitsdelikten (insb. §§ 222, 229) anwendbar.[555] Eine **fahrlässige alic** wird dann angenommen, wenn es dem Täter am Vorsatz bezüglich der Herbeiführung der Schuldunfähigkeit oder am Vorsatz bezüglich der späteren Tatbegehung mangelt.

450 Richtigerweise ist die **Konstruktion** der alic bei den Fahrlässigkeitserfolgsdelikten gar **nicht erforderlich**, um eine Strafbarkeit zu begründen.[556] Letztere kann auf jedes sorgfaltswidrige Verhalten gestützt werden, das zum tatbestandlich umschriebenen Erfolg führt, also auch auf das zeitlich vorgelagerte Sich-Berauschen. Dafür spricht der offen formulierte Wortlaut der oben erwähnten Normen, wo ohne spezifische Umschreibung der Tathandlung ganz allgemein davon gesprochen wird, dass der Täter den tatbestandlichen Erfolg (irgendwie) fahrlässig „verursacht“. Dass dies

---

554 Vgl. oben Rn. 435 sowie Rn. 440.
555 RGSt 70, 85 (87); BGHSt 2, 14 (18); 17, 333 (335).
556 BGHSt 42, 235 (236 f.); LK-StGB/*Schöch* § 20 Rn. 206; MüKo-StGB/*Streng*, § 20 Rn. 148; a.A. *Mitsch*, JuS 2001, 105 (111 f.).

richtig ist, zeigt nicht zuletzt die allgemein anerkannte Fallgruppe des (der Natur der Sache nach zeitlich vorgelagerten) „Übernahmeverschuldens".[557]

In dieser Konstellation empfiehlt es sich, zunächst (insoweit wie bei der vorsätzlichen alic) die Straflosigkeit des unmittelbar schädigenden Handelns wegen Schuldunfähigkeit festzuhalten. Anschließend sollte dann bei der Prüfung der Strafbarkeit des Vorverhaltens ein kurzer Hinweis auf die mögliche Konstruktion der alic erfolgen, die aber hier nicht benötigt wird. Insofern ist eine Streitentscheidung entbehrlich. 451

3. Entschuldigender Notstand, § 35

Der entschuldigende Notstand gem. § 35 ist ein **Entschuldigungsgrund**, der in besonderen Ausnahmekonstellationen einer Zwangslage des Handelnden Rechnung trägt, obwohl dieser dabei eine rechtswidrige Tat begangen hat.[558] 452

Beispiel (sog. „Brett des Karneades"):[559]
Nach einem Schiffsbruch klammern sich zwei Matrosen an einer Holzplanke fest, die nur einen der beiden trägt. Weit und breit ist keine andere Rettung in Sicht. Matrose A stößt den Matrosen B mit Gewalt von der Planke, worauf dieser – was A billigend in Kauf nimmt – ertrinkt.

A erfüllt den Tatbestand des § 212. Eine Rechtfertigung gem. § 34 scheitert an der fehlenden Abwägbarkeit von Leben gegen Leben.[560] Da die Gefahr für das eigene Leben des A jedoch nichts anders abgewendet werden konnte, ist er gem. § 35 entschuldigt. 453

a) Zur ratio des entschuldigenden Notstands

Nach h.M. ist die Nachsicht, die der Täter im Wege des § 35 erfährt, die Folge einer **doppelt begründeten Schuld- bzw. Unrechtsminderung.**[561] Die **Schuld des Täters** sei aufgrund der **psychischen Zwangslage**, in der er sich zum Tatzeitpunkt befindet, geringer; er sei ähnlich wie beim Vorliegen des § 20 nicht frei in seiner Entscheidung, so dass ihm das verwirklichte Unrecht nicht zum Vorwurf gemacht werden könne. Neben den abgeschwächten Schuldvorwurf trete eine **Unrechtsminderung**; die Verletzung des Eingriffsguts werde durch die **Rettung des Erhaltungsguts** jedenfalls gemildert. Beides zusammengenommen führe zum Ausschluss der Strafbarkeit. Dieser Ansatz erklärt jedoch nicht kaum, warum gem. § 35 Abs. 1 S. 2 die entschuldigende Wirkung z.B. bei berufsmäßigen Helfern wie Feuerwehrleuten eingeschränkt ist. Denn auch bei diesen kann die beschriebene psychische Zwangslage in gleicher Weise vorliegen. 454

557 Vgl. dazu unten Rn. 872.
558 Vertiefend *Hörnle*, Jus 2009, 873.
559 Das Beispiel wird dem griechischen Philosophen Karneades zugeschrieben, die früheste erhaltene Erwähnung findet sich bei *Cicero*, De Officiis, 3, 89: „Si tabulam de naufragio stultus arripuerit, extorquebitne eam sapiens, si potuerit?" (zu Deutsch: „Wenn ein Dummkopf bei Schiffbruch ein Brett an sich gerissen hat, wird es ihm ein Weiser, wenn er kann, entreißen?").
560 Vgl. oben Rn. 320.
561 *Kühl*, AT § 12 Rn. 2 f; *Wessels/Beulke/Satzger*, AT Rn. 433; Schönke/Schröder/*Perron*, § 35 Rn. 2.

455 Es überzeugt daher, die Norm anhand **fehlender präventiver Bedürfnisse** zu erklären.[562] Einen Täter zu bestrafen, der nur aufgrund einer Ausnahmesituation i.S.d. § 35 Abs. 1 S. 1 eine Verbotsnorm gebrochen hat, erscheint aus spezialpräventiver Sicht unnötig, denn hier besteht regelmäßig **keine nennenswerte Wiederholungsgefahr**. Auch macht die typisierte Zwangssituation der Notstandslage die Tatbegehung für die Allgemeinheit verständlich und nachvollziehbar, so dass auch **kein generalpräventives Strafbedürfnis** besteht. Anders ist dies bei den berufsmäßig zum Helfen verpflichteten Personen, die typischerweise in solchen Situationen agieren müssen und auch eine entsprechende Ausbildung haben. Ihnen gegenüber kann beim rechtswidrigen Zugriff auf fremde Rechtsgüter nicht die gleiche Nachsicht entgegengebracht werden, so dass präventive Bedürfnisse eine Strafe rechtfertigen können.

b) Voraussetzungen gem. § 35 Abs. 1 S. 1

456 Die Voraussetzungen des entschuldigenden Notstands des § 35 Abs. 1 S. 1 decken sich teilweise mit denen des rechtfertigenden Notstands gem. § 34, gleichwohl sind auch einige wichtige Unterschiede zu beachten.

aa) Notstandslage

457 Eine Notstandslage gem. § 35 setzt eine **gegenwärtige Gefahr** für eines der genannten **Rechtsgüter des Täters selbst**, eines seiner **Angehörigen** oder einer anderen ihm **nahestehenden Person** voraus. Was die gegenwärtige Gefahr angeht, gelten die Ausführungen zu § 34 entsprechend;[563] eine sog. „Dauergefahr" genügt auch im Rahmen von § 35. Besonderheiten gelten aber für die geschützten Rechtsgüter sowie den von der Gefahr betroffenen Personenkreis.

(1) Geschützte Rechtsgüter

458 § 35 Abs. 1 schützt nur **Leben**, **Leib** und **Freiheit**, nicht wie § 34 darüber hinaus „Ehre, Eigentum oder ein anderes Rechtsgut". Die Auflistung ist hier also abschließend und auf Gefahren für **besonders wichtige Rechtsgüter** beschränkt. Auch daran zeigt sich, dass § 35 nur Ausnahmekonstellationen umfasst. Aus diesem Grund ist das Rechtsgut „Freiheit" im Rahmen des § 35 restriktiv auszulegen: Nur die **körperliche Bewegungsfreiheit** (i.S.d. § 239) ist darunter zu verstehen, nicht die allgemeine Willensentschließungsfreiheit als Schutzgut des § 240 oder gar die noch weiter gefasste allgemeine Handlungsfreiheit i.S.d. Art. 2 Abs. 1 GG.[564]

(2) Betroffener Personenkreis

459 Der Täter kann im Rahmen von § 35 zur Rettung seiner **eigenen Rechtsgüter** sowie in gewissem Umfang auch zugunsten von Dritten handeln. Im Gegensatz zu § 34 ist die sog. Notstandshilfe auf **nahestehende Personen** begrenzt. Denn nur in einer Si-

562 Vgl. bereits oben Rn. 413 f.
563 S. Rn. 312.
564 *Wessels/Beulke/Satzger*, AT Rn. 436.

tuation, in der Leib, Leben oder Freiheit einer solchen sog. **Sympathieperson**[565] in Gefahr ist, erkennt der Gesetzgeber den besonderen psychischen Druck als Grund dafür an, ausnahmsweise auf die rechtswidrige Tatbegehung mit Nachsicht zu reagieren.

Erfasst sind davon zunächst **Angehörige** gem. **§ 11 Abs. 1**, darüber hinaus **andere nahestehende Personen.** Diese müssen dem Täter in ähnlicher Weise wie Angehörige in einer auf gewisse Dauer angelegten gegenseitigen Beziehung persönlich verbunden sein, etwa als Partner in einer Liebesbeziehung oder sehr enger Freund bzw. enge Freundin. Bloße Bekannte oder Kollegen sind nicht umfasst.[566] 460

bb) Notstandshandlung

Wie im Rahmen von § 34 muss die Handlung zur Abwehr **geeignet** und **erforderlich** sein, wobei letzteres die Anwendung des mildesten, zur Gefahrabwendung gleich geeigneten Mittels voraussetzt.[567] Eine Interessensabwägung wie in § 34 findet grundsätzlich nicht statt. Die Entschuldigung der Tötung eines Menschen ist also möglich, wie oben anhand des „Brett des Karneades“ gezeigt wurde. Außerhalb solcher besonders zugespitzter Konstellationen sind aber gerade bei tödlichen Notstandshandlungen alternative mildere Mittel besonders streng zu prüfen. So scheitert bspw. die Entschuldigung einer Tötung schlafender „Haustyrannen“ durch die Ehefrau regelmäßig an der Erforderlichkeit, weil andere Möglichkeiten wie das Verlassen des Mannes als zumutbar erscheinen.[568] 461

cc) Subjektives Element: Rettungswille

Als subjektives Element der Entschuldigung wird über die bloße **Kenntnis der Notstandslage** hinaus von der h.M. verlangt, dass der Täter vom Willen zur Gefahrenabwehr geleitet sein muss.[569] Wer nicht von einem solchen **Rettungswillen** angetrieben werde, stehe nicht unter dem psychischen Druck, der Grund für die Nachsicht sei. Darüber hinausgehende „edle Motive“ werden richtigerweise nicht verlangt. Auch wer den reichen Onkel in Kenntnis des Vorliegens der Voraussetzungen des § 35 Abs. 1 allein deshalb rettet, um anschließend hoffentlich als Erbe eingesetzt zu werden, handelt mit dem erforderlichen Rettungswillen.[570] 462

c) Ausschlussgrund der Zumutbarkeit gem. § 35 Abs. 1 S. 2

§ 35 Abs. 1 S. 1 ist eine typisierende Härtefallregel, die auf besondere Notstandssituationen Rücksicht nimmt. Allerdings sind Fälle denkbar, die trotz Vorliegens der Voraussetzungen von § 35 Abs. 1 S. 1 nicht als ein solcher Härtefall erscheinen. Hier 463

565 *Heinrich*, AT Rn. 567.
566 MüKo-StGB/*Müssig*, § 35 Rn. 19.
567 Siehe Rn. 313 ff.
568 BGHSt 48, 255 (260 f.).
569 *Kühl*, AT § 12 Rn. 56 f.; *Fischer*, StGB § 35 Rn. 8; *Roxin*, AT I § 22 Rn. 32 ff; a.A. *Jakobs*, AT Abschn. 20 Rn. 10 f.
570 MüKo-StGB/*Müssig*, § 35 Rn. 36.

ist die **Hinnahme der Gefahr** dem Betroffenen **zuzumuten**. Um die Frage zu beantworten, wann ein solcher Ausnahmefall vorliegt, bedient sich der Gesetzgeber durch die Formulierung des Ausschlussgrundes in **§ 35 Abs. 1 S. 2** erneut einer Typisierung („*namentlich weil er die Gefahr selbst verursacht hat oder weil er in einem besonderen Rechtsverhältnis stand*"). Durch das Wort „namentlich" bringt das Gesetz zum Ausdruck, dass es sich hierbei um **keine abschließende Aufzählung** handeln soll, sondern lediglich um sog. Regelbeispiele.

aa) Verursachung der Gefahr

464 Als erstes Regelbeispiel nennt das Gesetz die vom Handelnden selbst verursachte Gefahr. Was mit „**Verursachen**" im Sinne des § 35 Abs. 1 S. 2 gemeint ist, ist umstritten.[571]

465 Nach dem Wortlaut kommt schlichte **Kausalität** im Sinne der conditio-sine-qua-non-Formel in Betracht. Es herrscht jedoch Einigkeit, dass ein solcher Begriff des Verursachens im Rahmen des § 35 Abs. 1 S. 2 zu weit wäre; denn auch wer einen späteren Angreifer unbehelligt in seine Wohnung einlädt, führt die Gefahr kausal herbei.[572] Das allein kann offensichtlich nicht zur Einschränkung des Entschuldigungsgrundes führen.

466 Teilweise wird eine „**Pflichtwidrigkeit**" des Handelns verlangt,[573] was aber überwiegend auf Ablehnung stößt, da „eine Rechtspflicht zur Unterlassung einer Selbstgefährdung nicht existiert".[574] Stattdessen wird von der h.M. auf eine **Obliegenheitswidrigkeit** des Täters im Umgang mit seinen Rechtsgütern abgestellt:[575] Für die Annahme der Zumutbarkeit der Gefahrhinnahme müsse der Täter danach seine Rechtsgüter ohne zureichenden Grund in Gefahr gebracht haben.

467 Auch diese Ansicht vermag nicht voll zu überzeugen. Denn so wie den einzelnen keine Pflicht trifft, eine Gefährdung eigener Rechtsgüter zu unterlassen, könnte man auch eine entsprechende Obliegenheit bestreiten – auch selbstgefährdendes Verhalten des Einzelnen ist vom Schutz der allgemeinen Handlungsfreiheit gem. Art. 2 Abs. 1 GG umfasst, „soweit er nicht die Rechte anderer verletzt".[576]

468 Richtigerweise bedarf es zur Einschränkung des § 35 daher eines **schuldhaften Vorverhaltens**.[577] Wenn der Täter für sein Verhalten – trotz des im Sinne des § 35 Abs. 1 S. 1 typisierten Härtefalls – bestraft werden soll, muss sich auch in Bezug auf das Verursachungsverhalten zumindest ein Fahrlässigkeitsvorwurf formulieren lassen.

571 Vgl. *Rengier*, AT § 26 Rn. 18 ff.; zu den besonderen Problemem im Dreiecksverhältnis der „Notstandshilfe" s. Schönke/Schröder/*Perron*, § 35 Rn. 20a.
572 SK-StGB/*Rogall*, § 35 Rn. 29 ff.; Schönke/Schröder/*Perron*, § 35 Rn. 20.
573 LK-StGB/*Zieschang*, § 35 Rn. 49.
574 Matt/Renzikowski/*Engländer*, § 35 Rn. 9.
575 *Roxin*, AT I § 22 Rn. 46 ff.; *Kühl*, AT § 12 Rn. 64; Matt/Renzikowski/*Engländer*, § 35 Rn. 9.
576 Ebenfalls in diese Richtung argumentierend BeckOK-StGB/*Momsen*, § 35 Rn. 17.
577 So auch SK-StGB/*Rogall*, § 35 Rn. 33; Schönke/Schröder/*Perron*, § 35 Rn. 20; *Krey/Esser*, AT Rn. 755.

Das beinhaltet neben der objektiven und subjektiven Sorgfaltspflichtverletzung auch die objektive und subjektive Vorhersehbarkeit der Gefahr.

Beispiel:[578]
A und B, beide mäßige Schwimmer, gehen bei strahlendem Sonnenschein am Ammersee segeln. A vergisst, seine Schwimmweste mitzunehmen. Dies wird ihm erst bewusst, als das Schiff mitten auf dem See in ein ganz plötzlich auftretendes, für die Jahreszeit völlig untypisches und nicht vorhersehbares schweres Unwetter gerät. Als das Schiff kentert, entreißt A – mangels Alternativen – dem B dessen Schwimmweste, um überleben zu können. Wie von A als sichere und (auch von ihm nicht vermeidbare) Folge vorhergesehen, stirbt B.

Das Vergessen der Weste war für den Tod des B kausal[579] und aufgrund des Versto- **469**
ßes gegen § 18 Abs. 3 i.V.m. § 2 Nr. 5 BaySchO objektiv pflichtwidrig. Es ist kein Grund für A ersichtlich, seine Rechtsgüter in Gefahr zu bringen, so dass eine Obliegenheitsverletzung im Sinne der h.M. zu bejahen wäre. Danach wäre die Zumutbarkeit der Gefahrhinnahme zu bejahen und eine Entschuldigung des A abzulehnen.[580]

Dagegen wäre nach hier vertretener Ansicht zu prüfen, ob zumindest fahrlässiges **470**
Verhalten des A vorliegt, was voraussetzt, dass für ihn die Entstehung der Notstandslage vorhersehbar war. Da es hierzu allein aufgrund des (im konkreten Fall völlig unvorhersehbaren) Unwetters kam, ist dies nicht der Fall; A wäre somit gem. § 35 entschuldigt.

bb) Besonderes Rechtsverhältnis

Das zweite Regelbeispiel erfasst Konstellationen, in denen der Täter in einem **beson- 471**
deren Rechtsverhältnis steht und ihm daher die Hinnahme der Gefahr zugemutet werden kann. Voraussetzung ist, dass dem Täter (z.B. als Feuerwehrmann, Polizist, Arzt, Kapitän) im Rahmen seines Berufes eine **rechtliche Schutzpflicht** gegenüber der Allgemeinheit obliegt.[581] Nicht ausreichend ist eine rein soziale Verantwortungsübernahme z.B. als „Anführer" einer Gruppe befreundeter Wanderer. Das besondere Rechtsverhältnis i.S.d. § 35 Abs. 1 S. 2 ist abzugrenzen von der **Garantenstellung** i.S.d. § 13 Abs. 1: Wer etwa als Beschützergarant zwar sein Kind, aber nicht die Allgemeinheit zu schützen verpflichtet ist, wird von diesem geschriebenen Regelbeispiel richtigerweise nicht umfasst; das schließt aber nicht aus, dass eine solche bestehende Obhutspflicht als unbenannter Fall sonstiger Zumutbarkeitserwägungen relevant wird.[582]

---

578 Vgl. *Roxin*, AT I § 22 Rn. 48; *Rengier*, AT § 26 Fall 1b; *Joecks*, StGB § 35 Rn. 14.
579 Das wird hier ohne nähere Prüfung unterstellt; zur Prüfung der Kausalität beim Unterlassen anhand der modifizierten conditio-sine-qua-non-Formel s. unten Rn. 965 ff.
580 Vgl. auch *Heinrich*, AT Rn. 573. Teilweise wird allerdings im Falle der drohenden Lebensgefahr eine Ausnahme anerkannt, vgl. *Kühl*, AT § 12 Rn. 65 m.w.N.
581 BeckOK-StGB/*Momsen*, § 35 Rn. 18 f.
582 Vgl. *Rengier*, AT § 26 Rn. 29.

cc) Sonstige Fälle

472 Der offen formulierte Wortlaut von § 35 Abs. 1 S. 2 erlaubt es, auch ungeschriebene Fälle einer Zumutbarkeit der Gefahrhinnahme anzuerkennen. Neben den eben bereits erwähnten Fällen einer Beschützergarantenstellung sind hier die Fälle der **Unverhältnismäßigkeit** einzuordnen. Wird zur Rettung eher geringwertigerer Güter in ein besonders gewichtiges Gut wie das menschliche Leben eingegriffen, kann dieses deutliche Missverhältnis zum Ausschluss der Entschuldigung gem. § 35 Abs. 1 S. 2 führen.[583]

4. Übergesetzlicher entschuldigender Notstand

473 Schließlich sind weitere Konstellationen denkbar, in denen trotz fehlender gesetzlicher Regelung eine Bestrafung des Täters als unangemessene Härte erscheint. Bei der Annahme eines **übergesetzlichen entschuldigenden Notstands** bietet es sich an, die oben erwähnte Begründung von § 35 heranzuziehen. Eine Strafbarkeit scheidet danach aus, wenn keine ausreichenden spezial- und generalpräventiven Bedürfnisse vorliegen und eine Bestrafung daher in der Folge unverhältnismäßig wäre. Da man sich hier der Natur der Sache nach nicht unmittelbar auf eine gesetzliche Normierung fehlender Präventionsbedürfnisse stützen kann, ist diese Rechtsfigur nur in Ausnahmekonstellationen anzuerkennen.

474 Der Entschuldigungsgrund des übergesetzlichen entschuldigenden Notstands wurde von der Rechtsprechung für die Täter in den sog. **„Euthanasie"-Fällen** entwickelt.[584] „Euthanasie" (griechisch für „guter Tod") war die irreführende und verharmlosende Tarnbezeichnung der Nationalsozialisten für die systematische Tötung von über 100.000 behinderten Menschen.[585] Im Rahmen der strafrechtlichen Aufarbeitung beriefen sich an dem Programm beteiligte Ärzte darauf, dass sie trotz gegenteiliger Überzeugung mitgewirkt hätten, um zu verhindern, dass sie selbst durch regimetreue Ärzte ersetzt würden, die noch deutlich mehr Patienten in den Tod geschickt hätten.

475 Verallgemeinernd gesprochen geht es um Konstellationen, in denen eine größere Anzahl von Menschenleben nur durch die Aufopferung anderer Menschen gerettet werden kann. Da eine Abwägung „Leben gegen Leben" im Rahmen des § 34 nicht zulässig ist[586] und auch eine Entschuldigung gem. § 35 mangels Gefahr für nahestehende Personen regelmäßig ausscheidet,[587] richtet sich die Frage, ob die Handelnden wegen eines Tötungsdelikts zu bestrafen sind, nach der Reichweite des übergesetzlichen entschuldigenden Notstands.

476 Die wohl h.M. bejaht die Möglichkeit einer Entschuldigung, wenn die Getöteten und die Geretteten in einer **„Gefahrengemeinschaft"** stehen, also alle in gleicher

583 *Rengier*, AT § 26 Rn. 30.
584 Vgl. *Roxin*, AT § 22 Rn. 147.
585 *Koch*, JA 2005, 745 m.w.N.
586 S. oben Rn. 320.
587 S. oben Rn. 459 f.

Weise in Lebensgefahr schweben.[588] Das lässt sich in den „Euthanasie"-Fällen bejahen, in denen die Täter vor der Entscheidung standen, durch gezielte Tötungen Leben zu retten oder sich als Alternative mit dem Tod aller (oder einer größeren Gruppe von Menschen) abzufinden. Eine mit der Situation des § 35 vergleichbare Zwangslage war hier denkbar.[589] Die Rechtsprechung verfuhr in diesem Sinne und unterstellte den angeklagten Euthanasie-Tätern „in zunehmend großzügiger Weise [...], dass lediglich zur Verhütung größeren Unrechts getötet worden sei".[590]

Auch die (in der Folge der Anschläge vom 11.9.2001 viel diskutierte) Konstellation des **Abschusses** eines von Terroristen entführten und auf ein Hochhaus zusteuernden **Flugzeugs** lässt sich auf diese Weise lösen. Während eine Rechtfertigung der Tötung der Flugzeuginsassen richtigerweise nicht in Betracht kommt, bleibt die Möglichkeit eines entschuldigenden Notstandes bestehen,[591] da der Täter in einer zugespitzen und extremen Konstellation handelt, um eine Vielzahl von Menschenleben in den bedrohten Hochhäusern durch die Aufopferung der Flugzeuginsassen zu retten.[592] 477

Umstritten ist allerdings, wie Fälle zu beurteilen sind, in denen der Täter bei seiner Rettungshandlung in die Rechtsgüter bislang völlig unbeteiligter, **von der Gefahrenlage nicht betroffener Menschen** eingreift. Die Problematik wird oft anhand des sog. Weichensteller-Falls[593] diskutiert: 478

Beispiel:
Bahnmitarbeiter B erkennt, dass ein Güterzug ungebremst auf einen im Bahnhof stehenden voll besetzten Personenzug zurast. Um die Menschen im Personenzug zu retten, stellt er die Weiche und sieht dabei voraus, dass stattdessen zwei auf dem Nebengleis stehende Streckenarbeiter getötet werden.

Auch hier wird man aufgrund des absoluten Ausnahmecharakters der Situation und der für die Allgemeinheit verständlichen Zwangslage, in der sich der Handelnde befindet, auf einen strafrechtlichen Vorwurf mangels spezial- und generalpräventiver Bedürfnisse verzichten können.[594] Die Tatsache, dass dadurch bislang nicht gefährdete Menschen betroffen werden, steht dem richtigerweise nicht entgegen.[595] Nimmt man den Grundsatz der Unabwägbarkeit menschlichen Lebens ernst, ist es nicht überzeugend, an dieser Stelle zwischen ungefährdetem Leben und Leben, das „ohnehin schon verloren"[596] ist, zu differenzieren. 479

588 *Rengier*, AT § 26 Rn. 44; *Wessels/Beulke/Satzger*, AT Rn. 452 f.

589 *Kühl*, AT § 12 Rn. 96 ff.

590 *Koch*, JA 2005, 745 (748) m.w.N.

591 Das BVerfG hat zwar die einen Abschuss entführter Flugzeuge rechtfertigende Ermächtigungsnorm des § 14 Abs. 3 Luftsicherheitsgesetz a.F. aufgrund der Verletzung von Art. 2 Abs. 1 i.V.m. 1 Abs. 1 GG für verfassungswidrig erklärt, dabei die Frage einer möglichen (übergesetzlichen) Entschuldigung ausdrücklich offen gelassen, vgl. BVerfGE 115, 118 (157).

592 Ausführlich *Roxin*, ZIS 2011, 552; weitere Nachweise (auch zur Gegenansicht) bei *Wessels/Beulke/Satzger*, AT Rn. 452a.

593 Erstmals bei *Welzel*, ZStW 63 (1951), 47 (51).

594 So die wohl h.M., vgl. die Nachweise bei *Rengier*, AT § 26 Rn. 35.

595 A.A. etwa *Wessels/Beulke/Satzger*, AT Rn. 452a; *Roxin*, AT § 22 Rn. 161 ff.

596 So aber *Wessels/Beulke/Satzger*, AT Rn. 452b; *Heinrich*, AT Rn. 596 a.E.

5. Notwehrexzess

480 Bei dem in § 33 geregelten Notwehrexzess handelt es sich trotz seiner systematischen Stellung zwischen § 32 und § 34 um einen **Entschuldigungsgrund.**[597] Er schreibt eine weitere Ausnahmekonstellation fest, in der auf einen strafrechtlichen Vorwurf verzichtet werden kann, wenn der Handelnde unter dem Eindruck eines Angriffs i.S.v. § 32 überreagiert und die Grenzen der Notwehr überschreitet.[598] Dies muss weiterhin nach dem klaren Wortlaut des § 33 auf einem sog. **asthenischen Affekt** beruhen, also auf „Verwirrung, Furcht oder Schrecken". Ausgeschlossen sind damit sog. **sthenische Affekte** wie Wut oder Rache. Dabei ist es nach der Rechtsprechung unschädlich, wenn der Täter die Notwehr **bewusst** überschreitet, solange dies tatsächlich im Rahmen der in § 33 genannten Affektlage geschieht.[599]

481 Die **Begründung** der gesetzlich angeordneten Entschuldigung ist nach hier vertretener Ansicht wie bei § 35 zu bestimmen: Spezialpräventive Einwirkungsbedürfnisse bestehen in einer solchen Situation mangels Wiederholungsgefahr nicht, und auch in generalpräventiver Hinsicht kann wegen der verständlichen Überreaktion des Angegriffenen auf Strafe verzichtet werden.[600] In der Literatur wird die Entschuldigung zumeist mit der Kombination aus Unrechts- und Schuldminderung durch die Notwehrlage sowie der geistigen Überforderung begründet.[601]

a) Intensiver Notwehrexzess

482 Der klassische und unstreitige Anwendungsfall des § 33 ist der sog. **intensive Notwehrexzess**: Der Verteidiger wehrt sich aus Verwirrung, Furcht oder Schrecken im Rahmen einer tatsächlich bestehenden Notwehrlage, jedoch intensiver, als es erforderlich oder geboten wäre.

Beispiel:
A wird bei einem Jagdausflug überraschend von B mit erhobener Faust angegriffen. A ist erschrocken und schießt daher mit seinem Gewehr aus einiger Entfernung auf den B, wodurch dieser schwer verletzt wird. Ein Warnschuss wäre ausreichend gewesen.

483 Im Beispiel wählte A aufgrund seines Schreckens (also eines asthenischen Affekts) ein nicht erforderliches Mittel zur Verteidigung. Eine Rechtfertigung gem. § 32 kommt daher nicht in Betracht. A kann sich aber auf den Entschuldigungsgrund des § 33 berufen.

484 Auch wer aus Verwirrung, Furcht oder Schrecken ein **nicht gebotenes Mittel** zur Verteidigung einsetzt, also etwa einen betrunkenen Angreifer trotz Ausweichmöglichkeit niederschlägt, ist gem. § 33 entschuldigt.

597 *Engländer*, JuS 2012, 408.
598 Zur Grenze der Erforderlichkeit bzw. Gebotenheit s. Rn. 264 ff.
599 BGH NStZ 1989, 474 (475).
600 *Roxin*, AT I § 22 Rn. 69.
601 *Wessels/Beulke/Satzger*, AT Rn. 446; *Rengier*, AT § 27 Rn. 1.

b) Extensiver Notwehrexzess

Umstritten ist, ob der Entschuldigungsgrund des § 33 auch zum Tragen kommt, wenn der Täter aus Verwirrung, Furcht oder Schrecken die **zeitlichen Grenzen der Notwehr** überschreitet.[602] Man spricht insoweit vom **extensiven Notwehrexzess.** Es lassen sich zwei Fälle unterscheiden. 485

Zunächst ist es denkbar, dass sich der Täter gegen einen Angriff zur Wehr setzt, der (noch) nicht unmittelbar bevorsteht, sog. **vorzeitiger extensiver Notwehrexzess.**[603] Da sich die Überforderungssituation des Handelnden dann nicht aus einer tatsächlich (schon) bestehenden Notwehrlage ergibt, sondern aus einer bloßen Fehlvorstellung, handelt es sich um einen Fall des sog. **Putativnotwehrexzesses.** Dieser fällt nach h.M. nicht unter § 33, sondern ist nach den allgemeinen Irrtumsregeln zu behandeln.[604] 486

Denkbar ist eine Anwendung von § 33 aber in den Fällen, in denen sich der Handelnde gegen einen Angriff wehrt, der schon beendet ist, sog. **nachzeitiger extensiver Notwehrexzess.** 487

Beispiel:
A wird von B in einem U-Bahnhof überfallen. A wehrt sich und streckt B mit einem Faustschlag zu Boden. Obwohl von dem am Boden liegenden B nun keine Gefahr mehr ausgeht, tritt A diesem aus Verwirrung und Furcht mit dem Fuß gegen den Oberkörper.

Die Rechtsprechung und ein Teil der Literatur lehnen eine Entschuldigung ab:[605] Wenn mangels gegenwärtiger Notwehrlage kein Recht zur Notwehr bestünde, könnten deren Grenzen auch nicht überschritten werden, wie es der Wortlaut fordere.[606] Zudem fehle es hier an der Unrechtsminderung.[607] 488

Nach zustimmungswürdiger anderer Ansicht ist der **nachzeitige extensive Notwehrexzess** gem. § 33 zu **entschuldigen.**[608] Das Wortlaut-Argument ist nicht überzeugend, denn der Täter überschreitet hier die zeitlichen Grenzen einer Notwehrlage, die tatsächlich bestand. Auch ist hier nicht weniger Nachsicht als mit dem Täter eines intensiven Notwehrexzesses geboten, denn Verwirrung oder Furcht können sich in nachvollziehbarer Weise auch in Gestalt einer zu lang andauernden bzw. zu spät einsetzenden Verteidigung auswirken.[609] Insoweit kann auch hier mangels präventiver Bedürfnisse mit guten Gründen auf Strafe verzichtet werden.[610] 489

---

602 Überblick über den Streitstand bei *Hillenkamp*, AT-Probleme, S. 88 ff.
603 *Hilgendorf/Valerius*, AT § 6 Rn. 40.
604 S. Rn. 490 ff.
605 BGH NStZ 2002, 141; 1987, 20.
606 *Hilgendorf/Valerius*, AT § 6 Rn. 41.
607 SSW-StGB/*Rosenau*, § 33 Rn. 6; SK-StGB/*Rogall*, § 33 Rn. 4.
608 *Rengier*, AT § 27 Rn. 19; *Wessels/Beulke/Satzger*, AT Rn. 447; *Roxin*, AT I § 22 Rn. 88; Schönke/Schröder/*Perron*, § 33 Rn. 7.
609 Matt/Renzikowski/*Engländer*, § 33 Rn. 5.
610 *Roxin*, AT I § 22 Rn. 88.

c) Putativnotwehrexzess

490 Als Putativnotwehrexzess wird eine Konstellation bezeichnet, die in zweifacher Weise von der Situation der Notwehr gem. § 32 abweicht: Erstens liegt tatsächlich gar **keine Notwehrlage** vor, der Täter geht lediglich irrigerweise von einem gegenwärtigen, rechtswidrigen Angriff aus, sog. **Putativnotwehr.** Zweitens wählt er unter dem Eindruck von Verwirrung, Furcht oder Schrecken ein Verteidigungsmittel, das nicht erforderlich oder geboten wäre, sich also selbst bei bestehender Notwehrlage als Exzess darstellen würde. Beide Fehlleistungen des Handelnden ergeben zusammengenommen den **Putativnotwehrexzess.**

Beispiel:
Jogger J läuft nachts im Englischen Garten auf A zu, um ihn nach dem Weg zu fragen. A glaubt, er würde angegriffen und schießt J vor Schreck ohne Vorwarnung aus einer Entfernung von drei Metern nieder, obwohl ihm aufgrund seiner körperlicher Überlegenheit auch ein Faustschlag zur wirksamen „Verteidigung" genügt hätte.

491 Nach der h.M. scheidet eine Entschuldigung gem. § 33 hier aus. Es wird darauf verwiesen, dass keine Notwehrlage vorliege, so dass auch **keine Grenzen „der Notwehr"** überschritten werden könnten.[611] Zudem fehle es an der erforderlichen objektiven Unrechtsminderung.[612] Zum gleichen Ergebnis kommt man, wenn man die Ratio von § 33 im fehlenden Präventionsbedürfnis sieht. Die Bestrafung bleibt hier präventiv geboten, da regelmäßig ein „im erhöhtem Grade schutzwürdiger Nichtangreifer das Opfer der Ausschreitung wird".[613]

492 Nach anderer Ansicht ist **§ 33 analog** anzuwenden. Demnach sei der im Putativnotwehrexzess Handelnde zu entschuldigen, wenn das Fehlen der Notwehrlage trotz objektiv pflichtgemäßer Prüfung nicht erkennbar sei, denn dann sei das Handlungsunrecht in gleicher Weise gemindert wie beim tatsächlichen Vorliegen eines Angriffs.[614]

Wiederholungsfragen zu § 5 IV. (Schuld)

1. Lässt sich eine Vorsatzstrafbarkeit des schuldunfähigen Täters mit Hilfe der Konstruktion der „actio libera in causa" begründen? (Rn. 434 ff.)
2. Worin unterscheidet sich der entschuldigende Notstand gem. § 35 vom rechtfertigenden Notstand gem. § 34? (Rn. 456 ff.)
3. In welchen Fällen wird die Möglichkeit eines übergesetzlichen entschuldigenden Notstands diskutiert? (Rn. 473 ff.)
4. Ist auch der „extensive Notwehrexzess" von § 33 erfasst? (Rn. 485 ff.)

611 *Kühl*, AT § 12 Rn. 157; *Hoffmann-Holland*, AT Rn. 407; *Hilgendorf/Valerius*, AT § 6 Rn. 43; *Kindhäuser*, AT § 25 Rn. 17.
612 *Rengier*, AT § 27 Rn. 29.
613 *Roxin*, AT I § 22 Rn. 95.
614 Schönke/Schröder/*Perron*, § 33 Rn. 8; differenzierend *Roxin*, AT I § 22 Rn. 96.

V. Sonstige Voraussetzungen der Strafbarkeit

Auf der **vierten Ebene des Deliktsaufbaus** nach der Prüfung von Tatbestandsmäßigkeit, Rechtswidrigkeit und Schuld sind die sonstigen Voraussetzungen der Strafbarkeit zu prüfen.[615] 493

Dazu zählen **persönliche Strafausschließungsgründe** wie die Angehörigeneigenschaft des von einer Strafvereitelungshandlung Begünstigten (§ 258 Abs. 6). Der Rücktritt vom Versuch gem. § 24 wird von der h.M. ebenfalls auf dieser Ebene als **persönlicher Strafaufhebungsgrund** eingeordnet.[616] 494

Eine weitere zu erwähnende Gruppe sind die **Strafverfolgungsvoraussetzungen**, zu denen die h.M. den **Strafantrag** gem. § 77 sowie das Nichteintreten der **Verjährung** gem. §§ 78 ff. zählt.[617] 495

---

615 *Heinrich*, AT Rn. 615 ff.
616 S. dazu oben Rn. 755.
617 *Wessels/Beulke/Satzger*, AT Rn. 497.

§ 6 Täterschaft und Teilnahme

I. Grundlagen

1. Das System der gesetzlichen Regelungen

Straftaten werden nicht nur von Einzeltätern begangen; vielmehr sind verschiedene Varianten einer Beteiligung mehrerer Personen möglich. Dem tragen die Regelungen in §§ 25 ff. Rechnung. Was sich hinter dem Begriff **„Beteiligte"** im Sinne des StGB verbirgt, gibt das Gesetz selbst in Form einer Legaldefinition[618] vor: In § 28 Abs. 2 ist normiert, dass darunter sowohl der **Täter** als auch der **Teilnehmer** fallen. 496

Diese Zweiteilung lässt auf ein **dualistisches Beteiligungssystem** schließen, das dem geltenden Recht als Grundsatz entnommen werden kann. Nach dem Gegenmodell vom **Einheitstäter** ist jeder, der vorsätzlich einen kausalen Tatbeitrag leistet, als Täter zu qualifizieren. Eine solche Konzeption findet sich in manchen ausländischen Rechtsordnungen sowie auf nationaler Ebene bei den Fahrlässigkeitsdelikten[619] und im Ordnungswidrigkeitenrecht, was in § 14 Abs. 1 S. 1 OWiG seinen Ausdruck findet: „*Beteiligen sich mehrere an einer Ordnungswidrigkeit, so handelt jeder von ihnen ordnungswidrig.*" 497

2. Abgrenzung von Täterschaft und Teilnahme

Die Notwendigkeit der **Abgrenzung von Täterschaft und Teilnahme** folgt nicht zuletzt aus dem Gesetzlichkeitsprinzip. Auf eine ausdrückliche Definition wurde seitens des Gesetzgebers allerdings verzichtet. Es obliegt dem Rechtsanwender, anhand der in den §§ 25 ff. enthaltenen normativen Vorgaben eine Entscheidung darüber zu treffen, ob es sich um Täterschaft oder Teilnahme handelt. Anhand welcher Maßstäbe diese Abgrenzung zu erfolgen hat, ist umstritten.[620] 498

Die **formal-objektive Theorie** wie auch die **extrem subjektive Theorie** der früheren Rechtsprechung werden heute nicht mehr vertreten.[621] Ihre Kenntnis ist dennoch hilfreich für das Verständnis der beiden wichtigsten Ansätze, die heutzutage zur Bestimmung der Beteiligungsform herangezogen werden: Es handelt sich dabei auf der einen Seite um die in der Literatur überwiegend vertretene **Tatherrschaftslehre**[622] sowie die von der Rechtsprechung heute favorisierte **subjektive Theorie auf objektiv-tatbestandlicher Grundlage.**[623] 499

---

618 Unter einer Legaldefinition versteht man die häufig, aber nicht zwingend in Klammern stehende Erläuterung eines Begriffes im Gesetz selbst. In der Klausur sollte man Legaldefinitionen (wie bspw. die Begriffsbestimmungen in § 11 StGB) unbedingt heranziehen, um einerseits die Subsumtion zu erleichtern, andererseits systematischen Überblick zu demonstrieren.

619 *Rengier*, AT § 40 Rn. 2.

620 Vertiefend *Hillenkamp*, AT-Probleme, S. 145 ff.

621 *Rengier*, AT § 40 Rn. 4 ff.

622 *Roxin*, AT II § 25 Rn. 13.

623 Vgl. *Roxin*, AT II § 25 Rn. 22, der den Ansatz der Rechtsprechung als „normative Kombinationstheorie" bezeichnet.

a) Formal-objektive Theorie

500 Nach diesem Ansatz wird Täterschaft (allein) durch eine **eigenhändige Tatbestandsverwirklichung** begründet.[624] Das ist allerdings nicht mit dem heutigen Gesetzeswortlaut vereinbar, da in § 25 Abs. 1 Alt. 2 auch die Tatbegehung *„durch einen anderen"* erfasst ist. Außerdem wären dann auch manche Konstellationen der „gemeinschaftlichen" Tatbegehung gem. § 25 Abs. 2 nicht erfasst. Mit anderen Worten zeigen die gesetzlich anerkannten Täterschaftsformen der Begehung mittels eines Werkzeugs (mittelbare Täterschaft) sowie mittels arbeitsteiligen Zusammenwirkens (Mittäterschaft), dass sich der Gesetzgeber für einen **materiellen Täterbegriff** entschieden hat, der mit einer rein formalen Täterbestimmung aufgrund eigenhändiger Tatbestandsverwirklichung nicht vereinbar ist.

b) Extrem subjektive Theorie

501 Nach dem ursprünglich vom Reichsgericht entwickelten extrem subjektiven Ansatz ist für die Bestimmung der Beteiligungsform die **innere Einstellung** des Handelnden zur Tat entscheidend. Täter ist danach, wer die Tat als eigene will (**animus auctoris**); ein Teilnehmer weist demgegenüber lediglich einen Willen zur Förderung einer fremden Tat auf (**animus socii**). Auf dieser Grundlage hat die Rechtsprechung in der Vergangenheit in Einzelfällen die handelnden Personen trotz eigenhändiger Tatbestandsverwirklichung lediglich wegen Beihilfe zum Mord verurteilt.

Beispiel (sog. „Badewannenfall"):[625]
Die Mutter eines gerade neugeborenen unehelichen Säuglings bat ihre Schwester S, das Baby zu beseitigen, woraufhin diese das Kind in der Badewanne ertränkte. Da die S sich dem Willen der Mutter des Kindes untergeordnet habe, war hier nach Ansicht des Reichsgerichts mangels Vorliegen von „Täterwillen" nur wegen Beihilfe zu bestrafen. Gegen diese Lehre spricht nicht nur, dass sie mit sehr unbestimmten Begriffen operiert, sondern auch, dass an einer „Tatbegehung" im Sinne von § 25 Abs. 1 kaum zu zweifeln ist, wenn der Tatbestand wie im Beispielsfall von S eigenhändig verwirklicht wird.

c) Subjektive Theorie auf objektiv-tatbestandlicher Grundlage

502 Die Basis dieser von der Rechtsprechung heute favorisierten Abgrenzungstheorie ist eine subjektive Betrachtung, wobei objektive Aspekte bei der Ermittlung der inneren Tatseite mit einbezogen werden.[626] Um den Täterwillen zu ermitteln werden zusätzliche Gesichtspunkte mittels einer wertenden Gesamtbetrachtung berücksichtigt, namentlich der **Grad des Tatinteresses**, der **Umfang der Tatbeteiligung**, die **Tatherrschaft** sowie der **Wille zur Tatherrschaft**.[627] Auch gegen diesen im Vergleich zur extrem subjektiven Theorie modifizierten Ansatz der Rechtsprechung wird richtigerweise vorgebracht, dass er die erforderliche Rechtssicherheit vermissen lasse.[628] Die

624 Vgl. LK-StGB/*Schünemann*, Vor § 25 Rn. 14.
625 RGSt 74, 84; s. auch BGHSt 18, 87 (Staschynskij-Fall).
626 *Kühl*, AT § 20 Rn. 30.
627 Vgl. etwa BGH NStZ 2006, 94; BGH NStZ-RR 2010, 236.
628 LK-StGB/*Schünemann*, § 25 Rn. 33.

Kumulation mehrerer Aspekte (ohne, dass eine klare Rangfolge erkennbar wäre) ist in dieser Hinsicht kein Gewinn, sondern verschärft das Bestimmtheitsproblem eher.

d) Tatherrschaftslehre

Täter ist nach diesem Ansatz, wer als „**Zentralgestalt**“[629] der Deliktsverwirklichung 503
die planvoll-lenkende oder zumindest mitgestaltende Tatherrschaft besitzt.[630] Es geht kurz gesagt um das vom Vorsatz umschlossene „**In-den-Händen-Halten**“ **des Tatgeschehens.**[631] Der Täter hat es in der Hand, die Deliktsverwirklichung nach seinem Willen ablaufen zu lassen, zu hemmen oder abzubrechen.[632] Teilnehmer ist demgegenüber, wer keine vergleichbare Herrschaft über die Tat innehat, sondern auf irgendeine Weise einen Beitrag zum Geschehen leistet. Diese Theorie ist in der Literatur mittlerweile zu Recht vorherrschend.[633] Denn das zentrale Kriterium der Tatherrschaft bedarf zwar ebenfalls einer Wertung, basiert aber auf einem im Kern empirisch-tatsächlichen Element und ist daher weniger unbestimmt. Auch Wortlaut und Systematik von § 25 sprechen dafür, dass der Gesetzgeber zumindest tendenziell der Tatherrschaftslehre den Vorzug gibt, auch wenn eine eindeutige Positionierung im Gesetzgebungsverfahren nicht vorgenommen wurde.[634]

II. Täterschaft

1. Besondere Deliktstypen und Täterschaft

Gemäß § 25 Abs. 1 Alt. 1 wird als Täter bestraft, *wer die Straftat selbst (...) begeht.* 504
Wer einen Tatbestand eigenhändig verwirklicht, also ein unter die Tatbestandsmerkmale des objektiven Tatbestandes subsumierbares Verhalten an den Tag legt, ist grundsätzlich tauglicher Täter.

Ausnahmen davon bestehen bei besonderen Deliktstypen. Bei **Sonderdelikten** wie 505
bspw. §§ 331, 333 oder § 203 scheiden zunächst diejenigen Personen als Täter aus, die keine Amtsträger oder für den öffentlichen Dienst besonders verpflichtete Personen sind (§§ 331, 333) oder im Rahmen des § 203 keiner der dort aufgezählten Berufsgruppen angehören. Für diesen Personenkreis verbleibt lediglich die Möglichkeit einer Teilnehmerstrafbarkeit.

Als Unterfall dieses Deliktstypus sind noch die **Pflichtdelikte** zu nennen,[635] bspw. die 506
Untreue gem. § 266, die eine Vermögensbetreuungspflicht auf Seiten des Täters verlangt. Liegt diese vor, ist eine Abgrenzung zwischen Täterschaft oder Teilnahme nicht mehr nötig und hat daher zu unterbleiben, denn bereits das Vorliegen des

629 *Roxin*, AT II § 25 Rn. 10.
630 *Wessels/Beulke/Satzger*, AT Rn. 513.
631 LK-StGB/*Schünemann*, § 25 Rn. 9.
632 *Rengier*, AT § 41 Rn. 11.
633 Nachweise bei LK-StGB/*Schünemann*, § 25 Rn. 11.
634 LK-StGB/*Schünemann*, § 25 Rn. 2.
635 S. dazu *Roxin,* AT II § 25 Rn. 14.

Pflichtenmerkmals ist hier nach der gesetzgeberischen Entscheidung täterschaftsbegründend.

507 Weiterhin existieren sogenannte **eigenhändige Delikte,** etwa die Aussagedelikte gem. §§ 153 ff. Bei dieser Deliktsgruppe werden Konstellationen von der herkömmlichen Klassifizierung durch die Abgrenzungstheorien ausgenommen, bei denen ein Beteiligter nicht selbst, also in eigener Person, die jeweilige Tathandlung verwirklicht. Mangels eigenhändiger Tatbegehung kann diese Person kein Täter sein; insbesondere die mittelbare Täterschaft gem. § 25 Abs. 1 Alt. 2 ist hier ausgeschlossen.[636]

2. Mittäterschaft (§ 25 Abs. 2)

a) Grundlagen

508 Die Mittäterschaft setzt gem. § 25 Abs. 2 voraus, dass *„mehrere eine Straftat gemeinschaftlich"* begehen.[637] Die wichtigste Bedeutung der Regelung in § 25 Abs. 2 ist ihre Funktion als **Zurechnungsnorm,** die sich ausschließlich auf die objektiven Merkmale eines Tatbestandes bezieht.[638] Das wird in den Fällen relevant, in denen ein Täter die Tatbestandsmerkmale einer Verbotsnorm zwar nicht selbst (vollständig) verwirklicht, eine entsprechende Handlung aber durch eine weitere Person aufgrund eines gemeinsamen Tatplanes vorgenommen wird. Beim Vorliegen der Voraussetzungen der Mittäterschaft wird diese Ausführungshandlung dem anderen dann wie eine eigene zugerechnet und zur Grundlage einer Bestrafung gemacht.

509 Nach h.M. ist die Mittäterschaft auf vorsätzliches Handeln beschränkt, eine **„fahrlässige Mittäterschaft"** wird überwiegend abgelehnt. Das wird von einer im Vordringen befindlichen Ansicht in der Literatur allerdings zu Recht in Frage gestellt.[639]

b) Hinweise für die gutachterliche Prüfung

510 Die Prüfung der Mittäterschaft im Gutachten bringt oft Aufbauprobleme mit sich.[640] Hilfreich ist es dabei, zwischen zwei Konstellationen zu differenzieren, die einen **unterschiedlichen Aufbau** nahe legen.

511 Wenn alle Beteiligten sämtliche Tatbestandsmerkmale selbst verwirklichen, etwa in der Form, dass A und B anhand eines gemeinsamen Tatentschlusses beide auf C einprügeln, liegt zwar Mittäterschaft vor, einer Zurechnung gem. § 25 Abs. 2 bedarf es aber an sich nicht. In diesem Fall kann eine **gemeinsame Prüfung** der Strafbarkeit sämtlicher Mittäter empfohlen werden, wobei die Voraussetzungen der Mittäterschaft beim ersten zu prüfenden Delikt zwar kurz erwähnt, aber nicht weiter problematisiert werden sollten.

---

636 *Roxin,* AT II § 25 Rn. 288.
637 Vertiefend *Seher,* JuS 2009, 304 ff.
638 Subjektive Merkmale werden nicht zugerechnet. Das betrifft zum einen besondere persönliche Merkmale, § 28, sowie den Vorsatz und die Schuld, § 29.
639 S. unten Rn. 915 ff.
640 S. dazu auch *Rengier,* AT § 44 Rn. 5 ff.

Das nachfolgende Aufbauschema dient als Orientierungshilfe für den anders gelagerten Fall, in dem es entscheidend auf die eben erwähnte wechselseitige Zurechnung der Tatbeiträge ankommt. Sie wird dann erforderlich, wenn zumindest einer der potenziellen Mittäter nicht sämtliche Tatbestandsmerkmale in seiner Person verwirklicht. Hier empfiehlt sich eine **getrennte Prüfung**, bei der zunächst die Strafbarkeit des „Tatnächsten" geprüft wird, der den jeweiligen Tatbestand in seiner Person verwirklicht hat. Im Anschluss erfolgt dann die separate Prüfung einer mittäterschaftlichen Begehung durch den „Tatferneren" anhand des folgenden Aufbauschemas: 512

Übersicht: Tatbestandsmäßigkeit des „tatfernen" Mittäters

A. Objektiver Tatbestand
   I. Keine eigene Verwirklichung sämtlicher objektiver Tatbestandsmerkmale
   II. Zurechnung gem. § 25 Abs. 2 bei Vorliegen der Voraussetzungen der Mittäterschaft:
      1. Gemeinsamer Tatplan
      2. Gemeinsame Tatausführung

B. Subjektiver Tatbestand

Vorsatz bezüglich aller Merkmale des objektiven Tatbestandes (einschließlich mittäterschaftlicher Begehung)

c) Voraussetzungen

aa) Gemeinsamer Tatplan

Für die Annahme von Mittäterschaft ist zunächst ein bewusstes und gewolltes Zusammenwirken der Beteiligten erforderlich, was als **gemeinsamer Tatplan** oder **Tatentschluss** bezeichnet wird.[641] Dabei handelt es sich zwar um eine subjektive Komponente. Dennoch ist sie Voraussetzung der Zurechnung von objektiven Tatbestandsmerkmalen, so dass dieses Kriterium richtigerweise bereits im **objektiven Tatbestand** zu prüfen ist.[642] 513

Der gemeinsame Tatplan setzt ein irgendwie geartetes **Übereinkommen** der Beteiligten im Rahmen eines (ggf. auch rein nonverbalen) Kommunikationsvorgangs voraus. Fehlt es hieran bei mehreren Handelnden, die gleichzeitig, aber unabhängig voneinander eine bestimmte Tat verwirklichen, ist mangels „gemeinschaftlichen" Handelns von bloßer **Nebentäterschaft** auszugehen, die keine wechselseitige Zurechnung von Tatbeiträgen ermöglicht.[643] 514

Nicht erforderlich ist, dass beide Täter an der **Erstellung des Tatplans beteiligt** sind. Es genügt, wenn sich einer der Täter den bereits vollständig ausgearbeiteten Tatplan 515

641 BGH NStZ 1997, 336.

642 Ein gangbarer Weg ist es auch, aus diesem Grund nur die „Tatbestandsmäßigkeit" zu prüfen und auf die Unterteilung in objektiven und subjektiven Tatbestand zu verzichten, s. dazu *Seher*, JuS 2009, 304 ff. sowie die Aufbauempfehlung bei *Rengier*, AT § 44 Rn. 10.

643 Relevanz besitzt diese Form der Täterschaft vor allem im Bereich der Fahrlässigkeitsdelikte, vgl. hierzu *Roxin*, AT II § 25 Rn. 265.

des anderen zu eigen macht und auf diese Weise das Einvernehmen zustandekommt.[644] Das kann unstreitig auch erst bei Beginn der Tat oder während noch laufender Tatausführung geschehen.[645] Demgegenüber ist diese erste Voraussetzung der Mittäterschaft nicht erfüllt, sofern die Beteiligten keinerlei Kenntnisse voneinander haben oder es (etwa bei einem einseitigen Ausnutzen der Situation durch den Hinzutretenden) an einer Willensübereinstimmung der Beteiligten fehlt.

516 Unter dem **Exzess** eines Mittäters versteht man Tathandlungen, die nicht Bestandteil des gemeinsamen Tatplanes sind und daher auch den anderen Mittätern nicht zugerechnet werden können.

Beispiel:
A, B und C beschließen, dem D eine „Abreibung" in Form von Schlägen und Tritten zu verpassen. C, der von den anderen unbemerkt ein Messer mit sich führt, sticht plötzlich zu. D verstirbt.

517 Ein solcher die mittäterschaftliche Zurechnung ausschließender Exzess ist nur dann zu bejahen, wenn es sich um eine **wesentliche Abweichung** von dem vereinbarten Tatplan handelt. Handlungen, mit denen nach den Umständen zu rechnen war, fallen hierunter nicht.

bb) Gemeinsame Tatausführung

518 Neben dem gemeinsamen Tatplan ist eine täterschaftsbegründende **gemeinsame Tatausführung** erforderlich. An dieser Stelle hat die Abgrenzung zur Teilnahme nach den oben bereits erwähnten Theorien zu erfolgen.[646] Eingegangen wird im Folgenden auf die Besonderheiten im Rahmen der Mittäterschaft. Im Vordergrund steht dabei insbesondere eine Abgrenzung zur bloßen Beihilfe nach § 27. Wichtige Kriterien hierfür sind der Zeitpunkt und die Intensität der Tatbeteiligung. Nach der h. Lit. ist erforderlich, dass sich die Tatbeiträge im Sinne eines arbeitsteiligen Zusammenwirkens gegenseitig komplettieren. Ist dies der Fall, liegt sog. **funktionelle Tatherrschaft** vor. Dem steht auch die Rechtsprechung zumindest nahe. Sie verfolgt zwar, wie bereits erläutert,[647] einen im Kern subjektiven Ansatz, zieht für die vorliegend im Fokus stehende Entscheidung aber Kriterien heran, welche auch der Tatherrschaftslehre immanent sind. In Entscheidungen aus jüngerer Zeit werden folgende Aspekte genannt:[648]

- Grad des eigenen Interesses am Taterfolg
- Umfang der Beteiligung

644 Vgl. dazu *Roxin*, AT II § 25 Rn. 192.
645 Zur damit verbundenen Problematik der sukzessiven Mittäterschaft s. Rn. 523 ff.
646 S. oben Rn. 498 ff.
647 S. oben Rn. 502.
648 Vgl. nur BGH, Urteil vom 26.3.2014 – 5 StR 91/14..

- Tatherrschaft oder wenigstens der Wille zur Tatherrschaft, so dass Durchführung und Ausgang der Tat maßgeblich von dem Willen des Täters abhängen müssen.

Uneinheitlich wird der Aspekt beurteilt, ob für die Bejahung einer Mittäterschaft eine **Beteiligungshandlung im Ausführungsstadium** (vom Versuchsbeginn bis zur Tatvollendung) erforderlich ist oder ob eine solche im Vorbereitungsstadium genügen kann.[649] 519

Nach einer Ansicht, der ein **enges Verständnis der Tatherrschaft** zu Grunde liegt, ist ein Beitrag im Ausführungsstadium erforderlich, dem eine wesentliche Funktion zukommt.[650] Kritisiert wird daran, dass damit der Bandenchef, der einen wichtigen (z.B. organisatorischen) Beitrag im Vorfeld erbringt, nicht als Mittäter einzustufen wäre, sondern nur als Anstifter, was seiner Stellung nicht gerecht würde.[651] 520

Die h.M. in der Literatur vertritt ein **weiteres Verständnis von Tatherrschaft** und lässt auch gewichtige Tatbeiträge im Vorbereitungsstadium genügen, sofern durch dieses „Plus" der Beteiligung im Vorfeld das „Minus" im Ausführungsstadium kompensiert wird.[652] 521

Die **Rechtsprechung** beurteilt die Spannweite möglicher mittäterschaftlicher Handlungen sowohl zeitlich als auch inhaltlich recht weit und setzt insbesondere keine Mitwirkung am Kerngeschehen voraus.[653] Vielmehr könne Mittäterschaft durch jede nicht völlig untergeordnete Beteiligung an Vorbereitungshandlungen begründet werden, sofern der Tatbeitrag sich nicht als bloße Förderung fremden Tuns, sondern als Teil der Tätigkeit aller darstelle.[654] Problematisch an dieser Betrachtungsweise sind allerdings die zwangsläufig entstehenden Schwierigkeiten der Abgrenzung zu typischen Beihilfehandlungen. 522

d) Sonderproblem: Sukzessive Mittäterschaft

Da der gemeinsame Tatplan auch während noch laufender Tatausführung zustandekommen kann,[655] ist grundsätzlich die Möglichkeit einer **sukzessiven Mittäterschaft** eröffnet, die erst nach dem Beginn der Tatausführung durch einen Beteiligten nachträglich zustandekommt. Das ist unproblematisch, solange es nicht um die Zurechnung bereits abgeschlossener Tatmerkmale geht; freilich wird dann § 25 Abs. 2 in seiner Funktion als Zurechnungsnorm ohnehin kaum relevant. 523

649 Dazu auch *Rengier*, AT § 41 Rn. 18 ff.
650 *Krey/Esser*, AT Rn. 969 ff.; *Roxin*, AT II § 25 Rn. 198 ff.
651 *Wessels/Beulke/Satzger*, AT Rn. 529.
652 *Rengier*, AT § 41 Rn. 19.
653 BGH NStZ-RR 2009, 199.
654 BGH NJW 2011, 2375.
655 S. oben Rn. 515.

Beispiel:
A verprügelt den B. C kommt hinzu und signalisiert dem A, dass er sich an der Tat gegen den gemeinsamen Erzfeind B beteiligen will, was A mit einem schnellen Kopfnicken akzeptiert. Daraufhin schlagen A und C gemeinsam auf B ein.

524 A und B begehen hier mittäterschaftlich eine Körperverletzung gem. §§ 223, 224 Abs. 1 Nr. 4, 25 Abs. 2; es handelt sich wegen des erst nach Beginn der ursprünglichen Tatausführung zustandegekommenen gemeinschaftlichen Handelns um einen Fall der sukzessiven Mittäterschaft.[656]

525 Im Grundsatz besteht Einigkeit, dass **vollständig abgeschlossene Taten** demgegenüber nicht im Wege der sukzessiven Mittäterschaft dem später Hinzutretenden zugerechnet werden können.[657] Hätte A im obigen Beispielsfall also zunächst allein mit einem Knüppel auf B eingeschlagen und sich dann erst auf das bloße Zuschlagen mit Fäusten beschränkt, wäre der frühere Einsatz des gefährlichen Werkzeugs (§ 224 Abs. 1 Nr. 2) dem später hinzutretenden C nicht zurechenbar. Auch eine nachträgliche Billigung dieser bereits abgeschlossenen Tatmodalität ändert daran nichts.

526 Umstritten ist allerdings, wann man von einem solchen „abgeschlossenen“ Tatbeitrag in diesem Sinne ausgehen kann. So wird von der (nicht einheitlichen) Rechtsprechung teilweise die Möglichkeit einer Zurechnung bei **mehraktigen Delikten** anerkannt, bei denen zwar ein Teilelement bereits verwirklicht ist, die Tatausführung des Gesamtdelikts aber noch läuft. Das lässt sich am besten anhand des Raubes gem. § 249 veranschaulichen.

Beispiel:
A hat beschlossen, den B zu berauben und ihn zu diesem Zweck bewusstlos geschlagen. Noch bevor er mit der Wegnahme der Wertsachen des B beginnt, kommt C hinzu und schließt sich dem Plan des A in Kenntnis und Billigung der früheren Vorgänge an. Gemeinsam entwenden A und C die Uhr und Geldbörse des B.

527 Obwohl der Teilakt der Anwendung des Nötigungsmittels Gewalt hier bereits abgeschlossen ist, soll nach der Rechtsprechung in einem solchen Fall eine (sukzessive) Mittäterschaft des später hinzutretenden C am gesamten Delikt des Raubes möglich sein, §§ 249 Abs. 1, 25 Abs. 2.[658] Das ist aber abzulehnen: Ein in der Vergangenheit bereits vollständig verwirklichtes Teilelement kann weder Gegenstand eines gemeinsamen „Tatplans“ sein (der naturgemäß in die Zukunft gerichtet sein muss), noch kommt insofern eine „Beherrschung“ der Tat in Betracht.[659] Die „Verklammerung“

656 S. *Rengier*, AT § 44 Rn. 37. Zum Gegenbeispiel der Nebentäterschaft, wenn der Hinzutretende nur auf eigene Rechnung handelt s. *Roxin*, AT II § 25 Rn. 219.

657 *Rengier*, AT § 44 Rn. 38. Davon geht im Grundsatz auch die Rspr. aus, vgl. nur BGH NStZ 2009, 631; nicht überzeugend ist demgegenüber die Zurechnung einer bereits vollständig abgeschlossenen Tötungshandlung in BGH NStZ 2008, 280 m. krit. Besprechung *Walter*, NStZ 2008, 548.

658 Vgl. die Nachweise bei *Roxin*, AT II § 25 Rn. 225.

659 *Roxin*, AT II § 25 Rn. 227.

beider Elemente durch die mehraktige Struktur des zugrundeliegenden Delikts ändert daran nichts.

Nach der Rechtsprechung soll eine sukzessive Mittäterschaft darüber hinaus auch noch bei bereits **vollendeter**, aber **noch nicht beendeter Begehung** des Delikts in Betracht kommen.[660] Danach wäre es möglich, sich im Wege der Mittäterschaft an einem bereits vollendeten Diebstahl zu beteiligen, indem man dem Täter lediglich bei der anschließenden Sicherung der Beute hilft.[661] Auch das ist mit der h. Lit. richtigerweise abzulehnen,[662] denn solche nachgelagerten unterstützenden Beiträge verleihen keine Herrschaft über „die Tat", die mit der Vollendung abgeschlossen ist. Sie sind außerdem von spezielleren Normen wie insbesondere den §§ 257, 258 erfasst. 528

3. Mittelbare Täterschaft (§ 25 Abs. 1 Alt. 2)

a) Grundlagen

Auch bei **§ 25 Abs. 1 Alt. 2** handelt es sich um eine Zurechnungsnorm. Sie ermöglicht die Bestrafung des sogenannten mittelbaren Täters, der den Tatbestand nicht eigenhändig, sondern „*durch einen anderen*" verwirklicht.[663] Die Situation ist dadurch gekennzeichnet, dass sich der mittelbare Täter als „**Hintermann**" zur Ausführung der Tat einer anderen Person bedient, des sogenannten Tatmittlers, der quasi als „**Werkzeug**" vom eigentlichen Täter gesteuert wird. Entscheidendes Kriterium ist dabei erneut (auch nach der Rechtsprechung, die sich hier noch mehr dem Standpunkt der h. Lit. annähert) die **Tatherrschaft** des Hintermannes. Sie kann auf nötigendem Zwang (**Willensherrschaft**) oder dem Erzeugen oder Ausnutzen eines Irrtums beruhen (**Wissensherrschaft**).[664] 529

Kennzeichen der mittelbaren Täterschaft ist, dass beim **Vordermann** ein **Strafbarkeitsdefizit** vorliegt, d.h. dass sich dieser aus unterschiedlichen Gründen (Tatbestandslosigkeit; gerechtfertigtes oder entschuldigtes Handeln) nicht strafbar macht. In aller Regel ist daher allein der Hintermann für das Geschehen strafrechtlich verantwortlich. Allerdings werden einige Ausnahmen von diesem strengen **Verantwortungsprinzip** diskutiert, bei dem sich sowohl Vorder- als auch Hintermann strafbar machen. Man spricht diesbezüglich auch anschaulich vom „**Täter hinter dem Täter**".[665] 530

b) Hinweise für die gutachterliche Prüfung

Empfehlenswert ist im Gutachten der Einstieg in die Prüfung mit dem Tatnächsten, also mit der unmittelbaren Handlung des Vordermannes. Diese Vorgehensweise ge- 531

660 Zu den Phasen der Deliktsverwirklichung s. oben Rn. 690 ff.
661 Nachweise bei *Roxin*, AT II § 25 Rn. 221.
662 Nachweise bei *Wessels/Beulke/Satzger*, AT Rn. 527.
663 Vertiefend *Jäger*, JA 2013, 71; *Koch*, JuS 2008, 399 und 496.
664 Vgl. *Rengier*, AT § 43 Rn. 3. Teilweise wird auch übergreifend von „Willensherrschaft" gesprochen, vgl. *Roxin*, AT II § 25 Rn. 45 ff.
665 S. dazu unten Rn. 542 ff. sowie *Roxin*, AT II § 25 Rn. 105; instruktiv auch *Kühl*, AT § 20 Rn. 72.

währleistet eine strukturierte Darstellung der Grundkonstellation der mittelbaren Täterschaft. Die Prüfung erfolgt bis zu dem Punkt, an dem die Täterschaft des Tatnächsten scheitert (sofern nicht die bereits erwähnte Sonderkonstellation des „Täters hinter dem Täter" vorliegt). Sodann ist bei der Prüfung der Strafbarkeit des Hintermannes insbesondere auf die Zurechnungsnorm des § 25 Abs. 1 Alt. 1 einzugehen, wobei sich folgender Aufbau empfiehlt:

Übersicht: Tatbestandsmäßigkeit des mittelbaren Täters

A. Objektiver Tatbestand
   I. Unmittelbare Erfolgsherbeiführung durch Handlung des Vordermanns
   II. Zurechnung gem. § 25 Abs. 1 Alt. 2 bei Tatherrschaft des Hintermanns
      1. Tatherrschaft aufgrund Strafbarkeitsdefizits des Vordermanns oder
      2. Sonderfall: Täter hinter dem Täter

B. Subjektiver Tatbestand

Vorsatz bzgl. aller Merkmale des objektiven Tatbestandes einschließlich der Tatbegehung in mittelbarer Täterschaft

c) Voraussetzungen

aa) Herbeiführung des Erfolgs durch Handlung des Vordermanns

532 Hier genügt die Feststellung, dass der tatbestandlich umschriebene Erfolg nicht vom Hintermann selbst, sondern von einem anderen, nämlich dem Vordermann verwirklicht wurde. Dabei kann auf die regelmäßig zuvor erfolgte Prüfung der strafbaren Handlung des Vordermann verwiesen werden.

bb) Zurechnung bei Tatherrschaft

533 Die Strafbarkeit des Hintermanns als mittelbarer Täter setzt weiterhin voraus, dass ihm die Erfolgsherbeiführung durch den Vordermann, den sog. Tatmittler, nach § 25 Abs. 1 Alt. 2 **zugerechnet** werden kann. Entscheidend ist dabei, ob ihm die **Tatherrschaft** zukommt. Dabei kann allein eine irgendwie geartete **unterlegene Stellung des Handelnden** die Tatherrschaft des mittelbaren Täters nicht unmittelbar begründen. Es ist unerlässlich, die Tatherrschaft im konkreten Fall zu prüfen; Ausgangspunkt dieser Prüfung ist das **Strafbarkeitsdefizit** des Vordermanns, das sich auf Tatbestands-, Rechtswidrigkeits- oder Schuldebene ergeben kann.

(1) Strafbarkeitsdefizit auf Tatbestandsebene

534 Die erste Fallgruppe bilden die **objektiv tatbestandslos** handelnden Tatmittler. Hierbei geht es insbesondere um Fälle der **Selbstschädigung** des Tatmittlers.

Beispiel (sog. Siriusfall):[666]
Der Täter (T) gewinnt das Vertrauen der unselbständigen und naiven O. Er verleitet sie zu einem Suizidversuch, indem er ihr vormacht, ein Bewohner des Planeten Sirius zu sein. Sie kön-

666 BGHSt 32, 38.

ne in einem perfektionierten Körper erwachen, sofern sie sich umbringe. Zuvor hatte er O dazu gebracht, zu seinen Gunsten eine Lebensversicherung abzuschließen. O besteigt mit einem Fön die Badewanne, überlebt jedoch. Hier wurde vom BGH versuchte Tötung in mittelbarer Täterschaft des T angenommen; der Suizidversuch der O war bereits objektiv straflos, die überlegene Stellung des T ergab sich aus dem von ihm erzeugten **Irrtum (Wissensherrschaft)**.

Die zweite Fallgruppe besteht aus den Tatmittlern, die bezüglich des verwirklichten Tatbestandes **vorsatzlos** handeln. Der Handelnde unterliegt dabei einem den Vorsatz ausschließenden Tatbestandsirrtum gem. § 16 bzw. erfüllt den Tatbestand lediglich unbewusst fahrlässig. 535

Beispiel:
Arzt A veranlasst die Krankenschwester K, seinem Erzfeind O eine vermeintliche Beruhigungsspritze zu verabreichen. In Wahrheit befindet sich in der Injektion ein schnell wirkendes, tödliches Gift. O verstirbt sofort.

K unterliegt einem Tatbestandsirrtum, der vorsätzliches Handeln ausschließt. Allenfalls könnte ihr (je nach den Umständen des Falles) ein Fahrlässigkeitsvorwurf gemacht werden. Unabhängig davon folgt die Tatherrschaft des A in Bezug auf die vorsätzliche Tötung aus seinem überlegenen Wissen. 536

(2) Strafbarkeitsdefizit auf Rechtswidrigkeitsebene

In den hier einzuordnenden Fallgestaltungen kann sich der Vordermann auf einen **Rechtfertigungsgrund** berufen. Der mittelbare Täter wiederum stellt das Vorliegen des Rechtsfertigungsgrundes gezielt in den Dienst seines Vorhabens. Zu denken ist insbesondere an die Notwehr gem. § 32. Der mittelbare Täter könnte etwa bewusst eine Notwehrlage gegenüber dem Tatmittler provozieren, um auf diese Weise dafür zu sorgen, dass einem unliebsamen Gegner eine „Abreibung" verpasst wird. Um eine Tatherrschaft des mittelbaren Täters annehmen zu können, wird teilweise einschränkend nicht nur eine Überlegenheit gegenüber dem Vordermann, sondern auch gegenüber dem Angreifer verlangt.[667] 537

Eine weitere Fallgruppe ist der bewusste Einsatz eines Tatmittlers aus dem Bereich der **Strafverfolgungsbehörden**. Rechtfertigungsgründe stellen hier das polizeiliche Festnahmerecht, § 127 Abs. 2 StPO oder die Vorschriften über die Anordnung der Untersuchungshaft nach §§ 112 ff. StPO dar.[668] Tatherrschaft kann hier aus einer besseren Tatsachenkenntnis des Hintermannes erwachsen, die er (z.B. durch glaubhafte, aber falsche Anschuldigungen) einsetzt, um den Vordermann zu einer durch die erwähnten strafprozessualen Normen gerechtfertigten Freiheitsberaubung des zu Unrecht Verdächtigten zu veranlassen. 538

667 *Kühl*, AT § 20 Rn. 59.
668 *Wessels/Beulke/Satzger*, AT Rn. 537.

(3) Strafbarkeitsdefizit auf Schuldebene

539 Eine auf der Ebene der Schuld zu verortende Fallgruppe bildet die **„Willensherrschaft kraft Nötigung“**.[669]

Beispiel:
A zwingt B eine Bank zu überfallen, anderenfalls werde er ihn erschießen. Hier liegt ein Fall des sogenannten **Nötigungsnotstandes** vor. B ist hinsichtlich der Verwirklichung des § 249 nach h.M. zwar nicht nach § 34 gerechtfertigt, aber nach § 35 entschuldigt.[670]

540 Eine weitere im Rahmen der Schuldprüfung des Vordermanns relevante Fallgruppe bezieht sich auf dessen **Schuldunfähigkeit**. Gem. § 20 schuldlos handelnde Personen, strafunmündige Kinder (§ 19) und nach § 3 JGG nicht zur Verantwortung zu ziehende Jugendliche bleiben straflos. Der gezielte Einsatz solcher schuldlos handelnder Personen als „Werkzeuge“ zur Begehung von Straftaten kann eine mittelbare Täterschaft des Hintermannes begründen.[671]

Beispiel:
M verspricht ihrem siebenjährigen Sohn ein großes Eis, sofern er der ungeliebten Nachbarin eine von M neidisch beäugte Halskette stiehlt. S tut, wie ihm geheißen. Er ist wegen § 19 strafunmündig und kann daher nicht bestraft werden; dagegen macht sich M wegen Diebstahls in mittelbarer Täterschaft strafbar.

541 Eine weitere hier einzuordnende Kategorie betrifft schließlich die Fälle, in denen der Tatmittler einem **unvermeidbaren Verbotsirrtum** erliegt, der nach **§ 17 S. 1** zum Schuldausschluss führt. Wer den Irrtum des schuldlos Handelnden hervorruft und ihn auf diese Weise steuert, kann als mittelbarer Täter bestraft werden.

(4) Sonderkonstellation: „Täter hinter dem Täter“

542 Wie aber ist zu entscheiden, wenn der Vordermann lediglich einem (vom Hintermann gesteuerten) **vermeidbaren Verbotsirrtum** unterliegt, so dass seine strafrechtliche Verantwortlichkeit gem. **§ 17 S. 2** unberührt bleibt? Hier wird von der h.M. ausnahmsweise die Möglichkeit mittelbarer Täterschaft trotz Strafbarkeit des Vordermanns bejaht.[672] Der vermeidbare Verbotsirrtum ist ein wichtiges Beispiel der (allerdings umstrittenen) Konstellation des **„Täters hinter dem Täter“**.[673]

Beispiel (nach BGHSt 35, 43, sog. Katzenkönigfall):
F und M leben mit T in einem von „Mystizismus, Scheinerkenntnis und Irrglauben geprägten neurotischen Beziehungsgeflecht“ zusammen. M und F haben es auf das Leben der O abgesehen. Sie können T mit der Zeit von der Existenz eines bösen Dämons, des „Katzenkönigs“, und der Notwendigkeit eines menschlichen Opfers in Gestalt der O überzeugen, da ansonsten eine Million Menschen, die von besagtem Katzenkönig bedroht würden, zu Tode kämen. Die daraufhin erfolgende Attacke durch T auf O führt letztlich jedoch nicht zu deren Tod.

---

669 *Roxin*, AT II § 25 Rn. 47.
670 S. dazu oben Rn. 325 ff.
671 *Roxin*, AT II § 25 Rn. 140.
672 Überblick über den Streitstand bei *Hillenkamp*, AT-Probleme, S. 162 ff.
673 *Rengier*, AT § 43 Rn. 38 ff.

Der BGH kommt hier bei T zur Annahme eines vermeidbaren Verbotsirrtums und damit zur Strafbarkeit wegen eines versuchten Tötungsdelikts. In der **Literatur** wird teilweise vertreten,[674] dass die Hintermänner in einer solchen Konstellation grundsätzlich nur als **Anstifter** einzustufen seien. Nach dem dabei zu Grunde gelegten **strengen Verantwortungsprinzip** könne dem Hintermann wegen der Strafbarkeit des Ausführenden **keine Tatherrschaft** zukommen. 543

Der BGH lehnt ein solches zwingendes Ausschlussverhältnis von Strafbarkeit des Vordermanns und Tatherrschaft des Hintermannes ab. Letztere wird vielmehr von einer Einzelfallentscheidung anhand der „Tragweite und der Art des Irrtums sowie der Intensität der Einwirkung des Hintermannes" abhängig gemacht.[675] Trotz der hier vorliegenden strafrechtlichen Verantwortlichkeit des Vordermanns T wird auf dieser Grundlage eine Strafbarkeit von F und M als **mittelbare Täter** angenommen. 544

Es ist überzeugend, in dieser Konstellation ausnahmsweise trotz der Strafbarkeit des Vordermanns die Möglichkeit einer mittelbaren Täterschaft des Hintermannes zu bejahen.[676] Denn die normative Entscheidung des Gesetzgebers, im Falle eines vermeidbaren Verbotsirrtums an der Strafbarkeit des Irrenden festzuhalten, ändert nichts daran, dass diese Person faktisch in recht weitem Umfang von anderen Personen gesteuert werden kann, welche dann als eigentliche Zentralgestalten des Geschehens erscheinen. Mit anderen Worten: Das **gemischt empirisch-normative Kriterium** der „Tatherrschaft" setzt nicht zwingend die Straflosigkeit des „Beherrschten" voraus. 545

Eine weitere vom BGH anerkannte Fallgruppe von mittelbarer Täterschaft trotz Strafbarkeit des Vordermannes ist die **Tatherrschaft kraft organisatorischer Machtapparate**, die ursprünglich von *Roxin* entwickelt wurde.[677] Innerhalb der Befehlsstrukturen von Unrechtsregimen oder in hierarchisch organisierten verbrecherischen Organisationen könnten die „Schreibtischtäter" sicher davon ausgehen, dass ihre Anordnungen zur Begehung von Straftaten von den Befehlsempfängern anstandslos befolgt würden. Entscheidend sei dabei auch eine gewisse Austauschbarkeit (**„Fungibilität"**) der ausführenden Personen am Ende der Befehlskette. Obwohl Letztere (sofern kein nötigender Zwang vorliege) strafrechtlich verantwortlich blieben, werde hier nur die Annahme von Täterschaft der beherrschenden Stellung der Hintermänner gerecht.[678] 546

Während diese Annahme bei Unrechtsregimen oder kriminellen Organisationen überzeugt, ist es fraglich, ob man sie mit dem BGH auch auf (im Großen und Ganzen legal operierende) **wirtschaftliche Unternehmen** übertragen kann.[679] Denn hier 547

674 *Jescheck/Weigend*, AT S. 669; *Stratenwerth/Kuhlen*, AT § 12 Rn. 53.
675 BGHSt 32, 38 (42).
676 S. auch *Rengier*, AT § 43 Rn. 42 a.E.; *Wessels/Beulke/Satzger*, AT Rn. 542.
677 *Roxin*, AT II § 25 Rn. 105 ff.;.
678 *Wessels/Beulke/Satzger*, AT Rn. 541; zur Kritik s. nur M/G/Z/*Renzikowski*, § 48 Rn. 68 ff.
679 S. nur BGHSt 48, 331; weitere Nachweise bei *Wessels/Beulke/Satzger*, AT Rn. 541.

fehlt es (zumal in Zeiten zunehmender Bemühung der Unternehmen um „Compliance") an der vom Hintermann sicher planbaren Ausführung krimineller Aufträge. Richtigerweise wird man mit *Roxin* daher eine „Rechtsgelöstheit" der jeweiligen Organisation verlangen müssen.[680]

cc) Subjektiver Tatbestand

548 Auf der Ebene des subjektiven Tatbestands ist nach allgemeinen Regeln **Vorsatz** des Hintermanns bezüglich der Elemente des objektiven Tatbestands zu verlangen, was auch die Begehung der Tat in mittelbarer Täterschaft beinhaltet.[681]

549 Kommt es zu einem **Exzess des Tatmittlers**, also zu einer wesentlichen Abweichung des tatsächlichen Geschehensablaufs vom ursprünglichen Plan, entfällt der Vorsatz des Hintermanns in Bezug auf das vollendete Delikt. Für ihn kommen ggf. lediglich ein strafbarer Versuch[682] sowie eine Fahrlässigkeitsstrafbarkeit in Betracht.

Beispiel:
T fordert den schuldlos Handelnden A auf, Autoreifen zu zerstechen. Dazu kommt es nicht, A ersticht vielmehr Autofahrer O.

550 Eine vollendete Tötung in mittelbarer Täterschaft seitens des T scheitert am fehlenden Vorsatz; in Betracht kommt lediglich eine Strafbarkeit wegen versuchter Sachbeschädigung in mittelbarer Täterschaft sowie eine fahrlässige Tötung, sofern T den Exzess des O vorhersehen konnte.

III. Teilnahme

1. Grundlagen

551 Während das Charakteristikum der Täterschaft die eigene (nicht notwendig eigenhändige) Verwirklichung eines Delikts ist, wird die Teilnahme durch die Beteiligung an einer fremden Tat geprägt.[683] Das kann in Form der **Anstiftung** (**§ 26**) oder der **Beihilfe** (**§ 27**) geschehen. Der Täter beherrscht zwar als Protagonist das Geschehen, steht diesem somit regelmäßig wesentlich näher, als es beim Teilnehmer als bloßer „Nebenfigur" der Fall ist. Jedoch trägt auch letzterer bei Vorliegen der Voraussetzungen der §§ 26, 27 entscheidend zum Tatgeschehen bei, indem er es als Anstifter hervorruft oder als Gehilfe unterstützt.

a) Grundsatz der limitierten Akzessorietät

552 Die Teilnehmerstrafbarkeit setzt gem. §§ 26, 27 eine **vorsätzliche rechtswidrige Tat** eines anderen voraus. Die Bestrafung des Teilnehmers steht und fällt also mit dem Vorliegen einer sog. **Haupttat** und ist in diesem Sinne **akzessorisch.** Das gilt aber nicht für sämtliche Voraussetzungen der Strafbarkeit des Haupttäters: Das Teilnah-

680 *Roxin*, AT II § 25 Rn. 130.
681 Zu den Irrtumsproblemen, die sich hier ergeben können, s. unten Rn. 677 ff.
682 Zur umstrittenen Frage des unmittelbaren Ansetzens bei mittelbarer Täterschaft s. unten Rn. 731 ff.
683 Vertiefend *Satzger*, Jura 2008, 514.

meunrecht hängt nur vom verwirklichten Unrecht seitens des Haupttäters, aber nicht von dessen Schuld ab. Das ist gemeint, wenn man vom Grundsatz der **limitierten Akzessorietät** spricht. Sofern sich der Täter den ihm bekannten Defekt des Tatbestandsausführenden im Rahmen der Schuld zunutze macht, liegt in der Regel mittelbare Täterschaft und keine Anstiftung vor. Praktische Relevanz hat dieser Grundsatz daher bei den Sonderdelikten[684] in Verbindung mit einem schuldlos handelnden Haupttäter.[685] Denn hier ist die mittelbare Täterschaft für den Hintermann bei Fehlen der besonderen persönlichen Merkmale ausgeschlossen.

b) Akzessorietätslockerungen

Neben der auf das Unrecht beschränkten Abhängigkeit der Teilnehmerstrafbarkeit von der Haupttat, erfährt die Akzessorietät eine weitere Modifizierung durch die Anwendung des § 28. Bestimmte tatbestandsmäßige **„besondere persönliche Merkmale“** (vgl. § 14 Abs. 1) sollen dem jeweils anderen nicht zugerechnet werden können. Im Gegensatz zu tatbestandsbezogenen Unrechtsmerkmalen handelt es sich hierbei um rein täterbezogene Attribute.[686] Die folgende Darstellung beschränkt sich auf eine überblicksartige Beschreibung des Grundprinzips.[687] 553

§ 28 Abs. 1 lautet: *„Fehlen besondere persönliche Merkmale (§ 14 Abs. 1), welche die Strafbarkeit des Täters begründen, beim Teilnehmer (Anstifter oder Gehilfe), so ist dessen Strafe nach § 49 Abs. 1 zu mildern“.* 554

Die hier angesprochenen **strafbegründenden besonderen persönlichen Merkmale** finden sich etwa bei den Amtsdelikten wie §§ 331, 332, 339 (Stellung als „Amtsträger“) oder bei den Aussagedelikten gem. § 153 ff. (Stellung als Zeuge).[688] 555

Zu beachten ist weiterhin die Regelung in **§ 28 Abs. 2**: *„Bestimmt das Gesetz, daß besondere persönliche Merkmale die Strafe schärfen, mildern oder ausschließen, so gilt das nur für den Beteiligten (Täter oder Teilnehmer), bei dem sie vorliegen“.* 556

Hierunter fallen insbesondere die **Mordmerkmale der ersten und dritten Gruppe** des § 211, sofern man mit der Literatur den Mordtatbestand als Qualifikation zum Totschlag gem. § 212 erachtet. Des Weiteren ist die „Amtsträgereigenschaft“ bei der Körperverletzung im Amt § 340 zu nennen.[689] 557

Die Vorschriften wirken sich auf unterschiedlichen Ebenen aus. **§ 28 Abs. 1** gilt nur für Teilnehmer und ändert beim Fehlen von besonderen persönlichen Merkmalen nichts an deren Strafbarkeit, sondern führt nur zu einer **obligatorischen Strafmilderung**. Dagegen führt die Anwendbarkeit von **§ 28 Abs. 2** zu einer echten **Tatbestandsverschiebung** bei allen Tätern und Teilnehmern, denen das besondere persön- 558

684 Siehe oben Rn. 505.
685 *Roxin*, AT II § 26 Rn. 33.
686 Instruktiv zu den „besonderen persönlichen Merkmalen“: *Roxin*, AT II § 27 Rn. 23ff.
687 S. vertiefend *Wessels/Beulke/Satzger*, AT Rn. 555 ff.
688 Eine Auflistung findet sich bei *Kühl*, AT § 20 Rn. 161 ff.
689 *Wessels/Beulke/Satzger*, AT Rn. 557.

liche Merkmal fehlt. Das bedeutet, dass sie ausgehend vom Grunddelikt bestraft werden und Strafschärfungen oder –milderungen, die auf dem besonderen persönlichen Merkmal beruhen, außer Betracht bleiben.

2. Anstiftung

a) Grundlagen

559 Die Anstiftung gem. § 26 setzt voraus, dass der Täter einen anderen zur Tat „bestimmt".[690] Sie wird vom Gesetzgeber als im Vergleich zur Beihilfe gem. § 27 strafwürdigere Form der Teilnahme eingestuft, was sich bei den Vorschriften über die Rechtsfolgen zeigt. Während bei der Beihilfe eine obligatorische Strafrahmenmilderung vorgesehen ist, wird der Anstifter **„gleich dem Täter" bestraft**. Der Grund für diese Differenzierung ist, dass der Anstifter das Unrecht in die Welt setzt und daher prinzipiell in gleicher Weise wie ein Täter dafür verantwortlich gemacht werden kann.

b) Hinweise zur gutachterlichen Prüfung

560 Bevor mit der Prüfung der Anstiftung begonnen wird, sollte zumindest gedanklich eine mögliche **Täterschaft des Handelnden** in Betracht gezogen werden. In Grenzfällen empfiehlt es sich, mit der Prüfung der Täterschaft zu beginnen und dann eine Abgrenzung anhand der erwähnten Theorien vorzunehmen.[691]

561 Ist im Gutachten auch die **Strafbarkeit des Haupttäters** zu prüfen, sollte dies aufgrund des bereits erwähnten Akzessorietätsgrundsatzes zuerst vorgenommen werden. Im Rahmen der anschließenden Prüfung der Strafbarkeit des Anstifters kann dann im objektiven Tatbestand bei der Frage der „vorsätzlichen und rechtswidrigen Haupttat" nach oben verwiesen werden, eine Inzidentprüfung wird auf diese Weise vermieden.

562 Folgender Aufbau ist zu empfehlen:

Übersicht Anstiftung

A. Objektiver Tatbestand
   I. Vorsätzliche rechtswidrige Haupttat eines anderen
   II. Anstiftungshandlung: Bestimmen zum Tatentschluss
B. Subjektiver Tatbestand
   „Doppelter Anstiftervorsatz":
   I. Vorsatz bzgl. Vollendung der Haupttat
   II. Vorsatz bzgl. Anstiftungshandlung

690 Vertiefend *Bock*, JA 2007, 599; *Koch/Wirth*, JuS 2010, 203.
691 Siehe oben Rn. 498 ff.

c) Voraussetzungen

aa) Objektiver Tatbestand

(1) Vorsätzliche rechtswidrige Haupttat eines anderen

563 Erforderlich ist zunächst die **vorsätzliche rechtswidrige Tat** eines anderen, die sog. **Haupttat.** Legal definiert ist die rechtswidrige Tat in § 11 Abs. 1 Nr. 5. Auch ein bloßer **Versuch** (§ 22) kommt als eine solche rechtswidrige Tat nach § 11 Abs. 1 Nr. 5 in Betracht. Bestraft wird dann wegen Anstiftung zum Versuch der Haupttat.

564 Nicht zu verwechseln ist diese Tatvariante mit der lediglich **versuchten Anstiftung** nach **§ 30.** Hiervon werden die Fälle erfasst, bei denen die Haupttat nicht das Versuchsstadium erreicht. Es handelt sich hier also um eine Strafbarkeit, die weit in das Vorfeld einer eigentlichen Rechtsgutsgefährdung hineinreicht. Sie kommt gem. § 30 nur in Frage, wenn sich der Anstiftungsversuch auf die Begehung eines **Verbrechens** (**§ 12**) bezieht.[692]

(2) Anstiftungshandlung

565 Die Anstiftungshandlung wird in § 26 als **„Bestimmen" zur Tat** umschrieben. Das setzt voraus, dass man beim anderen den **Tatentschluss hervorruft.** Welches Gewicht und welche Beschaffenheit die Anstiftungshandlung haben muss, ist umstritten.[693]

566 Nach einer Ansicht genügt jede irgendwie geartete **Verursachung** des Tatentschlusses.[694] Das erscheint allerdings zu weit, da auf diese Weise auch das bloße Arrangieren einer tatanreizenden Situation ohne jegliche Form von Kommunikation zwischen den Betroffenen erfasst wäre.[695] Das wird der Gleichstellung des Anstifters mit dem Täter auf der Strafzumessungsebene nicht gerecht..

567 Nach einer anderen Ansicht setzt das „Bestimmen" eine **Willensbeeinflussung im Wege des offenen geistigen Kontaktes** voraus.[696] Auch das erscheint aber (wenn man bspw. an ein bloßes neutral formuliertes Liefern von Informationen denkt) noch zu unspezifisch, um „täterschaftsgleiches" Anstiftungsunrecht zu begründen.

568 Zustimmung verdient daher die Ansicht, die etwas weitergehend **„kollusive Verhaltensweisen mit Aufforderungscharakter"**[697] verlangt; nur hier wird in ausreichender Weise auf den Willen des potenziellen Haupttäters eingewirkt.

569 Zu weit geht es allerdings, wenn *Jakobs* fordert, dass der Haupttäter seinen Entschluss „in **Abhängigkeit vom Willen des Beeinflussenden** fasst und durchhält".[698] Das erscheint im Hinblick auf den Wortlaut des § 26 als zu restriktiv.[699] Gleiches

---

692 S. näher unten Rn. 744 ff.
693 Überblick bei *Hillenkamp,* AT-Probleme, S. 173 ff.
694 *Lackner/Kühl,* StGB § 26 Rn. 2.
695 S. dazu *Hillenkamp,* AT-Probleme, S. 173 ff.
696 *Wessels/Beulke/Satzger,* AT Rn. 568; *Hillenkamp,* AT Probleme, S. 169.
697 LK-StGB/*Schünemann,* § 26 Rn. 2, 51; s. auch *Roxin,* AT II § 26 Rn. 74 ff.
698 *Jakobs,* AT Abschn. 22 Rn. 22.
699 Ablehnend auch *Roxin,* AT II § 26 Rn. 89.

gilt für die ähnlich lautende Forderung von *Puppe*, Haupttäter und Anstifter müssten sich im Wege eines „**Unrechtspaktes**" verständigt bzw. einander verpflichtet haben,[700] zumal dabei die Grenze zur Mittäterschaft verwischt wird.

570 **Beispiele** für typische Bestimmungshandlungen sind etwa das Überreden oder die Zusage einer Belohnung. Aber auch ein unter dem Eindruck einer Drohung beim anderen hervorgerufener Tatentschluss kann nach Wortlaut und Sinn und Zweck des § 26 problemlos als Anstiftung bestraft werden.

571 Besonderer Erwähnung bedürfen als (auch sehr prüfungsrelevante) Sonderprobleme auf der Ebene des objektiven Tatbestands noch die Konstellation des „omnimodo facturus" und das Hochstiften.

572 Von einem **omnimodo facturus** spricht man, wenn der Haupttäter zum Zeitpunkt der Anstiftungshandlung ohnehin schon fest zur Tat entschlossen ist. Für ein „Bestimmen zur Tat" gem. § 26 ist hier kein Raum mehr, allenfalls kann man an die Möglichkeit einer zusätzlichen Bestärkung des Haupttäters in diesem Entschluss denken, was als (psychische) Beihilfe gem. § 27 strafbar sein könnte.[701] Sofern die Haupttat ein Verbrechen ist, kommt daneben eine versuchte Anstiftung gem. § 30 in Betracht.[702]

573 Als „**Hochstiften**" oder – sprachlich noch unschöner – „**Aufstiften**" wird die Konstellation bezeichnet, in der ein zu einer bestimmten Tatbegehung Entschlossener vom potenziellen Anstifter zu einer schwerwiegenderen Deliktsbegehung bestimmt wird.[703]

Beispiel:
T wird von A dazu überredet, bei einem ohnehin von T geplanten Raub nach § 249 bei der Tatbegehung einen Knüppel einzusetzen. Erst hierdurch erfüllt T auch die Voraussetzungen des schweren Raubes gemäß § 250 Abs. 2 Nr. 1.[704]

574 Wie A in einem solchen Fall zu bestrafen ist, wird unterschiedlich gesehen.

575 Nach einer Ansicht kann A lediglich wegen **psychischer Beihilfe** zum schwereren Delikt bestraft werden;[705] man könne ihm als Anstifter nicht das gesamte vom Haupttäter (zum Teil ganz eigenständig und unabhängig vom Einfluss des Anstifters verwirklichte) Unrecht anlasten.

---

700 Zuletzt *Puppe*, GA 2013, 514 (517 ff.).
701 S. unten Rn. 591 ff.
702 S. oben Rn. 564.
703 S. dazu *Wessels/Beulke/Satzger*, AT Rn. 571; *Heinrich*, AT Rn. 1298 ff. Zum Streitstand s. *Hillenkamp*, AT-Probleme, S. 184 ff.
704 BGHSt 19, 339.
705 *Heinrich*, AT Rn. 1302 m.w.N.

Die wohl h.M. gelangt demgegenüber zu einer Bestrafung wegen **Anstiftung zum schweren Raub** nach §§ 249, 250 Abs. 2 Nr. 1, 26.[706] Begründen lässt sich das mit dem gegenüber der Verwirklichung des ursprünglich geplanten Delikts gesteigerten und im Rahmen des Qualifikationstatbestandes auch eigenständig typisierten Unrecht. Hier setzt der Anstifter in der Tat neues Unrecht in die Welt, das von der ursprünglich vom Haupttäter anvisierten Tat auch hinreichend deutlich abgegrenzt werden kann. Der Umstand, dass ein Teil dieses Unrechts, namentlich das Grunddelikt, vom Anstifter nicht hervorgerufen wurde, kann bei der Strafzumessung berücksichtigt werden. 576

Fehlt es an einer ausreichenden selbstständigen gesetzlichen Verankerung des vom Anstifter (mit) hervorgerufenen Unrechts, kommt eine Hochstiftung dagegen richtigerweise nicht in Betracht.[707] Das wäre der Fall, wenn der Haupttäter sich wegen desselben Delikts strafbar macht, das wegen der Einflussnahme des anderen nun in erschwerter Weise begangen wurde. 577

Beispiel:
Der bereits zur Begehung einer Körperverletzung mittels mehrerer Ohrfeigen entschlossene Haupttäter X wird von Y überredet, dem Opfer anstelle der Ohrfeigen mehrere Faustschläge zu versetzen. Es bleibt hier bei der Strafbarkeit des X wegen einfacher Körperverletzung gem. § 223; hierzu hat Y nicht in ausreichender Weise beigetragen, so dass bei ihm keine Anstiftung, sondern allenfalls eine (psychische) Beihilfe in Betracht kommt.

bb) Subjektiver Tatbestand

Gem. § 26 ist strafbar, *„wer vorsätzlich (...) bestimmt hat"*. Der für die Anstiftung erforderliche Vorsatz weist insofern Besonderheiten gegenüber der Prüfung eines Einzeltäters auf, als es sich um **zwei Elemente** handelt, die vom Vorsatz umfasst sein müssen, die **Vollendung der Haupttat** des anderen sowie die eigene **Anstifterhandlung**, also das Bestimmen des Haupttäters zur Tat. Man spricht insofern auch vom sogenannten **doppelten Anstiftervorsatz.** 578

In Bezug auf das zuletzt genannte Element des Bestimmens des anderen zur Tat genügt Vorsatz in Form des dolus eventualis.[708] 579

Welche Konturen der **Vorsatz bezüglich der Vollendung der Haupttat** aufweisen muss, wird in Literatur und Rechtsprechung dagegen uneinheitlich behandelt.[709] Zum Teil werden im Schrifttum recht geringe Anforderungen formuliert: Danach soll ein Umriss der „wesentlichen Dimension des Unrechts" genügen. Darunter fallen die grob einzuschätzende Schadenshöhe und die Angriffsrichtung.[710] 580

---

706 *Roxin*, AT II § 26 Rn. 104; *Krey/Esser*, AT Rn. 1047. Teilweise wird allein die formale Ausgestaltung als Qualifikation als ausreichend angesehen, teilweise wird ergänzend ein materielles Kriterium der „Unrechtssteigerung" oder der „wesentlichen Abweichung" gefordert, vgl. die Nachweise bei *Heinrich*, AT Rn. 1300 f.

707 Vgl. *Rengier*, AT § 45 Rn. 41; s. auch die Falllösung bei *Kaspar*, JuS 2004, 411; a.A. *Roxin*, AT II § 26 Rn. 102, 105 sowie BGHSt 19, 339 (340 f.).

708 BGHSt 2, 279.

709 Zur Sonderproblematik des Vorsatzes des „agent provocateur" s. *Hillenkamp*, AT-Probleme S. 179 ff.

710 *Roxin*, AT II § 26 Rn. 136.

581 Demgegenüber setzt die Rechtsprechung die vom Vorsatz umfasste Vorstellung der **wesentlichen Grundzüge des Tatgeschehens** voraus. Auch hier kann jedoch nicht dieselbe Präzision wie bei der inneren Tatseite eines Einzeltäters verlangt werden, da Ausführender ja immerhin ein anderer ist.[711] Ein **Exzess** des Haupttäters schließt die Strafbarkeit wegen vollendeter Anstiftung aus; hier kommt lediglich § 30 Abs. 1 in Betracht.[712]

3. Beihilfe

a) Grundlagen

582 Nach § 27 macht sich als Gehilfe strafbar, wer zur vorsätzlichen und rechtswidrigen Haupttat eines anderen „*Hilfe leistet*".[713] Es handelt sich um die vom Gesetzgeber als weniger schwerwiegend bewertete Beteiligungsform, die eine obligatorische Strafrahmenmilderung nach sich zieht.

b) Hinweise zur gutachterlichen Prüfung

583 Auch bei der Beihilfe ist zunächst das Vorliegen einer vorsätzlichen und rechtswidrigen Haupttat zu prüfen. Die Strafbarkeit des Haupttäters ist daher, sofern nach ihr gefragt ist, im Gutachten zwingend zuerst zu prüfen, bevor man sich der Frage der Strafbarkeit möglicher Gehilfen zuwendet. Folgendes Prüfungsschema ist zu empfehlen:

Übersicht Beihilfe

A. Objektiver Tatbestand
   I. Vorsätzliche rechtswidrige Haupttat eines anderen
   II. Beihilfehandlung: Fördern der Haupttat
B. Subjektiver Tatbestand
   „Doppelter Gehilfenvorsatz":
   I. Vorsatz bzgl. Vollendung der Haupttat
   II. Vorsatz bzgl. Beihilfehandlung

c) Voraussetzungen

aa) Objektiver Tatbestand

(1) Vorsätzliche rechtswidrige Haupttat eines anderen

584 Hier genügt ein kurzer Hinweis auf die (in der Regel bereits geprüfte) vorsätzliche und rechtswidrige Tatbegehung durch den oder die Haupttäter.

711 BGHSt 34, 63; *Lackner/Kühl*, StGB § 26 Rn. 5.
712 Zum error in persona des Haupttäters s. unten Rn. 670 ff.
713 Vertiefend *Timpe*, JA 2012, 430; *Geppert*, Jura 2007, 589.

(2) Beihilfehandlung

Im Sinne von § 27 **leistet „Hilfe"**, wer die Haupttat physisch oder psychisch unterstützt. Umstritten ist, ob und inwieweit die Gehilfenhandlung **kausal** für den Erfolgseintritt sein muss. 585

Nach der sogenannten **Erfolgsverursachungstheorie**[714] muss die Beihilfehandlung für den Erfolg in dem Sinne kausal sein, dass die Verletzung des Rechtsguts ermöglicht, verstärkt oder abgesichert wird.[715] Dabei reicht eine Beeinflussung des Erfolges in seiner ganz konkreten Erscheinungsform aus, also eine Mitursächlichkeit; die Gehilfenhandlung muss keine unverzichtbare Bedingung für die Deliktsverwirklichung darstellen.[716] 586

Demgegenüber wird vor allem in der Rechtsprechung die **Förderungstheorie**[717] vertreten. Danach muss der Gehilfenbeitrag die Tat lediglich gefördert haben, jedoch für den Erfolgseintritt nicht ursächlich sein.[718] 587

Ein Streitentscheid wird sich in vielen Fällen erübrigen, da ein „fördernder" Beitrag in der Regel auch die oben erwähnten Kausalitätsanforderungen erfüllen wird.[719] Eine Auswirkung des Gehilfenbeitrags auf den konkreten Taterfolg ist allerdings richtigerweise unverzichtbar, denn dann wäre keine klare Abgrenzung von strafbarer Beihilfe (ggf. zur lediglich versuchten Haupttat) und (strafloser!) versuchter Beihilfe möglich.[720] 588

In zeitlicher Hinsicht kann die Hilfeleistung selbst irgendwann zwischen dem Vorbereitungsstadium und der Vollendung liegen. Umstritten ist aber, ob auch in der Phase **zwischen Vollendung und Beendigung**[721] noch sog. **„sukzessive Beihilfe"** möglich ist. Das käme etwa in Betracht, wenn dem Täter eines vollendeten Diebstahls beim Sichern der Beute geholfen wird. Die Rechtsprechung bejaht die Möglichkeit einer Beihilfestrafbarkeit und will zur ebenfalls möglichen Strafbarkeit wegen Begünstigung gem. § 257 anhand der „Willensrichtung" des Betroffenen abgrenzen; überzeugender ist die Gegenansicht, die auf Abgrenzungsprobleme und Wertungswidersprüche im Verhältnis zu den §§ 257, 258 sowie auf das Bestimmtheitsgebot in Art. 103 Abs. 2 GG verweist.[722] Nach Vollendung der Tat ist daher eine sukzessive Beihilfe nicht mehr möglich;[723] das gilt erst recht (und insoweit unstreitig) für die Phase **nach materieller Beendigung** der Tat.[724] 589

---

714 Vgl. *Hillenkamp,* AT Probleme, S. 196.
715 LK-StGB/*Schünemann*, § 27 Rn. 2.
716 *Roxin*, AT II § 26 Rn. 184.
717 Vgl. *Hillenkamp,* AT Probleme, S. 197.
718 RGSt 58, 113 (114f.).
719 Vgl. *Rengier*, AT § 45 Rn. 92 ff.
720 *Roxin*, AT II § 26 Rn. 190.
721 Zu den Phasen der Deliktsverwirklichung s. unten Rn. 690 ff.
722 S. nur *Roxin*, AT II § 26 Rn. 259 ff.; *Murmann*, GK § 27 Rn. 139.
723 Eine zu Recht weitgehend anerkannte Ausnahme sind die Dauerdelikte, bei denen auch nach Eintritt der Vollendung noch Raum für ein nachträgliches Fördern „der Tat" im Sinne einer fortdauernden Rechtsgutsbeeinträchtigung ist, s. dazu *Roxin*, AT II § 26 Rn. 264.
724 *Wessels/Beulke/Satzger*, AT Rn. 583 m.w.N.

590 Unter die **physische Beihilfe** fallen äußerlich erkennbare Handlungsweisen des Gehilfen, die sich fördernd auf das äußere Tatgeschehen auswirken. Mögliche Beispiele sind etwa das Besorgen des Tatwerkzeuges, das Fahren des Fluchtautos oder das Transportieren der Beute. Ein echter gemeinsamer Tatplan wie bei der Mittäterschaft ist hier nicht erforderlich; der Gehilfe kann sich also auch dann gem. § 27 strafbar machen, wenn der Haupttäter von der Gehilfenhandlung keine Kenntnis hat.[725]

591 Deutlich schwieriger zu beurteilen sind die Erscheinungsformen der **psychischen Beihilfe,** welche die innere Tatseite betreffen und daher mit Nachweisproblemen behaftet sind. Da es hier um die Einwirkung auf die Motivationslage des Haupttäters geht, ist hier notwendigerweise vorauszusetzen, dass ihm die Gehilfenhandlung des anderen bekannt geworden ist.[726] Im Bereich der psychischen Beihilfe haben sich folgende Unterkategorien herausgebildet:

592 Als **technische Rathilfe** werden die Fälle bezeichnet, in denen der Gehilfe konkrete Ratschläge erteilt, die dem Haupttäter die Tatbegehung erleichtern.[727]

593 Als weitere Kategorie ist die **Bestärkung des Tatentschlusses** des Haupttäters zu nennen. Darunter fällt etwa die Zusage von Hilfeleistungen bei der Flucht.[728] Bezüglich der zuletzt genannten Fallgruppe lässt sich allerdings fragen, inwiefern bei einem ohnehin schon zur Tat Entschlossenen wirklich Raum für ein relevantes und strafwürdiges „Fördern" der Tat bleibt. Hier drängt sich der Eindruck auf, dass unliebsame Strafbarkeitslücken in den Fällen des omnimodo facturus geschlossen werden sollen, was als solches kein Argument für die Begründung der Beihilfestrafbarkeit sein kann, zumal der Gesetzgeber die letztlich folgenlose und lediglich versuchte Beihilfe bewusst nicht unter Strafe gestellt hat.

594 Ein wichtiger Aspekt im Rahmen der Beihilfe ist noch die Frage, welche (eher alltäglichen) Verhaltensweisen aufgrund ihrer **sozialen Üblichkeit** nicht als strafbare Beihilfehandlungen in Betracht kommen. Man bezeichnet dies auch als Problem der **neutralen Beihilfe.**[729] Da die Bandbreite der Handlungsweisen, die als „Hilfeleisten" im oben erwähnten Sinn qualifiziert werden können, sehr groß ist, bedarf es richtigerweise eines Korrektivs, um eine Ausuferung der Beihilfestrafbarkeit zu verhindern.[730] Oftmals handelt es sich um **berufstypische Verhaltensweisen**, deren Relevanz für eine mögliche Teilnehmerstrafbarkeit fraglich ist.

725 BGHSt 6, 248 (249f.).
726 BGH NStZ 2012, 347.
727 LK-StGB/*Schünemann*, § 27 Rn. 12 und 49 m.w.N aus der Rechtsprechung.
728 BGH NStZ 1993, 535.
729 *Rengier*, AT § 45 Rn. 101 ff.; zum Streitstand s. *Hillenkamp,* AT-Probleme, S. 202 ff.
730 A.A. *Heinrich*, AT Rn. 1331.

Beispiel:
V veräußert in seinem Ladengeschäft einen Schraubenzieher an T, wobei er es aufgrund von merkwürdigen Äußerungen seines Kunden für möglich hält, dass dieser plant, mit dem Werkzeug einen Einbruchsdiebstahl zu begehen.[731]

Nach den zu dieser Frage vertretenen unterschiedlichen **objektiven Ansätzen**[732] sollen bestimmte berufstypische Handlungen allein aufgrund objektiver Kriterien (z.B. ihrer „professionellen Adäquanz")[733] generell von der Strafbarkeit ausgenommen werden. Dagegen wendet die Rechtsprechung zu Recht ein, dass jede Handlung potenziell in einem strafbaren Kontext stehen und mithin nicht per se von einer Strafbarkeit ausgenommen werden könne.[734] 595

Im Rahmen eines von *Roxin*[735] entwickelten differenzierenden **subjektiven Ansatzes** wird daher entscheidend auf die innere Tatseite abgestellt.[736] Habe der potentielle Gehilfe **Kenntnis** davon, dass der Haupttäter ausschließlich kriminelle Zwecke verfolge, liege ein **„deliktischer Sinnbezug"**[737] vor, so dass eine Strafbarkeit zu bejahen sei; bei mehrdeutigen Handlungen, die für den Haupttäter auch in legaler Weise sinnvoll und nützlich sein könnten, fehle dieser deliktische Sinnbezug; hier sei daher auch sicheres Wissen des Gehilfen unschädlich.[738] 596

Stehe lediglich **bedingter Vorsatz** des Gehilfen im Raum, greife die Überlegung, dass man bei „neutralen" Handlungen wie dem oben erwähnten Verkauf des Schraubenziehers darauf vertrauen könne, dass Dritte diese nicht für vorsätzliche Straftaten nutzen (sog. **Vertrauensgrundsatz**).[739] Eine Strafbarkeit sei hier nur angezeigt, wenn es um die Unterstützung eines anhand konkreter Anhaltspunkte erkennbar Tatgeneigten gehe.[740] Obwohl dabei inhaltlich entscheidend auf die Vorsatzform des Gehilfen abgestellt wird, handelt es sich nach *Roxin* bereits um eine Frage des objektiven Tatbestandes, genauer: der objektiven Zurechnung.[741] 597

bb) Subjektiver Tatbestand

Ebenso wie bei der Anstiftung[742] ist der subjektive Tatbestand nur erfüllt, wenn er sich auf zwei Elemente bezieht; man spricht hier vom **doppelten Gehilfenvorsatz**. Bezugspunkte sind die Vollendung der vorsätzlichen rechtswidrigen Haupttat sowie die eigene Gehilfenhandlung. 598

731 Beispiel von *Jakobs*, ZStW 89 (1977), 1 (20).
732 Vgl. Schönke/Schröder/*Heine*, § 27 Rn. 12 m.w.N.
733 *Hassemer*, wistra 1995, 41 ff.; 81 ff.; weitere Nachweise bei *Heinrich*, AT Rn. 1332.
734 BGHSt 46, 107 (113); vgl. *Roxin*, AT II § 26 Rn. 231 ff.
735 *Roxin*, AT II § 26 Rn. 218 ff.
736 So bspw. auch *Rengier*, AT § 45 Rn. 109 ff.
737 *Roxin*, AT II § 26 Rn. 221 ff.
738 *Roxin*, AT II § 26 Rn. 224.
739 *Roxin*, AT II § 26 Rn. 241 ff.
740 *Roxin*, AT II § 26 Rn. 241; *Rengier*, AT § 45 Rn. 112.
741 Sehr deutlich *Roxin*, AT II § 26 Rn. 246.
742 Siehe oben Rn. 578.

599 Auch hier ist umstritten, wie genau die **Vorstellungen** des Gehilfen von der Haupttat sein müssen. Man ist sich einig, dass die Anforderungen an die Konkretisierung geringer sind als bei der Anstiftung.[743] Die Erfassung des „wesentlichen Unrechtsgehaltes" und der Angriffsrichtung der vom Gehilfen geförderten Haupttat soll dabei genügen.[744] Im Falle der psychischen Beihilfe muss dem Täter bewusst sein, dass er durch sein Tun den Haupttäter bestärkt.[745]

600 Die Frage des **Exzesses** sowie die Behandlung des **error in persona** beim Haupttäter werden im Grundsatz wie bei der Anstiftung behandelt.[746]

Wiederholungsfragen zu § 6 (Täterschaft und Teilnahme)

1. Wie erfolgt die Abgrenzung von Täterschaft und Teilnahme? (Rn. 498 ff.)
2. Bedarf es bei der Mittäterschaft einer Mitwirkung im Ausführungsstadium? (Rn. 519 ff.)
3. Was ist mit dem Verantwortungsgrundsatz bei der mittelbaren Täterschaft gemeint und welche Ausnahme hiervon kennen Sie? (Rn. 530 und Rn. 542 ff.)
4. Was ist mit dem Grundsatz der limitierten Akzessorietät gemeint? (Rn. 552)
5. Wie ist die Strafbarkeit des Anstifters im Falle der sogenannten „Hochstiftung" zu beurteilen? (Rn. 573 ff.)
6. Welches Problem stellt sich in den Fällen der „neutralen Beihilfe" und wie wird es von der h.M. gelöst? (Rn. 594 ff.)

743 BGHSt 42, 135 (137 ff.).
744 BGH NStZ 2012, 264.
745 BGH NStZ 1995, 490 (491).
746 Siehe oben Rn. 581.

§ 7 Irrtumslehre

I. Grundlagen

Ein Irrtum lässt sich als **Auseinanderfallen von Vorstellung und Wirklichkeit** definieren. Man kann dabei zwei Erscheinungsformen unterscheiden: die **Unkenntnis** als negative Variante, wenn man etwas nicht weiß, und die **irrige Annahme** als positive Variante, wenn man sich von bestimmten Umständen falsche Vorstellungen macht. 601

Weiterhin kann man danach differenzieren, ob der Täter sich zum Zeitpunkt der Tatbegehung über eine **Tatsache** oder eine **rechtliche Wertung** irrt.[747] Auch den im folgenden erwähnten im StGB enthaltenen **Irrtumsvorschriften** kann man eine gewisse Relevanz der Trennung zwischen Tatsachen- und Rechtsirrtümern entnehmen. 602

§ 16 Abs. 1 S. 1 regelt die Unkenntnis eines Umstands, der zum gesetzlichen Tatbestand gehört. Liegt ein solcher Irrtum vor, entfällt der Vorsatz. Wie § 16 Abs. 1 S. 2 klarstellt, bleibt die Möglichkeit einer Fahrlässigkeitsstrafbarkeit davon unberührt. Dieser Irrtum kann sich auf Tatsachen beziehen, zugleich aber auch (im Bereich der normativen Tatbestandsmerkmale) auf einer fehlerhaften rechtlichen Wertung beruhen.[748] 603

Ein reiner Rechtsirrtum ist der in **§ 17** geregelte **Verbotsirrtum**, der sich auf das Verbotensein eines Tuns bezieht. Im Vergleich zum eben erwähnten Tatbestandsirrtum ist der Verbotsirrtum für den Handelnden nachteilig, da er nur dann zur Straflosigkeit wegen fehlender Schuld führt, wenn der Irrtum **unvermeidbar** war, § 17 S. 1. Konnte der Irrtum vermieden werden, besteht lediglich die Möglichkeit einer Strafmilderung (§ 17 S. 2). 604

§ 35 Abs. 2 regelt schließlich den Irrtum über das Vorliegen entschuldigender Umstände. Der Täter ist auch hier nur entschuldigt, wenn der Irrtum **unvermeidbar** war (§ 35 Abs. 1 S. 1). Bei einem vermeidbaren Irrtum ist eine obligatorische Strafmilderung vorgesehen (§ 35 Abs. 2 S. 2). 605

II. Irrtümer über Elemente des Tatbestands

1. Tatbestandsirrtum gem. § 16 Abs. 1

Ein Tatbestandsirrtum liegt vor, wenn der Täter bei Begehung der Tat einen Umstand nicht kennt, der zum gesetzlichen Tatbestand gehört, **§ 16 Abs. 1 S. 1**.[749] Dieser Irrtum wirkt zu Gunsten des Täters, weil bei seinem Vorliegen der **Vorsatz entfällt**, und zwar ausnahmslos und ohne weitere Prüfung, ob der Irrtum „vermeidbar" war. Auch ein völlig abstruser und für einen objektiven Dritten kaum nachvollziehbarer Irrtum führt also zum Vorsatzausschluss. Im Anschluss muss jedoch geprüft 606

747 Vgl. *Heinrich*, AT Rn. 1065 ff.

748 S. unten Rn. 608 ff..

749 *Sternberg-Lieben/Sternberg-Lieben*, JuS 2012, 289. Zum hier nicht näher behandelten, in § 16 Abs. 2 geregelten Sonderfall des Irrtums über privilegierende Tatumstände s. nur LK-StGB/*Vogel*, § 16 Rn. 97 ff.

werden, ob nicht eine Strafbarkeit aus einem Fahrlässigkeitstatbestand in Betracht kommt, **§ 16 Abs. 1 S. 2.**

Beispiel:
T schießt in der Dämmerung auf den in weiter Entfernung unbeweglich auf einem Feld stehenden O, den er für eine Vogelscheuche hält. O stirbt.

607 Zwar erfüllt T den objektiven Tatbestand des Totschlags. Es fehlt jedoch am Vorsatz hinsichtlich des Tatbestandsmerkmals „einen Menschen töten“, so dass T einem Tatbestandsirrtum gem. § 16 Abs. 1 S. 1 erlegen ist. Eine Strafbarkeit aus dem Vorsatzdelikt des § 212 ist damit ausgeschlossen. Allerdings ist im Anschluss eine Strafbarkeit wegen fahrlässiger Tötung des O gem. § 222 prüfen.

608 Die Abgrenzung eines vorsatzausschließenden Tatbestandsirrtums von einer bloßen fehlerhaften rechtlichen Wertung des Täters über das „Verbotensein“ der Handlung, die den Vorsatz unberührt lässt und als sog. **Subsumtionsirrtum** allenfalls im Rahmen der Schuld relevant wird,[750] kann im Einzelfall Schwierigkeiten bereiten. Dabei ist es hilfreich, sich in Erinnerung zu rufen, dass man zwischen deskriptiven und normativen Tatbestandsmerkmalen unterscheiden kann.[751]

609 **Deskriptiv** sind solche Tatbestandsmerkmale, die als reale Phänomene (wie z.B. „Mensch“) unmittelbar wahrgenommen werden können und regelmäßig[752] keiner zusätzlichen rechtlichen Wertung bedürfen. Fehlt (wie im eben erwähnten Beispielsfall) diese Wahrnehmung, liegt unproblematisch ein Tatbestandsirrtum vor; einer Abgrenzung zum Subsumtionsirrtum bedarf es dann nicht.

610 Anders ist dies bei den sog. **normativen Tatbestandsmerkmalen.** Diese sind nur im Zusammenhang mit rechtlichen oder sozialen Normen verständlich sind (wie z.B. „fremd“ oder „Urkunde“). Hier genügt die bloße Kenntnis der tatsächlichen Umstände, aus denen sich die soziale bzw. rechtliche Wertung ergibt, gerade nicht. Zwar wäre es überzogen, eine exakte Subsumtion zu verlangen, die Nicht-Juristen im Zweifel nicht gelingen wird. Nach h.L. und Rechtsprechung ist aber zumindest eine **Parallelwertung in der Laiensphäre** nötig.[753] Der Handelnde muss danach die Tatsachen kennen, die dem normativen Begriff zugrunde liegen, und er muss zusätzlich auf der Grundlage dieses Wissens den sozialen Sinngehalt des Begriffes richtig begreifen.[754]

Beispiel:
T und F gehört zusammen eine Textausgabe des BGB. Aus Wut über eine nicht bestandene Klausur verbrennt T diese Ausgabe ohne Zustimmung von F. Dabei geht er davon aus, dies sei nicht strafbar, da die Gesetzestexte auch ihm gehören, also für ihn nicht „fremd“ i.S.d. § 303 Abs. 1 seien; er glaubt, sich F gegenüber lediglich schadensersatzpflichtig zu machen.

---

750 S. dazu unten Rn. 644.
751 *Roxin*, AT I § 10 Rn. 57 ff.; LK-StGB/*Vogel*, § 16 Rn. 21 ff.
752 Auch im Bereich deskriptiver Tatbestandsmerkmale sind erforderliche rechtliche Wertungen und damit Subsumtionsirrtümer nicht ausgeschlossen, vgl. *Rengier*, AT § 8 Rn. 13.
753 Vgl. statt vieler *Wessels/Beulke/Satzger*, AT Rn. 243 m.w.N.
754 *Roxin*, AT I § 12 Rn. 101; *Rengier*, AT § 14 Rn. 4.

T kannte hier alle **Tatsachen**, die die Gesetzestexte für ihn **fremd** i.S.d. § 303 Abs. 1 gemacht haben: Er wusste, dass diese ihm **gemeinsam** mit F gehörten und dass nur der Alleineigentümer völlig frei über die Sachen verfügen kann, ohne sich zumindest schadensersatzpflichtig zu machen. Er hat den **Sinngehalt** des Begriffs „fremd" richtig erfasst hat und handelte daher nicht in einem vorsatzausschließenden Tatbestandsirrtum gem. § 16 Abs. 1 S. 1. Er befand sich lediglich in einem **Subsumtionsirrtum**, der gem. **§ 17** zu behandeln ist. 611

Umgekehrt sind Fälle denkbar, bei denen die Parallelwertung in der Laiensphäre misslingt und falsche rechtliche Wertungen zum **Vorsatzausschluss** gem. § 16 Abs. 1 führen. Dabei kann es sich um rechtliche **Fehlbewertungen** im **außerstrafrechtlichen Bereich** handeln; man spricht diesbezüglich auch von sog. **Vorfeldirrtümern**, die typischerweise zivilrechtliche Frage betreffen.[755] 612

Wer etwa zu Unrecht glaubt, Eigentum erworben zu haben, hat keinen Vorsatz hinsichtlich des Tatbestandsmerkmals „fremd", wenn der Irrtum auf einer Verkennung der zivilrechtlichen Rechtslage beruht. Dasselbe gilt für den Fall, dass jemand auf Grund einer solchen Verkennung meint, einen fälligen und einredefreien Anspruch auf Übereignung einer Sache zu haben (so dass die beabsichtigte Zueignung der Sache seiner Vorstellung nach nicht rechtswidrig i.S.d. §§ 242, 249 ist).[756] In beiden Fällen kannte der Täter zwar bei Tatbegehung die den Tatbestandsmerkmalen „fremd" bzw. „rechtswidrig" zugrunde liegenden Tatsachen, allerdings erfasste er den sozialen Sinngehalt dieser normativen Merkmale nicht korrekt, so dass sein Vorsatz gem. § 16 Abs. 1 entfällt. 613

Irrige rechtliche Wertungen können also durchaus zu einem vorsatzausschließenden Tatbestandsirrtum führen, wenn sie dem Handelnden den sozialen Sinn seines Tuns verschleiern. Als Wissenselement verlangt der Vorsatz keine Kenntnis des juristischen Verbots, aber des mit dem Handeln verbundenen sozialen Sinns.[757] 614

2. Sonderfälle

a) Irrtum über den Kausalverlauf

Wie bereits oben erörtert, ist der Kausalverlauf ein ungeschriebenes objektives Tatbestandsmerkmal, so dass sich der Vorsatz auch darauf erstrecken muss.[758] Bewegt sich ein Kausalverlauf völlig außerhalb der Grenzen des nach allgemeiner Lebenserfahrung Vorhersehbaren, läge zwar in der Regel auch ein Tatbestandsirrtum gem. § 16 Abs. 1 S. 1 vor. Allerdings werden derartige Konstellationen oft bereits auf der Ebene der objektiven Zurechnung im Rahmen der Fallgruppe des **„atypi-** 615

755 *Rengier*, AT § 15 Rn. 9.
756 *Rengier*, AT § 15 Rn. 9.
757 *Roxin*, AT I § 12 Rn. 104.
758 S. oben Rn. 217 ff.. Vertiefend zu den Irrtumsproblemen im Hinblick auf den Kausalverlauf *Dehne-Niemann/Weber*, Jura 2009, 373; *Kubiciel*, JA 2005, 694.

schen Kausalverlaufs" relevant,[759] so dass die Irrtumslehre für objektiv völlig unvorhersehbare Kausalverläufe nicht zuständig ist.[760]

616 Bei im Ergebnis vorhersehbaren und damit **unwesentlichen Abweichungen** sollte nach Bejahung der objektiven Zurechnung im Rahmen des subjektiven Tatbestands kurz auf den möglichen Irrtumsaspekt hingewiesen werden.

Beispiel:
T will O durch einen Herzschuss töten, die Kugel trifft jedoch mit tödlicher Wirkung den Kopf.[761]

617 Es handelt sich hierbei um keinen atypischen, völlig unvorhersehbaren Kausalverlauf, so dass nicht nur die objektive Zurechnung, sondern auch der Vorsatz des T bezüglich des konkreten Kausalverlaufs zu bejahen ist.

618 Es gibt jedoch auch Konstellationen, in denen trotz Abweichungen im Kausalverlauf die objektive Zurechnung bejaht werden muss, der Vorsatz hingegen zu bezweifeln oder zu verneinen ist. Diese Konstellationen werden von *Roxin* unter dem Stichwort **„subjektive Zurechnung"** diskutiert.[762] Er führt aus: „Ein Auseinandergehen von objektiver Zurechnung und Zurechnung zum Vorsatz wird bei Kausalabweichungen am ehesten dort vorkommen, wo die Beeinträchtigung des Handlungsobjekts in einer ganz anderen Weise eintritt, als es den Intentionen des Täters entsprach".[763]

Beispiel:
T will O am Rande eines ungesicherten Balkons im ersten Stock ein paar Ohrfeigen versetzen um ihn zu bestrafen. O fällt jedoch vor dem ersten Schlag im Zuge des Angriffs vom Balkon und zieht sich schwere Verletzungen zu.

619 Die Verletzungen von O auf Grund des Sturzes vom Balkon sind dem T **objektiv zurechenbar.** Denn T hat durch den Angriff auf den Körper des O eine rechtlich missbilligte Gefahr geschaffen, die sich im Erfolg, den Verletzungen durch den Sturz vom Balkon, realisiert haben. Es stellt auch keinen atypischen Kausalverlauf dar, dass bei einem derartigen Angriff das Opfer nicht durch die Hand des Täters, sondern durch den Sturz verletzt wird. Im Rahmen des subjektiven Tatbestands muss jedoch festgestellt werden, dass die Sturzverletzungen von den geplanten Verletzungen (Ohrfeigen) nicht nur unwesentlich abweichen. Die Art und Schwere der Verletzungen legen vielmehr eine andere Bewertung der Tat nahe, so dass hier ein **vorsatzausschließender Irrtum über den Kausalverlauf** bejaht werden kann.[764] T ist daher nur wegen versuchter Körperverletzung gem. §§ 223, 22, 23 Abs. 1 in Tateinheit mit fahrlässiger Körperverletzung gem. § 229 strafbar.

---

759 S. oben Rn. 165 f.
760 *Roxin*, AT I § 12 Rn. 152.
761 Beispiel nach *Rengier*, AT § 15 Rn. 14.
762 *Roxin*, AT I § 12 Rn. 154.
763 *Roxin*, AT I § 12 Rn. 157.
764 *Rengier*, AT § 15 Rn. 16; *Roxin*, AT I § 12 Rn. 159 spricht von der fehlenden objektiven Zurechnung zum Vorsatz.

b) Irrtum über das Tatobjekt (error in persona vel obiecto)

Beim **error in persona vel obiecto** handelt es sich um einen Irrtum über die Identität oder Eigenart der vom Täter als Tatobjekt anvisierten und individualisierten Person oder Sache. 620

Beispiel (Rose-Rosahl-Fall):[765]
Arbeiter Rose wurde von seinem Arbeitgeber, dem Holzhändler Rosahl, dazu angestiftet, den Zimmermann Schliebe zu erschießen. Rose legte sich am Tattag in der Dunkelheit auf die Lauer. In der Dunkelheit hielt er den 17-jährigen Gymnasiasten H irrtümlich für den Schliebe und erschoss ihn.[766]

Die Behandlung dieser Irrtumskonstellation ist, was die Person des die Tat ausführenden Rose angeht,[767] unstreitig: Der Irrtum über die Identität einer Person („Verwechslungsirrtum")[768] berührt angesichts der **Gleichwertigkeit der Objekte** den Vorsatz nicht. Denn der Täter will die Person, die er konkret anvisiert hat, töten und tut dies auch. T wird daher im Beispiel wegen vollendeter Tötung bestraft. Der Irrtum über die Identität des Opfers bleibt als bloßer Motivirrtum unbeachtlich.[769] 621

In der gutachterlichen Prüfung muss die Unbeachtlichkeit des error in persona vel obiecto, obwohl unstreitig, kurz begründet werden. Die Bejahung einer (zusätzlichen) versuchten Tat hinsichtlich des vorgestellten Zielobjekts wäre verfehlt, weil der Vorsatz nach seiner Bejahung bezüglich des anvisierten und getroffenen Objekts „verbraucht" ist und nicht doppelt in Ansatz gebracht werden darf.[770] 622

Konstellationen, in denen das konkret anvisierte und das vorgestellte Tatobjekt **nicht gleichwertig** sind (z.B. der tödliche Schuss auf einen Menschen in der Annahme, es handele sich um eine Vogelscheuche)[771] sind nach allgemeinen Regeln, insbesondere durch Anwendung von § 16 Abs. 1, zu behandeln. 623

c) Fehlgehen der Tat (aberratio ictus)

aa) Grundkonstellation

Mit dem Begriff der aberratio ictus (lat. = „Abirrung des Schlages") wird ein **Fehlgehen der Tat** umschrieben. Damit sind Fälle gemeint, in denen der Täter ein konkretes Tatobjekt anvisiert und individualisiert, infolge einer Kausalabweichung der Erfolg jedoch versehentlich bei einem anderen Tatobjekt eintritt. Ob dies einen vorsatzausschließenden Irrtum des Täters begründet, ist umstritten.[772] 624

Beispiel:
A will B erschießen, trifft aber, da die Kugel von starken Windstößen abgelenkt wird, stattdessen den in einiger Entfernung daneben stehenden X tödlich.

765 Preußisches Obertribunal, GA 7 (1859), 332 ff.
766 Vgl. auch den sog. Hoferbenfall in BGHSt 37, 214.
767 Zur umstritteneren Frage der Auswirkung auf die Strafbarkeit des Anstifters s. unten Rn. 670 ff.
768 *Rengier*, AT § 15 Rn. 22.
769 *Roxin*, AT I § 12 Rn. 194; *Wessels/Beulke/Satzger*, AT Rn. 249.
770 *Rengier*, AT § 15 Rn. 23.
771 S. oben Rn. 606.
772 Nachweise bei *Hillenkamp*, AT-Probleme, S. 67 ff.

625 Nach der h.M.[773] hat sich der Vorsatz des Täters in einem solchen Fall auf das anvisierte Angriffsobjekt konkretisiert und individualisiert (sog. **Konkretisierungstheorie**),[774] so dass er nur bezüglich dieses Tatobjekts vorsätzlich gehandelt hat. Danach wäre A strafbar wegen versuchter Tötung des B (§§ 212 Abs. 1, 22, 23 Abs. 1) in Tateinheit mit fahrlässiger Tötung des X gem. § 222).

626 Die Gegenposition erkennt keinen strukturellen Unterschied zum error in persona und hält diese Konkretisierung für unerheblich. Bei tatbestandlicher Gleichwertigkeit von anvisiertem und getroffenem Objekt sei der Vorsatz zu bejahen (sog. **Gleichwertigkeitstheorie**). T wäre demnach strafbar wegen vollendeter vorsätzlicher Tötung des X gem. § 212 Abs. 1.[775]

627 Die Gleichwertigkeitstheorie geht davon aus, dass der Vorsatz den tatbestandsmäßigen Erfolg nur nach seinen gattungsbestimmenden Merkmalen umfassen muss:[776] T wollte einen Menschen verletzen und hat dies auch erreicht. Von einer Konkretisierung als Tatumstand sei in § 212 nicht die Rede, daher könne man sich darüber auch nicht irren. Als Vorteil dieser Ansicht wird von deren Vertretern angeführt, dass Strafbarkeitslücken vermieden würden, wenn der Versuch nicht strafbar ist und ein Fahrlässigkeitstatbestand fehlt. Relevant könnte dies bspw. bei Beleidigungen im Zusammenhang mit Telefongesprächen werden.[777]

628 Allerdings sind diese Konstellationen selten; vor dem Hintergrund des ultima-Ratio-Grundsatzes sind Strafbarkeitslücken darüber hinaus hinzunehmen, insbesondere dann, wenn das Ausmaß des konkret betroffenen Unrechts wie hier eher gering ist. Überzeugender ist die Konkretisierungstheorie, da der Handelnde sein Ziel – im konkreten Fall: die Tötung des B auf die geplante Art und Weise – nicht erreicht hat. Der Tod des X lag außerhalb seines Vorsatzes, der die Konkretisierung auf ein bestimmtes Tatobjekt enthielt. Der Vorsatz bezieht sich „auf eine konkrete Wirklichkeit und nicht bloß abstrakt auf ein gesetzliches Tatbestandsmerkmal".[778] Die **aberratio ictus** ist damit genau genommen keine eigenständige Rechtsfigur, sondern **nur ein besonderer Fall einer Kausalabweichung.**[779]

629 Das sog. **Notwehrargument**[780] unterstützt diese Auffassung. Schießt im Beispielsfall A auf B in berechtigter Notwehr gem. § 32, trifft der Schuss aber versehentlich X tödlich, so müsste die Gleichwertigkeitstheorie konsequenterweise A wegen vollendeter Tötung gem. § 212 Abs. 1 zum Nachteil des X bestrafen, da § 32 Eingriffe in Rechtsgüter Unbeteiligter nicht erfasst. Die Konkretisierungstheorie kommt hier zu

773 BGHSt 34, 53 (54 f.); BGH NStZ 2009, 210 ff.; Schönke/Schröder/*Sternberg-Lieben/Schuster*, § 15 Rn. 57 m.w.N.
774 *Rengier*, AT § 15 Rn. 31.
775 Nachweise bei *Roxin*, AT I § 12 Rn. 160; *Rengier*, AT § 15 Rn. 31.
776 *Roxin*, AT I § 12 Rn. 160.
777 *Rengier*, AT § 15 Rn. 33.
778 *Rengier*, AT § 15 Rn. 34.
779 *Roxin*, AT I § 12 Rn. 166.
780 *Rengier*, AT § 15 Rn. 35.

der sachgerechten Lösung, dass bei A bezüglich X kein Tötungsvorsatz vorliegt; die versuchte Tötung des B ist gem. § 32 gerechtfertigt.

Eine **differenzierende Ansicht** unterscheidet danach, ob es für das jeweilige deliktstypische Unrecht auf die Individualität des Tatobjekts ankommt; dies sei nur bei höchstpersönlichen Rechtsgütern wie Leben und körperlicher Unversehrtheit der Fall, so dass die Abirrung auch nur dann erheblich und der Vorsatz zu verneinen sei (sog. **materielle Gleichwertigkeitstheorie**).[781] Im Beispiel bliebe es also auch nach dieser Ansicht beim Vorsatzausschluss zugunsten des A. 630

bb) Abgrenzung zu anderen Konstellationen

Bevor man sich über den möglicherweise fehlenden Vorsatz wegen des Vorliegens einer aberratio ictus Gedanken macht, sollte man vorab klären, ob eine der **drei Konstellationen** vorliegt, bei denen diese Frage gar **nicht relevant** wird:[782] 631

- Der Vorsatz des A bezieht sich im Sinne eines **dolus cumulativus** oder **dolus alternativus**[783] auch auf die Tötung des X.[784] T ist unproblematisch strafbar wegen vollendeter vorsätzlicher Tötung des X gem. § 212 Abs. 1.
- A trifft **kein gleichwertiges Tatobjekt**, sondern anstatt des anvisierten B eine Sache. A ist strafbar wegen versuchter Tötung des B (§§ 212 Abs. 1, 22, 23 Abs. 1 S. 1); eine strafbare Sachbeschädigung scheidet aus, da ein diesbezüglicher Vorsatz bei A offensichtlich nicht vorlag.
- Das Fehlgehen der Tat stellt einen **atypischen Kausalverlauf** dar, der nicht mehr im Rahmen des Vorhersehbaren liegt: A schießt auf B, die Kugel verfehlt diesen, prallt von mehreren Hauswänden ab und trifft schließlich den weit entfernt stehenden X tödlich. A ist strafbar wegen versuchter Tötung des B (§§ 212 Abs. 1, 22, 23 Abs. 1); eine vollendete Tötung des X scheitert an der Unvorhersehbarkeit des Kausalverlaufs, die zum Ausschluss der objektiven Zurechnung führt. Wenn unvorhersehbare Kausalabweichungen die Zurechnung zum objektiven Tatbestand selbst dann ausschließen, wenn ein anvisiertes Tatobjekt getroffen wird, muss dies erst recht gelten, wenn die Abweichung zur Verletzung eines anderen Objekts führt.[785]

d) Grenzbereich zwischen aberratio ictus und error in persona[786]

aa) Gemeinsames Auftreten von error in persona und aberratio ictus

Die Konstellation der aberratio ictus kann zusammen mit einem error in persona in der Form gemeinsam auftreten, dass die Tat zwar an sich äußerlich fehlgeht, letzt- 632

781 Ausführlich *Roxin*, AT I § 12 Rn. 167.
782 S. *Roxin*, AT I § 12 Rn. 162 ff.; *Rengier*, AT § 15 Rn. 29 ff.
783 S. dazu oben Rn. 223 ff.
784 Vgl. hierzu BGH NStZ 2009, 210 ff.
785 *Roxin*, AT I § 12 Rn. 163.
786 Zum Folgenden *Rengier*, AT § 15 Rn. 39 ff.

lich aber doch das „richtige", d.h. dem ursprünglichen Plan des Täters entsprechende Opfer getroffen wird.[787]

Beispiel:
A will X töten. Als B erscheint, hält A den B für X und gibt einen Schuss auf ihn ab. Der Schuss geht jedoch fehl und trifft den zufällig um die Ecke biegenden X tödlich.

633 Konsequenterweise muss auch dieser Fall entsprechend den Regeln der aberratio ictus gelöst werden, so dass (folgt man der Konkretisierungstheorie) eine vollendete vorsätzliche Tötung des X gem. § 212 ausscheidet. Denn zum Tatzeitpunkt hatte sich der Tötungsvorsatz des A bereits auf B konkretisiert; der hierin liegende error in persona ist unbeachtlich und ändert nichts am diesbezüglichen Tötungsvorsatz des A. In Bezug auf B liegt demnach eine versuchte Tötung vor (§§ 212, 22); hinsichtlich des X kommt nur eine fahrlässige Tötung gem. § 222 in Betracht.[788] Es wäre auf der Grundlage der Konkretisierungstheorie nicht zulässig, wegen der zufälligen Identität von ursprünglich gedanklich anvisiertem und tatsächlich getroffenen Tatobjekt eine Art „Saldierung" vorzunehmen und A ausnahmsweise doch wegen einer vollendeten vorsätzlichen Tötung zu bestrafen. Es bleibt dabei, dass allein der konkretisierte und individualisierte Geschehensablauf Maßstab der Vorsatzprüfung ist.

bb) Mittelbare Konkretisierung in den Distanzfällen

634 Die bisher dargestellten Konstellationen der aberratio ictus sind dadurch gekennzeichnet, dass der Täter sein Opfer optisch vor Augen hatte und dadurch eine unmittelbare Individualisierung vornehmen konnte. Ganz anders stellt sich das Geschehen dar, wenn zwischen Täter und Opfer eine räumliche **Distanz** besteht und das Opfer daher nicht direkt anvisiert werden kann. Als Beispiel für eine solche bloß **mittelbare Konkretisierung** der Tat werden oft sogenannte Gift- oder Sprengfallen herangezogen. Es ist umstritten, wie es sich auf die Strafbarkeit des Täters auswirkt, wenn eine andere Person geschädigt wird als diejenige, die er mit seiner Tat eigentlich treffen wollte.

Beispiele:
(1) T möchte O mittels einer Autobombe töten, die beim Anfahren ausgelöst werden soll. Wider Erwarten benutzt X das Auto des O und wird durch die Explosion getötet.[789]
(2) T ruft bei O auf dessen Mobiltelefon an, um diesen zu beleidigen. Weil jedoch wider Erwarten (von T unbemerkt) der X ans Telefon geht, muss dieser sich die Beleidigungen des T anhören.[790]

635 Folgt man der **Gleichwertigkeitstheorie** muss in allen Beispielen ein unbeachtlicher error in persona angenommen werden. Die Lösung innerhalb der vorzugswürdigen **Konkretisierungstheorie** ist dagegen umstritten.[791]

---

787 *Wessels/Beulke/Satzger*, AT Rn. 257.
788 *Rengier*, AT § 15 Rn. 39 ff.
789 Beispiel nach *Rengier*, AT § 15 Rn. 43.
790 Zu den Telefonierfällen näher *Roxin*, AT I § 12 Rn. 198 ff.
791 Zum Folgenden *Rengier*, AT § 15 Rn. 45 ff.

636 Nach der sog. **Aberratio-ictus-Lösung** ersetzt allein die Vorstellung des Täters von der Identität des Opfers dessen visuelle Erfassung mit der Folge einer entsprechenden Vorsatzkonkretisierung allein auf das vom Täter tatsächlich „gemeinte" Opfer.[792] Im Beispiel (1) wäre T danach lediglich wegen versuchter Tötung des O zu bestrafen, hinsichtlich des X wäre § 222 erfüllt. Im Beispiel (2) bliebe T mangels Strafbarkeit der versuchten Beleidigung straflos. Hiergegen lässt sich einwenden, dass allein die geistige Vorstellung des Täters hinsichtlich des von ihm „gemeinten" Opfers keine ausreichende Individualisierung enthält[793] und dass einem bloßen Motiv des Täters ein zu großer Stellenwert eingeräumt wird.

637 Nach der **Error in persona-Lösung** ist die optische oder sonstige sinnliche Wahrnehmung entscheidend; eine relevante Vorsatzkonkretisierung scheidet aus, wenn es an einer solchen Wahrnehmung fehlt. Die Distanzfälle sind nach dieser Ansicht als error in persona zu behandeln, so dass der Täter hinsichtlich des letztendlich betroffenen Angriffsobjekts wegen vollendeter Tat bestraft wird[794] (in den Beispielen also gem. § 212 bzw. § 185). Allerdings erscheint es als zu weitgehend, pauschal auf das Kriterium der unmittelbaren sinnlichen Wahrnehmung abzustellen[795] und diese als zwingende Voraussetzung einer ausreichenden Vorsatzkonkretisierung anzusehen.

638 Vorzugswürdig ist daher die von der h.M. vertretene differenzierende **Individualisierungslösung.**[796] Nach dieser Ansicht muss ein Täter, der sich nicht ausreichend um eine zutreffende Individualisierung bemüht, das damit verbundene Risiko tragen, dass auch andere Personen getroffen werden. Kommt es dazu, liegt eine unerhebliche Abweichung vom Kausalverlauf vor, die den Vorsatz nicht ausschließt.

639 Im Beispiel (1) ist somit nach allen Ansichten eine vollendete Tötung des X gem. § 212 zu bejahen. Auch der BGH hatte in einem ähnlichen Fall einen unbeachtlichen error in persona angenommen. Er führt dazu aus: „Im vorliegenden Fall haben die Täter das Opfer zwar nicht selbst optisch wahrgenommen, aber durch das zur Sprengfalle umfunktionierte Fahrzeug mittelbar individualisiert. In einem solchen Fall gilt im Ergebnis nichts anderes als bei optischer Wahrnehmung des Opfers selbst".[797] Das heißt, der Vorsatz des Täters hat sich gemäß dem BGH durch das Anbringen der Autobombe auf die Person konkretisiert, die zuerst das Auto benutzt.[798]

640 Im Beispiel (2) spricht die Anwahl des Mobiltelefons des O für eine ausreichende Individualisierung, nachdem ein solches immer einer bestimmten Person zugeordnet ist. Allerdings ist auch hier nach allgemeiner Lebenserfahrung damit zu rechnen, dass eine andere Person abnimmt, so dass eine Strafbarkeit wegen Beleidigung gem.

792 *Heinrich,* AT Rn. 1112.
793 *Rengier*, AT § 15 Rn. 45.
794 *Prittwitz*, GA 1983, 119, 127 ff.
795 Vgl. *Rengier*, AT § 15 Rn. 46.
796 Nachweise bei *Rengier*, AT § 15 Rn. 47.
797 BGH NStZ 1998, 294 f.
798 *Rengier*, AT § 15 Rn. 48 m.w.N.

§ 185 gegenüber X in Betracht kommt. Anders ist nur zu entscheiden, wenn sich aus Art und Inhalt der Äußerung für den irrtümlich Angesprochenen erschließt, dass er gar nicht gemeint ist; denn dann fehlt es schon an einer objektiven Beeinträchtigung von dessen Rechtsgut des „höchstpersönlichen Achtungsanspruchs".[799]

III. Verbotsirrtum

641 Der in § 17 geregelte Verbotsirrtum ist als potenzieller **Schuldausschließungsgrund** normiert. Zum Schuldausschluss (und damit zur Straflosigkeit) führt allerdings nur der **unvermeidbare Verbotsirrtum** (§ 17 S. 1); war der Irrtum vermeidbar,[800] kommt gem. § 17 S. 2 nur eine fakultative Strafmilderung in Betracht.

642 Voraussetzung eines Verbotsirrtums ist in beiden Fällen das **Fehlen von Unrechtsbewusstsein.** Damit hat der Gesetzgeber klargestellt, dass das Unrechtsbewusstsein kein Teil des Vorsatzes ist, sondern ein davon zu trennendes selbstständiges Schuldmerkmal.[801] Nach h.M. ist nicht das Bewusstsein der Strafbarkeit erforderlich; es genügt das Bewusstsein, „etwas Unrechtes" zu tun.[802] Allein die Kenntnis der Sozialschädlichkeit oder Sittenwidrigkeit genügt aber noch nicht.[803] Der BGH formuliert das so: „Der Täter weiß, dass das, was er tut, rechtlich nicht erlaubt, sondern verboten ist".[804] Entscheidend ist demnach die Kenntnis eines **rechtlichen Verbots.** Dieses kann sich neben dem Strafrecht auch aus den **Normen des Zivil- und Verwaltungsrechts** ergeben. Das Unrechtsbewusstsein muss sich dabei auf die spezifische Rechtsgutverletzung des in Betracht kommenden Tatbestandes beziehen.[805]

1. Erscheinungsformen des Verbotsirrtums

643 Man unterscheidet zwei Formen des Verbotsirrtums, den direkten und den indirekten Verbotsirrtum.

a) Direkter Verbotsirrtum

644 Ein direkter Verbotsirrtum ist dadurch gekennzeichnet, dass der Handelnde die Verbotsnorm nicht kennt, sie für ungültig hält oder sie falsch auslegt und sein in Wahrheit verbotenes Handeln in der Folge als rechtlich zulässig ansieht.[806] Im zuletzt genannten Fall läge zugleich ein sog. **Subsumtionsirrtum** vor.[807]

---

799 *Roxin*, AT I § 12 Rn. 198 f.
800 S. näher unten Rn. 646.
801 S. hierzu näher *Wessels/Beulke/Satzger*, AT Rn. 461 f.
802 Nur eine Mindermeinung verlangt die Kenntnis der Sanktionierbarkeit, vgl. u.a. MüKo-StGB/*Joecks*, § 17 Rn. 14 ff.
803 Ausführlich hierzu *Roxin*, AT I § 21 Rn. 12 ff.
804 BGHSt 2, 194 (196).
805 *Rengier*, AT § 31 Rn. 5.
806 *Wessels/Beulke/Satzger*, AT Rn. 456.
807 Zur Abgrenzung zum Tatbestandsirrtum s. oben Rn. 608 ff.

Beispiel:
Der krebskranke Patient P legt das BtMG dahingehend falsch aus, dass er es für zulässig hält, zur Schmerzlinderung ab und zu einen Joint zu rauchen.

b) Indirekter Verbotsirrtum (Erlaubnisirrtum)

Der indirekte Verbotsirrtum[808] ist dadurch gekennzeichnet, dass der Handelnde entweder die rechtlichen Grenzen eines Rechtfertigungsgrundes verkennt oder vom Bestehen eines von der Rechtsordnung nicht anerkannten Rechtfertigungsgrundes ausgeht. 645

Beispiel:
Professor P glaubt an das Bestehen eines professoralen Züchtigungsrechts und gibt einem unaufmerksamen Studierenden eine „erzieherisch" motivierte Ohrfeige.

2. Vermeidbarkeit des Verbotsirrtums

Der Schuldausschluss tritt nur ein, wenn der Verbotsirrtum **unvermeidbar** war, 646
§ 17 S. 1. Bei Vermeidbarkeit kommt es lediglich zu einer fakultativen Strafmilderung, § 17 S. 2 i.V.m. § 49 Abs. 1. Der BGH formuliert strenge Anforderungen an die Unvermeidbarkeit des Verbotsirrtums.[809] Dies soll nur dann vorliegen, „wenn der Täter trotz der ihm nach den Umständen des Falles, seiner Persönlichkeit sowie seines Lebens- und Berufskreises zuzumutenden **Anspannung des Gewissens** die Einsicht in das Unrechtmäßige seines Handelns nicht zu gewinnen vermochte. Das setzt voraus, dass er alle geistigen Erkenntniskräfte eingesetzt und etwa aufkommende Zweifel durch Nachdenken oder erforderlichenfalls durch Einholung von Rat beseitigt hat".[810]

Unvermeidbare Verbotsirrtümer können vorliegen, wenn der Täter auf Grund einer 647
vertrauenswürdigen und **fachkundigen Auskunft** von Seiten einer zuständigen Behörde oder eines Rechtsanwalts gehandelt hat. Auf rechtskräftige Gerichtsentscheidungen – im Zweifel das der höheren Instanz – darf man sich ebenso verlassen.[811] Wird dem Täter vorgeworfen, dass er seine Erkundigungspflicht vernachlässigt habe, so muss die Feststellung erfolgen, dass bei der Einholung von fachkundigem Rat auch der richtige Rat erteilt worden wäre.[812]

Unter dem Stichwort **bedingtes Unrechtsbewusstsein** werden Fälle diskutiert, in de- 648
nen der Täter Unrechtszweifel hat, insbesondere weil die Rechtslage ungeklärt ist. Es wäre unbillig, das Auslegungsrisiko in einem solchen Fall stets dem Betroffenen aufzuerlegen und ihn zu zwingen, bis zur Klärung der Rechtslage in jedem Fall auf die Vornahme der Handlung zu verzichten. Gelöst wird diese Konstellation, indem die Frage der Vermeidbarkeit mit Zumutbarkeitsaspekten verknüpft wird. Wenn dem Betroffenen, z.B. aus wirtschaftlichen Gründen, das Unterlassen der fraglichen

808 *Wessels/Beulke/Satzger*, AT Rn. 482.
809 *Heinrich*, AT Rn. 1117.
810 BGH NStZ 2000, 309 unter Hinweis auf BGHSt 21, 18 (20).
811 *Rengier*, AT § 31 Rn. 22 f.
812 *Rengier*, AT § 31 Rn. 26 m.w.N.

Handlung nicht zugemutet werden kann, ist danach von einem unvermeidbaren Irrtum auszugehen.[813]

IV. Erlaubnistatbestandsirrtum

1. Grundlagen

649 Der sog. **Erlaubnistatbestandsirrtum**[814] ist im Gesetz nicht ausdrücklich geregelt. Der Täter stellt sich hier **Umstände** vor, die bei tatsächlichem Vorliegen seine Tat rechtfertigen würden. Es geht also um die **irrige Annahme einer rechtfertigenden Sachlage.**[815]

Beispiel:
T glaubt, dass sie von Jogger J, der sich ihr nähert, angegriffen wird und sprüht ihm Pfefferspray in die Augen. J wollte T allerdings nur per Handschlag begrüßen.

650 Der Erlaubnistatbestandsirrtum steht gewissermaßen **zwischen** dem nach § 16 zu behandelnden **Tatbestandsirrtum** und dem in § 17 geregelten **Verbotsirrtum**: Mit ersterem hat er gemeinsam, dass tatsächliche Umstände Gegenstand des Irrtums sind; allerdings bezieht sich dieser Irrtum nicht auf die systematische Ebene des Tatbestands, sondern der Rechtswidrigkeit, was eine Nähe zum fehlenden Unrechtsbewusstsein im Rahmen des Verbotsirrtums begründet. Es ist vor diesem Hintergrund nicht überraschend, dass sich die zum Erlaubnistatbestandsirrtum vertretenen Theorien[816] im Kern um die Frage der **Anwendbarkeit von § 16 oder § 17** drehen.

2. Hinweise zur gutachterlichen Prüfung

651 Da die sogleich näher erörterten Theorien Konsequenzen auf den verschiedenen Deliktsebenen haben, kann die Prüfung eines Erlaubnistatbestandsirrtums nicht in eindeutiger Weise einer dieser Ebenen zugeordnet werden. Bei der Wahl des Prüfungsstandorts bietet es sich an, den Erlaubnistatbestandsirrtum zwischen der Rechtswidrigkeit und Schuld unter einer neutralen Überschrift zu prüfen.[817] Daraus ergibt sich folgendes Aufbauschema:

813 *Rengier*, AT § 31 Rn. 24 f.
814 S. *Rengier*, AT § 30; *Roxin*, AT I § 14 Rn. 52 ff.; s. aus jüngerer Zeit vertiefend *Berster/Yenimazman*, JuS 2014, 329.
815 S. auch BGH NStZ 2012, 272 (Hells Angels).
816 S. dazu sogleich unten Rn. 655 ff.
817 Ebenso *Rengier*, AT § 30 Rn. 9.

Übersicht Erlaubnistatbestandsirrtum
A. Strafbarkeit wegen eines Vorsatzdelikts
I. Tatbestand
II. Rechtswidrigkeit
III. Erlaubnistatbestandsirrtum
1. Vorliegen eines Erlaubnistatbestandsirrtums
Voraussetzung: Täter stellt sich Umstände vor, bei deren Vorliegen seine Tatgerechtfertigt wäre (hypothetische Rechtfertigungsprüfung)
2. Rechtsfolgen des Erlaubnistatbestandsirrtums
a) Strenge Schuldtheorie
b) Lehre von den negativen Tatbestandsmerkmalen
c) Eingeschränkte Schuldtheorien
Bei Entfallen des Vorsatzes bzw. der Vorsatzschuld ggf.
B. Strafbarkeit wegen fahrlässiger Begehung (§ 16 Abs. 1 S. 2)

Zunächst ist festzustellen, ob überhaupt ein Erlaubnistatbestandsirrtum vorliegt. Im Rahmen einer „**hypothetischen Rechtswidrigkeitsprüfung**“ muss ermittelt werden, ob sich der Täter auf einen Rechtfertigungsgrund berufen könnte, wenn die von ihm irrtümlich angenommenen Umstände tatsächlich gegeben wären. Ist dies nicht der Fall, liegt kein Erlaubnistatbestandsirrtum, sondern höchstens ein in § 17 geregelter sog. Erlaubnisirrtum bzw. indirekter Verbotsirrtum vor, sofern der Täter denkt, sein Handeln sei nicht rechtswidrig. 652

Liegt ein Erlaubnistatbestandsirrtum vor, sollte man vor der Darstellung des Meinungsstreits kurz erläutern, dass die Behandlung dieses Irrtums problematisch ist, da die **allgemeinen Irrtumsregeln der §§ 16, 17** auf diese Art eines Irrtums **nicht unmittelbar zugeschnitten** sind. Da der Täter darüber irrt, dass die Voraussetzungen eines Rechtfertigungsgrundes vorlagen, irrt er nicht über einen Umstand, der zum gesetzlichen Tatbestand gehört. Der Wortlaut von § 16 Abs. 1 S. 1 ist dann, sofern man dem herrschenden dreistufigen Deliktsaufbau folgt,[818] nicht einschlägig. Auch § 17 S. 1 passt nicht ganz, da dieser an sich auf den Fall zugeschnitten ist, in dem der Täter alle Umstände kennt, die zur Rechtswidrigkeit seines Verhaltens führen, sich dann aber über die rechtliche Bewertung dieser Umstände als „Unrecht“ irrt. 653

Dass die meisten der nachfolgend erörterten Theorien[819] eher in die Richtung einer Anwendung des (für den Betroffenen günstigeren) § 16 tendieren, mag u.a. daran liegen, dass ein vom Angeklagten vorgebrachter Irrtum über Tatsachen vor Gericht leichter überprüft und ggf. widerlegt werden kann. Die Gefahr bloßer Schutzbehauptungen des Handelnden ist hier geringer; damit reduziert sich auch der Bedarf 654

818 S. dazu oben Rn. 74 ff.
819 Überblick bei *Hillenkamp*, AT-Probleme, S. 74 ff.

nach einem „Korrektiv“, wie es in Form der Vermeidbarkeitsprüfung in § 17 enthalten ist.

3. Rechtsfolgen des Erlaubnistatbestandsirrtums

a) Strenge Schuldtheorie

655 Gemäß der sog. **strengen Schuldtheorie** ist der Erlaubnistatbestandsirrtum durch eine **direkte Anwendung** von **§ 17** auf der Ebene der Schuld zu lösen.[820] § 16 ist danach nur bei reinen Tatbestandsirrtümern anwendbar; für alle anderen Irrtümer gelte die Regel des § 17. Es wird hier nicht danach unterschieden, ob der Täter seine Handlung generell nicht für verboten gehalten hat oder ob er infolge eines tatsachenbezogenen Irrtums über das Bestehen einer Rechtfertigungslage erst indirekt zu dieser Ansicht gelangt ist. Konsequenz dieser Ansicht ist, dass nur bei Unvermeidbarkeit des Irrtums gem. § 17 S. 1 die Schuld ausgeschlossen ist, was – wie oben erwähnt – an strenge Voraussetzungen geknüpft ist.[821]

b) Lehre von den negativen Tatbestandsmerkmalen

656 Nach der von einer Mindermeinung vertretenen **Lehre von den negativen Tatbestandsmerkmalen,**[822] die in den Rechtfertigungsvoraussetzungen „negative Tatbestandsmerkmale“ sieht, gehört zum Vorsatz auch das Bewusstsein vom Fehlen dieser negativen Merkmale. Wenn der Täter – wie hier – davon ausgeht, dass sie gerade nicht fehlen, unterläuft ihm somit ein Tatbestandsirrtum; **§ 16 Abs. 1 S. 1** ist danach **direkt anwendbar.**

c) Die eingeschränkten Schuldtheorien

657 Nach den sog. **eingeschränkten Schuldtheorien** ist der Erlaubnistatbestandsirrtum dem Tatbestandsirrtum zumindest in den Rechtsfolgen gleichzusetzen, da der Irrtum sich auch auf tatsächliche Umstände beziehe, die das Verhalten als rechtmäßig erscheinen lassen. „Eingeschränkt“ heißen diese Schuldtheorien, da sie zwar im Unrechtsbewusstsein ein vom Vorsatz zu trennendes selbstständiges Schuldmerkmal sehen, aber anders als die strenge Schuldtheorie bei einem Erlaubnistatbestandsirrtum nicht § 17, sondern **§ 16 Abs. 1 S. 1** (analog oder zumindest hinsichtlich der Rechtsfolge) anwenden.

658 Für diese Lösung wird vorgebracht, dass sich der Täter in der Konstellation des Erlaubnistatbestandsirrtums im Rahmen seiner Zielsetzung **„an sich rechtstreu“**[823] verhalte. Was er sich vorstellt, ist nicht nur seinem subjektiven Urteil nach kein Unrecht, sondern wäre auch nach dem objektiven Urteil des Gesetzgebers rechtlich einwandfrei. Der Täter wird nach den Vertretern dieser Ansicht von den richtigen Wertvorstellungen motiviert und übersieht nur fahrlässig, dass gar keine Rechtferti-

820 Nachweise bei *Rengier*, AT § 30 Rn. 11.
821 S. oben Rn. 646 ff.
822 Vgl. nur *Schünemann/Greco*, GA 2006, 777 ff. S. dazu bereits oben Rn. 79 ff.
823 BGHSt 3, 105 (107).

gungslage vorliegt; anders formuliert: Er sei eher „Schussel statt Schurke".[824] Wer sich dagegen in einem Verbotsirrtum befinde, habe eine falsche Auffassung von Recht und Unrecht.[825]

Innerhalb der eingeschränkten Schuldtheorie lassen sich **zwei Varianten** unterscheiden. 659

aa) Unrechtsverneinende eingeschränkte Schuldtheorie

Nach der sog. **unrechtsverneinenden eingeschränkten Schuldtheorie** ist **§ 16 Abs. 1 S. 1 analog** anzuwenden. Dies wird damit begründet, dass die Situation vergleichbar sei mit der Situation eines Tatbestandsirrtums: Zwischen Tatbestandsmerkmalen und Rechtfertigungsgründen bestehe unter dem Blickwinkel der **Unrechtsvoraussetzungen** kein qualitativer Unterschied; der Handelnde gehe in beiden Fällen davon aus, dass er **rechtstreu** handle.[826] 660

bb) Rechtsfolgenverweisende eingeschränkte Schuldtheorie

Nach der sog. **rechtsfolgenverweisenden eingeschränkten Schuldtheorie**[827] ist der Erlaubnistatbestandsirrtum **nur bezüglich der Rechtsfolge** mit dem Tatbestandsirrtum gleichzustellen. Die irrige Annahme einer rechtfertigenden Sachlage schließe zwar nicht den Tatbestandsvorsatz als Verhaltensform, aber die **Vorsatzschuld** aus; hier kommt die Lehre von der Doppelfunktion des Vorsatzes als Verhaltens- und Schuldform zum Tragen. 661

Für die zuletzt genannte Ansicht spricht zwar, dass sie nichts an der vorsätzlichen und rechtswidrigen Haupttat ändert und damit die **Bestrafung von Teilnehmern** gem. §§ 26, 27 ermöglicht. Auch der BGH folgt dieser Variante der eingeschränkten Schuldtheorie.[828] Einzuwenden ist gegen diese Ansicht allerdings, dass sie mit Blick auf das gewünschte Ergebnis konstruiert wirkt,[829] ohne dass eine klare methodische Grundlage erkennbar wäre. 662

4. Abgrenzung zum sog. „Doppelirrtum"

Von einem „Doppelirrtum" ist die Rede, wenn sich der Täter nicht nur über das Vorliegen der tatsächlichen Voraussetzungen eines Rechtfertigungsgrundes irrt, sondern auch die rechtlichen Grenzen dieses Rechtfertigungsgrundes überdehnt. 663

Beispiel:
Im obigen Jogger-Beispiel[830] glaubt T, sie dürfe den vermeintlichen Angreifer J ohne vorherige Warnung erschießen.

---

824 *Wessels/Beulke/Satzger*, AT Rn. 471.
825 *Wessels/Beulke/*Satzger, AT Rn. 471.
826 Vgl. hierzu *Roxin*, AT I § 14 Rn. 70; s. auch *Frister*, AT Kp. 14 Rn. 30.
827 Dazu *Heinrich*, AT Rn. 1134.
828 Vgl. BGH NStZ 2012, 272 ff.; weitere Nachweise bei *Wessels/Beulke/Satzger*, AT Rn. 479.
829 Ähnlich *Frister*, AT Kp. 14 Rn. 34.
830 Vgl. Rn. 649.

664 Die „hypothetische Rechtfertigungsprüfung" führt hier zu dem Ergebnis, dass T auch dann nicht gerechtfertigt wäre, wenn die von ihr angenommenen Tatsachen (Angriff des J) tatsächlich vorlägen. Damit liegen die oben formulierten Voraussetzungen eines Erlaubnistatbestandsirrtums im Ergebnis nicht vor; die Fehlvorstellung stellt sich vielmehr insgesamt als **bloßer Erlaubnisirrtum** gem. § 17 dar. Die Bezeichnung als „Doppelirrtum", die ein Zusammentreffen von Erlaubnistatbestands- und Erlaubnisirrtum suggeriert, ist aus diesem Grund missverständlich.

V. Irrtum über Entschuldigungsgründe

665 Der einzige im StGB geregelte Fall eines Irrtums über Entschuldigungsgründe findet sich in **§ 35 Abs. 2**. Dieser sog. **Entschuldigungsirrtum**[831] betrifft die Fälle, in denen der Täter die Tatsachengrundlagen eines entschuldigenden Notstandes nach § 35 Abs. 1 verkennt. Gegenstand des Irrtums kann bspw. die Gefahr an sich sein, ihre Gegenwärtigkeit oder die fehlende Abwendbarkeitsmöglichkeit.

666 Hinsichtlich der daraus resultierenden Rechtsfolgen wird dahingehend unterschieden, ob die Fehleinschätzung **vermeidbar oder unvermeidbar** war. Die Unvermeidbarkeit setzt eine gewissenhafte Prüfung der Frage voraus, ob eine andere Lösung als die Begehung der Notstandstat existierte.[832] Wird Unvermeidbarkeit bejaht, handelt der Täter entschuldigt und geht straffrei aus. Demgegenüber sieht das Gesetz bei einem vermeidbaren Irrtum lediglich eine obligatorische Strafmilderung vor.

Beispiel:
Ein sog. „Haustyrann" hat über Jahre hinweg seine Ehefrau misshandelt. Sie erschießt ihn im Schlaf, um sich aus der zwar nicht objektiv, aber doch aus ihrer subjektiven Sicht völlig ausweglosen Situation zu retten.[833] Ein Entschuldigungsirrtum gem. § 35 Abs. 2 ist hier zu bejahen; selbst bei Annahme von dessen Vermeidbarkeit wäre die Strafe gem. § 49 Abs. 1 Nr. 1 zu mildern.

667 Auf die Annahme der tatsächlichen Voraussetzungen von **anderen rechtlich anerkannten Entschuldigungsgründen** (einschließlich des übergesetzlichen entschuldigenden Notstands) ist § 35 Abs. 2 analog anzuwenden.[834]

668 **Kein Fall des § 35 Abs. 2** sind die (gesetzlich nicht geregelten) Konstellationen, in denen der Irrtum des Handelnden nicht die Tatsachenebene, sondern die **rechtlichen Voraussetzungen des Entschuldigungsgrundes** betrifft. Geht der Täter bspw. davon aus, dass auch eine nicht gegenwärtige Gefahr einen Notstand gem. § 35 Abs. 1 begründet und er deswegen entschuldigt sei, handelt er nicht im Entschuldigungsirrtum. Die Rechtsfolgen des § 35 Abs. 2 kommen ihm hier also nicht zugute.

831 S. dazu näher *Bachmann*, JA 2009, 510.
832 BGHSt 18, 311.
833 BGHSt 48, 255.
834 S. nur *Zieschang*, AT Rn. 383.

VI. Irrtumskonstellationen bei Tatbeteiligung mehrerer

1. Grundlagen

Besondere Irrtumsprobleme im Zusammenhang mit der Tatbeteiligung mehrerer stellen sich vor allem in den Konstellationen, bei denen die unmittelbare Tatausführung durch einen „Vordermann“ auf Anweisungen eines „Hintermannes“ beruht. Das betrifft sowohl die **mittelbare Täterschaft** als auch die **Anstiftung.** Dabei ist der Irrtum des anweisenden Hintermannes vom Irrtum durch den tatnäheren Vordermann zu unterscheiden. Besondere Prüfungsrelevanz hat die zuletzt genannte Konstellation, wobei dabei das Hauptaugenmerk auf der umstrittenen Frage des **error in persona beim Vordermann** liegt.[835] Demgegenüber gilt bei der **Mittäterschaft** aufgrund des Prinzips der wechselseitigen Zurechnung, dass der (unbeachtliche) error in persona des unmittelbar Handelnden auch den Vorsatz der anderen Mittäter unberührt lässt.[836] 669

2. Error in persona beim Vordermann

a) Anstiftung

Die Behandlung der Konstellation des error in persona beim Angestifteten ist sehr umstritten.[837] 670

Beispiel (Hoferbenfall):[838]
B plante, seinen Sohn S, den Hoferben, wegen verschiedener Streitigkeiten umzubringen, sah sich jedoch außerstande, dies selbst eigenhändig vorzunehmen. Daher gewann er T für die Tat. Trotz ausführlicher Beschreibung des Aussehens und der Gewohnheiten des S tötete T irrtümlich den Nachbarn X, der S vom äußeren Erscheinungsbild sehr ähnelte und zufälligerweise statt des S den Stall zu der entsprechenden Zeit betrat.

Der **BGH** verurteilte B trotz der Personenverwechslung durch T wegen **vollendeter Anstiftung zum Mord.** Er gelangt also im Ergebnis zur Unbeachtlichkeit des error in persona des T auch für den Anstifter B. 671

In der **Literatur** wird dieses Ergebnis teilweise kritisiert. Nach Ansicht von *Roxin* stellt sich der error in persona des Angestifteten als **aberratio ictus** des Anstifters dar. Danach wäre B lediglich wegen versuchter Anstiftung zum Mord gem. §§ 212, 211, 30, und bei entsprechender Vorhersehbarkeit des Geschehensablaufs zugleich wegen fahrlässiger Tötung gem. § 222 bestrafen.[839] 672

Eine differenzierende Meinung stellt darauf ab, inwieweit die Individualisierung des Opfers seitens des Anstifters dem Haupttäter überlassen wurde und (damit zusammenhängend), ob sich der Irrtum des Vordermanns als **wesentliche Abweichung vom Kausalverlauf** darstellt.[840] 673

---

835 Zur Erlaubnistatbestandsirrtumskonstellation vgl. NK-StGB/*Schild*, § 25 Rn. 101 f.
836 *Wessels/Beulke/Satzger*, AT Rn. 533; zur Sonderkonstellation des sog. Verfolgerfalls BGHSt 11, 268.
837 Zum Streitstand s. *Hillenkamp*, AT-Probleme, S. 189 ff.
838 BGHSt 37, 214.
839 *Roxin*, AT II § 26 Rn. 119.
840 *Wessels/Beulke/Satzger*, AT Rn. 579.

674 Gegen die Lösung der Rechtsprechung wird das **„Blutbadargument"** angeführt. Nehme man an, dass der Angestiftete mehreren Personenverwechslungen unterliege und solange weiter töte, bis er das richtige Opfer getroffen habe, müsse der Anstifter konsequenterweise wegen Anstiftung zu sämtlichen Tötungen bestraft werden, was nicht sachgerecht sei.[841]

675 Für die Meinung von *Roxin* könnte sprechen, dass sich der Vorsatz des Anstifters auf eine planmäßige Tatausführung durch den Angestifteten bezieht, so dass sich dessen Irrtum für den Anstifter als eine Art „Fehlgehen" der Tat darstellen könnte. Dennoch ist es überzeugender, im Sinne der vermittelnden Ansicht zu differenzieren. Denn zumindest dann, wenn der Anstifter die Konkretisierung des Angriffsobjektes in weitem Umfang dem Haupttäter überlässt, ist ein solches „Fehlgehen" der Tat gerade keine wesentliche Abweichung vom üblichen und vorhersehbaren Kausalverlauf.

676 Zu einer unangemessenen Bestrafung des Anstifters in Bezug auf denkbare mehrfache Tötungshandlungen des Vordermannes im Sinne des „Blutbadarguments" führt das nicht zwangsläufig. Da der Plan des Anstifters nur eine Tötungshandlung des Vordermannes umfasste, ist sein Vorsatz nach Ausführung der ersten Tötungshandlung richtigerweise „verbraucht".[842] Der Entschluss des Vordermannes, seinen Irrtum zu korrigieren und weitere Tötungshandlungen zu vollziehen, stellt sich so gesehen (selbst wenn dann das „richtige" Opfer getroffen wird!) als Exzess dar, der dem Anstifter nicht zur Last gelegt werden darf.[843]

b) Mittelbare Täterschaft

677 Auch im Rahmen der mittelbaren Täterschaft stellt sich die Frage, wie sich ein error in persona des Vordermannes auf die Strafbarkeit des Hintermannes auswirkt.

Beispiel:[844]
Arzt A weist die Krankenschwester K an, dem Patienten P eine schmerzstillende Injektion zu verabreichen. In Wirklichkeit ist die Injektion jedoch – was K nicht weiß – mit einem tödlichen Gift angereichert, weil A den P unter Einsatz der gutgläubigen K als „Werkzeug" töten will. K verabreicht jedoch aus Versehen dem X, den sie mit P verwechselt, die tödliche Injektion. X verstirbt.

678 Ein error in persona seitens des Tatmittlers stellt sich nach h.M. für den mittelbaren Täter ausnahmslos als **aberratio ictus** dar. Das Fehlgehen der Tatbegehung durch das menschliche „Werkzeug" sei mit einem Schuss vergleichbar, der nicht das anvisierte sondern das daneben befindliche Opfer trifft. Im Ergebnis führt das lediglich zu einer versuchten Tatbegehung sowie einer Fahrlässigkeitsstrafbarkeit.[845] Vorzugswürdig erscheint allerdings auch hier eine **differenzierende Lösung**, die darauf ab-

841 Dazu *Heinrich*, AT Rn. 1308; s. auch *Roxin*, AT II § 26 Rn. 121.
842 Vgl. *Hillenkamp*, AT-Probleme, S. 191.
843 So zu Recht *Puppe*, AT § 27 Rn. 15.
844 Vgl. *Wessels/Beulke/Satzger*, AT Rn. 550.
845 *Roxin*, AT II § 25 Rn. 171.

stellt, ob der Hintermann Vorkehrungen für eine korrekte Individualisierung getroffen hat oder ob er diese letztlich dem Vordermann überlassen hat. Im zuletzt genannten Fall liegt eine nach allgemeiner Lebenserfahrung zu erwartende und damit unerhebliche Abweichung vom Kausalverlauf vor, die den Vorsatz des Hintermanns unberührt lässt.[846]

3. Irrtümer beim Hintermann

Auch auf Seiten des Hintermannes kann es zu Irrtümern kommen, auf die im Fol- 679
genden noch kurz eingegangen wird.[847] Es handelt sich dabei zum einen um Fälle, bei denen der Hintermann irrtümlich von einem voll deliktisch handelnden Tatausführenden ausgeht, obwohl letzterer in Wahrheit ein Strafbarkeitsdefizit aufweist, etwa schuldunfähig gem. § 20 ist. Der Vorsatz des Täters ist hier auf eine **Anstiftung** gerichtet, während **objektiv** ggf. die Konstellation der **mittelbaren** Täterschaft vorliegt.

Beispiel:
A überredet den B, den er für mind. 16 Jahre alt hält, den C zu verprügeln. In Wahrheit ist C erst 12 Jahre alt und damit gem. § 19 strafunmündig; er begeht die Tat nur, weil er sich dazu von dem erwachsenen A gedrängt fühlt.

Zur zutreffenden Lösung kommt man über die Anwendung **allgemeiner Täter-** 680
schafts- und Teilnahmeregeln: Soweit (wie im Beispiel) eine vorsätzliche und rechtswidrige Haupttat vorliegt, kann der Hintermann trotz seines Irrtums wegen vollendeter Anstiftung bestraft werden.[848] Wenn es dagegen an einer tauglichen Haupttat wegen mangelnden Vorsatzes des Vordermannes oder wegen dessen Rechtfertigung fehlt, bleibt grundsätzlich nur die Möglichkeit einer Strafbarkeit des Hintermannes wegen versuchter Anstiftung nach § 30.[849] Mangels Vorsatz der täterschaftlichen Begehung kommt eine Bestrafung als mittelbarer Täter hier nicht in Betracht – der bloße Anstiftervorsatz genügt hierfür nicht.

Auch der **umgekehrte Fall** ist denkbar, wenn der Hintermann irrtümlich meint, der 681
Tatnächste weise einen Mangel in der Strafbarkeit auf, obwohl letzterer in Wahrheit volldeliktisch handelt.

Beispiel:
A verleitet den B zum Verprügeln des C, allerdings geht er hier davon aus, dass C erst 12 Jahre alt und damit strafunmündig ist, während C in Wahrheit bereits 15 Jahre alt ist.

Hier kommt jedenfalls eine Strafbarkeit des Hintermannes wegen (untauglichen) 682
Versuchs in Bezug auf die anvisierte Begehung in mittelbarer Täterschaft in Betracht. Mit der h.M. zugleich eine Bestrafung wegen vollendeter Anstiftung anzunehmen ist dagegen zweifelhaft; denn dafür müsste man argumentieren, dass der Vorsatz zur tä-

846 *Wessels/Beulke/Satzger*, AT Rn. 550.
847 Ausführlich dazu *Kühl*, AT § 20 Rn. 82.
848 *Wessels/Beulke/Satzger*, AT Rn. 546.
849 Vgl. dazu *Roxin*, AT II § 25 Rn. 158 ff.

terschaftlichen Begehung zugleich den Anstiftervorsatz mit umfasst. Dagegen spricht jedoch, dass die Anstiftung kein „Minus" zur Täterschaft ist, sondern ein „aliud".[850]

VII. Irrtümer zu Gunsten des Irrenden im Überblick

683

Art des Irrtums	Definition	Beispiel	Rechtsfolge
Tatbestandsirrtum	Täter kennt Umstände nicht, die zum gesetzlichen Tatbestand gehören	A schießt auf ein vermeintlich leeres Fass, in dem sich aber ein Kind versteckt hat und tödlich getroffen wird	§ 16 Abs. 1: Vorsatz entfällt, ggf. Strafbarkeit wegen fahrlässiger Begehung
Error in persona vel obiecto	Täter unterliegt einer Fehlvorstellung, die sich auf die Identität des Tatobjekts bezieht	A schießt auf B, meint aber, es handele sich dabei um den C	Gleichwertigkeit der Tatobjekte: Irrtum unbeachtlich Ungleichwertigkeit: Versuch bzgl. geplanter Tat; ggf. Fahrlässigkeit bzgl. eingetretener Folge
Aberratio ictus	Fehlgehen des Angriffs: Täter zielt auf ein Objekt, trifft aber ein anderes	A zielt auf B, trifft aber versehentlich den etwas entfernt stehenden C.	H.M.: Versuch bzgl. geplanter Tat, ggf. Fahrlässigkeit bzgl. eingetretener Folge
Direkter Verbotsirrtum	Täter kennt Verbotsnorm nicht, hält sie für ungültig oder legt sie falsch aus, so dass er sein in Wahrheit verbotenes Handeln als rechtlich zulässig ansieht	A weiß nicht, dass das kurzzeitige „Ausleihen" und Benutzen eines Kfz rechtlich verboten ist	Unvermeidbarkeit des Irrtums: Schuldausschluss, § 17 S. 1. Vermeidbarkeit: Fakultative Strafmilderung, § 17 S. 2.
Erlaubnisirrtum (indirekter Verbotsirrtum)	Täter verkennt die rechtlichen Grenzen eines Rechtfertigungsgrundes oder glaubt an das Bestehen eines von der Rechtsordnung nicht anerkannten Rechtfertigungsgrundes	A glaubt, dass er sich gegen den angreifenden B sofort mit einem tödlichen Schuss wehren darf, obwohl auch ein Faustschlag ausgereicht hätte	§ 17 – entscheidend ist die Vermeidbarkeit des Irrtums

850 A.A. *Wessels/Beulke/Satzger*, AT Rn. 547.

Art des Irrtums	Definition	Beispiel	Rechtsfolge
Erlaubnistatbestandsirrtum	Täter stellt sich tatsächliche Umstände vor, bei deren Vorliegen seine Tat gerechtfertigt wäre	A meint, B hole gerade zum Schlag aus; um sich zu „verteidigen“, streckt er B nieder. In Wahrheit wollte B den A nur grüßen	Sehr str.; H.M.: eingeschränkte Schuldtheorien → § 16 Abs. 1 S. 1 analog oder den Rechtsfolgen nach: Vorsatz (-schuld) entfällt, ggf. Fahrlässigkeitsstrafbarkeit

VIII. Irrtümer zu Ungunsten des Irrenden im Überblick

684

Umgekehrter Tatbestandsirrtum[851]	Täter stellt sich irrig Umstände vor, die zum gesetzlichen Tatbestand gehören	A schießt auf den vermeintlich schlafenden B. Tatsächlich ist B vor einer Stunde eines natürlichen Todes gestorben	Ggf. strafbarer untauglicher Versuch
Umgekehrter Verbotsirrtum[852]	Täter stellt sich vor, gegen strafrechtliche Verbote oder Gebote zu verstoßen, die es (so) nicht gibt	A betrügt seine Frau und glaubt, dass Ehebruch strafbar ist	Strafloses Wahndelikt
Umgekehrter Erlaubnistatbestandsirrtum	Täter nimmt Verletzungshandlung vor, ohne zu wissen, dass eigentlich die objektiven Voraussetzungen eines Rechtfertigungsgrundes vorliegen	A schießt auf seinen Nebenbuhler B, um ihn aus dem Weg zu räumen. Tatsächlich wollte B im selben Moment gerade den C erschießen, was A aber nicht erkannte	Fehlen des subj. Rechtfertigungselementes T. Lit.: Versuchsstrafbarkeit (Erfolgsunrecht entfällt) BGH: Vollendete Vorsatztat

Wiederholungsfragen zu § 7 (Irrtumslehre)

1. Welche Irrtumsregeln sieht das StGB vor und inwiefern unterscheiden diese sich? (Rn. 603 ff.)
2. Wie sind der „error in persona vel obiecto“ sowie die „aberratio ictus“ zu behandeln? (Rn. 620 ff. und 624 ff.)
3. Nach welchem Maßstab bestimmt sich die „Vermeidbarkeit“ gem. § 17? (Rn. 646 ff.)
4. Inwiefern unterscheidet sich der Erlaubnistatbestandsirrtum vom Verbotsirrtum? (Rn. 650, 653)

---

851 S. dazu ergänzend Rn. 747.
852 S. dazu ergänzend Rn. 753.

5. Welche Rechtsfolge zieht der Erlaubnistatbestandsirrtum nach sich? (Rn. 655 ff.)
6. Was ist mit dem sog. „Doppelirrtum“ gemeint und warum ist diese Bezeichnung missverständlich? (Rn. 663 f.)

§ 8 Versuch und Rücktritt

I. Der strafbare Versuch (§§ 22, 23)

1. Grundlagen

Die Strafbarkeit des Versuchs lässt sich § 22 entnehmen.[853] Danach macht sich strafbar, *„wer nach seiner Vorstellung von der Tat zur Verwirklichung des Tatbestandes unmittelbar ansetzt"*. Eine Versuchsstrafbarkeit kommt grundsätzlich in Betracht, wenn die **Vollendungsstrafbarkeit** eines Delikts mangels Verwirklichung eines objektiven Merkmals **zu verneinen** ist. Die Gründe für die fehlende Vollendung der Tat können sowohl rechtlicher als auch tatsächlicher Natur sein. 685

Beispiel:
Wenn A mit Tötungsvorsatz auf B schießt, diesen aber verfehlt, kommt eine Vollendungsstrafbarkeit aus tatsächlichen Gründen nicht in Betracht, da der Taterfolg (Tod des B) nicht eingetreten ist.

Wenn B als Folge des Schusses verletzt ins Krankenhaus eingeliefert wird und dort durch die Hand eines vorsätzlich dazwischen tretenden Dritten stirbt, kommt ebenfalls nur eine Versuchsstrafbarkeit des A in Betracht. Der Grund hierfür liegt nicht im fehlenden tatsächlichen Todeseintritt, sondern in der rechtlichen Wertung, dass der eingetretene Tod des B dem A unter diesen Umständen nicht zuzurechnen ist.[854] 686

Der Wortlaut des § 22 weist auf die **beiden zentralen Elemente** des strafbaren Versuchs hin. Zu nennen ist zunächst die **Vorstellung des Täters**. Diese bildet die Basis für die Versuchsstrafbarkeit und spielt sich auf der inneren Tatseite ab, also im subjektiven Tatbestand. Damit sei bereits an dieser Stelle auf eine Besonderheit im Vergleich zur Prüfung des vollendeten Delikts hingewiesen: Der subjektive Tatbestand, der sogenannte **Tatentschluss,**[855] bildet (anders als beim vollendeten Delikt) den Einstieg bei der Prüfung der Tatbestandsmäßigkeit des Versuchs. 687

Der zweite zentrale Begriff des Versuchs nach § 22 ist das **„unmittelbare Ansetzen"**. Dieses Merkmal bildet die objektive Seite des Tatgeschehens ab; es kennzeichnet das Verlassen des Bereichs der straflosen Vorbereitungshandlungen. 688

Ein **fahrlässiger Versuch** existiert nicht und ist auch begrifflich schwer vorstellbar. Wer lediglich fahrlässig eine Gefahr verursacht, vertraut entweder auf deren Ausbleiben (bewusste Fahrlässigkeit) oder erkennt die Gefahr überhaupt nicht (unbewusste Fahrlässigkeit).[856] Demnach mangelt es in beiden Fällen am voluntativen Element des Vorsatzes. Letzterer ist jedoch unabdingbare Voraussetzung der Versuchsstrafbarkeit. 689

853 Vertiefend *Putzke*, JuS 2009, 894 ff.; 985 ff.; 1083 ff.
854 S. oben Rn. 188 ff.
855 Neben dem Vorsatz sind an dieser Stelle auch die übrigen Merkmale des subjektiven Tatbestandes zu prüfen.
856 S. dazu näher unten Rn. 853 f.

2. Verwirklichungsstufen der vorsätzlichen Tat

690 Die vorsätzliche Straftat beinhaltet verschiedene **Verwirklichungsstufen.**[857] Zu unterscheiden sind die Vorbereitung der Tat, der Versuchsbeginn, die Vollendung sowie schließlich die Beendigung der Tat.[858]

691 Die **Vorbereitung** der Tat, die grundsätzlich straflos ist,[859] beinhaltet Handlungen wie das Ausspähen des Tatorts oder das Besorgen von Tatmitteln, die der Täter im Hinblick auf die für einen späteren Zeitpunkt geplante Tatbegehung vornimmt.[860] Sie endet, wenn der Täter die Schwelle des § 22 überschreitet und in das (grundsätzlich strafbare) **Versuchsstadium** eintritt. Wenn es nicht beim bloßen Versuch bleibt und der Tatbestand voll verwirklicht wird, liegt **Vollendung** vor. Die Zeitspanne zwischen Versuchs- und Vollendungsphase kann unterschiedlich lange ausfallen.[861]

Beispiel:
A sticht auf den B ein, der lebensgefährlich verletzt wird, jedoch erst mehrere Wochen später verstirbt.

692 Die letzte Phase der materiellen **Beendigung** der Tat, mit der die Rechtsgutsverletzung endgültig manifestiert wird, schließt das Tatgeschehen ab. Nicht bei allen Delikten ist die Beendigung von der Vollendung abgrenzbar. Bei § 212 ist die Tat bspw. mit dem Eintritt des Todes vollendet und zugleich beendet. Ein Auseinanderfallen ist hingegen bei manchen Eigentumsdelikten wie § 242 (einerseits Wegnahme, andererseits Sicherung der Beute) denkbar.[862] Der Zeitpunkt der Beendigung ist insbesondere für den Beginn der Verjährung einer Straftat nach § 78a von Bedeutung.

3. Strafgrund des Versuchs

693 In vielen Fällen wird beim versuchten Delikt kein schädlicher Erfolg in der Außenwelt verursacht, es kommt also nicht zwangsläufig zu einer Rechtsgutsverletzung. Vor diesem Hintergrund stellt sich die Frage, wie die vom Gesetzgeber vorgesehene Strafbarkeit des Versuchs begründet werden kann. Die h.M. sieht den Strafgrund des Versuchs im **rechtserschütternden Eindruck**, welchen die nach außen manifestierte Betätigung des rechtsfeindlichen Willens hinterlasse (sog. **Eindruckstheorie**). Ein derartiger Wille beinhalte eine Gefahr für das Rechtsbewusstsein der Bevölkerung sowie den Rechtsfrieden und sei daher sanktionsbedürftig.[863] Das ist vor allem dann eine überzeugende Position, wenn man – wie hier – den Strafzweck der positi-

---

857 Dazu vertiefend M/G/Z/*Gössel*, AT § 39 Rn. 42 ff.
858 *Wessels/Beulke/Satzger*, AT § 14 Rn. 590.
859 Eine Ausnahme sind Spezialtatbestände, die Vorbereitungshandlungen unter Strafe stellen, vgl. bspw. §§ 129, 129a, 265, 310 sowie die Verbrechensverabredung nach § 30.
860 *Rengier*, AT § 33 Rn. 8.
861 Vgl. *Rengier*, AT § 33 Rn. 10.
862 S. dazu auch *Rengier*, AT § 33 Rn. 13.
863 Sog. „gemischt subjektiv-objektive Theorie“, vgl. *Rengier*, AT § 33 Rn. 4; *Wessels/Beulke/Satzger*, AT § 14 Rn. 594; zu den im Rahmen des Strafgrundes vertretenen Theorien im Einzelnen vgl. *Roxin*, AT II § 29 Rn. 9 ff.

ven Generalprävention betont, der auf die Wiederherstellung des durch eine Tat gestörten Rechtsfriedens abzielt.[864]

4. Voraussetzungen der Versuchsstrafbarkeit

a) Hinweise zur gutachterlichen Prüfung

Bei eindeutigen Hinweisen auf eine lediglich versuchte Deliktsbegehung, wie bspw. 694
dem Ausbleiben des Todes oder der Körperverletzung, sollte auf eine gutachterliche Auseinandersetzung mit dem vollendeten Delikt verzichtet werden. Dann genügt im Rahmen der Vorprüfung des Versuchs[865] ein Hinweis auf das Ausbleiben des Erfolges. Bei weniger offensichtlichen Konstellationen, wie etwa den Fällen der fehlenden objektiven Zurechnung, empfiehlt sich dagegen eine Prüfung des vollendeten Delikts bis zur Ablehnung des betreffenden Merkmals, um sodann die Versuchsprüfung anzuschließen. Diese ist nach folgendem Aufbauschema vorzunehmen:

Übersicht Versuchsstrafbarkeit	
Vorprüfung	I. Keine Vollendung II. Strafbarkeit des Versuchs
A. Tatbestandsmäßigkeit	
	I. Tatentschluss
	II. Unmittelbares Ansetzen
B. Rechtswidrigkeit	
C. Schuld	
D. Rücktritt, § 24	

b) Vorprüfung

Die Vorprüfung betrifft zwei Aspekte. Zunächst ist klarzustellen, dass **keine Vollendung** der Tat eingetreten ist. Hierbei genügt ein Hinweis auf die Tatbestandsprüfung des vollendeten Delikts, sofern diese bereits durchgeführt wurde. Ansonsten bedarf es eines feststellenden Satzes, dass die Tat nicht vollendet wurde, bspw. bei Ausbleiben des Taterfolges oder bei dessen fehlender Zurechnung. 695

Weiterhin ist zu prüfen, ob der **Versuch** des in Rede stehenden Delikts **strafbar ist.** 696
Wie sich aus § 23 Abs. 1 ergibt, ist der Versuch eines **Vergehens** nicht per se unter Strafe gestellt, sondern nur dann, wenn dies (wie etwa in § 223 Abs. 2) ausdrücklich gesetzlich angeordnet ist.[866] Demgegenüber ist der Versuch eines **Verbrechens** stets strafbar. Die Kategorisierung in Verbrechen und Vergehen ergibt sich aus **§ 12**; ein

864 S. oben Rn. 16.
865 S. dazu sogleich Rn. 695 ff.
866 Nicht nur aus diesem Grund empfiehlt es sich grundsätzlich, die in Frage kommenden Paragraphen (gerade, wenn sie mehrere Absätze enthalten) bis zum Ende zu lesen!

Verbrechen liegt danach vor, wenn das jeweilige Delikt mit einer Strafe von mindestens einem Jahr Freiheitsstrafe bedroht ist. Sämtliche Delikte mit geringerer Mindeststrafdrohung sind demgegenüber Vergehen.

c) Tatentschluss

697 Im Rahmen der Prüfung des Tatentschlusses ist der komplette objektive Tatbestand des betreffenden Delikts aus subjektiver Sicht zu untersuchen ist. Mit anderen Worten ist hier zu prüfen, ob der Täter den **Willen zur Tatbestandsverwirklichung** aufweist. Der Vorsatz, welcher der entscheidende Bestandteil des Versuchs generell und des Tatentschlusses im Speziellen ist, entspricht dem des vollendeten Deliktes.[867] Somit reicht auch hier der Vorsatz in seiner schwächsten Ausprägung, dem dolus eventualis[868] grundsätzlich aus.

698 Neben dem Vorsatz ist im Rahmen des Tatentschlusses auf alle sonstigen **subjektiven Tatbestandsmerkmale** einzugehen. Beispielhaft seien an dieser Stelle die besonderen Absichten genannt, wie sie etwa bei §§ 242, 263 zu finden sind, sowie die subjektiven Mordmerkmale. Des Weiteren ist an dieser Stelle die gewohnte Prüfung etwaiger auf den Tatbestand bezogener Irrtumskonstellationen (etwa in Form des Tatbestandsirrtums gem. § 16 oder des error in persona)[869] zu platzieren.

699 Die Beurteilung des ausreichenden Tatentschlusses kann im Einzelfall Schwierigkeiten bereiten. In der Folge werden die wichtigsten Problem- und Grenzfälle erörtert.[870]

aa) Bewusst unsichere Tatsachengrundlage

700 Bei einer bewusst unsicheren Tatsachengrundlage macht der Täter seinen Entschluss zur Tatbegehung von äußeren Bedingungen abhängig, auf deren Eintreten er keinen Einfluss hat (sog. **bedingter Handlungswille**).[871] In diesen Fällen ist ein hinreichend fester und konkreter Tatentschluss zu bejahen. Denn subjektiv hat sich der Täter die Tatbegehung vorgenommen, lediglich die Ausführung wird vom Eintreten äußerer Bedingungen abhängig gemacht.[872]

Beispiel:
A ist entschlossen, das Werksgelände des B zu betreten, um dort befindliches Baumaterial zu stehlen. Er macht die Tat jedoch davon abhängig, ob der Zaun, der das Gelände umgibt, elektrisch geladen ist. Nachdem dies der Fall ist, lässt A von der Tat ab.

---

867 *Roxin*, AT II § 29 Rn. 71.
868 Siehe oben Rn. 204 ff.
869 Siehe oben Rn. 606 ff. sowie Rn. 620 ff.
870 Zu dem Ansatz von *Roxin*, der neben dem Willen zur Tatbegehung den Eintritt in das Ausführungsstadium als untrügliches Indiz für das Vorliegen des Tatentschlusses heranzieht vgl. *Roxin*, AT II § 29 Rn. 86 ff.
871 Vgl. *Rengier*, AT § 34 Rn. 9.
872 Vgl. *Wessels/Beulke/Satzger*, AT Rn. 598.

bb) Abgrenzung zur bloßen „Tatgeneigtheit“

Eine bloße Tatgeneigtheit des Täters führt nach h.M. dazu, dass ein Tatentschluss (noch) nicht bejaht werden kann.[873] Im Gegensatz zur eben erwähnten Fallgruppe der bewusst unsicheren Tatsachengrundlage ist in diesen Fällen eine Entscheidung über das „Ob“ der Tat aus subjektiver Sicht noch nicht gefallen.[874] 701

Beispiel:
T spielt schon länger mit dem Gedanken, ein Casino auszurauben. Eines Abends begibt er sich dorthin, um die Örtlichkeit auszukundschaften und sich dann über die konkrete Tatbegehung Gedanken zu machen.

In diesem Fall ist zwar eine Tatgeneigtheit auf Seiten des T feststellbar. Gleichwohl ist er subjektiv noch nicht fest zur Tat entschlossen; schon deshalb ist das bloße Auskundschaften kein strafbarer Versuch. 702

cc) Entschluss mit Rücktrittsvorbehalt

In diesen Fällen will der Täter die Tat durchführen, behält sich jedoch vor, ggf. den Weg des Rücktritts gem. § 24[875] zu beschreiten. Das Erwägen des Rücktritts hat auf die Tatentschlossenheit des Täters allerdings keinen Einfluss, da jedenfalls zunächst eine Durchführung der Tat beabsichtigt ist. 703

Beispiel:
A mischt ein tödlich wirkendes Nervengift in den Wein der B, um diese aus dem Weg zu räumen. In der vorgenommenen Dosierung träte der Tod nach ca. einer Stunde ein. Er behält sich dabei vor, ggf. den Notarzt zu rufen, um B auf diese Weise doch zu retten.

d) Unmittelbares Ansetzen

aa) Grundlagen

Nach dem Tatentschluss ist die objektive Komponente des sog. „**unmittelbaren Ansetzens**“ zu prüfen. Dieser Aspekt markiert die Grenze zwischen der grundsätzlich straflosen Vorbereitungshandlung und dem potenziell strafbaren Bereich des Versuchs. 704

Im Falle der **Teilverwirklichung** des Tatbestandes, wenn der Täter etwa die tatbestandsmäßige Handlung schon zumindest partiell vollzogen hat, ist das unmittelbare Ansetzen und damit die Möglichkeit eines strafbaren Versuchs grundsätzlich gegeben.[876] Eine ausführliche Auseinandersetzung zur Abgrenzung zwischen strafloser Vorbereitung und strafbarem Versuch erübrigt sich dann regelmäßig. 705

Beispiel:
A möchte B töten, zielt mit einer Waffe auf dessen Kopf und drückt ab. Da er kein geübter Schütze ist, verfehlt die Kugel den B.

---

873 Vgl. *Roxin*, AT II § 29 Rn. 83.
874 Vgl. *Wessels/Beulke/Satzger*, AT Rn. 598.
875 S. dazu unten Rn. 754 ff.
876 Sonderkonstellationen, bei denen diese Regel nicht ausnahmslos anwendbar ist, finden sich bei *Roxin*, AT II § 29 Rn. 104 ff.

706 Das unmittelbare Ansetzen ist hier unproblematisch zu bejahen, da A die potenzielle Tötungshandlung (hier sogar schon vollständig) ausgeführt hat.

707 Wird eine genauere **Prüfung des unmittelbaren Ansetzens** erforderlich, kann vor allem auf folgende, von Rechtsprechung und Literatur entwickelte gemischt objektiv-subjektive Kriterien[877] zurückgegriffen werden.

708 Danach setzt derjenige unmittelbar zur Tat an, der auf der Grundlage seiner Vorstellung von Tatgeschehen und Tatablauf subjektiv die **Schwelle zum „Jetzt geht's los" überschreitet** und objektiv Handlungen vornimmt, die – nach seinem Tatplan – in ungestörtem Fortgang **ohne wesentliche Zwischenakte** unmittelbar zur Tatbestandserfüllung führen oder in einem **unmittelbaren räumlichen und zeitlichen Zusammenhang** mit ihr stehen.[878] Ergänzend können die von der Gefährdungs- und Sphärentheorie in den Vordergrund gerückten Aspekte herangezogen werden: Erstere hält das Erreichen eines Stadiums für maßgeblich, in dem das betroffene Rechtsgut aus der Sicht des Täters bereits **unmittelbar gefährdet** erscheint,[879] während Letztere darauf abstellt, dass der Täter bereits in die **Sphäre des Opfers** eingedrungen ist und eine alsbaldige Nutzung dieses räumlichen Näheverhältnisses geplant ist.[880] Richtigerweise widersprechen sich die genannten Ansätze nicht, sondern ergänzen sich vielmehr. Daher empfiehlt es sich, sie kumulativ heranzuziehen und auf dieser Basis das unmittelbare Ansetzen im Einzelfall zu bejahen oder zu verneinen.

bb) Problemfälle

709 Auf folgende häufig wiederkehrende Problemkonstellationen bei der Frage des unmittelbaren Ansetzens soll an dieser Stelle etwas näher eingegangen werden.

(1) Gebrauch von Schusswaffen

710 Bei der Benutzung einer Schusswaffe mit Tötungs- oder Verletzungsvorsatz ist das unmittelbare Ansetzen regelmäßig zu bejahen, wenn der Täter die Waffe ergreift und auf das Opfer anlegt.[881] Die jetzt noch erforderliche Bedienung der Waffe (Entsichern, Abdrücken) stellt keinen wesentlichen Zwischenschritt mehr dar.[882]

(2) Klingel- bzw. Haustürfälle

711 Prüfungsrelevant sind auch die sog. **Klingel-, bzw. Haustürfälle**, in denen der Täter an der Türe läutet und die Tatbegehung zunächst davon abhängt, ob ihm die Türe geöffnet wird oder nicht. Ein ausreichender (bedingter) Tatentschluss liegt hier vor, da der Täter die Tatbegehung nur von einem äußeren, von ihm nicht beeinflussbaren

877 Vgl zu weiteren objektiven und subjektiven Abgrenzungskriterien *Roxin*, AT II § 29 Rn. 121.
878 BGHSt 26, 201 (203 f.); 28, 162 (163); BGH NStZ-RR 2008, 139.
879 Schönke/Schröder/*Eser/Bosch*, § 22 Rn. 42.
880 *Roxin*, AT II, § 29 Rn. 139.
881 Dazu *Rengier*, AT § 34 Rn. 34.
882 BGH NStZ 1993, 133.

Kriterium (Anwesenheit des Opfers) abhängig macht.[883] Fraglich ist aber, ob im Betätigen der Türklingel schon ein unmittelbares Ansetzen zur Tatbegehung liegt.

Die Rechtsprechung differenziert in diesen Fällen nach dem Grad der etwaigen Gefährdung des in Betracht gezogenen Opfers. Wenn zu erwarten ist, dass sich das Opfer hinter der Türe befindet und der Täter nach deren Öffnen sofort die Tat begeht, wird ein unmittelbares Ansetzen angenommen.[884] 712

Beispiel (nach BGHSt 26, 201):
A und B wollten einen Tankwart ausrauben. Sie zogen sich Strumpfmasken auf und hatten schussbereite Waffen in der Hand. A klingelte. Beide nahmen an, dass das Opfer oder eine andere Person erscheinen würden, welche sie sodann berauben wollten.[885]

Da A und B sogleich nach dem Öffnen der Türe mit der Tatausführung beginnen wollten, hatten sie mit dem Klingeln der Türe subjektiv die Schwelle zum „Jetzt geht's los" überschritten; auch standen aus ihrer Sicht keine wesentlichen Zwischenakte vor der eigentlichen Tathandlung bevor. Ergänzend kann man den Gedanken der Berührung der Sphäre des Opfers sowie dessen Gefährdung heranziehen. Ein unmittelbares Ansetzen ist hier also zu bejahen.[886] 713

Kein unmittelbares Ansetzen, sondern eine bloße straflose **Vorbereitungshandlung** liegt im Klingeln an einer Haustüre, wenn der Angriff nicht unmittelbar nach dem Öffnen erfolgen soll. Das ist bspw. der Fall, wenn das Opfer im vierten Stock eines Mehrfamilienhauses wohnt und daher zunächst das Treppenhaus durchquert werden muss, bevor noch eine weitere Türe der geplanten Tatbegehung im Weg steht.[887] 714

(3) Auflauerungsfälle

Umstritten sind auch die sog. Fälle, in denen der zum Angriff bereite Täter das Erscheinen des Opfers erwartet, das dann jedoch nicht erscheint.[888] Ein bekanntes Beispiel ist der sog. *Pfeffertüten*-Fall, den der BGH im Jahre 1952 zu entscheiden hatte: 715

Beispiel:
A und B warteten an einer Straßenbahnhaltestelle in einem Auto auf ihr Opfer, von dessen baldigem Eintreffen sie ausgingen. In der Hand hielten sie Pfeffer bereit, den sie dem Opfer in die Augen streuen wollten, sobald es eintreffen würde. Bei jeder Straßenbahn starteten sie den Motor, um möglichst schnell davonkommen zu können. Nachdem sie vergeblich vier Straßenbahnen abgewartet hatten, gaben sie ihr Vorhaben auf.[889]

Der BGH bejahte damals einen Versuchsbeginn, indem er darauf abstellte, dass das Täterhandeln „in ungestörtem Fortgang unmittelbar zur Erfüllung des gesetzlichen Tatbestands geführt hätte" und dass „nach der Vorstellung des Täters eine unmittel- 716

883 S. oben Rn. 700.
884 BGHSt 26, 201 (202).
885 BGHSt 26, 201 ff.
886 Dazu auch *Roxin*, AT II § 29 Rn. 127; *Wessels/Beulke/Satzger*, AT § 14 Rn. 609. Ob das Opfer tatsächlich anwesend ist, wird für diese Frage nicht relevant, s. dazu sogleich Rn. 715 f.
887 Vgl. *Wessels/Beulke/Satzger*, AT Rn. 609.
888 Dazu *Roxin*, AT II § 29 Rn. 151 sowie *Rengier*, AT § 34 Rn. 29; *Bosch*, Jura 2011, 910.
889 BGH NJW 1952, 514.

bare Gefährdung des angegriffenen Rechtsguts eingetreten" sei. Das ist jedoch fraglich. Zwar ist es zutreffend, keine reale Gefährdung des Opfers zu verlangen, sondern (dem Wortlaut von § 22 entsprechend) auf die **Vorstellung der Täter** abzustellen. Diese gingen jeweils davon aus, dass das Opfer sich dem Tatort nähern würde. Allerdings war auch nach der Vorstellung der Täter beim Anhalten der Straßenbahn nochkeine ausreichende Berührung der Sphäre des Opfers gegeben; zur Überwindung der räumlichen Distanz von Auto und Haltestelle hätte es noch eines weiteren wesentlichen Zwischenaktes bedurft. Ein unmittelbares Ansetzen wäre daher richtigerweise zu verneinen gewesen.[890]

(4) Probier- und Überprüfungsfälle

717 Problematisch kann der Versuchsbeginn auch in den sog. Probier- bzw. Überprüfungsfällen sein, in denen der Täter zunächst untersucht, ob bestimmte äußere Bedingungen gegeben sind, von deren Vorliegen er das weitere Vorgehen abhängig macht.[891]

Beispiel:
A möchte ein Auto stehlen. Er macht die Durchführung der Tat davon abhängig, ob das Auto unverschlossen ist, da er es nicht aufbrechen möchte. Als er am Türgriff zieht, stellt er fest, dass das Auto verschlossen ist und gibt die weitere Tatbegehung auf.[892]

718 In diesem Fall ist nicht nur der (bedingte) Tatentschluss, sondern auch das unmittelbare Ansetzen zu bejahen. Bereits in der Untersuchung des Diebstahlsobjekts liegt ein Eingriff in die Sphäre des Opfers. Bei Vorliegen der Bedingung soll die Tatbegehung gleichsam als automatische Reaktion und hier im konkreten Fall auch ohne wesentliche Zwischenschritte erfolgen.[893]

(5) Schutzminderungsfälle

719 In diesen Fällen beseitigt der Täter eine das Opfer bzw. die Opfersphäre schützende Vorrichtung.[894] Ob bereits darin ein unmittelbares Ansetzen gesehen werden kann oder ob eine bloße Vorbereitung der späteren Tatbegehung vorliegt, ist fraglich und hängt von den Umständen des Einzelfalls ab.

Beispiel:
A hält sich einen Rottweiler, der sein freistehendes Haus mit großem Garten vor ungebetenen Gästen schützen soll. B weiß, dass der Hund das maßgebliche zu überwindende Hindernis ist, wenn man über den Garten ins Haus gelangen will; dort möchte B eine teure Vase stehlen. Um den Hund vorübergehend außer Gefecht zu setzen, wirft er – bereits im Garten stehend – eine mit einem Narkotikum versehene Wurst in Richtung des Hundes, der nach deren Verzehr zusammensackt. Kurz darauf ertönt allerdings die Alarmanlage, so dass B seinen Plan aufgibt und flüchtet.

---

890 *Roxin*, AT II § 29 Rn. 155.
891 Dazu *Roxin*, AT II § 29 Rn. 160, 161 sowie *Rengier*, AT § 34 Rn. 39, 40.
892 Vgl. BGHSt 22, 80.
893 BGH NJW 1991, 1963. Zur Konstellation, in der der Täter die Tatdurchführung von menschlichen Verhaltensweisen abhängig macht, vgl. *Rengier*, AT § 34 Rn. 42 ff.
894 Dazu *Roxin*, AT II § 29 Rn. 163.

Hier kann ein unmittelbares Ansetzen mit dem Argument bejaht werden, dass sich B durch das Betreten des Gartens nicht nur bereits in der Sphäre des A befindet, sondern dass er darüber hinaus durch die Betäubung des Hundes das entscheidende Hindernis auf dem Weg zur Tatbegehung ausgeschaltet hat. Das jetzt noch erforderliche Betreten des Hauses stellt demgegenüber keinen wesentlichen Zwischenakt mehr dar. 720

(6) Distanzfälle

Problematisch sind schließlich die sog. **Distanzfälle,**[895] in denen der Täter zwar aus seiner Sicht alles getan hat, was zur Herbeiführung des Erfolgs notwendig ist,[896] mit dem Abschluss der Tathandlung aber zunächst keine unmittelbare Gefährdung des Opfers eintritt. Das Opfer ist hier noch nicht im Wirkungsbereich des vom Täter eingesetzten Mittels, so dass es auch nicht durch unmittelbare Wahrnehmung seitens des Täters direkt anvisiert werden kann. Zur räumlichen Distanz tritt eine zeitliche, da der mögliche Erfolgseintritt in diesen Fällen nicht alsbald nach Abschluss der Tathandlung, sondern erst zu einem (in der Regel ungewissen) späteren Zeitpunkt bevorsteht. Daraus ergibt sich die Schwierigkeit, den Zeitpunkt des unmittelbaren Ansetzens zu bestimmen. 721

Beispiel:[897]
F möchte ihren Ehemann E töten. Sie weiß, dass E jeden Abend vor dem Zubettgehen ein Glas Whiskey zu sich nimmt. Daher schenkt sie ein Glas ein, gibt ein tödlich wirkendes Gift hinzu und stellt es bereits nachmittags auf den Nachttisch des zu diesem Zeitpunkt noch abwesenden E.

Wann in einem solchen Fall das unmittelbare Ansetzen zur Tat bejaht werden kann, ist sehr umstritten.[898] 722

Denkbar wäre, allein auf die (unmittelbar die eigenen Rechtsgüter gefährdende) **Handlung des Opfers** selbst abzustellen.[899] Für den Beispielsfall würde das bedeuten, dass ein unmittelbares Ansetzen erst dann zu bejahen wäre, wenn E nach Hause kommt und beginnt, aus dem Glas zu trinken. Dagegen spricht allerdings, dass das Gesetz in § 22 das Ansetzen des Täters verlangt und nicht dasjenige des Opfers.[900] Daher bietet es sich an, zumindest auch das Verhalten des Täters heranzuziehen, wie dies die h.M. bei der ähnlich gelagerten Problematik der mittelbaren Täterschaft annimmt.[901] 723

---

895 Dazu *Roxin*, AT II § 29 Rn. 192 ff., *Wessels/Beulke/Satzger*, § 14 Rn. 609.
896 Insofern handelt es sich um eine Konstellation, die dem beendeten Versuch ähnelt, mit diesem aber nicht gleichgesetzt werden darf, da die Frage, ob ein unmittelbares Ansetzen und damit ein strafbarer Versuch vorliegt, hier noch nicht beantwortet ist, s. *Kühl*, AT § 15 Rn. 85b.
897 Vgl. *Roxin*, AT II § 29 Rn. 192; *Rengier*, AT Rn. 46.
898 S. auch *Heinrich*, AT Rn. 735 ff.
899 Dabei ist umstritten, ob es auf eine objektive Gefährdung oder eine solche aus der Sicht des Täters ankommen soll. Dazu sogleich unten Rn. 725.
900 *Roxin*, AT II § 29 Rn. 197.
901 S. dazu unten Rn. 731 ff. Zu dieser Parallele s. auch BGHSt 43, 177 (180).

724 Denkbar wäre, pauschal auf den **Abschluss der Täterhandlung** abzustellen. Ein unmittelbares Ansetzen wäre demnach bereits dann anzunehmen, wenn E das Glas mit dem vergifteten Whiskey auf dem Nachttisch zurücklässt. Zu kritisieren ist aber, dass auf diese Weise auch Konstellationen erfasst werden, in denen der Täter das Tatgeschehen wie bei einem unbeendeten Versuch noch in der Hand hält und es (auch aus Sicht des Täters) noch nicht zu einer Gefährdung des Opfers gekommen ist.[902]

725 Die wohl h.M. vertritt hier eine sog. „**Alternativ-Formel**" und sieht zwei mögliche Ansatzpunkte: Danach kommt ein unmittelbares Ansetzen in Betracht, wenn der Täter den **Geschehensverlauf aus seinem eigenen Herrschaftsbereich entlässt** oder wenn es (unabhängig vom Verhalten des Täters) zu einer **unmittelbaren Gefährdung des Opfers** kommt.[903] Dabei soll es nach wohl überwiegender Ansicht nicht auf die subjektive Vorstellung des Täters, sondern auf eine objektive Gefährdung ankommen.[904]

726 Im Beispielsfall müsste man nach dieser Auffassung einen Versuchsbeginn ablehnen, solange die F noch im Haus bleibt und daher weiterhin Einfluss auf den Fortgang des Geschehens hat. Erst wenn sie diesen Einfluss aufgibt, indem sie das Haus verlässt oder spätestens wenn der E nach Hause kommt und das Glas erhebt, wäre ein unmittelbares Ansetzen zu bejahen.

727 Auch die Alternativ-Formel ist allerdings **Bedenken** ausgesetzt. Indem sie das „Entlassen aus dem Herrschaftsbereich" ohne Rücksicht auf den Eintritt einer Rechtsgutsgefährdung genügen lassen will, verlagert sie die Versuchsstrafbarkeit weit nach vorne. Denn dann wären konsequenterweise auch Fälle erfasst, in denen der Täter sich zwar entfernt, aber noch nicht mit einer Gefährdung des Opfers rechnet. Ist der Ehemann im obigen Beispiel also verreist und stellt die F das vergiftete Glas schon Tage vor seiner voraussichtlichen Rückkehr bereit, kann das zwischenzeitliche Verlassen des Hauses durch F richtigerweise keinen Versuchsbeginn begründen, selbst wenn E wider Erwarten in diesem Zeitraum nach Hause kommen und vom Gift trinken sollte.

728 Diese Abwandlung führt zum nächsten Kritikpunkt: Entgegen der wohl h.M. kann nicht die objektive Gefährdung als solche für das unmittelbare Ansetzen genügen. Dem steht der unmissverständliche Wortlaut von § 22 entgegen, nach dem die **Vorstellung des Täters von der Tat** entscheidend ist.[905] Zusammengefasst lautet die Lösung der „Distanzfälle" also so, dass ein unmittelbares Ansetzen immer dann zu bejahen ist, wenn **aus Sicht des Täters eine Rechtsgutsgefährdung des Opfers unmittelbar bevorsteht.** Dass aus dieser Perspektive Unklarheiten über den exakten Zeit-

902 *Rengier*, AT § 34 Rn. 48; *Jäger*, AT Rn. 305.
903 *Roxin*, AT II § 29 Rn. 195; *Wessels/Beulke/Satzger*, AT Rn. 603.
904 *Rengier*, AT § 34 Rn. 50; so für den Fall des dolus eventualis auch BGHSt 43, 177 (181).
905 Vgl. auch *Kühl*, AT § 15 Rn. 85d; *Jäger*, AT Rn. 305.

punkt der (objektiven) Gefährdung entstehen,[906] ist richtig, spricht aber nicht gegen die erforderliche und auch sonst für richtig gehaltene subjektive Basis des unmittelbaren Ansetzens. Denn es genügt dolus eventualis; hält der Täter es also nach dem Verlassen des Orts des Geschehens für möglich, dass das Opfer alsbald „in die Falle geht" und nimmt er die billigend in Kauf, ist unmittelbares Ansetzen zu bejahen.

Der Ansatz des **BGH**, nach Art des Vorsatzes zu differenzieren und bei dolus even- 729
tualis des Täters auf die objektive Gefährdung des Opfers abzustellen,[907] erscheint dagegen wenig überzeugend.[908] Das gilt auch für die Annahme, dass ein unmittelbares Ansetzen stets im Abschluss der Täterhandlung liege, wenn für diesen sicher feststehe, dass das Opfer, erscheinen werde.[909] Denn wenn für den Täter sicher weiß, dass das Opfer erst in einem Jahr am Tatort erscheinen wird (und er auch eine Gefährdung Dritter in der Zwischenzeit ausschließt), lässt sich mangels akuter Gefährdung noch kein unmittelbares Ansetzen bejahen.[910]

5. Besonderheiten bei mehreren Tatbeteiligten

Einer besonderen Betrachtung bedürfen die Konstellationen, bei denen **mehrere Per-** 730
sonen an einer versuchten Tatbegehung **beteiligt** sind.

a) Mittelbare Täterschaft

Bei der Beurteilung des **unmittelbaren Ansetzens** im Rahmen der mittelbaren Täter- 731
schaft gem. § 25 Abs. 1 Alt. 2 ist vor allem der personale Bezugspunkt umstritten. Es geht um die Frage, ob dafür auf den Tatmittler oder auf den Hintermann abzustellen ist. Dazu wurden verschiedene Ansätze entwickelt, die anhand des folgenden Beispielfalles erläutert werden.[911]

Beispiel:
A möchte B töten, sich dabei jedoch nicht „die Hände schmutzig machen". Er kontaktiert seinen naiven Cousin C und überzeugt ihn davon, dem B am nächsten Tag, um ihn zu ärgern, heimlich ein besonders wirksames, aber an sich harmloses „Schlafmittel" einzuflößen. Er übergibt C zu diesem Zweck ein Fläschchen mit einer tödlichen Menge Gift. C wird allerdings misstrauisch und führt den Auftrag nicht aus.

Zur Ausführung der Tat durch den Vordermann C kam es hier nicht, C hat noch 732
nicht einmal zur Tat im Sinne des § 22 unmittelbar angesetzt. Für die Strafbarkeit des A wegen eines versuchten Tötungsdelikts in mittelbarer Täterschaft ist es somit entscheidend, ob man für das unmittelbare Ansetzen auf seine eigene Tathandlung als Hintermann, namentlich das Überreden des C, abstellen kann.

906 So der Einwand von *Rengier*, AT § 34 Rn. 50.
907 BGHSt 43, 177 (181).
908 Ablehnend auch *Rengier*, AT § 34 Rn. 58; *Roxin*, AT II § 29 Rn. 219 ff.
909 So BGHSt 43, 177 (181).
910 Vgl. zu diesem zeitlichen Aspekt im Rahmen der Diskussion der mittelbaren Täterschaft unten Rn. 736.
911 Überblick über den Streitstand bei *Hillenkamp*, AT-Probleme, S. 114 ff.

733 Nach der sog. **Gesamtlösung**, bei der Täter und Tatwerkzeug als Einheit angesehen werden,[912] ist auf das unmittelbare Ansetzen des **Vordermanns** abzustellen. Im Beispielsfall entspräche demnach erst die spätere Giftgabe in das Getränk durch C dem unmittelbaren Ansetzen auch des A. Die Vertreter dieser Auffassung argumentieren, dass der mittelbare Täter nicht strenger beurteilt werden dürfe als der Anstifter, dessen Verantwortlichkeit akzessorisch zur Haupttat sei. Allerdings bringt dies offensichtliche Unsicherheiten mit sich: In der Regel hat der Hintermann, sofern er den Tatplan nicht genau mit dem Vordermann abgesprochen und ihm gewisse Freiheiten gelassen hat, keine Kenntnis davon, wann eine unmittelbare Gefährdung tatsächlich eintreten wird.[913]

734 Nach der sog. **Einzellösung** ist der Versuchsbeginn bereits dann anzunehmen, wenn der **Hintermann** seinen Beitrag, also die Veranlassung des Vordermannes zur Tatbegehung, in Gang setzt.[914] Im Beispielsfall wäre das unmittelbare Ansetzen danach mit dem Beginn des Überredens des C zu bejahen. Dem ist allerdings entgegenzuhalten, dass zu diesem frühen Zeitpunkt weder objektiv noch subjektiv eine Gefährdung des Opfers gegeben ist. Vielmehr ist hier noch fraglich, ob der potentielle Tatmittler sich überhaupt zur Tat bereit erklären wird. Das Argument einer Parallele zum Fall der versuchten Anstiftung[915] ist nicht überzeugend, da dort eine deutlich im Vorfeld der eigentlichen Deliktsbegehung stattfindende Veranlassungshandlung pönalisiert wird.[916]

735 Überwiegend vertreten wird eine **modifizierte Einzellösung**, die ein unmittelbares Ansetzen bejaht, wenn der Hintermann das Tatgeschehen aus seinem Machtbereich entlassen hat und es dadurch (aus seiner Sicht) zu einer von ihm nicht mehr beherrschten **unmittelbaren Gefährdung des Opfers** kommt.[917] Mit dem Entlassen des C aus dem Wirkbereich des A läge im Beispielsfall damit das unmittelbare Ansetzen vor, da A von einer zeitnahen Ausführung der Tat durch C ausging.

736 Die zuletzt genannte h.M. ist vorzugswürdig, da sie den Aspekt berücksichtigt, dass der Hintermann als lenkende und strafrechtlich verantwortliche Person die maßgebliche Gestalt ist. Sobald der Tatmittler seinem Einwirkungsbereich entzogen ist, kann eine Verhinderung bzw. der Abbruch des in Gang gesetzten Kausalgeschehens nur unter erheblichen Schwierigkeiten erreicht werden. Das erklärt auch, warum als einschränkendes Merkmal die **zeitliche Komponente** einer aus Sicht des Hintermanns alsbald bevorstehenden Tatbegehung hinzukommen muss. Denn nur in diesem Fall ist das Kriterium einer hinreichenden unmittelbaren Gefährdung des betroffenen Rechtsguts erfüllt. Geht der Hintermann davon aus, dass der Vordermann

912 *Rengier*, AT § 36 Rn. 5.
913 *Roxin*, AT II § 29 Rn. 248.
914 *Baumann/Weber/Mitsch*, AT § 29 Rn. 155.
915 *Baumann/Weber/Mitsch*, AT § 29 Rn. 155.
916 *Rengier*, AT § 36 Rn. 8.
917 *Kindhäuser*, AT § 39 Rn. 56; s. auch *Heinrich*, AT Rn. 751 („Rechtsgutsgefährdungstheorie“). Zur strukturell vergleichbaren Problematik in den sog. Distanzfällen s. oben Rn. 721 ff.

auftragsgemäß erst in einem Jahr den Giftanschlag ausführen wird, fehlt dieses Gefährdungselement, zumal dem Hintermann dann aufgrund des langen zeitlichen Vorlaufs noch zahlreiche Einwirkungsmöglichkeiten auf den Vordermann verbleiben. Ein unmittelbares Ansetzen kann hier erst angenommen werden, wenn der ins Auge gefasste Termin für die Tatbegehung so nahe rückt, dass der Hintermann mit einer baldigen Tatbegehung rechnet.

b) Mittäterschaft

Zur Bestimmung des **unmittelbaren Ansetzens** bei einer mittäterschaftlichen Tatbegehung werden im Wesentlich zwei Ansätze vertreten, die sich (insofern vergleichbar wie bei der mittelbaren Täterschaft) anhand des jeweils gewählten personalen Bezugspunkts unterscheiden lassen. 737

Die **Einzellösung** betrachtet jeden Handelnden unabhängig von den Tatbeiträgen der übrigen Mittäter. Das unmittelbare Ansetzen wird danach für jeden gesondert nach den allgemeinen Regeln bestimmt; der Versuchsbeginn könnte dann je nach Fallgestaltung auch zu ganz unterschiedlichen Zeitpunkten eintreten.[918] Für diese Lösung wird unter anderem der Wortlaut von § 22 ins Feld geführt.[919] 738

Vorherrschend in Rechtsprechung und Literatur[920] ist die sogenannte **Gesamtlösung.** Danach ist für alle Mittäter das Stadium des strafbaren Versuchs erreicht, sobald nur einer von ihnen unmittelbar zur Tatbegehung angesetzt hat. Dies lässt sich überzeugend mit dem Wesen der funktionellen Arbeitsteilung bei der Mittäterschaft begründen. Im Rahmen des gemeinsamen Tatplanes findet eine **wechselseitige Zurechnung** der Tatbeiträge statt, so dass auch das objektive Kriterium des „unmittelbaren Ansetzens" konsequenterweise Gegenstand dieser Zurechnung ist; der Grundsatz „mitgefangen, mitgehangen" gilt also auch hier. Des Weiteren wäre es nicht einleuchtend, den Eintritt in das Versuchsstadium für den Mittäter, der in der zeitlichen Abfolge den ersten Beitrag übernimmt, früher anzusetzen als den der nachfolgend agierenden Täter. Man denke nur an eine zwischenzeitliche Entdeckung des Tatgeschehens. Die übrigen Mittäter gingen hier, sofern sie zu ihrem Beitrag noch nicht angesetzt haben, nach einer Einzelbetrachtung straffrei aus.[921] 739

c) Anstiftung

Im Bereich der Anstiftung ist es wichtig, sich die Unterscheidung zwischen der **versuchten Anstiftung** (**§ 30 Abs. 1**) und der **Anstiftung zum Versuch** (bspw. §§ 223, 22, 23 Abs. 1, 26) vor Augen zu führen. 740

In der zuletzt genannten Konstellation der **Anstiftung zum Versuch** gelingt die Anstiftung insofern, als es zu einer zumindest versuchten rechtswidrigen Tat durch den 741

918 Dazu LK-StGB/*Schünemann*, § 25 Rn. 150 ff.
919 Zu weiteren Argumenten sowie Kritik an der Gesamtlösung vgl. *Roxin*, AT II § 29 Rn. 299 ff.
920 Umfassende Nachweise finden sich bei *Roxin*, AT II § 29 Rn. 295.
921 Zu dem sogenannten „Zufallsargument" vgl. *Roxin*, AT II § 29 Rn. 296.

Haupttäter kommt.[922] Der Anstifter gelangt hier zum gewünschten Teilerfolg der Begehung einer (wenn auch nur versuchten) Haupttat, so dass von einer gescheiterten, im bloßen „Versuchsstadium" steckengebliebenen Anstiftung nicht gesprochen werden kann.

742 Die Prüfung der Anstiftung zum Versuch wird daher nach dem üblichen Aufbauschema vorgenommen;[923] es ist lediglich klarzustellen, dass die vorsätzliche rechtswidrige Haupttat ein strafbarer Versuch ist.

Beispiel:
A überredet B, den C zu töten. B schießt aus dem Hinterhalt auf C, verfehlt ihn aber und muss seinen Plan mangels weiterer Munition aufgeben.

743 Hier liegt eine Anstiftung des A zum versuchten Mord des B vor, die gem. §§ 211, 212, 22, 23 Abs. 1, 26 strafbar ist.

744 Eine echte Versuchsprüfung ist dagegen bei der **versuchten Anstiftung** gem. **§ 30 Abs. 1** vorzunehmen, auf die hier noch kurz eingegangen werden soll. Es geht um Fälle, in denen der Anstifter versucht, einen anderen zur **Begehung eines Verbrechens gem. § 12 Abs. 1** zu bestimmen, es aber nicht einmal zum Versuch der Ausführung der Tat kommt.

745 Die Strafbarkeit wird hier (wie insgesamt bei § 30) sehr weit in das **Vorfeld** einer unmittelbaren Beeinträchtigung von Rechtsgütern verschoben. Begründet wird dies damit, dass der Anstifter mit dem Bestimmungsversuch ohne noch erforderliches weiteres eigenes Zutun eine abstrakt gefährliche Handlung für das vom jeweiligen Tatbestand geschützte Rechtsgut vollziehe.[924]

746 Für die Prüfung der versuchten Anstiftung gem. § 30 Abs. 1 empfiehlt sich folgendes, am allgemeinen Versuchsaufbau orientiertes Schema:

Übersicht Versuchte Anstiftung (§ 30 Abs. 1)

A. Tatbestand
   I. Tatentschluss
      1. Vorsatz bzgl. der Verwirklichung einer vorsätzlichen rechtswidrigen Haupttat (Verbrechen gem. § 12 Abs. 1)
      2. Vorsatz bzgl. der Anstiftungshandlung (Bestimmen zur Tat)
   II. Unmittelbares Ansetzen zur Anstiftungshandlung
B. Rechtswidrigkeit
C. Schuld
D. Rücktritt gem. § 31

922 Vgl. § 11 Abs. 1 Nr. 5, wo klargestellt wird, dass auch eine Versuchstat eine rechtswidrige Tat im Sinne des Gesetzes ist.
923 S. dazu oben Rn. 562.
924 BGHSt 44, 99 (102 f.).

6. Der untaugliche Versuch

Der untaugliche Versuch ist dadurch gekennzeichnet, dass die Handlung des Täters (entgegen seiner Vorstellung) objektiv betrachtet nicht zum gewünschten Erfolg führen kann. Der Täter befindet sich dann in einem **„umgekehrten Tatbestandsirrtum"**.[925] 747

Die Untauglichkeit des Versuchs kann sich aus verschiedenen Umständen ergeben, wie sich auch dem Wortlaut von § 23 Abs. 3 entnehmen lässt. Ein Fall der **Untauglichkeit des Tatobjekts** läge bspw. vor, wenn der A auf den am Boden liegenden B mit Tötungsvorsatz schießt, obwohl B zu diesem Zeitpunkt bereits tot ist. Ein Fall der **Untauglichkeit des Tatmittels** läge vor, wenn X versuchen würde, ihre Schwester S mit harmlosen Kopfschmerztabletten zu vergiften, welche sie für toxisch hält. Denkbar ist etwa im Bereich der Sonderdelikte auch die **Untauglichkeit des handelnden Tatsubjekts.**[926] Das wäre der Fall, wenn sich Behördenleiter X für eine in seinem Dienstbereich liegende Angelegenheit einen unrechtmäßigen Vorteil gewähren lässt, er in Wahrheit aber kein „Amtsträger" ist, weil seine Ernennung zum Beamten nichtig war. 748

Dass in den Fällen des untauglichen Versuchs nach ganz h.M. wegen Versuchs bestraft werden kann, liegt schon aufgrund der **subjektiv geprägten Struktur des Versuchs** nahe, die sich auch im Wortlaut des § 22 niederschlägt. Danach ist es gerade die „Vorstellung des Täters", welche die Versuchsstrafbarkeit in subjektiver Sicht begründet. Es genügt also grundsätzlich, dass der Täter selbst seine Handlung für tauglich hält den Erfolg herbeizuführen, mag sie auch objektiv dafür nicht geeignet sein. 749

Auch der **Strafgrund des Versuchs**, namentlich die vom Täter durch seine rechtsfeindliche Handlung erzeugte **Erschütterung des Rechtsbewusstseins der Bevölkerung,** ist hier einschlägig. Denn der Wille des Täters zur Verwirklichung des betreffenden Tatbestandes liegt vor. Dass seine untaugliche Handlung nie in das Vollendungsstadium gelangen kann, ändert nichts an der Bereitschaft und dem unmittelbaren Ansetzen des Täters zur Beeinträchtigung fremder Rechtsgüter. Die Unverbrüchlichkeit der Rechtsordnung[927] missachtet dieser Täter daher genauso wie ein Versuchstäter, der eine zur Herbeiführung des Erfolgs taugliche Versuchshandlung begeht. 750

Anders ist dies nur dann zu beurteilen, wenn die Versuchshandlung so offensichtlich untauglich und geradezu harmlos ist, dass dadurch keine Erschütterung des Rechtsbewusstseins eintreten kann. Der Gesetzgeber hat dieser Fallgruppe in **§ 23 Abs. 3** Rechnung getragen. Danach ist bei einem aus **grobem Unverstand** begangenen untauglichen Versuch die Möglichkeit des Absehens von Strafe oder zumindest einer 751

925 *Wessels/Beulke/Satzger*, AT Rn. 621.
926 Zu dieser in der Rechtsfolge umstrittenen Kategorie vgl. *Roxin*, AT II § 29 Rn. 350.
927 Zum Strafgrund des Versuchs s. oben Rn. 693.

Strafmilderung nach § 49 Abs. 2 vorgesehen. Gedacht ist dabei an Fälle, die „für jeden Menschen mit durchschnittlichem Erfahrungswissen offenkundig, ja geradezu handgreiflich“[928] sind.

Beispiel:
B setzt C heimlich Hundefutter vor in der Annahme, dessen Verzehr sei tödlich.

752 In der Tat erscheint bei einem solchen objektiv völlig harmlosen Geschehen Strafe als weitgehend verzichtbar, wofür man auch fehlende spezial- und generalpräventive Bedürfnisse anführen kann. Selbst ein vollständiger Strafausschluss erschiene de lege ferenda denkbar.[929] Die Tatsache, dass der Gesetzgeber selbst beim grob unverständigen untauglichen Versuch grundsätzlich von der Strafbarkeit ausgeht und lediglich Milderungsmöglichkeiten geschaffen hat, spricht jedenfalls ergänzend im Wege eines **Erst-Recht-Schlusses** dafür, dass die normalen Fälle des untauglichen Versuchs strafbar sind.

753 Vom untauglichen Versuch, bei dem der Täter aufgrund falscher tatsächlicher Fehlvorstellungen von der Begehung eines Straftatbestandes ausgeht, ist das sog. **Wahndelikt** zu unterscheiden, das grundsätzlich **straflos** ist. Hier irrt sich der Täter zu seinen Ungunsten in Bezug auf eine rechtliche Wertung, indem er bspw. sein (tatsächlich korrekt erfasstes) Verhalten irrtümlich für strafbar hält. Er befindet sich dann zugleich in einem **umgekehrten Verbotsirrtum**. Das ist etwa der Fall, wenn der Täter glaubt, dass der von ihm begangene Ehebruch ein strafbares Verhalten darstellt.[930]

II. Rücktritt vom Versuch (§ 24)

1. Grundlagen

a) Systematische Stellung des Rücktritts

754 Gesetzlich geregelt ist der Rücktritt vom Versuch in **§ 24**, wobei § 24 Abs. 1 den Rücktritt des Einzeltäters und § 24 Abs. 2 den Rücktritt bei Beteiligung Mehrerer am Versuch normiert. Beide Absätze ordnen an, dass der Zurücktretende „nicht bestraft“ wird.[931] Die systematische Einordung des Rücktritts ist jedoch umstritten.

755 Die h.M. ordnet den Rücktritt vom Versuch als **persönlichen Strafaufhebungsgrund** ein.[932] Demnach hat der Täter zwar Schuld auf sich geladen, die er auch durch einen Rücktritt nicht aus der Welt schaffen kann.[933] Jedoch erlischt der staatliche Strafan-

---

928 BGHSt 41, 94 (95).

929 Das wird bislang nur beim sog. „irrealen“ bzw. „abergläubischen“ Versuch anerkannt, bei dem der Täter (bspw. durch Anstrengungen, jemanden anderen kraft böser Gedanken zu töten) „sein Verhalten am Wirken irrealer Kräfte ausrichtet“, s. *M/G/Z/Gössel*, AT § 40 Rn. 203. Ob und wie eine klare Abgrenzung zum lediglich grob unverständigen Versuch geleistet werden kann, ist allerdings fraglich, vgl. SSW-StGB/*Kudlich/Schuhr*, § 22 Rn. 25 sowie *Satzger*, Jura 2013, 1017 (1024 ff.).

930 *Wessels/Beulke/Satzger*, AT Rn. 622.

931 MüKo-StGB/*Herzberg/Hoffmann-Holland*, § 24 Rn. 1. Vertiefend (mit Beispielsfällen) *Kudlich*, JuS 1999, 240 ff.; 349 ff.; 449 ff. sowie *Heger*, StV 2010, 320 ff.

932 *Wessels/Beulke/Satzger*, AT Rn. 626; *Rengier*, AT § 37 Rn. 1.

933 *Wessels/Beulke/Satzger*, AT Rn. 626.

spruch durch das positive Nachtatverhalten des Täters.[934] Eine Bestrafung muss daher nicht mehr erfolgen. Folgt man dieser Ansicht, ist der Rücktritt vom Versuch im Prüfungsaufbau **nach der Schuld** zu diskutieren.[935]

Überzeugender ist es, im Rücktritt vom Versuch einen **Entschuldigungsgrund** zu sehen.[936] Begründet wird dieser Ansatz damit, dass Versuchshandlung und Rücktritt nicht etwa isoliert nebeneinander stehen, sondern eine Einheit bilden.[937] Tritt der Täter vom Versuch zurück, kann ihm im Ganzen kein strafrechtlicher Vorwurf gemacht werden, so dass die Schuld entfällt.[938] Diese Ansicht liegt nahe, wenn man wie hier den Ausgangspunkt teilt, dass strafrechtliche „Schuld" auch von der präventiven Bestrafungsnotwendigkeit abhängt,[939] die im Falle des Rücktritts entfällt.[940] 756

Unabhängig von der systematischen Einordnung ist unumstritten, dass der Rücktritt stets **nur dem Zurücktretenden** zugute kommt, aber nichts an der Möglichkeit der Bestrafung von anderen Tatbeteiligten ändert. Bei Annahme eines persönlichen Strafaufhebungsgrundes folgt das aus der Natur der Sache; geht man von einem Entschuldigungsgrund aus, folgt die Einzelwirkung aus § 29 sowie dem Grundsatz der limitierten Akzessorietät. 757

b) Begründung der Straffreiheit

Warum einem Täter im Falle eines Rücktritts vollständige Straffreiheit gewährt wird, ist umstritten. Die wichtigsten hierzu vertretenen Theorien werden im Folgenden erörtert. 758

aa) Kriminalpolitische Theorie

Dieser Ansatz wird häufig auch etwas pathetisch als Theorie der **„goldenen Brücke"** bezeichnet: Dem Täter, der sich noch vor Vollendung der Tat anders entscheidet und nun doch rechtstreu bleiben will, soll mit der Rücktrittsmöglichkeit eine „goldene Brücke" in die Legalität offenstehen.[941] Gleichzeitig liefert das Versprechen der Straflosigkeit dem Täter einen Anreiz, von der Vollendung der Tat Abstand zu nehmen.[942] Dies dient letztlich auch dem **Opferschutz**.[943] Geht nämlich der Täter davon aus, dass ihn sowieso eine Strafe erwartet, hat er keinen Grund, die Tat nicht zur Vollendung zu bringen.[944] 759

934 Hierzu und im Folgenden MüKo-StGB/*Herzberg/Hoffmann-Holland*, § 24 Rn. 6 f.
935 *Rengier*, AT § 37 Rn. 1.
936 *Roxin*, AT II § 30 Rn. 30.
937 *Roxin*, AT II § 30 Rn. 29.
938 MüKo-StGB/*Herzberg/Hoffmann-Holland*, § 24 Rn. 2.
939 Vgl. oben Rn. 412 ff.
940 S. *Roxin*, AT II § 30 Rn. 29.
941 *Wessels/Beulke/Satzger*, AT § 14 Rn. 626.
942 *Rengier*, AT § 37 Rn. 6.
943 *Puppe*, NStZ 1984, 490.
944 *Wessels/Beulke/Satzger*, AT § 14 Rn. 626.

760 Die kriminalpolitische Theorie ist häufig der Kritik ausgesetzt, realitätsfremd zu sein.[945] Ein Täter würde bei Begehung der Tat, quasi „im Eifer des Gefechts", kaum derartig berechnende Überlegungen anstellen, geschweige denn an spätere strafrechtliche Konsequenzen denken. Dennoch bleibt der Grundgedanke überzeugend, dass der Gesetzgeber auf diese Weise zumindest das Signal sendet, dass sich ein (im Sinne des Opferschutzes wünschenswertes) Umkehrverhalten „lohnt". Mehr kann der Gesetzgeber nicht tun, und ob die Signale im Einzelfall gehört und umgesetzt werden, liegt nicht in seiner Hand.

bb) Verdienstlichkeitstheorie

761 Die Verdienstlichkeitstheorie (auch Gnaden- oder Prämientheorie)[946] sieht die Straflosigkeit als eine Art „Belohnung" für den zurücktretenden Täter an.[947] Ein eigenständiger Erklärungsansatz liegt darin allerdings nicht, vielmehr wird auf diese Weise eigentlich nur die für den Täter günstige Rechtsfolge von § 24 umschrieben. Soweit zur Begründung vorgebracht wird, dass der Täter den durch ihn erschütterten Rechtsfrieden wiederherstellt, indem er von seinem Versuch zurücktritt,[948] ist bereits ein Aspekt der im Folgenden zu erörternden Strafzwecktheorie benannt.

cc) Strafzwecktheorie

762 Mittlerweile wird überwiegend die sog. Strafzwecktheorie vertreten;[949] auch der Bundesgerichtshof greift häufig auf sie zurück.[950] Die Vertreter dieser vorzugswürdigen Ansicht begründen die Straffreiheit beim Rücktritt anhand der Strafzwecke, die bereits erfüllt bzw. nicht mehr relevant seien. Besonderes Augenmerk wird dabei auf die Spezial- und Generalprävention gelegt.[951]

763 Aus **spezialpräventiver Sicht** ist eine Bestrafung nach einem erfolgten Rücktritt nicht mehr notwendig, da der Täter sich „nachträglich als wesentlich weniger gefährlich als ursprünglich angenommen"[952] herausgestellt hat. Eine Einwirkung auf den Täter durch Strafe ist damit nicht erforderlich.

764 Auch mit Blick auf die **Generalprävention** besteht richtigerweise kein Strafbedürfnis, wenn der Täter freiwillig die Tat aufgibt bzw. deren Vollendung verhindert. Er hat sich letztlich doch für die bestehende Rechtsordnung entschieden, so dass letztere nicht ernsthaft erschüttert wurde;[953] ein Bedürfnis nach (zusätzlicher) Wiederherstellung des Rechtsfriedens durch Strafe besteht dann nicht. Auch ein negativ-generalpräventiver Abschreckungseffekt zur Verhinderung von Nachahmungstaten ist bei

---

945 Hierzu und im Folgenden *Wessels/Beulke/Satzger*, AT Rn. 626; *Rengier*, AT § 37 Rn. 6; *Roxin*, AT II § 30 Rn. 17.
946 *Roxin*, AT II § 30 Rn. 22.
947 *Wessels/Beulke/Satzger*, AT Rn. 626; *Rengier*, AT § 37 Rn. 7.
948 *Wessels/Beulke/Satzger*, AT Rn. 626.
949 *Roxin*, AT II § 30 Rn. 4.
950 BGHSt 9, 48 ff.; BGH NStZ 1983, 360 ff.
951 *Rengier*, AT § 37 Rn. 8.
952 *Roxin*, AT II § 30 Rn. 4.
953 MüKo-StGB/*Herzberg/Hoffmann-Holland*, § 24 Rn. 32; *Rengier*, AT § 37 Rn. 8.

einer Versuchstat, die durch freiwilligen Rücktritt abgebrochen wurde, nicht erforderlich.

2. Hinweise für die gutachterliche Prüfung

Wie bereits oben erwähnt wird der Rücktritt nach überwiegender Ansicht als **persönlicher Strafaufhebungsgrund** angesehen und müsste damit als separater Prüfungspunkt nach der Schuld diskutiert werden. Wer mit guten Gründen der (überzeugenden) Mindermeinung folgt und den Rücktritt als **Schuldaspekt** einordnet und diskutiert, sollte dies in der Klausur sicherheitshalber kurz begründen. 765

Noch mehr als sonst muss bei der Rücktrittsprüfung darauf geachtet werden sehr genau zu zitieren.[954] Dies ist wichtig, da sich bei den Rücktrittsvoraussetzungen, wie sogleich im Einzelnen erläutert wird, je nach Absatz, Satz und Alternative des § 24 StGB erhebliche Unterschiede ergeben können. 766

Insbesondere muss differenziert werden, ob es sich um einen **Einzeltäter** handelt oder ob **mehrere** an der Versuchstat beteiligt sind. 767

Einzeltäter i.S.d. § 24 Abs. 1 ist zunächst natürlich der Alleintäter. Nach überwiegender Ansicht soll auch der mittelbare Täter unter § 24 Abs. 1 fallen.[955] Der auf mehrere Beteiligte zugeschnittene § 24 Abs. 2 setzt nämlich voraus, dass sich jeder von diesen strafbar machen kann. In der Regel leidet der Tatmittler jedoch an einem Defizit, das seine Strafbarkeit entfallen lässt. Eine Ausnahme hiervon ist die Konstellation des „Täters hinter dem Täter",[956] bei der konsequenterweise § 24 Abs. 2 anzuwenden ist. Der angestiftete sowie der durch einen Gehilfen unterstützte Täter sind dagegen Einzeltäter gem. § 24 Abs. 1.[957] 768

Tatbeteiligte gem. § 24 Abs. 2 sind Mittäter und Teilnehmer.[958] Auch der Anstifter kann nach § 24 Abs. 2 zurücktreten. Wichtig ist jedoch, dass derVersuch der Anstiftung (samt Möglichkeit des Rücktritts) speziell in §§ 30, 31 geregelt ist, [959] so dass § 24 Abs. 2 in diesen Fällen ausscheidet. 769

3. Rücktritt des Einzeltäters, § 24 Abs. 1 S. 1

Handelt es sich um einen Einzeltäter, richtet sich der Rücktritt nach **§ 24 Abs. 1**. Bevor die erforderliche Rücktrittshandlung ermittelt wird, stellt sich zunächst die Frage, ob der Rücktritt nicht von vornherein wegen eines Fehlschlags des Versuchs ausgeschlossen ist.[960] 770

954 *Rengier*, AT § 39 Rn. 10.
955 Hierzu und im Folgenden *Roxin*, AT II § 30 Rn. 306 ff.
956 S. oben 542 ff.
957 *Rengier*, AT § 37 Rn. 11; *Roxin*, AT II § 30 Rn. 306 f.
958 Hierzu und im Folgenden *Fischer*, StGB § 24 Rn. 37.
959 S. oben Rn. 744 ff.
960 *Wessels/Beulke/Satzger*, AT Rn. 628.

a) Kein Fehlschlag des Versuchs

771 § 24 erwähnt den fehlgeschlagenen Versuch nicht explizit. Der Wortlaut der Norm legt jedoch den **Fehlschlag als Ausschlussgrund** nahe.[961] Denn man kann nur freiwillig aufgeben, was auch fortgesetzt werden könnte. Wer glaubt, den tatbestandlichen Erfolg nicht mehr herbeiführen zu können, gibt nicht auf, sondern „fügt sich in eine aus seiner Sicht unveränderliche Sachlage".[962]

772 Ein Versuch gilt dann als fehlgeschlagen, wenn aus der Sicht des Täters eine Herbeiführung des geplanten tatbestandlichen Erfolges entweder unmöglich ist oder zumindest nicht ohne zeitliche Zäsur erreicht werden kann.[963] Entscheidend hierbei ist, dass auf die subjektive Einschätzung des Täters abgestellt wird.[964] Dieser muss nach der vielzitierten Frankschen Formel zu folgendem Schluss gekommen sein, damit ein Fehlschlag bejaht werden kann: „Ich kann nicht zum Ziele kommen, selbst wenn ich es wollte".[965]

Beispiel:[966]
A hatte B in ihrem PKW entführt und vergewaltigt. Anschließend beschloss er, die Spuren der Tat zu vernichten und B zu töten, um sie als Zeugin „auszuschalten". Aus diesem Grund verteilte er im Innenraum des PKW (wo sich auch die gefesselte B befand) eine große Menge Benzin, legte ein Feuer und entfernte sich vom Tatort. B befreite sich jedoch aus dem brennenden PKW und konnte fliehen. Kurz darauf kehrte A zurück und entdeckte, dass sein Opfer verschwunden war. Er entfachte ein zweites Feuer, um wenigstens die Spuren seines Handelns zu verwischen und fuhr davon.

773 Nachdem A die Flucht der B bemerkt hatte, wusste er, dass es ihm unmöglich war die Tötung noch zu vollenden. Der Versuch war damit fehlgeschlagen und ein Rücktritt nicht mehr möglich.

774 Die Beurteilung **aus der Sicht des Täters** führt dazu, dass ein Versuch als fehlgeschlagen gelten kann, obwohl der Erfolg objektiv noch hätte herbeigeführt werden können.[967] Hätte die B sich im obigen Beispiel anstatt zu fliehen im Kofferraum ihres Autos (von A unbemerkt) versteckt, wäre die Erfolgsherbeiführung zwar objektiv noch möglich gewesen. Mangels entsprechender Kenntnis des A hätte dies jedoch nichts am (subjektiven) Fehlschlag des Versuchs geändert.

775 Umgekehrt ist es denkbar, dass ein Täter irrigerweise davon ausgeht, den tatbestandlichen Erfolg noch herbeiführen zu können, obwohl dies objektiv unmöglich ist. Konsequenterweise muss der Versuch in diesen Konstellationen als nicht fehlgeschlagen gelten, so dass ein Rücktritt möglich bleibt.[968] Das betrifft auch die Kon-

---

961 Hierzu und im Folgenden *Roxin*, JuS 1981, 1.
962 *Roxin*, AT II § 30 Rn. 78.
963 *Roxin*, NStZ 2009, 319; *Wessels/Beulke/Satzger*, AT Rn. 628.
964 *Rengier*, AT § 37 Rn. 17.
965 *Wessels/Beulke/Satzger*, AT Rn. 628.
966 Nach BGH NStZ 1993, 39.
967 *Rengier*, AT § 37 Rn. 17.
968 *Rengier*, AT § 37 Rn. 17.

stellation des untauglichen Versuchs, in der die Herbeiführung des Erfolgs definitionsgemäß objektiv unmöglich ist.

aa) Fallgruppen des Fehlschlags

Im Anschluss an *Roxin* lassen sich verschiedene Fallgruppen des Fehlschlags unterscheiden.[969] 776

(1) Unmöglichkeit der Tatbestandsverwirklichung

Hierbei handelt es sich um die klassischen Fälle des Fehlschlags.[970] Der Täter hat hier erkannt (oder glaubt zumindest), dass er das Delikt in „unmittelbarer Fortführung der bisherigen Ausführungsbemühungen“[971] nicht mehr vollenden kann.[972] 777

Dies kann daran liegen, dass der Täter selbst zur Tatbestandsverwirklichung **unfähig** ist, bspw. weil er dem vermeintlichen Opfer körperlich unterlegen ist,[973] das Opfer fliehen kann oder der Täter bei der Tatausführung einen Schlaganfall erleidet. Dem Täter kann auch das **Tatmittel** den Dienst versagen.[974] Das wäre der Fall, wenn die Webcam, die der „Spanner“ in der Dusche platziert hat, mangels Wasserdichte keine Bilder übertragen kann, oder wenn das vom Täter als Tötungswerkzeug eingesetzte Messer zerbricht, noch bevor es zu lebensgefährlichen Verletzungen kommt. Die Unmöglichkeit der Tatbestandsverwirklichung kann sich auch aus dem **Tatobjekt** ergeben,[975] etwa, wenn das ins Auge gefasste Objekt, das gestohlen werden soll, nicht verfügbar ist.[976] 778

Zuletzt kann eine Tatbestandsverwirklichung auch aus **rechtlichen Gründen** unmöglich sein.[977] Das ist immer der Fall, wenn ein Strafgesetz ein Handeln gegen den Willen des Berechtigten voraussetzt, dieser aber zwischen Versuchsbeginn und Vollendung seine Zustimmung erteilt. Denkbar ist etwa, dass der Eigentümer dem auf frischer Tat ertappten Dieb die Tatbeute schenkt – eine „Wegnahme“ kann hier nicht mehr vollendet werden. Auch wäre es denkbar, dass sich eine Person ohne Willensmängel auf einvernehmliche sexuelle Handlungen einlässt, die der andere ursprünglich mit Nötigungsmitteln erzwingen wollte.[978] 779

Der **BGH** steht dieser Fallgruppe (im Zusammenhang mit dem zuletzt erwähnten Beispiel der sexuellen Handlungen) **ablehnend** gegenüber[979] und will dem Handelnden auch hier im Sinne des Opferschutzes eine Rücktrittsmöglichkeit offen halten. Begründet wird dies damit, dass dem Täter bei der rechtlichen Unmöglichkeit ein 780

---

969 *Roxin*, JuS 1981, 2 ff.
970 *Rengier*, AT § 37 Rn. 20; *Roxin*, JuS 1981, 2.
971 *Roxin*, JuS 1981, 1 (2).
972 *Fischer*, StGB § 24 Rn. 7a.
973 *Fischer*, StGB § 24 Rn. 7a.
974 *Roxin*, JuS 1981, 2; *Roxin*, AT II § 30 Rn. 86.
975 Schönke/Schröder/*Eser*/*Bosch*, § 24 Rn. 8.
976 Weitere Beispiele bei *Roxin*, AT II § 30 Rn. 86.
977 Hierzu *Rengier*, AT § 37 Rn. 28.
978 Vgl. *Rengier*, AT § 37 Rn. 28.
979 BGH NJW 1993, 2188 (2189); s. auch *Kudlich*, JuS 1999, 244 f.

Spielraum verbleibe und er sein Ziel auch durch Anwendung von Zwangsmitteln weiter verfolgen könne. Überzeugend ist das nicht;[980] denn „die Tat“, um deren Aufgabe es geht, kann bei vorliegendem Einvernehmen eben nicht mehr begangen werden, so dass insofern auch kein Entscheidungsspielraum des Täters mehr besteht.[981]

781 Auch **Opferschutzgesichtspunkte** erscheinen hier bei lebensnaher Betrachtung nicht einschlägig, denn zum einen verzichtet das Opfer im konkreten Fall durch sein Einverstandensein selbst auf seinen Schutz; zum anderen hat der Handelnde angesichts des Einvernehmens mit dem Opfer überhaupt keinen Grund, Zwangsmittel einzusetzen, wenn er auch so zum Ziel gelangt. Warum sollte der Dieb im Ausgangsbeispiel den Eigentümer niederschlagen, wenn dieser ihm die Sache ohnehin überlässt? Der an sich anzuerkennende Gedanke eines Anreizes zum Opferschutz wird vom BGH hier also überspannt.

(2) Sinnlosigkeit des Weiterhandelns

782 Ein Versuch kann auch dadurch fehlschlagen, dass dem Täter die **Sinnlosigkeit** weiteren Handelns bewusst wird.[982] Das ist etwa der Fall, wenn der betrogene Ehemann seinen Nebenbuhler erschießen will, jedoch nach dem Anlegen merkt, dass er auf einen unbekannten Dritten zielt.[983] Gleiches gilt, wenn das vorgefundene Tatobjekt weit hinter den Erwartungen des Täters zurückbleibt:[984] Die abgepresste Handtasche der teuer gekleideten Dame enthält, entgegen den Erwartungen des Räubers, nur 10 Euro, woraufhin er auf die Mitnahme der Tasche samt Inhalt verzichtet.

bb) Fehlschlag bei Fortsetzungsmöglichkeit

783 Schwierig zu beurteilen ist die Frage, ob und wann ein Versuch als fehlgeschlagen anzusehen ist, wenn der Täter mit seinen bisherigen Handlungen nicht zum Ziel gelangt ist, er aber noch **andere Möglichkeiten** hierzu erkennt.[985] Relevant wird dies insbesondere dann, wenn die Tat auf einem **Tatplan** basiert, von dem dann situationsbedingt abgewichen wird.

Beispiel:[986]
V war davon überzeugt, der leibliche Vater des Kindes K zu sein. Die Mutter des Kindes lebte mittlerweile jedoch mit R zusammen. Nachdem R dem V geraten hatte, sich künftig von K und seiner Mutter fern zu halten, beschloss V diesen zu töten. Hierzu plante er, dem R ein Paar Essstäbchen in den Bauch zu rammen, um diesen tödlich zu verletzen. Beim nächsten Zusammentreffen führte V einen wuchtig geführten Stoß mit den Stäbchen in Richtung des R aus. Dieser hatte jedoch die Hand zum Gruß erhoben, so dass die Stäbchen dessen Hand durchstießen und stecken blieben. V erkannte das Scheitern des ursprünglichen Plans, begann aber sofort, mit

980 Vgl. auch *Roxin*, AT II § 30 Rn. 89 ff.; *Hoven*, JuS 2013, 307.
981 *Rengier*, AT § 37 Rn. 28.
982 *Wessels/Beulke/Satzger*, AT Rn. 628; *Rengier*, AT § 37 Rn. 22.
983 *Fischer*, StGB § 24 Rn. 7a.
984 *Roxin*, JuS 1981, 1 (3); *Rengier*, AT § 37 Rn. 25.
985 BeckOK-StGB/*Beckemper*, § 24 Rn. 14.
986 Nach BGH NStZ 2006, 685.

Knien und Fäusten auf R einzuschlagen, um doch noch einen Tötungserfolg herbei zu führen. Kurz darauf besann sich V jedoch und ließ von R ab.

Ob in einer solchen Fallgestaltung noch ein Rücktritt möglich ist oder von einem Fehlschlag auszugehen ist, wird uneinheitlich beurteilt. Die Vertreter der **Einzelaktstheorie** bewerten jede Ausführungshandlung, die der Täter im Rahmen seines Tatplans für geeignet hielt den Erfolg herbeizuführen, als eigenständigen Versuch.[987] Misslingt die Ausführungshandlung und der Täter erkennt dies, ist der Versuch bereits fehlgeschlagen und ein Rücktritt ausgeschlossen.[988] Der Stoß mit den Essstäbchen im Beispielsfall stellt eine am Tatplan orientierte Ausführungshandlung dar. Als die Stäbchen in der Hand des Opfers stecken blieben und der Täter erkannte, dass er so den Tötungserfolg nicht mehr würde herbeiführen können, war der Versuch nach der Einzelaktstheorie fehlgeschlagen. Ein Rücktritt vom versuchten Tötungsdelikt wäre damit nicht mehr möglich. 784

Überwiegend wird jedoch die sog. **Gesamtbetrachtungslehre** vertreten. Diese sieht die Versuchstat nicht als eine Aneinanderreihung von Einzelakten, sondern als einheitliches Geschehen.[989] Nach dieser Ansicht ist ein Versuch nicht ohne Weiteres fehlgeschlagen, sobald sich eine einzelne Ausführungshandlung als untauglich erwiesen hat. Vielmehr wird darauf abgestellt, ob es dem Täter nach Vornahme der letzten Ausführungshandlung (sog. **Rücktrittshorizont**) noch möglich erscheint, den Versuch erfolgsversprechend und ohne längere zeitliche Verzögerung fortzuführen.[990] 785

Im Beispielfall ist der Versuch nach der Gesamtbetrachtungslehre nicht als fehlgeschlagen einzustufen. Der Täter hielt es immer noch für möglich, den Tod des Opfers mit wuchtigen Schlägen herbei zu führen, obwohl seine ursprünglich geplante Tatausführung gescheitert war. Ein Rücktritt vom versuchten Tötungsdelikt war daher noch möglich. 786

Zunächst erscheint damit die Gesamtbetrachtungslehre als recht „täterfreundlich", ist es doch oft nur Zufall, wenn bisherige Ausführungshandlungen noch nicht zum Erfolg geführt haben.[991] Doch muss hier auf die oben dargestellte **Ratio der Straffreiheit aufgrund eines Rücktritts** geachtet werden.[992] Die Gründe, warum spezial- und generalpräventive Strafbedürfnisse verneint werden, lassen sich auch bei Tätern bejahen, die sich nach einem mehraktigen Geschehen letztendlich für die Rückkehr auf den Boden der Rechtsordnung entscheiden. Die Einzelaktstheorie schafft außerdem keinen ausreichenden Anreiz, von der Vollendung Abstand zu nehmen, wenn bereits eine (gescheiterte) Ausführungshandlung getätigt wurde, da der Täter dann 787

987 MüKo-StGB/*Herzberg*/*Hoffmann-Holland*, § 24 Rn. 58.
988 *Roxin*, AT II § 30 Rn. 178.
989 *Rengier*, AT § 37 Rn. 46.
990 MüKo-StGB/*Herzberg*/*Hoffmann-Holland*, § 24 Rn. 61.
991 MüKo-StGB/*Herzberg*/*Hoffmann-Holland*, § 24 Rn. 59.
992 Vgl. oben Rn. 758 ff.

ohnehin (zumindest wegen Versuchs) zu bestrafen wäre. Auch im Hinblick auf den Aspekt des **Opferschutzes** ist die Gesamtbetrachtungslehre daher der vorzugswürdige Ansatz.[993] Schließlich ist nicht einzusehen, warum der alle Eventualitäten bedenkende Täter, der sich von vornherein den Einsatz weiterer Tötungsmittel vorbehält, gegenüber dem sich zunächst auf ein Mittel beschränkenden Täter privilegiert werden sollte:[994] Nach der Einzelaktstheorie wäre nur bei Letzterem der Rücktritt wegen Fehlschlags des ursprünglichen Tatplans ausgeschlossen.

b) Abgrenzung von unbeendetem und beendetem Versuch

788 Da die **Rücktrittsvoraussetzungen** beim unbeendeten Versuch gem. § 24 Abs. 1 S 1 Alt. 1 anders (und weniger streng) sind als beim beendeten Versuch gem. (§ 24 Abs. 1 S. 1 Alt. 2),[995] müssen die beiden Alternativen streng voneinander abgegrenzt werden.[996]

789 Ein Versuch ist **unbeendet**, wenn der Täter glaubt, dass er noch nicht alle zur Tatbestandsverwirklichung notwendigen Handlungen erbracht hat.[997] Im Gegensatz dazu ist der Versuch **beendet**, wenn der Täter aus seiner Sicht alles zur Tatbestandsverwirklichung Notwendige getan hat.[998] Bei beiden Alternativen muss der Täter die Herbeiführung des Erfolges noch für möglich erachten, da sonst ein Fall des fehlgeschlagenen Versuches vorliegt.

aa) Maßgeblicher Zeitpunkt

790 Für die Abgrenzung des unbeendeten vom beendeten Versuch ist wie gesehen die **Vorstellung des Täters** über das Stadium der Tatbestandsverwirklichung entscheidend. Umstritten ist, welcher Zeitpunkt dafür maßgeblich ist.

791 Die Rechtsprechung grenzte früher den beendeten vom unbeendeten Versuch anhand der **Tatplantheorie** ab.[999] Relevanter Zeitpunkt für die Vorstellung des Täters war nach dieser Theorie der Tatbeginn. Hatte der Täter die Handlungen vorgenommen, die er bei Beginn der Tat im Sinn hatte und die er dabei für erforderlich hielt, galt der Versuch als beendet.[1000] Die Tatplantheorie sah sich allerdings breiter Kritik aus der Literatur ausgesetzt,[1001] die ihr u.a. Wertungswidersprüche vorwarf.[1002] Gegen sie spricht vor allem das bereits oben erwähnte Argument, dass die damit verbundene Schlechterstellung des Täters, der sich zunächst nur auf ein Mittel konzentriert, nicht sachgerecht erscheint.[1003]

993 *Rengier*, AT § 37 Rn. 47.
994 Vgl. *Heinrich*, AT Rn. 823.
995 S. dazu unten Rn. 800 ff. sowie Rn. 806 ff.
996 Schönke/Schröder/*Eser/Bosch*, § 24 Rn. 12.
997 *Lackner/Kühl*, StGB § 24 Rn. 3.
998 *Lackner/Kühl*, StGB § 24 Rn. 3.
999 Hierzu und im Folgenden MüKo-StGB/*Herzberg/Hoffmann-Holland*, § 24 Rn. 73.
1000 BGHSt 14, 75.
1001 *Lackner/Kühl*, StGB § 24 Rn. 5.
1002 *Roxin*, AT II § 30 Rn. 177.
1003 *Rengier*, AT § 37 Rn. 35.

Ganz überwiegend wird heute deshalb zurecht auf den sog. **Rücktrittshorizont** abgestellt. Entscheidend ist nach dieser Theorie die Täterperspektive unmittelbar nach der letzten Ausführungshandlung.[1004] Glaubt der Täter zu diesem Zeitpunkt, alles getan zu haben, was zur Tatbestandsverwirklichung notwendig ist, ist der Versuch beendet. 792

Beispiel:
Handwerker H sticht seinem Kollegen K während der Mittagspause einen zehn Zentimeter langen Schraubenzieher von hinten mit Tötungsvorsatz in den Rücken. Dieser bricht zusammen und bewegt sich nicht mehr. H denkt, dass K den Verletzungen alsbald erliegen wird und fährt nach Hause.

H dachte nach dem Stich, alles für den Tötungserfolg Notwendige getan zu haben. Der Versuch war daher (nach beiden Ansichten) beendet. 793

Gegenbeispiel:
H bemerkt nach dem mit Tötungsvorsatz geführten Stich, dass der Schraubenzieher lediglich im Schulterbereich steckt; er geht davon aus, dass K den Stich (anders als geplant) überleben wird. Dennoch lässt er von ihm ab.

Stellt man mit der Tatplantheorie auf die Vorstellung des H bei Tatbeginn ab, müsste man den Versuch als beendet ansehen; zutreffend ist dagegen, mit der Lehre vom Rücktrittshorizont von einem unbeendeten Versuch auszugehen, da H bewusst war, dass er zur Herbeiführung des Todes noch weitere Maßnahmen hätte ergreifen müssen. 794

Nach Auffassung der Rechtsprechung und einem Teil der Literatur kann der Rücktrittshorizont nachträglich korrigiert werden.[1005] Relevant ist dies in Fällen, in denen der Täter nach seiner Ausführungshandlung zunächst davon ausgeht, alles Notwendige getan zu haben, gleich darauf aber erkennt, dass dies nicht der Fall ist. Nach der Lehre vom **korrigierten Rücktrittshorizont** wird hier (zu Recht) ein unbeendeter Versuch angenommen. 795

bb) Sonderproblem: Erreichung eines außertatbestandlichen Zieles

Ein vieldiskutiertes Problem stellt sich wenn der Täter ein **außertatbestandliches Ziel** verfolgt indem er bspw. dem Opfer einen „Denkzettel" verpassen[1006] oder Zeugen vom Tatort vertreiben will,[1007] und zugleich lediglich mit bedingtem Vorsatz bezüglich des tatbestandlichen Erfolges handelt. Hier stellt sich die Frage, ob der Täter strafbefreiend zurücktreten kann, wenn er von weiteren Handlungen zur Herbeiführung des tatbestandlichen Erfolges nur deshalb absieht, weil er sein eigentliches Ziel bereits erreicht hat.[1008] 796

1004 MüKo-StGB/*Herzberg*/*Hoffmann-Holland*, § 24 Rn. 75; *Wessels*/*Beulke*/*Satzger*, AT Rn. 633.
1005 Dazu näher *Wessels*/*Beulke*/*Satzger*, AT Rn. 637.
1006 S. dazu BGHSt 39, 221.
1007 *Wessels*/*Beulke*/*Satzger*, AT Rn. 635.
1008 BeckOK-StGB/*Beckemper*, § 24 Rn. 22.

Beispiel:
Zuhälter Z ist erbost darüber, dass Prostituierte P Geld zurückbehalten hat, obwohl „vereinbart" war, dass ihm dieses Geld zusteht. Um P den hierarchischen Aufbau seines Unternehmens handgreiflich klar zu machen, schlägt er ihr einen metallischen Gegenstand mit bedingtem Tötungsvorsatz gegen den Kopf. Z erkennt, dass P nicht tödlich getroffen ist; dennoch nimmt er von weiteren Schlägen Abstand, da er davon ausgeht, dass P durch die Maßnahme ausreichend beeindruckt ist und künftig sämtliches Geld an ihn abführen wird.

797 Nach einer in der Literatur teilweise vertretenen Ansicht ist hier ein **beendeter Versuch** anzunehmen, von dem der Täter nicht mehr zurücktreten könne. Angeführt wird dabei, dass man keinen Tatvorsatz mehr habe, wenn man sein eigentliches Ziel bereits erreicht habe.[1009] Die weitere Ausführung sei dann sinnlos und der Täter habe seine Rücktrittsprivilegierung verwirkt.[1010]

798 Nach der u.a. vom BGH vertretenen Gegenansicht handelt es sich um einen **unbeendeten Versuch**, von dem der Täter wie auch sonst durch das Aufgeben der weiteren Tatbegehung zurücktreten kann.[1011] Dafür spricht zunächst der **Wortlaut** des § 24 Abs. 1 S. 1 Alt. 1. Danach geht es um das **Aufgeben der „Tat"**, worunter die potenziell den Erfolg herbeiführende tatbestandliche Handlung zu verstehen ist. Andere, außertatbestandliche Ziele fallen dabei nicht ins Gewicht, „aufgeben muss der Täter nur das, was im gesetzlichen Tatbestand umschrieben ist".[1012] Auch Gründe des **Opferschutzes** sprechen dafür, dem Täter die Rücktrittsmöglichkeit möglichst offen zu halten.[1013] Schließlich wird auf diese Weise vermieden, dass ein mit Tötungsabsicht handelnder Täter, der selbst bei Erreichung eines zugleich verfolgten außertatbestandlichen Zieles unstreitig zurücktreten kann, besser gestellt wird als ein lediglich mit bedingtem Vorsatz handelnder Täter.[1014]

799 Daher liegt im Beispielsfall der unbeendete Versuch eines Tötungsdeliktes vor, von dem der Z durch bloßes Aufgeben der weiteren Tatbestandsverwirklichung zurücktreten konnte.[1015]

c) Rücktrittshandlung

aa) Unbeendeter Versuch: Aufgabe der weiteren Ausführung der Tat

800 Um Straflosigkeit zu erlangen muss der Täter beim **unbeendeten Versuch** lediglich die **weitere Ausführung der Tat aufgeben,** § 24 Abs. 1 S. 1 Alt. 1.

801 Ein **Aufgeben** setzt voraus, dass der Täter auf weitere Maßnahmen verzichtet, die auf die Verwirklichung des Tatbestandes gerichtet sind.[1016] Welche genaueren An-

1009 Vgl. die Nachweise bei *Rengier*, AT § 37 Rn. 61.
1010 Nachweise bei *Roxin*, AT II § 30 Rn. 58. Teilweise wird dies auch als Fall des "fehlgeschlagenen" Versuchs bezeichnet.
1011 BGH NJW 1993, 2061 ff.
1012 *Wessels/Beulke/Satzger*, AT Rn. 635.
1013 *Wessels/Beulke/Satzger*, AT Rn. 635.
1014 *Rengier*, AT § 37 Rn. 62.
1015 Zu den Anforderungen an die Rücktrittshandlung s. sogleich Rn. 800 ff.
1016 MüKo-StGB/*Herzberg/Hoffmann-Holland*, § 24 Rn. 90.

forderungen an das „Aufgeben" zu stellen sind, war lange Zeit umstritten. Relevant wird hierbei auch der Begriff der „Tat" in § 24 Abs. 1 S. 1.

Die frühere Rechtsprechung vertrat lange Zeit die sog. **abstrakte Betrachtungsweise.**[1017] Danach liegt ein Aufgeben nur dann vor, wenn „der Täter die Durchführung seines kriminellen Entschlusses im Ganzen und endgültig aufgibt".[1018] Behält sich der Täter vor, die Tat zu einem späteren Zeitpunkt zu begehen, liegt nach dieser Auffassung keine „Aufgabe" im Sinne des § 24 Abs. 1 S. 1 Alt. 1 vor, da sich der Täter dann nicht zurück auf den Boden der Rechtsordnung begebe. 802

Mittlerweile wird diese Ansicht jedoch zu Recht überwiegend abgelehnt. Es genügt, wenn der Täter von der **konkreten Tat** Abstand nimmt.[1019] Letztere ist gekennzeichnet durch „Tatobjekt, die reale Tatsituation und das angestrebte Tatziel".[1020] Zur konkreten Tat gehören auch mögliche spätere Handlungsweisen die, falls sie vorgenommen werden sollten, in Handlungseinheit zur früheren Tathandlung stünden.[1021] Lässt der Täter also für eine kurze Zeit von der weiteren Tatausführung ab, hat dabei aber vor, kurz danach andere Handlungen vorzunehmen, die zum bisherigen Geschehen in Tateinheit stehen, hat er die Tat nicht im Sinne von § 24 Abs. 1 S. 1 Alt. 1 aufgegeben. Dagegen liegt ein Aufgeben vor, wenn der Täter sich lediglich vorbehält, die Tat irgendwann zu wiederholen. Hier plant der Täter eine künftige, neue Tat, die einen eigenständigen Tatentschluss voraussetzt und damit nicht zum bisherigen Tatgeschehen gehört.[1022] 803

Die zuletzt genannte Ansicht ist rücktrittsfreundlicher und kommt damit auch dem **Opferschutz** zugute.[1023] Gleichzeitig überzeugt das Argument, dass der Täter (wenn auch nur vorübergehend) auf den Boden der Rechtsordnung zurückkehrt. Würde man die Strafbarkeit nämlich allein auf den verwerflichen inneren Vorbehalt späterer Strafbegehung stützen, würde es sich um bloßes **Gesinnungsstrafrecht** handeln. Dieser Meinung hat sich mittlerweile auch die Rechtsprechung angeschlossen. 804

Beispiel:
Nach zehn Jahren zerrütteter Ehe hat E am Weihnachtsabend schließlich genug von ihrem Ehemann M. Sie beschließt, ihn mit einer Überdosis ihres verschreibungspflichtigen Schlafmittels zu vergiften. Hierzu mischt sie dieses großzügig in den von M geliebten Eierlikör und serviert ihm den tödlichen Giftcocktail. Gleich darauf bereut E jedoch ihre Entscheidung, da sie die Feiertage nicht mit einer solchen Tat belasten will. Noch bevor M vom Likör getrunken hat, stößt sie „versehentlich" gegen den Tisch, so dass das Glas wie gewünscht zu Boden fällt. E behält sich dabei jedoch vor, ihren Plan eventuell irgendwann nach den Feiertagen erneut in die Tat umzusetzen.

1017 RGSt 72, 349; s. dazu auch MüKo-StGB/*Herzberg/Hoffmann-Holland*, § 24 Rn. 91.
1018 BGH NJW 1980, 602.
1019 *Wessels/Beulke/Satzger*, AT Rn. 641; s. auch BGHSt 33, 142.
1020 *Wessels/Beulke/Satzger*, AT Rn. 641.
1021 *Rengier*, AT § 37 Rn. 85.
1022 *Rengier*, AT § 37 Rn. 88.
1023 *Rengier*, AT § 37 Rn. 88.

805 Nach der früher von der Rechtsprechung vertretenen Ansicht hat E die Tat nicht aufgegeben, da sie sich eine spätere Tatbegehung vorbehalten hat. Nach heute h.M. hat E die konkrete Tat jedoch aufgegeben, was für einen strafbefreienden Rücktritt ausreicht; ein erneuter Versuch irgendwann in der Zukunft stünde nicht in Tateinheit mit dem bisherigen Geschehen am Weihnachtsabend.

bb) Beendeter Versuch: Vollendungsverhinderung

806 Beim beendeten Versuch gibt es zwei Möglichkeiten des strafbefreienden Rücktritts, die tatsächliche Vollendungsverhinderung gem. § 24 Abs. 1 S. 1 Alt. 2 oder ein entsprechendes ernsthaftes Bemühen des Täters gem. § 24 Abs. 1 S. 2.

(1) Tatsächliche Vollendungsverhinderung, § 24 Abs. 1 S. 1 Alt. 2

807 Ist der Versuch bereits beendet, muss der Täter für die Straflosigkeit mehr leisten als lediglich die weitere Ausführung aufzugeben. Er muss gem. § 24 Abs. 1 S. 1 Alt. 2 die **Vollendung verhindern.**

808 Der Begriff des „Verhinderns" impliziert ein **aktives Tätigwerden** seitens des Täters, bloße Passivität genügt nicht.[1024] Ein aktives Tun setzt immer einen Eingriff in den Tatverlauf voraus, es reicht daher regelmäßig nicht aus, dass der Täter den Ort des Geschehens einfach nur verlässt.

809 Nach überwiegender Meinung muss das Verhalten des Täters zumindest **kausal** für die Verhinderung des Erfolges gewesen sein.[1025] Laut Bundesgerichtshof genügt es dabei, dass der Täter „[…] eine neue Kausalkette in Gang setzt, die für die Nichtvollendung der Tat mit ursächlich wird".[1026]

Beispiel:[1027]
A schießt dem K in dessen Büro mit Tötungsvorsatz in den Kopf. Daraufhin verlässt A das Büro und trifft auf die herbeieilenden Mitarbeiter des K, die den Schuss gehört hatten. Er entgegnet ihnen, sie sollten nach dem Chef sehen, diesem sei „etwas passiert". Aufgrund der von den Mitarbeitern eingeleiteten Rettungsmaßnahmen überlebt K schwer verletzt.

810 Der Bundesgerichtshof verneint hier zu recht eine taugliche Rücktrittshandlung mangels Kausalität für die Erfolgsverhinderung: Die Mitarbeiter hatten im konkreten Fall sowieso vor, nach K zu sehen, da sie den Knall beim Abfeuern des Schusses gehört hatten. Die „Anweisung" des A war daher für die spätere Rettung offensichtlich nicht entscheidend im Sinne der conditio-sine-qua-non-Formel.

811 Angesichts der weitreichenden Rechtsfolge der obligatorischen Straffreiheit ist man sich in der Literatur weitgehend einig, dass nicht jeder beliebige kausale Beitrag des Täters, der (vielleicht eher zufällig) zur Vollendungsverhinderung führt, genügen kann.[1028] Die **Kausalität** der potenziellen Rücktrittshandlung für die Erfolgsverhin-

1024 Hierzu und im Folgenden NK-StGB/*Zaczyk*, § 24 Rn. 56.
1025 *Kühl*, AT § 16 Rn. 67; *Rengier*, AT § 37 Rn. 111; *Roxin*, AT II § 30 Rn. 212.
1026 BGH NJW 1986, 73 (74).
1027 Nach BGH NJW 1986, 73.
1028 *Rengier*, AT § 37 Rn. 113.

derung ist mit anderen Worten nach h.M. eine notwendige, aber **keine hinreichende Bedingung** für die Straffreiheit gem. § 24 Abs. 1 S. 1 Alt. 2.

Eine Einschränkung wird erreicht, wenn man verlangt, dass die Erfolgsverhinderung dem Täter **zurechenbar** ist: „Die Verhinderung muss das Werk des Täters sein, nicht des Zufalls oder eines Dritten".[1029] Zur genaueren Bestimmung kann eine modifizierte Formel der Zurechenbarkeit, wie man sie aus dem objektiven Tatbestand kennt, herangezogen werden: „Der Täter muss eine Rettungschance schaffen, die sich im Ausbleiben des tatbestandlichen Erfolges realisiert".[1030] 812

Sehr umstritten ist, wie ein sog. **„halbherziger Rücktritt"**[1031] zu beurteilen ist, bei dem der Täter zwar kausal und im Ergebnis auch zurechenbar die Tatvollendung verhindert, dabei aber nicht die (ihm möglichen und zumutbaren) optimalen Rettungsbemühungen entfaltet. 813

Beispiel (nach BGHSt 48, 147):
A will sich umbringen und öffnet deshalb mehrere Gashähne seiner in einem Mehrfamilienhaus gelegenen Wohnung. Er nimmt dabei zunächst billigend in Kauf, dass es zu einer Gasexplosion mit tödlichen Folgen für die anderen Hausbewohner kommt. Kurz darauf besinnt er sich; er ruft die Polizei an, beschreibt die Situation und bittet darum, für die Rettung der anderen Personen zu sorgen. Die Gashähne lässt er aber weiter geöffnet. Kurze Zeit später trifft die Feuerwehr ein und verschließt die Gashähne in der Wohnung des mittlerweile bewusstlosen A.

Nach einer **Mindermeinung**[1032] ist vom Zurücktretenden zu verlangen, dass er **optimale Rettungsbemühungen** entfaltet; nur dann verdiene er die mit dem Rücktritt verbundene Straffreiheit. Dafür könnte sprechen, dass ein eher zufälliges Ausbleiben des Erfolgs nach dem Prinzip „Ende gut, alles gut"[1033] dem Täter nicht zugute gehalten werden kann, wenn er es unterlässt, dieses Zufallselement zu minimieren. Das Alarmieren der Rettungskräfte durch A wäre daher nach dieser Ansicht kein für einen Rücktritt genügendes Verhindern der Tatvollendung; denn mit dem Zudrehen der Gashähne stand ihm eine wirksamere, zur sicheren Abwendung des Erfolgs geeignete Rettungshandlung zur Verfügung, die er nicht ergriffen hat, obwohl ihm dies möglich und zumutbar war. 814

Der **BGH** und die **h.M.** im Schrifttum sehen dies zu Recht anders;[1034] danach muss der Täter nicht die beste, sondern nur irgendeine zur Rettung geeignete Aktivität entfalten, sofern sie letztlich kausal und zurechenbar zur Vollendungsverhinderung führt. Neben dem Argument des **Opferschutzes**, das für eine großzügige Auslegung der Rücktrittsvorschriften spricht, kann man dafür auf den **Wortlaut** und die **Binnensystematik von § 24 Abs. 1** verweisen. Während für den Fall der tatsächlich fehlenden Vollendungsverhinderung durch den Täter mit dem „ernsthaften Bemühen" 815

1029 *Kühl*, AT § 16 Rn. 72; *Rengier*, AT § 37 Rn. 113.
1030 *Rengier*, AT § 37 Rn. 113.
1031 *Puppe*, NStZ 1984, 488.
1032 Nachweise bei *Haverkamp/Kaspar*, JuS 2006, 895 (900).
1033 Dazu (mit überzeugender Gegenargumentation) *Rengier*, AT § 37 Rn. 124.
1034 Nachweise bei *Haverkamp/Kaspar*, JuS 2006,895 (900).

in § 24 Abs. 1 S. 1 Alt. 2 qualitative Anforderungen an die Rücktrittshandlung formuliert werden,[1035] finden sich Hinweise auf ein solches inhaltliches Kriterium bei Alt. 1 gerade nicht, wo nur neutral von der Verhinderung der Tatvollendung gesprochen wird. Sie dürfen dort daher auch nicht im Wege eines Erst-recht-Schlusses oder gar einer Analogie zu Lasten des Täters „hineingelesen“ werden.[1036]

816 Auch das „Zufallsargument“ verfängt nicht, da völlig atypische Kausalverläufe, bei denen die Rettung in unvorhersehbarer Weise gelingt, bereits über das auch hier vertretene Zurechnungskriterium ausgeschlossen werden können. Von diesen Extremfällen abgesehen ist es aber sachgerecht, den eingetretenen Rettungserfolg nach dem Prinzip „Ende gut alles gut“ dem Täter zugute zu halten. Denn umgekehrt trägt er auch das Risiko, dass es trotz optimaler zwischenzeitlicher Verhinderungsbemühungen von seiner Seite dennoch zur Tatvollendung kommt. Hier kommt ein Rücktritt (wenn man so will nach dem Motto „Ende schlecht, alles schlecht“) unstreitig nicht in Betracht.[1037]

817 Nach allen Ansichten setzt die Vollendungsverhinderung eine **subjektive Komponente** voraus,[1038] ein „Wollen und Bewusstsein“ des Täters.[1039] Eine Verhinderungsabsicht zu fordern wäre allerdings zu streng, vielmehr muss bedingter Vorsatz bezüglich der Vollendungsverhinderung genügen.[1040]

(2) Ernsthaftes Bemühen um Vollendungsverhinderung, § 24 Abs. 1 S. 2

818 Nach § 24 Abs. 1 S. 2 kann ein Täter auch dann strafbefreiend zurücktreten, wenn die Vollendung der Tat ohne sein Zutun verhindert wird, solange er sich **ernsthaft darum bemüht** hat.

819 Die Norm wurde erst 1975 ins Strafgesetzbuch aufgenommen, um die bis zu diesem Zeitpunkt bestehenden Wertungswidersprüche zu beseitigen.[1041] Insbesondere für die Beurteilung **untauglicher** oder objektiv **fehlgeschlagener Versuche**, bei denen der Täter den Fehlschlag nicht erkannt hatte, war die Einführung des § 24 Abs. 1 S. 2 notwendig.[1042] Denn in diesen Fällen konnte der Täter die (ohnehin objektiv nicht drohende) Tatvollendung naturgemäß gar nicht durch eigenes Handeln verhindern, so dass ihm der Rücktritt nach § 24 Abs. 1 S. 1 Alt. 2 stets verwehrt blieb. Das war, wie *Roxin* mit einem Beispiel anschaulich macht, nicht überzeugend:[1043] Der Täter, der dem Opfer eine tödliche Menge Gift beigebracht hat, würde nach § 24 Abs. 1 S. 1 Alt. 2 ohne weiteres zurücktreten können, nicht dagegen der Täter, der eine zu geringe Dosis verwendet, aber davon ausgeht, dass sie tödlich ist – denn

1035 S. sogleich Rn. 818 ff.
1036 Vgl. *Rengier*, AT § 37 Rn. 124.
1037 S. *Rengier*, AT § 37 Rn. 112.
1038 *Kühl*, AT § 16 Rn. 65.
1039 NK-StGB/*Zaczyk*, § 24 Rn. 62; *Rengier*, AT § 37 Rn. 118.
1040 NK-StGB/*Zaczyk*, § 24 Rn. 62; *Kühl*, AT § 16 Rn. 65.
1041 *Rengier*, AT § 37 Rn. 130.
1042 *Wessels/Beulke/Satzger*, AT Rn. 646.
1043 Zum Folgenden *Roxin*, AT II § 30 Rn. 266.

in letzterem Fall kommt es schon aus rein objektiven Gründen nicht zur Vollendung der Tat.

Auch fügt sich § 24 Abs. 1 S. 2 in das **Gesamtsystem der Versuchslehre** ein. Diese ist stark durch subjektive Faktoren und Vorstellungsbilder des Täters geprägt.[1044] Zur Begründung einer Versuchsstrafbarkeit genügt die Tätervorstellung. Mit § 24 Abs. 1 S. 2 kann die Versuchsstrafbarkeit nun auch durch einen allein auf diese Vorstellung gestützten Rücktritt wieder beseitigt werden; spiegelbildlich zur Strafbarkeit des „untauglichen Versuchs“ ist also auch der „**untaugliche Rücktritt**“ geeignet, die Versuchsstrafbarkeit zu beseitigen. 820

Ohne Zutun wird eine **Vollendung verhindert**, wenn die Erfolgsverhinderung nicht kausal auf dem Handeln des Täters beruht oder ihm nicht als sein „Werk“ zugerechnet werden kann.[1045] Das umfasst, wie oben erwähnt, zunächst die Fälle des untauglichen Versuchs, bei denen die Vollendung schon aufgrund der fehlenden Tauglichkeit der Tathandlung ausbleibt.[1046] Auch Fälle, in denen Dritte oder das Opfer bereits ausreichende Rettungsmaßnahmen ergriffen haben bzw. die vom Täter in Gang gebrachte rettende Kausalkette durch Schaffung einer neuen unterbrochen wird, fallen in den Anwendungsbereich von § 24 Abs. 1 S. 2. 821

Ein **ernsthaftes Sichbemühen** setzt, wie die Vollendungsverhinderung in § 24 Abs. 1 S. 1 Alt. 2, ein **aktives Tun** voraus.[1047] Es müssen alle Maßnahmen ergriffen werden, die aus der Sicht des Täters zur Erfolgsabwendung **geeignet und erforderlich** sind;[1048] darüber hinaus zu fordern, dass der Täter gerade die aus seiner Sicht optimale Handlung vornimmt[1049] erscheint dagegen überzogen und auch vom Wortlaut der Norm nicht unbedingt verlangt.[1050] 822

Ein ernsthaftes Bemühen liegt nach diesem Maßstäben nicht vor, wenn der Täter die Schusswunde des Opfers lediglich dilettantisch mit einem Verband umwickelt, ansonsten aber keine (ihm möglichen) Rettungsmaßnahmen vornimmt, obwohl er von einer lebensgefährlichen Verletzung ausgeht.[1051] 823

Der Täter kann **Dritte** einschalten,[1052] bspw. die Polizei oder einen Rettungsdienst. Jedoch wird man dann fordern müssen, dass die eingeschalteten Personen durch den Täter korrekt über die Situation aufgeklärt werden.[1053] Nicht erforderlich ist, dass der Täter darüber hinaus, um die Rettungswahrscheinlichkeit weiter zu erhöhen, noch andere Stellen informiert.[1054] Bei Laien, die der Täter zur Erfolgsverhinderung 824

1044 LK-StGB/*Vogler*, § 24 Rn. 131.
1045 MüKo-StGB/*Herzberg/Hoffmann-Holland*, § 24 -Rn. 139.
1046 *Rengier*, AT § 37 Rn. 136.
1047 MüKo-StGB/*Herzberg/Hoffmann-Holland*, § 24 Rn. 141.
1048 *Wessels/Beulke/Satzger*, AT Rn. 647; vgl. auch BGH NStZ 2012, 28 f.
1049 Vgl. *Roxin*, AT II § 30 Rn. 276.
1050 Zutreffend *Rengier*, AT § 37 Rn. 142.
1051 *Wessels/Beulke/Satzger*, AT Rn. 647.
1052 *Lackner/Kühl*, StGB § 24 Rn. 20.
1053 *Rengier*, AT § 37 Rn. 142.
1054 *Rengier*, AT § 37 Rn. 142.

einsetzt, muss er sich versichern, dass diese auch tatsächlich Erfolg versprechende Rettungsmaßnahmen durchführen.[1055]

d) Freiwilligkeit

825 Bei allen Alternativen des § 24 wird vom Täter die **Freiwilligkeit** des Rücktrittsverhaltens gefordert. Diese ist ebenfalls aus der konkreten Tätersicht zu beurteilen.[1056] Zur Beantwortung der Frage, wann ein Rücktritt freiwillig oder unfreiwillig ist, werden insbesondere zwei Meinungen vertreten.[1057]

826 Die Vertreter der **normativen Theorie** akzeptieren das Verhalten des Täters nur dann als freiwillig, wenn eine Gesamtwürdigung ergibt, dass der Täter sich zurück in die Legalität begeben hat.[1058] Zur Bestimmung, wann dies der Fall ist, hat *Roxin* die sog. Lehre von der **Verbrechervernunft** entwickelt.[1059] Wenn das Verhalten des Täters einem fiktiven „hartgesottenen, Risiko und Chancen des konkreten Tatplans kalt abwägenden Delinquenten"[1060] als vernünftig erscheint, handelt er nach den Regeln der Verbrechervernunft und kehrt gerade nicht auf den Boden der Rechtsordnung zurück. Ein Rücktritt ist dann als unfreiwillig einzustufen.

827 Die Rechtsprechung sowie ein Teil der Literatur folgen demgegenüber einer **psychologischen Betrachtungsweise.**[1061] Dabei wird zwischen **autonomen** und **heteronomen** Beweggründen unterschieden.[1062]

828 **Autonom** und damit freiwillig ist der Rücktritt, wenn der Täter noch „Herr seiner Entschlüsse" ist.[1063] Das setzt voraus, dass keine zwingenden (innerlichen oder äußerlichen) Gründe den Täter zum Rücktritt bewegen, sondern dass der Rücktritt auf seiner eigenen freien Entscheidung beruht.[1064] Damit ist nicht gemeint, dass der Täter immer unfreiwillig handelt, wenn er äußere Einflüsse in seine Entscheidung miteinbezieht.[1065] Nur die Entscheidung, die der Täter am Ende eines möglichen Abwägungsprozesses trifft, muss seine eigene sein; woher das „Abwägungsmaterial" stammt, ist unerheblich. Typische **Beispiele** für autonome Beweggründe sind Scham, Mitleid, Reue oder ein schlechtes Gewissen.[1066]

829 Basiert der Rücktritt auf einem Umstand, den der Täter als zwingendes Hindernis betrachtet, liegt ein **heteronomer Beweggrund** vor, der die Freiwilligkeit des Handelns und damit den Rücktritt ausschließt.[1067] Zwingende Hindernisse können „äu-

---

1055 *Rengier*, AT § 37 Rn. 142.
1056 *Fischer*, StGB § 24 Rn. 18.
1057 *Roxin*, AT II § 30 Rn. 355.
1058 MüKo-StGB/*Herzberg/Hoffmann-Holland*, § 24 Rn. 110; *Roxin*, AT II § 30 Rn. 355.
1059 Hierzu und im Folgenden *Roxin*, AT II § 30 Rn. 383.
1060 *Roxin*, AT II § 30 Rn. 383.
1061 Schönke/Schröder/*Eser/Bosch*, § 24 Rn. 43.
1062 *Wessels/Beulke/Satzger*, AT Rn. 651.
1063 *Kühl*, AT § 16 Rn. 55.
1064 *Wessels/Beulke/Satzger*, AT Rn. 651.
1065 Hierzu und im Folgenden *Rengier*, AT § 37 Rn. 92.
1066 Hierzu und im Folgenden *Wessels/Beulke/Satzger*, AT Rn. 651.
1067 Schönke/Schröder/*Eser/Bosch*, § 24 Rn. 45.

ßere Zwangslagen oder seelischer Druck" sein.[1068] Der Täter weiß, „dass die Tat theoretisch noch vollendbar ist, er sie aber praktisch nicht vollenden kann".[1069]

Besonders relevant sind Fälle, in denen der Täter die weitere Tatausführung aufgibt, weil er entweder eine **Entdeckung** fürchtet oder ihm das Risiko zu groß wird.[1070] 830
Eindeutige Kriterien für die Beurteilung der Frage, wann ein Täter hier noch freiwillig handelt und wann nicht mehr, lassen sich schwer formulieren; es kommt auf die Bewertung im Einzelfall an.[1071] Je mehr die Gefahr der Entdeckung oder das Risiko der weiteren Tatausführung dem Täter unvertretbar hoch erscheint, desto weniger kann von einem „freiwilligen" Rücktritt ausgegangen werden.[1072] Wichtig zu erwähnen ist noch, dass ein Aufgeben der Tat bei hoher Entdeckungsgefahr auch der „Verbrechervernunft" entspricht, so dass beide Ansichten hier zum selben Ergebnis gelangen werden. Einer Streitentscheidung bedarf es dann nicht.

4. Rücktritt bei Beteiligung mehrerer, § 24 Abs. 2

Der Rücktritt nach § 24 Abs. 2 gestaltet sich für den Täter schwieriger als der Rück- 831
tritt nach § 24 Abs. 1. Der Grund hierfür ist, dass der Gesetzgeber den Versuch von mehreren Tatbeteiligten, bei dem stets ein Weiterhandeln der anderen Tatbeteiligten droht, nachvollziehbarerweise für gefährlicher hält.[1073] Anders als bei § 24 Abs. 1 S. 1 ist es bei § 24 Abs. 2 unerheblich, ob der Versuch beendet oder unbeendet ist.[1074] Der Tatbeteiligte muss gem. § 24 Abs. 2 S. 1 stets die **Vollendung verhindern;** ein bloßes **Aufgeben der Tat genügt** hier **nicht.**

a) Kein Fehlschlag

Auch beim Rücktritt nach § 24 Abs. 2 darf die Tat nicht bereits **fehlgeschlagen sein.** 832
Zur Frage wann ein Versuch fehlgeschlagen ist, kann auf die obigen Ausführungen verwiesen werden;[1075] Besonderheiten bei mehreren Tatbeteiligten bestehen nicht.

b) Rücktrittshandlung

Die Vollendungsverhinderung gem. § 24 Abs. 2 S. 1 gestaltet sich genauso wie die 833
Vollendungsverhinderung nach § 24 Abs. 1 S. 1 Alt. 2. Das Verhalten des Tatbeteiligten muss auch hier zum Nichteintritt des Erfolges in kausaler und zurechenbarer Weise beigetragen haben.[1076] Rein **passives Nicht-Weiter-Handeln** genügt auch hier nicht; eine Ausnahme ist nur dann anzuerkennen, wenn das bloße Aufgeben der Tat ausnahmsweise geeignet ist, den Eintritt der Vollendung zu verhindern und mehr vom Täter auch nicht verlangt werden kann. Das ist denkbar, wenn zwei Mittäter

1068 BGH NJW 1988, 1602 (1604).
1069 *Kühl*, AT § 16 Rn. 56.
1070 *Rengier*, AT § 37 Rn. 103.
1071 *Wessels/Beulke/Satzger*, AT Rn. 652.
1072 *Rengier*, AT § 37 Rn. 103.
1073 Hierzu und im Folgenden *Kühl*, AT § 16 Rn. 91; *Wessels/Beulke/Satzger*, AT Rn. 648.
1074 *Rengier*, AT § 38 Rn. 17.
1075 S. oben Rn. 771 ff.
1076 Hierzu und im Folgenden *Fischer*, StGB § 24 Rn. 40 f.

gemeinsam beschließen, die Tatvollendung aufzugeben und gemeinsam den Tatort verlassen.

834 Nach § 24 Abs. 2 S. 2 genügt auch bei mehreren Tatbeteiligten das **ernsthafte Bemühen** der Vollendungsverhinderung. Insoweit kann grundsätzlich auf die Ausführungen zu § 24 Abs. 1 S. 2 verwiesen werden.[1077] Allerdings unterscheidet § 24 Abs. 2 S. 2 zwei Alternativen.

aa) Ernsthaftes Bemühen bei Ausbleiben der Vollendung

835 Bei der ersten, in § 24 Abs. 2 S. 2 Alt. 1 geregelten Alternative bleibt die Vollendung ohne das Zutun des sich bemühenden Tatbeteiligten aus, bspw. weil bereits ein anderer eingeschritten ist.[1078] Vergleichbar der ratio von § 24 Abs. 1 S. 2 wird dem Täter auch in diesen Fällen noch die Gelegenheit gewährt, Straffreiheit durch eigenes **ernsthaftes Bemühen** zu erlangen.[1079]

bb) Ernsthaftes Bemühen bei Eintritt der Vollendung

836 Bemüht sich der Tatbeteiligte ernsthaft um die Verhinderung des Erfolges, wird ihm auch dann der Rücktritt ermöglicht, wenn die Tat dennoch **vollendet** wird, § 24 Abs. 2 S. 2 Alt. 2. Der Eintritt der Vollendung muss aber ausdrücklich **unabhängig vom Tatbeitrag des Zurücktretenden** erfolgen.[1080] Wirkt sein ursprünglicher Beitrag hier in irgendeiner Weise fort, sei es auch nur in der Weise, dass die restlichen Täter noch durch seinen früheren Beitrag psychisch gestärkt zur Tat schreiten, ist ein Rücktritt nicht möglich.[1081]

Beispiel:
Nachtwächter N ist bei einer Chemiefabrik angestellt. Diese stellt hochgiftige und sehr teure chemische Stoffe her. F, ein ehemaliger Schulfreund des N, möchte die in der Fabrik gelagerten Stoffe stehlen und ins Ausland schmuggeln, um dort synthetische Drogen herzustellen. N beschafft F einen Plan des Grundrisses der Fabrik sowie die Patrouillenpläne der Wachmannschaft. Noch bevor F und seine Kollegen das Gelände betreten können, werden ihnen die Dokumente von N, der zwischenzeitlich von seinem schlechten Gewissen geplagt wird, wieder abgenommen. F und seine Bande haben diese jedoch in der Zwischenzeit genau studiert, so dass sie den Diebstahl wie geplant erfolgreich zu Ende bringen.

837 Hier konnte N trotz seiner „Umkehr" im Ergebnis nicht wirksam gem. § 24 Abs. 2 S. 2 Alt. 2 zurücktreten. Zum einen ist bereits fraglich, ob das bloße Ansichnehmen der Unterlagen ein ernsthaftes Bemühen darstellt, oder ob N noch weitere Maßnahmen hätte treffen müssen, bspw. die Benachrichtigung der Polizei. Doch selbst wenn man ein ernsthaftes Bemühen bejaht, wurde die Tat hier unter Fortwirkung eines Tatbeitrags des N verwirklicht. F und seine Mittäter konnten den Dieb-

1077 S. Rn. 818 ff.
1078 *Fischer*, StGB § 24 Rn. 42.
1079 *Roxin*, AT II § 30 Rn. 338.
1080 *Wessels/Beulke/Satzger*, AT Rn. 648.
1081 *Fischer*, StGB § 24 Rn. 42a.

stahl nur begehen, weil sie die von N beschafften Pläne kannten. Der Tatbeitrag des N blieb also entscheidend für die Vollendung der Tat.

c) Freiwilligkeit

Die Freiwilligkeit im Rahmen des § 24 Abs. 2 unterscheidet sich nicht von derjenigen in § 24 Abs. 1. Die dort geltenden Maßstäbe[1082] sind auch hier heranzuziehen. 838

5. Teilrücktritt

Beim sog. Teilrücktritt gibt der Täter ein bereits verwirklichtes Qualifikationsmerkmal noch vor Vollendung der gesamten Tat auf, den Grundtatbestand jedoch nicht.[1083] 839

Beispiel:[1084]
A will eine schwere räuberische Erpressung gem. §§ 253, 255, 250 Abs. 1 Nr. 1 lit. a begehen und führt deshalb eine Schusswaffe bei sich. Noch vor Vollendung der Tat überkommt ihn jedoch ein „ekliges Gefühl" und er will mit der Waffe „nichts mehr zu tun haben". Er wirft sie daraufhin weg. Gleichwohl will er weiterhin in den Besitz des Geldes gelangen und vollendet die Tat.

Weitgehend anerkannt ist, dass ein Teilrücktritt dann möglich ist, solange das Qualifikationsmerkmal seine „unrechtssteigernde Qualität" noch nicht „vollständig entfaltet hat",[1085] mit anderen Worten: **noch nicht vollendet** ist.[1086] Damit ist aber nur ein kleiner Teilbereich der denkbaren Konstellationen angesprochen. Denn es reicht zur Vollendung einer Qualifikation oft aus, dass der Täter irgendwann im Zeitraum zwischen Versuchsbeginn und Vollendung das qualifizierende Merkmal erfüllt.[1087] Qualifikationsmerkmale liegen deshalb häufig bereits vor der Vollendung des Grundtatbestandes vor, wie das im obigen Beispielsfall verwirklichte „Mitsichführen" einer Waffe gem. § 250 Abs. 1 Nr. 1 lit.a. 840

Der **BGH** lehnt nach **vollständiger Verwirklichung des Qualifikationsmerkmals** die Möglichkeit eines Teilrücktritts ab.[1088] Strafgrund für die Qualifikation sei die erhöhte Gefährlichkeit des Täters;[1089] habe der Täter das qualifizierende Merkmal erfüllt, sei diese erhöhte Gefährlichkeit zu Tage getreten. Auch wenn er sich später entscheide, die Qualifikation aufzugeben, sei der Unrechtsgehalt des gesamten Geschehens größer als bei bloßer Begehung des Grunddeliktes. 841

Dem ist mit der **h. Lit.** zu widersprechen, die zu Recht die Möglichkeit des Teilrücktritts auch bei **„vollendetem" Qualifikationsmerkmal** bejaht.[1090] Zum einen dient auch hier die Rücktrittsmöglichkeit dem Opferschutz, indem sie einen Anreiz bietet, 842

1082 S. oben Rn. 825 ff.
1083 *Roxin*, AT II § 30 Rn. 295.
1084 Nach BGH NStZ 1984, 216 ff; s. dazu auch *Roxin*, AT II § 30 Rn. 295.
1085 NK-StGB/*Zaczyk*, § 24 Rn. 79.
1086 *Fischer*, StGB § 24 Rn. 27.
1087 *Fischer*, StGB § 24 Rn. 27.
1088 BGH NStZ 1984, 216 f.; BGH NJW 2007, 1699 f.
1089 BGH NStZ 1984, 216.
1090 *Rengier*, AT § 37 Rn. 150; *Roxin*, AT II § 30 Rn. 299 f.

letztlich von der gefährlicheren Begehungsweise des Delikts Abstand zu nehmen. Außerdem verbleibt die zunächst eingetretene, rein abstrakte zusätzliche Gefährdung ohne Folgen und wird vom Täter letztlich wieder beseitigt, so dass man einen relevanten höheren Unrechtsgehalt bestreiten kann. Ein systemwidriger Rücktritt von einer vollendeten Straftat ist das nicht, denn nicht der gesamte Tatbestand, sondern nur das einzelne Qualifikationsmerkmal ist „vollendet". Ohnehin sollte man in diesem Zusammenhang besser von einer „vollständigen Verwirklichung" sprechen, denn der Terminus der „Vollendung" bezieht sich (jedenfalls soweit es um die Abgrenzung zur Versuchstat geht) auf die gesamte Tat und nicht auf ein isoliertes Merkmal.

843 Im Beispiel konnte A daher richtigerweise (entgegen der Ansicht des BGH) durch das Wegwerfen der Schusswaffe von der qualifizierten schweren räuberischen Erpressung zurücktreten. Es bleibt dann bei der Strafbarkeit aus dem Grunddelikt gem. §§ 253, 255.

III. Tätige Reue

844 Die tätige Reue ist in ihrem Wesen eng verwandt mit dem Rücktritt.[1091] Sie kommt in Betracht, wenn die Tat **vollendet** wurdeund damit ein Rücktritt (außer in den Fällen des § 24 Abs. 2 S. 2 Alt. 2) ausgeschlossen ist.[1092]

845 Eine dem § 24 vergleichbare allgemeine Regel für alle Delikte existiert im Bereich der tätigen Reue nicht. Nur bei **einzelnen Delikten**, insbesondere Gefährdungsdelikten mit weiter Vorverlagerung der Vollendungsstrafbarkeit,[1093] hat der Gesetzgeber die Notwendigkeit gesehen, das „Umkehrverhalten" des Täters zu honorieren. Als Beispiele können die Regelungen zum Subventionsbetrug (§ 264 Abs. 5), zur Geldwäsche (§ 261 Abs. 9), sowie diejenige im Bereich der Brandstiftungsdelikte (§ 306e) genannt werden. Auch die **strafbefreiende Selbstanzeige** bei der Steuerhinterziehung gem. § 371 AO lässt sich – trotz gewisser Besonderheiten – dem Institut der tätigen Reue zuordnen.[1094]

846 Anders als beim Rücktritt existiert im Bereich der tätigen Reue **keine einheitliche Rechtsfolge**. Je nach gesetzlicher Anordnung im Einzelfall kann das Gericht die Strafe nach § 49 mildern oder von Strafe absehen, etwa in § 306e Abs. 1; nur vereinzelt ist materielle Straffreiheit vorgesehen wie bspw. in § 264 Abs. 5. Ein klares System kann man den gesetzlichen Regelungen zur tätigen Reue nicht entnehmen. Sie bedürften einer Reform, welche bestehende Ungleichheiten und Widersprüche beseitigt.[1095]

1091 *Rengier*, AT § 39 Rn. 1.
1092 *Wessels/Beulke/Satzger*, AT Rn. 654.
1093 *Wessels/Beulke/Satzger*, AT Rn. 654.
1094 S. dazu näher *Kaspar*, in: FS-Beulke, S. 1167..
1095 *Kaspar*, in: FS-Beulke, S. 1167 (1177 f.).

Wiederholungsfragen zu § 8 (Versuch und Rücktritt)

1. Was ist der Strafgrund des Versuchs? (Rn. 693)
2. Wie wird das „unmittelbare Ansetzen“ gem. § 22 bestimmt? (Rn. 704 ff.)
3. Wie lässt sich die Strafbarkeit des untauglichen Versuchs begründen? (Rn. 749 f.)
4. Was ist der Grund für die Straflosigkeit nach einem Rücktritt gem. § 24? (Rn. 758 ff.)
5. Inwiefern und warum unterscheiden sich die Anforderungen an die Rücktrittshandlung beim unbeendeten und beim beendeten Versuch? (Rn. 800 f.)
6. Welche Problematik stellt sich in den Fällen der Erreichung eines „außertatbestandlichen Zwischenziels“? (Rn. 796 ff.)

§ 9 Fahrlässigkeitsdelikte

I. Grundlagen

Im Bereich der strafbaren **Fahrlässigkeitsdelikte**[1096] wird nicht ein zielgerichtetes, wissentliches oder zumindest billigend in Kauf genommenes rechtsfeindliches Verhalten erfasst; vielmehr bestraft das Gesetz hier besondere Formen der **Unachtsamkeit,** oder, wie es der französische Strafgesetzgeber enumerativ aufzählt: Ungeschicklichkeit, Unvorsichtigkeit, Unaufmerksamkeit, Nachlässigkeit, oder die Verletzung einer durch Gesetz oder andere Vorschriften auferlegten Sicherungs- oder Sorgfaltspflicht.[1097] Kurz: Bestraft wird hier eine pflichtwidrige **Missachtung** der im Verkehr erforderlichen **Sorgfalt.**[1098] 847

Beide Begehungsweisen stehen in einem **normativen Stufenverhältnis** zueinander, weswegen in der Klausur die Vorsatztaten grundsätzlich vor den weniger vorwerfbaren Fahrlässigkeitsdelikten zu prüfen sind.[1099] 848

Dass nicht jedes sorgfaltswidrige Verhalten strafbar sein kann, ist einleuchtend und liegt auch der gesetzlichen Regelung zugrunde: So wird in **§ 15** klargestellt, dass fahrlässiges Handeln nur in den **gesetzlich ausdrücklich vorgesehenen Fällen** mit Strafe bedroht sein soll. Dies ist vor allem bei der Verletzung besonders hochwertiger Rechtsgüter, wie bspw. des Lebens (§ 222) oder der körperlichen Unversehrtheit (§ 229) der Fall. 849

Bei weniger wichtigen Rechtsgütern verzichtet der Gesetzgeber dagegen in vielen Fällen auf eine Fahrlässigkeitsstrafbarkeit. So gibt es z.B. keine strafbare „fahrlässige Sachbeschädigung", da § 303 (wie der Blick in § 15 deutlich macht) nicht einschlägig ist und ein ausdrücklicher Fahrlässigkeitstatbestand in diesem Bereich nicht existiert. Diese nur punktuelle Strafbarkeit ist nicht zu kritisieren, sondern Ausdruck des **fragmentarischen Charakters** des Strafrechts[1100] sowie seiner Funktion als **„ultima ratio"**.[1101] 850

Die Fahrlässigkeitstatbestände des StGB sind, wie auch die bisher erwähnten Beispiele gezeigt haben, nahezu ausschließlich **Erfolgsdelikte.** Daher sind die nachfolgenden Ausführungen auf diese Deliktsform bezogen. Nur der Vollständigkeit halber sei erwähnt, dass das Gesetz vereinzelt auch die fahrlässige Begehung bloßer **Tätigkeitsdelikte** unter Strafe stellt, etwa in Form des fahrlässigen Falscheides gem. § 161. 851

1096 Vertiefend *Kaspar*, JuS 2012, 16 sowie 112.
1097 Vgl. etwa den Tatbestand der fahrlässigen Tötung („homicide involontaire") gemäß Art. 221-6 I Code Pénal.
1098 *Wessels/Beulke/Satzger*, AT Rn. 656.
1099 *Rengier*, AT § 52 Rn. 2.
1100 Hierzu näher *Kertai*, JuS 2011, 976.
1101 Vgl. oben Rn. 46 sowie *Kaspar*, JuS 2012, 16 (17).

II. Erscheinungsformen

852 Wie beim Vorsatz lassen sich auch im Rahmen der Fahrlässigkeit mehrere **Erscheinungsformen** unterscheiden:[1102]

853 Wer das mit der Handlung verbundene Risiko erkennt und die Tatbestandsverwirklichung für möglich hält, letztlich aber auf deren Nichteintreten vertraut, handelt **bewusst fahrlässig.** Dieses Vertrauen auf einen guten Ausgang unterscheidet die bewusste Fahrlässigkeit (lat. **luxuria**) vom dolus eventualis, bei dem der Täter ebenfalls die Möglichkeit der Tatbestandsverwirklichung erkennt, dies aber billigend in Kauf nimmt.[1103]

854 Wer hingegen die Möglichkeit des Erfolgseintritts schon gar nicht erkennt, der handelt **unbewusst fahrlässig.** Die Strafbarkeit der unbewussten Fahrlässigkeit ist nicht unumstritten, denn es stellt sich die Frage, ob der Täter für eine Rechtsgutsverletzung strafrechtlich zur Verantwortung gezogen werden kann, die in keiner Form im Bereich seines Bewusstseins lag.[1104] Der Fahrlässigkeitsvorwurf kann richtigerweise dann begründet werden, wenn der Täter die Umstände, auf denen der Vorwurf der Sorgfaltspflichtverletzung beruht, kannte, daraus aber (pflichtwidrig) nicht den Schluss auf eine drohende Rechtsgutsverletzung gezogen hat.[1105]

855 Da die Unterscheidung zwischen bewusster und unbewusster Fahrlässigkeit nur im Rahmen der Strafzumessung relevant wird, muss in der gutachterlichen Prüfung darauf nicht zwingend eingegangen werden; dennoch empfiehlt es sich, die jeweils vorliegende Form der Fahrlässigkeit festzustellen.

856 Eine Sonderform der Fahrlässigkeit ist die in manchen Tatbeständen geforderte **Leichtfertigkeit** (vgl. z.B. §§ 251, 306c). Für deren Vorliegen muss der Täter besonders sorgfaltspflichtwidrig handeln, in etwa vergleichbar mit der aus dem Zivilrecht bekannten „groben Fahrlässigkeit“. Das ist der Fall, wenn er aus besonderer Gleichgültigkeit oder gesteigerter Unachtsamkeit verkannt hat, dass bei dem von ihm an den Tag gelegten Verhalten der Eintritt des tatbestandlichen Erfolgs besonders nahe liegt, sich mithin geradezu „aufdrängt“.[1106] Die Leichtfertigkeit geht somit über den normalen Fahrlässigkeitsmaßstab hinsichtlich des Grades der Pflichtverletzung sowie hinsichtlich des Maßes der Voraussehbarkeit hinaus.[1107]

III. Hinweise für die gutachterliche Prüfung

857 Während die Fahrlässigkeit früher lediglich als besondere Schuldform betrachtet wurde, hat sich heute die sog. **Zweistufigkeitslehre**[1108] durchgesetzt. Danach wird

---

1102 Hierzu *Rengier*, AT § 52 Rn. 7 ff.
1103 Zur Abgrenzung von Vorsatz und Fahrlässigkeit und den hierzu vertretenen Theorien s. oben Rn. 204 ff.
1104 Gegen eine Strafbarkeit der unbewussten Fahrlässigkeit bspw. *Köhler*, AT S. 178 ff.
1105 *Roxin*, AT I § 24 Rn. 69.
1106 S. auch BGHSt 33, 66 (67).
1107 Zum Ganzen *Rengier*, AT § 52 Rn. 9.
1108 *Gropp*, AT § 12 Rn. 80.

die Fahrlässigkeit bereits auf der Ebene der **Tatbestandsverwirklichung (1. Stufe)** und später erneut bei der Beurteilung der **Schuld (2. Stufe)** relevant.[1109] Dass dies richtig ist, zeigt folgendes

Beispiel:
A überredet seine Freundin F zu einer Flugreise, bei der das Flugzeug abstürzt und F stirbt.

Trotz der nicht zu bestreitenden Kausalität des Überredens durch A für den Tod der F fehlt es an der Tatbestandsmäßigkeit i.S.v. § 222, da keine von einer Verbotsnorm sinnvoll erfasste sorgfaltswidrige Handlung des A vorliegt. Es wäre kaum verständlich in einem solchen Fall von einer tatbestandlichen und rechtswidrigen „Tötung" zu sprechen und erst auf der Ebene der Schuld zu fragen, ob diese dem A persönlich vorzuwerfen ist. 858

Aus dem bislang Gesagten und aus der Eigenart des Fahrlässigkeitsdelikts ergeben sich **Besonderheiten für dessen Aufbau**. Zunächst führt das Fehlen eines Vorsatzelements dazu, dass die Prüfung des subjektiven Tatbestandes entfällt. Da der Verstoß gegen Sorgfaltspflichten sanktioniert werden soll, ist allerdings auf der Ebene der **Tatbestandsmäßigkeit** neben dem Erfolgseintritt und der Kausalität zu prüfen, ob aus objektiver Sicht ein Verstoß gegen eine Sorgfaltsregel festgestellt werden kann und ob der dadurch verwirklichte Erfolg für den Täter auch objektiv vorhersehbar gewesen ist. Wird ein Zuwiderhandeln gegen die verkehrsübliche Sorgfalt festgestellt, ist zu klären, ob dem Täter der eingetretene Erfolg auch objektiv zuzurechnen ist. Hier kommt vor allem der Frage des Pflichtwidrigkeits- sowie des Schutzzweckzusammenhangs besondere Bedeutung zu.[1110]Auf der Ebene der **Schuld** ist (neben den üblichen Schuldausschließungs- und Entschuldigungsgründen) zu prüfen, ob dem Täter sein pflichtwidriges Verhalten auch subjektiv vorzuwerfen ist. 859

Der exakte Prüfungsaufbau beim Fahrlässigkeitsdelikt kann von Lehrbuch zu Lehrbuch leicht variieren, was teilweise Folge terminologischer Unterschiede ist, teilweise aber auf unterschiedlichen dogmatischen Ausgangspositionen beruht.[1111] Hier sind viele Varianten gut vertretbar. Dennoch ist es empfehlenswert, im Sinne der h.M. an der oben erwähnten zweistufigen Prüfung des Fahrlässigkeitsdelikts festzuhalten und dies im Aufbau auch klar kenntlich zu machen. Folgendes Schema ist zu empfehlen: 860

1109 Zur Entwicklung der Fahrlässigkeitsdogmatik s. *Roxin*, AT I § 24 Rn. 3 ff. sowie instruktiv *Schünemann*, JA 1975, 435 (437).
1110 S. dazu näher unten Rn. 895 ff.
1111 Zu abweichenden Aufbauvorschlägen s. vertiefend *Kaspar*, JuS 2012, 16 (17 ff.); *Laue*, JA 2000, 666 (670).

Übersicht Fahrlässiges Erfolgsdelikt

A. Tatbestandsmäßigkeit
  I. Erfolgseintritt
  II. Kausalität
  III. Objektive Sorgfaltspflichtverletzung bei objektiver Vorhersehbarkeit
  IV. Objektive Zurechnung
B. Rechtswidrigkeit
C. Schuld
  I. Subjektive Sorgfaltspflichtverletzung bei subjektiver Vorhersehbarkeit
  II. Kein Vorliegen von Schuldausschließungsgründen (§§ 17, 20)
  III. Kein Vorliegen von Entschuldigungsgründen

IV. Der Tatbestand des fahrlässigen Erfolgsdelikts

1. Objektive Sorgfaltspflichtverletzung

861 Neben der **kausalen Herbeiführung** des tatbestandlichen **Erfolgs** verlangt die Fahrlässigkeitsprüfung das Vorliegen einer **objektiven Sorgfaltspflichtverletzung**. In objektiver Hinsicht handelt sorgfaltswidrig, wer die im Verkehr erforderliche Sorgfalt außer Acht gelassen hat, obwohl der Erfolgseintritt objektiv vorhersehbar war.

a) Bestimmung von Inhalt und Umfang der Sorgfaltspflicht

aa) Grundlagen

862 Inhalt und Umfang der Sorgfaltspflicht ist stets anhand der **Umstände des Einzelfalls** zu bestimmen. Zur Ermittlung des Sorgfaltsmaßstabs ist auf objektiver Ebene mittels einer **ex-ante Betrachtung** zu fragen, wie ein besonnener und gewissenhafter Mensch, der dem Verkehrskreis des Täters angehört, sich verhalten hätte, wenn er mit der konkreten Tatsituation konfrontiert worden wäre.[1112] Der Sorgfaltsmaßstab wird mit anderen Worten an einer „**differenzierten Maßfigur**“[1113] gemessen. Dabei werden zwar objektive und verallgemeinerbare Maßstäbe an das Täterverhalten angelegt, ohne dabei aber die konkrete Lage des Täters völlig auszublenden.[1114]

Beispiel:[1115]
Feuerwehrmann F fährt mit Blaulicht und Sirene auf eine viel befahrene Kreuzung zu. Mit unverminderter Geschwindigkeit überfährt er eine rote Ampel und stößt mit einem Linienbus zusammen, wodurch zahlreiche Menschen verletzt werden.

863 Bei der Prüfung einer Sorgfaltspflichtverletzung ist zunächst festzuhalten, dass F aufgrund der Sonderrechte für Feuerwehren im Einsatz nicht an das Rotlicht gebunden war (vgl. § 35 Abs. 1 StVO). Das Überfahren der Ampel stellt daher nicht per se

1112 *Rengier*, AT § 52 Rn. 15.
1113 *Roxin*, AT I § 24 Rn. 34.
1114 *Kaspar*, JuS 2012, 16 (20).
1115 Nach LG Hamburg, Urteil vom 18. September 2012, 628 Kls 3/12..

einen Sorgfaltsverstoß dar. Ein besonnener Feuerwehrmann in der konkreten Situation (vielbefahrene Kreuzung) hätte seine Geschwindigkeit aber dennoch situationsbedingt angepasst, um sich zu vergewissern, dass die anderen Verkehrsteilnehmer das Martinshorn wahrgenommen und die Fahrbahn freigemacht haben. Dies war vor allem im Rahmen des Überfahrens der roten Ampel angezeigt. Daher ist auf Seiten des F eine objektive Sorgfaltspflichtverletzung zu bejahen.

Die genaue **Konkretisierung der Sorgfaltsanforderungen**, die der (fiktiven) Maßfigur aufzuerlegen sind, gestaltet sich oftmals schwierig. Es empfiehlt sich ein Vorgehen in **zwei Schritten**. 864

Sofern **geschriebene Regeln** oder sonstige **allgemeine Richtwerte** existieren, können diese in einem **ersten Schritt** herangezogen werden. Gerade im Bereich des Straßenverkehrs liefert die StVO einen umfassenden Katalog solcher Verhaltensnormen. Auch sonstige Vorschriften, die technische Standards vorschreiben (z.B. DIN-Normen), Verfahrensabläufe vorschreiben, oder (wie die Regeln des Internationalen Skiverbands FIS)[1116] bestimmte Verhaltensweisen zur Verkehrssicherung positiv normieren, enthalten vergleichbare Sorgfaltsregeln.[1117] 865

Zieht man solche schriftlich fixierten Normen heran, sollte man dennoch niemals die Tatsituation völlig aus den Augen verlieren, die beim letztlich ausschlaggebenden **zweiten Schritt** der Prüfung relevant wird. So kann aufgrund der **Besonderheiten des konkreten Einzelfalls** ein an sich erlaubtes Verhalten dennoch in einen Verstoß gegen die objektive Sorgfaltspflicht umschlagen.[1118] Existierende allgemeine Sorgfaltsnormen entfalten also lediglich **Indizwirkung** und bieten nur eine grobe Richtschnur für die Bewertung des Täterverhaltens,[1119] wie sich bereits im obigen Beispielsfall des Feuerwehrmannes gezeigt hat. 866

Wo nicht auf explizit festgeschriebene Sorgfaltsregeln zurückgegriffen werden kann, bleibt als Maßstab allein die oben bereits erwähnte Orientierung am Verhalten eines besonnenen und gewissenhaften Menschen aus dem Verkehrskreis des Täters. Dabei kann man auf **allgemeine Erfahrungssätze** oder die Verkehrssitte zurückgreifen.[1120] So sind etwa Operationen nach den allgemein anerkannten Regeln der ärztlichen Kunst auszuführen. 867

bb) Besonderheiten bei der Bestimmung der objektiven Sorgfaltspflicht

Bei der Bemessung des Sorgfaltsmaßstabs können Faktoren einfließen, die sich für den Täter bei der Beurteilung der objektiven Sorgfaltspflichtverletzung günstig oder nachteilig auswirken können. 868

1116 Vgl. *Rengier*, AT § 519 Rn. 16.
1117 Zu derartigen (oft auch von privaten Verbänden aufgestellten) Verkehrsnormen und deren Verhältnis zu gesetzlich festgelegten Vorschriften s. *Roxin*, AT I § 24 Rn. 18 ff.
1118 *Rengier*, AT § 52 Rn. 16 f.
1119 Dazu auch *Roxin*, AT I § 24 Rn. 16.
1120 *Rengier*, AT § 52 Rn. 18.

(1) Sonderwissen und Sonderkönnen

869 So steigen die Anforderungen an die verkehrsübliche Sorgfalt, wenn der Täter über **Sonderwissen** oder über besondere Fähigkeiten („**Sonderkönnen**") verfügt, die über das hinausgehen, was von der Grundfigur des besonnenen, gewissenhaften Durchschnittsmenschen zu erwarten ist.[1121] Wer über besondere Begabungen verfügt, muss diese bei riskantem Handeln auch einsetzen und darf sich nicht auf durchschnittliche Verhaltensanforderungen zurückziehen.[1122] Vom Betreffenden werden bei seinem Handeln dann vielmehr besondere Anstrengungen, eine größere Genauigkeit oder besondere Vor- und Umsicht verlangt. Diese Individualisierung ist nicht zwingend ein Widerspruch zu den hier (nach h.M.) anzulegenden objektiven Maßstäben; es geht letztlich um eine Verfeinerung und Differenzierung des ins Auge gefassten „Verkehrskreises".

Beispiel:
An einen erfahrenen Notarzt (bzw. genauer: den Verkehrskreis von Notärzten mit vergleichbarer Erfahrung) sind bei der Erstversorgung eines Verunglückten höhere Sorgfaltsanforderungen zu stellen als an einen Laien.

870 Während besondere Fähigkeiten oder Kenntnisse nahezu unstreitig in die Beurteilung des Sorgfaltsmaßstabs einbezogen werden, wird dies im umgekehrten negativen Falle weniger eindeutig beurteilt. Gemeint sind Konstellationen, in denen der Handelnde im Vergleich zum Durchschnitt **schlechtere Fähigkeiten oder Kenntnisse** aufweist. Wenn z.B. ein unterdurchschnittlich begabter Chirurg einen Fehler begeht, der für einen Durchschnittschirurgen, nicht aber für ihn selbst, vermeidbar gewesen wäre, dann handelt er nach h.M. dennoch objektiv sorgfaltspflichtwidrig.

871 Erst auf der Ebene der Schuld wird die Strafbarkeit dann ggf. mangels subjektiver Sorgfaltspflichtverletzung abgelehnt. Eine Mindermeinung verneint demgegenüber schon das Vorliegen des objektiven Tatbestandes.[1123] Im Ergebnis wirken sich die beiden Ansichten in dieser Konstellation somit in der Regel nicht aus.[1124]

872 Die Unterschiede zwischen beiden vertretenen Lösungsansätzen werden zusätzlich minimiert, wenn man bedenkt, dass ein Fahrlässigkeitsvorwurf auch schon früher ansetzen kann. In diese Richtung gehen die Fälle des sog. **Übernahmeverschuldens.** Dieses steht im Raum, wenn eine Person eine Tätigkeit übernimmt, ohne über das nötige Wissen oder Können zu verfügen, um der Aufgabe gewachsen zu sein.[1125] Wer eine Tätigkeit ausüben möchte, bei der er die Gefahren für die betroffenen Rechtsgüter nicht ausreichend überschauen kann, muss sich ggf. über deren Tragweite zunächst erkundigen; wer die notwendige Geschicklichkeit und Übung zur

1121 *Rengier*, AT § 52 Rn. 19 ff.
1122 *Roxin*, AT I § 24 Rn. 61.
1123 Vgl. nur *Frister*, AT Kp. 12 Rn. 5 ff.; *Stratenwerth/Kuhlen*, AT § 15 Rn. 13 ff.
1124 S. hierzu auch *Kaspar*, JuS 2012, 16 (20); *Roxin*, AT I § 24 Rn. 53 ff.
1125 *Rengier*, AT § 52 Rn. 24; *Stratenwerth/Kuhlen*, AT § 15 Rn. 22.

ordnungsgemäßen Durchführung einer bestimmten riskanten Handlung nicht hat, muss diese Tätigkeiten (sofern keine Notsituation vorliegt) schlicht unterlassen.[1126]

Beispiel:[1127]
Der extrem kurzsichtige K übersieht beim Einparken den am Rand der Parklücke stehenden P und überfährt diesen. P erleidet schwere Verletzungen.

In Bezug auf das Überfahren des P lässt sich zwar nach hier vertretener Ansicht eine objektive Sorgfaltspflichtverletzung bejahen. Subjektiv ist dies dem K allerdings nicht vorzuwerfen, wenn man davon ausgeht, dass er den Passanten nicht sehen und damit die Kollision nicht vermeiden konnte. Diesbezüglich entfällt also mangels Schuld die Strafbarkeit gem. § 229. Jedoch hätte sich K aufgrund seiner Kurzsichtigkeit ohne ausreichende Sehhilfe erst gar nicht ans Steuer setzen dürfen, was eine objektive wie subjektive Sorgfaltspflichtverletzung und damit eine Fahrlässigkeitsstrafbarkeit begründet. 873

Entsprechend wäre auch im eben erwähnten Chirurgenbeispiel das vorwerfbare und strafbare fahrlässige Verhalten nicht der Behandlungsfehler bei der Operation, sondern die Entscheidung, eine solche schwierige Operation trotz fehlender Befähigung durchzuführen. 874

(2) Vertrauensgrundsatz

Ein weiteres Korrektiv bei der Ermittlung der erforderlichen Sorgfalt stellt der aus dem Bereich des Straßenverkehrs stammende **Vertrauensgrundsatz** dar. Wer sich selbst verkehrsgerecht verhält, kann sich danach grundsätzlich darauf verlassen, dass sich andere Verkehrsteilnehmer ebenso sorgfaltsgemäß verhalten, sofern nicht konkrete Anhaltspunkte erkennbar sind, die dieses Vertrauen zu erschüttern vermögen.[1128] 875

Beispiel:
Autofahrer A überquert bei grünem Ampelsignal eine Kreuzung, ohne auf den von rechts und links kommenden Verkehr zu achten. B, der die Vorfahrt des A missachtet und trotz roter Ampel weiterfährt, kollidiert mit A und wird schwer verletzt.

Hier lässt sich eine Sorgfaltspflichtwidrigkeit des A nicht mit dem Argument begründen, er habe sich nicht vergewissert, dass die anderen Verkehrsteilnehmer ordnungsgemäß an den jeweiligen roten Ampeln halten und ihm Vorfahrt gewähren. Vielmehr durfte A aufgrund des Vertrauensgrundsatzes davon ausgehen, dass die anderen Fahrer sich verkehrsgerecht verhalten und dementsprechend an der Ampel warten, bis diese auf „Grün“ umschaltet.[1129] 876

Der Vertrauensgrundsatz gilt aber **nicht ausnahmslos**. Er ist immer dann nicht einschlägig, wenn ein Vertrauen in das verkehrsgerechte Verhalten Dritter erkennbar 877

1126 *Roxin*, AT I § 24 Rn. 36.
1127 S. auch *Roxin*, AT I § 24 Rn. 127.
1128 *Rengier*, AT § 52 Rn. 22; *Roxin*, AT I § 24 Rn. 21.
1129 S. BGHSt 7, 121 f.; 12, 81 (83).

nicht gerechtfertigt ist. Ein Fahrlässigkeitsvorwurf bleibt also auch bei verkehrswidrigen Verhaltensweisen Dritter möglich, wenn sie so häufig bzw. im konkreten Fall so naheliegend sind, dass ein gewissenhafter Fahrer mit ihnen rechnen muss.[1130]

Beispiel:
Ein Autofahrer muss damit rechnen, dass vor oder hinter einem haltenden Schulbus aussteigende Kinder die Fahrbahn überqueren, ohne auf den fließenden Verkehr zu achten. Fährt er mit unverminderter Geschwindigkeit am Bus vorbei und verletzt dabei ein Kind, dann kann er sich nicht darauf berufen, er habe auf das verkehrsgerechte Verhalten des Kindes vertrauen dürfen.[1131]

878 Auch außerhalb des Straßenverkehrs wird der Vertrauensgrundsatz zur Bestimmung einer Sorgfaltspflichtverletzung herangezogen, vor allem in Fällen **arbeitsteiligen Zusammenwirkens** mehrerer Personen. So hat der BGH anerkannt, dass sich bei Operationen mit mehreren beteiligten Fachärzten grundsätzlich jeder auf die fehlerfreie Mitwirkung seiner Kollegen aus den unterschiedlichen Fachrichtungen verlassen kann.[1132] Der Grundsatz greift allerdings nicht in Fällen, in denen die Sorgfaltspflicht gerade in der Verhinderung eines Fehlverhaltens Dritter (z.B.im Rahmen von Kontroll- und Aufsichtspflichten) liegt.[1133]

879 Der Vertrauensgrundsatz ist als Element der Fahrlässigkeitsdiskussion anerkannt. Er sollte in geeigneten Fällen daher auch als Argumentationstopos in der Klausur erwähnt werden. Wichtig ist nur, dass man seinen Charakter als bloße **Faustformel**, die je nach individueller Situation durchbrochen bzw. modifiziert wird, erkennt und in der Klausur entsprechend deutlich macht.[1134]

880 Auch lässt sich bestreiten, dass die Anwendung des Grundsatzes stets von einem im Übrigen korrekten Verhalten des Betroffenen abhängt. Warum sollte ein betrunkener und in der Folge fahruntüchtiger Fahrer eines Pkw, der mit korrekter Geschwindigkeit fährt, nicht darauf vertrauen dürfen, dass eine erwachsene Person nicht unvermittelt auf die Fahrbahn tritt oder die Vorfahrtsregeln nicht missachtet?[1135] Das eine hat mit dem anderen nicht unmittelbar zu tun. Anders ist nur zu entscheiden, wenn das sorgfaltswidrige Fehlverhalten des Täters die Gefahr einer Rechtsgutsverletzung erhöht hat.[1136] Kann ein Autofahrer also gerade aufgrund seiner Trunkenheit die Gefahr für Dritte nicht erkennen oder nicht angemessen auf diese reagieren, bleibt die Möglichkeit einer Fahrlässigkeitsstrafbarkeit bestehen. Dies folgt aber nicht in spezifischer Weise aus dem (dann nicht einschlägigen) Vertrauensgrundsatz, sondern bereits aus allgemeinen Erwägungen.

1130 BGHSt 12, 81 (83); *Roxin*, AT I § 24 Rn. 23.
1131 *Zieschang*, AT Rn. 431.
1132 BGH NJW 1980, 649 (650); *Roxin*, AT I § 24 Rn. 25.
1133 *Roxin*, AT I § 24 Rn. 25; *Stratenwerth/Kuhlen*, AT § 15 Rn. 69.
1134 *Kaspar*, JuS 2012, 16 (21).
1135 *Wessels/Beulke/Satzger*, AT Rn. 671a.
1136 *Roxin*, AT I § 24 Rn. 24.

b) Objektive Vorhersehbarkeit

Die **objektive Vorhersehbarkeit** ist zu verneinen, sofern der Kausalverlauf oder der Erfolgseintritt so sehr außerhalb der Lebenserfahrung liegt, dass mit ihm vernünftigerweise nicht gerechnet werden musste. Insofern werden hier Fälle aus dem objektiven Tatbestand herausgefiltert, die auf einer ungewöhnlichen und unwahrscheinlichen Verkettung von Umständen (atypischen Kausalverläufen) beruhen. Hingegen ist objektiv vorhersehbar, was ein umsichtig handelnder Mensch aus dem Verkehrskreis des Täters unter den jeweiligen Umständen aufgrund allgemeiner Lebenserfahrung in Rechnung stellen würde.[1137] 881

Der Standort der „objektiven Vorhersehbarkeit" im Deliktsaufbau wird unterschiedlich beurteilt. Teilweise wird dieser Prüfungspunkt nicht schon im Zusammenhang mit der objektiven Sorgfaltspflichtverletzung erörtert, sondern als Bestandteil der objektiven Zurechnung betrachtet.[1138] Auch diese Vorgehensweise ist natürlich möglich. Nach hier vertretener Auffassung ist die Frage der **Verletzung einer Sorgfaltspflicht** allerdings eng mit dem Aspekt der **Vorhersehbarkeit des eingetretenen Erfolgs** verknüpft:[1139] Was für den Einzelnen objektiv nicht vorhersehbar war, kann ihm nicht als Sorgfaltspflichtverstoß, der tatbestandsmäßiges Unrecht begründet, vorgeworfen werden.[1140] Daher wird hier eine gemeinsame Prüfung beider Aspekte bevorzugt. 882

Die Prüfung der Vorhersehbarkeit kann sich in **zwei Arten** auf die Bestimmung der Sorgfaltspflichtverletzung auswirken. Zum einen kann die Verneinung der Vorhersehbarkeit dazu führen, dass sich trotz eines (abstrakt betrachtet) sorgfaltswidrigen Verhaltens kein Fahrlässigkeitsvorwurf begründen lässt. Hier wirkt sich die Vorhersehbarkeit als **strafbarkeitsbegrenzendes Element** aus. 883

Zum anderen kann die objektive Vorhersehbarkeit aber auch dazu führen, dass trotz Wahrung einer Sorgfaltsregel ein strafrechtlich relevantes sorgfaltswidriges Verhalten begründet werden kann. Die Vorhersehbarkeit wirkt hier **strafbarkeitsbegründend**. 884

Beispiel:
Autofahrer A möchte bei Grün über eine Kreuzung fahren. Er sieht den heranstürmenden B, der versucht, die abfahrbereite Straßenbahn noch zu erreichen. A fährt dennoch, ohne seine Geschwindigkeit zu reduzieren, über die Kreuzung und trifft den bei Rot unberechtigterweise die Fahrbahn überquerenden B, der schwer verletzt wird.

Zwar hat A insofern sorgfaltsgemäß gehandelt, als er (wie an sich zulässig) bei Grün die Kreuzung passierte. Da er aber aufgrund der Gesamtsituation vorhersehen konnte, dass B womöglich die Straße trotz roter Ampel überqueren würde, hätte er bremsbereit sein oder seine Geschwindigkeit so reduzieren müssen, dass B ungefähr- 885

1137 *Wessels/Beulke/Satzger*, AT Rn. 667a.
1138 So bei *Rengier*, AT § 52 Rn. 12.
1139 *Wessels/Beulke/Satzger*, AT Rn. 667.
1140 *Kaspar*, JuS 2012, 16 (19).

det die Straße überqueren kann, was sich auch aus dem allgemeinen Rücksichtnahmegebot in § 1 StVO ergibt. Der Vertrauensgrundsatz führt hier, da konkrete Anhaltspunkte für das Fehlverhalten des B vorlagen, zu keinem anderen Ergebnis.

2. Objektive Zurechnung

886 Hat man das Vorliegen einer Sorgfaltspflichtverletzung und die Vorhersehbarkeit des Erfolgseintritts bejaht, ist zu prüfen, ob der Verletzungserfolg dem Täter auch **objektiv zuzurechnen** ist. Anders als beim Vorsatzdelikt ist die objektive Zurechnung als Teil des Tatbestands beim Fahrlässigkeitsdelikt weitaus weniger umstritten.[1141] Gerade hier kommt ihr wesentliche Bedeutung zu, denn schon aus Gründen der Verhältnismäßigkeit darf nicht jedwedes nachlässige oder unvorsichtige Handeln vom „scharfen Schwert" des Strafrechts erfasst sein.

887 Es ist daher auch und gerade hier sorgfältig zu prüfen, ob der Täter durch sein Verhalten ein rechtlich missbilligtes Risiko geschaffen hat, das sich im Taterfolg realisiert hat.[1142] Einige Zurechnungsaspekte sind ganz oder teilweise schon im Rahmen der Sorgfaltspflichtverletzung angesprochen worden. Das Vorliegen eines **atypischen Kausalverlaufs** ist bereits Gegenstand der objektiven Voraussehbarkeit des Erfolgseintritts. Daneben wird auch das **„erlaubte Risiko"** sinnvollerweise bereits in die Prüfung der Pflichtverletzung einfließen, denn eine sozial nützliche und anerkannte Handlung kann keine Sorgfaltspflichtverletzung begründen, mag sie auch Risiken mit sich bringen.

888 Es bereitet daher einige Schwierigkeiten, eine sinnvolle Trennlinie zwischen der Pflichtverletzungs- und der Zurechnungsprüfung zu ziehen. Als Leitlinie empfiehlt es sich, die Fragen der Schaffung einer rechtlich missbilligten Gefahr als Problem der objektiven Sorgfaltspflichtverletzung zu betrachten, da diese Risiken zumeist auf sorgfaltswidrigen Verhaltensweisen des Täters beruhen. Ob die Gefahren sich im Taterfolg realisiert haben, ist dann im Anschluss im Rahmen der objektiven Zurechnung zu beleuchten.[1143]

889 Die wichtigsten Fallgruppen der objektiven Zurechnung wurden oben bereits erörtert; darauf kann hier verwiesen werden.[1144] Im Folgenden wird noch etwas vertiefter auf die Fallgruppe der eigenverantwortlichen Selbstgefährdung eingegangen, bei der im Fahrlässigkeitsbereich die Zuordnung entweder zur Prüfung der Sorgfaltspflichtverletzung oder der objektiven Zurechnung besondere Probleme bereitet. Anschließend werden noch die im Zusammenhang mit Fahrlässigkeitsstraftaten beson-

1141 Für *Roxin*, AT I § 24 Rn. 8 ff. ist die objektive Zurechnung sogar das entscheidende Kriterium fahrlässigen Verhaltens. Das Merkmal der Sorgfaltspflichtverletzung gehe nicht über die allgemeinen Zurechnungskriterien hinaus und sei daher als eigenständiges Merkmal gegenüber der objektiven Zurechnung entbehrlich. Ähnlich auch *Gropp*, AT § 12 Rn. 65 ff.

1142 S. Rn. 158.

1143 Zum Ganzen *Kaspar*, JuS 2012, 112 (112 f.).

1144 S. oben Rn. 159 ff.

ders wichtigen Fallgruppen des fehlenden Pflichtwidrigkeitszusammenhangs sowie Schutzzweckzusammenhangs erörtert.

a) Eigenverantwortliche Selbstgefährdung des Opfers

Weitgehend unumstritten ist, dass die fahrlässige Herbeiführung oder Förderung einer Selbstgefährdung nicht strafbar ist, wenn das Tatopfer eigenverantwortlich handelt.[1145] Ob in diesen Fällen die objektive Zurechnung entfällt oder bereits das Vorliegen einer Sorgfaltspflichtverletzung verneint werden muss, ist allerdings fraglich. 890

In Konstellationen, die durch das Fehlen von hinreichend konkreten allgemeinen Sorgfaltsregeln geprägt sind, lässt sich bereits das Bestehen einer **Sorgfaltspflichtverletzung** verneinen. 891

Beispiel:[1146]
Ausdauersportler A nimmt an einem von V veranstalteten Extremberglauf teil, von dessen (insbesondere witterungsbedingten) Gefahren er weiß. Wenn er sich dennoch im Bewusstsein der widrigen Bedingungen nicht entsprechend kleidet und aufgrund von schweren Erfrierungen zu Tode kommt, kann V richtigerweise nicht gemäß § 222 bestraft werden, da A sich eigenverantwortlich selbst gefährdet hatte.

Die Frage sorgfaltspflichtwidrigen Handelns des V (durch Veranstalten des Laufs bzw. das Unterlassen von Kontrollmaßnahmen bezüglich der Kleidung) lässt sich in diesem Beispiel nicht sinnvoll ohne die Erörterung der eigenverantwortlichen Selbstgefährdung durch A beantworten, denn allgemeingültige Maßstäbe für das Organisieren von Bergläufen existieren nicht. Der Verantwortungsbereich des A begrenzt hier den Pflichtenkreis des V als Veranstalters und schließt bereits die Sorgfaltswidrigkeit von dessen Handeln aus. 892

Problematischer ist die Verortung des Selbstgefährdungsaspekts in den Fällen, in denen sich eine Sorgfaltspflichtverletzung des Täters aufgrund vorhandener (ggf. sogar normierter) Verhaltensmaßstäbe sinnvoll konstruieren lässt. 893

Beispiel:[1147]
A und B veranstalten mit ihren Sportwagen auf einer Landstraße ein Straßenrennen mit deutlich überhöhter Geschwindigkeit und teilweise riskanten Überholmanövern. Aufgrund eines Fahrfehlers von B kommt dieser von der Fahrbahn ab, fährt frontal gegen einen Baum und stirbt noch am Unfallort.

Mit Blick auf Gefährdungen für andere Verkehrsteilnehmer verhalten sich A und B eindeutig sorgfaltswidrig, indem sie gegen die Straßenverkehrsordnung und die dort geregelten Sorgfaltspflichten verstoßen. Dennoch könnte man eine Pflichtverletzung des A im Hinblick auf den Tod des B verneinen, da die Risiken, die mit einem solchen einvernehmlich durchgeführten Straßenrennen zusammenhängen, in den Ver- 894

1145 S. bereits oben Rn. 167 ff. sowie *Kaspar*, JuS 2012, 112 (113); *Frisch*, JuS 2011, 116 (119).
1146 Zu diesem Beispiel auch *Kaspar/Albrecht*, JuS 2010, 1071.
1147 S. auch *Kaspar*, JuS 2012, 112 (113).

antwortungsbereich des jeweiligen Fahrers fallen.[1148] Näher liegt es aber, eine **Sorgfaltspflichtverletzung** des A bezogen auf die Durchführung eines solchen Wettrennens zu bejahen, um danach wegen der eigenverantwortlichen Selbstgefährdung des B die **objektive Zurechnung** des eingetretenen Erfolgs zu verneinen.

b) Pflichtwidrigkeitszusammenhang

895 Fragt man im Rahmen der objektiven Zurechnung danach, ob eine durch den Täter geschaffene Gefahr sich im konkreten Taterfolg auch realisiert hat, ist vor allem der sog. **Pflichtwidrigkeitszusammenhang**[1149] zu erörtern. Dabei ist zu prüfen, ob sich gerade das pflichtwidrige Verhalten des Täters in der Verwirklichung des tatbestandlichen Erfolgs niedergeschlagen hat. Dieses Erfordernis kann auch dem Wortlaut der meisten Fahrlässigkeitsdelikte entnommen werden: So muss gem. § 222 der Tod bzw. gem. § 229 die Körperverletzung „durch Fahrlässigkeit" herbeigeführt worden sein. Dem Täter kann danach der Erfolgseintritt nur objektiv zugerechnet werden, wenn dieser bei (hypothetischem) **rechtmäßigem Alternativverhalten** nicht eingetreten wäre. Andernfalls entfällt die Strafbarkeit, da sich der Erfolgseintritt für den Täter dann als (selbst bei Wahrung sämtlicher Sorgfaltsanforderungen) unvermeidbar darstellt.[1150]

896 Im Rahmen der Prüfung des rechtmäßigen Alternativverhaltens ist die **konkrete Tatsituation** zugrunde zu legen, in der sich der Handelnde zum Tatzeitpunkt befand und die unmittelbar zum Taterfolg führte.[1151] Sodann hat man die pflichtwidrige tatsächliche Handlung gedanklich durch das entsprechende pflichtgemäße Verhalten zu ersetzen und zu prüfen, ob in auch in diesem Fall der Erfolg eingetreten wäre. Ein „Klassiker" in diesem Themenbereich ist folgendes

Beispiel:[1152]
Lastwagenfahrer F überholt Radfahrer R mit zu geringem Seitenabstand. R zieht beim Vorbeifahren des Lkw sein Rad in Richtung des Lkw, stürzt und wird vom Fahrzeug überrollt. R stirbt. Bei einer darauffolgenden Untersuchung wird festgestellt, dass R zum Zeitpunkt des Unfalls so stark alkoholisiert war, dass er selbst bei Einhaltung des gesetzlichen Mindestseitenabstands mit tödlichen Folgen gestürzt wäre.

897 F hat den Tod des R durch seine Handlung kausal herbeigeführt. Auch eine Pflichtverletzung (Verstoß gegen § 5 Abs. 4 S. 2 StVO) einschließlich objektiver Vorhersehbarkeit liegen vor. Allerdings wäre der Tod des R aufgrund von dessen Alkoholisierung auch eingetreten, wenn F ordnungsgemäß gefahren wäre. Damit haben sich hier die Pflichtverletzung und die dadurch geschaffene Gefahrenlage nicht im Tod

---

1148 A.A. BGHSt 7, 112, wo von einer Strafbarkeit des anderen Fahrers ausgegangen wurde.

1149 Die Terminologie ist hier uneinheitlich. Teilweise wird auch vom „Rechtswidrigkeitszusammenhang" gesprochen, s. *Kretschmer*, Jura 2000, 267 (273), teilweise vom „Risikozusammenhang", s. *Schünemann*, JA 1975, 582.

1150 So die h.M. Die dogmatische Rechtfertigung dieser Ansicht ist umstritten, s. den Überblick bei *Wessels/Beulke/Satzger*, AT Rn. 677 f.

1151 BGHSt 33, 61 (63 f.); BGH VRS 54, 436 (437).

1152 Nach BGHSt 11, 1 ff.

des R realisiert. Es entfällt daher die objektive Zurechnung, F ist nicht nach § 222 zu bestrafen.

898 Bei der Prüfung des Alternativverhaltens ist strikt darauf zu achten, dass **keine Ersatzursachen** hinzugedacht werden. Welches Verhalten verkehrsgerecht gewesen wäre, ist lediglich mit Blick auf die Verkehrswidrigkeit zu ermitteln, die als Unfallursache in Betracht kommt. Ersetzt wird also nur der konkrete, dem Täter vorgeworfene Tatumstand. Darüber hinaus darf in Bezug auf die jeweilige Situation nichts weggelassen, nichts hinzugedacht und nichts verändert werden.

Beispiel:
Bei einem Anstaltsleiter, der einem im Maßregelvollzug Untergebrachten trotz dessen erkennbar hoher Gefährlichkeit Ausgang gewährt, woraufhin dieser einen Menschen tötet, ist es nicht zulässig, die Strafbarkeit mit dem Argument zu verneinen, der Untergebrachte hätte möglicherweise auch durch einen Ausbruch freikommen und auf diese Weise die Tat begehen können.[1153]

899 Vor allem in der Praxis dürften die Fälle überwiegen, bei denen sich die Auswirkungen eines pflichtgemäßen Alternativverhaltens nicht ohne weiteres bestimmen lassen. Da man sich hier auf rein hypothetische Überlegungen stützen muss, bleiben in vielen Fällen **Zweifel**, ob das jeweilige sorgfaltsgemäße Verhalten den **Erfolgseintritt verhindert hätte**. In Fällen, in denen dies nicht eindeutig bestimmt werden kann, stellt sich daher die Frage, ab wann man von einer Erfolgsverhinderung bei pflichtgemäßem Alternativverhalten ausgehen kann, die zum Ausschluss der objektiven Zurechnung führt.[1154]

900 Die herrschende **Vermeidbarkeitstheorie** bejaht den Pflichtwidrigkeitszusammenhang nur, wenn mit **an Sicherheit grenzender Wahrscheinlichkeit** feststeht, dass der Erfolg bei pflichtgemäßem Verhalten ausgeblieben wäre. Sobald also konkrete Anhaltspunkte dafür bestehen, dass der jeweilige Erfolg auch bei rechtmäßigem Alternativverhalten eingetreten wäre,[1155] sind zugunsten des Täters der Pflichtwidrigkeitszusammenhang und damit die objektive Zurechnung zu verneinen. Nimmt man im oben dargestellten Radfahrer-Fall an, dass nicht sicher ist, ob bei Einhaltung des angemessenen Seitenabstands der Tod des R ausgeblieben wäre, so müsste der Lkw-Fahrer freigesprochen werden, was nach den Vertretern dieser Ansicht aus dem Grundsatz „**in dubio pro reo**“ folgt.[1156]

901 Das wird allerdings von einer beachtlichen Mindermeinung bestritten. Sie weist zu Recht darauf hin, dass sich der Handelnde im konkreten Fall durch den zu geringen Seitenabstand fehlerhaft verhalten hat, wodurch die Gefahr des Erfolgseintritts ex ante zumindest erhöht wurde. Auch ist an der Kausalität des Fahrens mit dem Lkw für den Tod des R nicht zu zweifeln. Nach den Vertretern der von *Roxin* begründe-

---

1153 BGHSt 49, 1; *Kaspar*, JuS 2012, 112 (114); *Neubacher*, Jura 2005, 857.
1154 Zum Folgenden s. den Überblick bei *Hillenkamp*, AT-Probleme, S. 231 ff.
1155 BGH NJW 2010, 1087.
1156 *Krey/Esser*, AT Rn. 1359.

ten sog. **Risikoerhöhungslehre**[1157] liegt der Pflichtwidrigkeitszusammenhang daher schon dann vor, wenn das pflichtwidrige Verhalten im Vergleich zum rechtmäßigen Alternativverhalten das Risiko des Erfolgseintritts deutlich erhöht hat. Die Anhänger dieser Ansicht kritisieren zu Recht, dass gefahrträchtige Handlungen von der h.M. in zu großem Umfang aus der Fahrlässigkeitsstrafbarkeit ausgenommen werden.[1158] In vielen Fällen könnte man der Sanktionierung mit dem Argument entgegentreten, dass der Eintritt des tatbestandlichen Erfolgs auch bei verkehrsgerechtem Verhalten möglicherweise eingetreten wäre, was durch die postulierte Anwendung des Grundsatzes „in dubio pro reo“ noch verschärft wird.

902 Die **h.M.** argumentiert unter anderem damit, dass die Risikoerhöhungslehre gegen den Grundsatz „in dubio pro reo“ verstoße[1159] und Verletzungsdelikte contra legem in Gefährdungsdelikte umdeute.[1160] Überzeugend ist das nicht. Angesichts der in diesen Fällen unbestritten kausal herbeigeführten Rechtsgutsverletzung (im Radfahrerfall der Tod des R) steht von vornherein **keine bloße Gefährdung** im Raum, sondern eine Verletzung, deren Zurechenbarkeit streitig ist. Zudem bestehen in diesen Konstellationen **keine Zweifel tatsächlicher Art**: Es steht fest, dass der Überholvorgang, also das sorgfaltswidrige Verhalten des Lkw-Fahrers, nach dem tatsächlichen Geschehensablauf die Rechtsgutsverletzung kausal herbeigeführt hat. Es geht hier bei genauer Betrachtung allein um die **normative Frage** der objektiven Zurechnung dieser Rechtsgutsverletzung, auf die der **in-dubio-Grundsatz keine Anwendung** findet.[1161] Auch dass der Gesetzgeber den Risikoerhöhungsgedanken in **§ 130 Abs. 1 OWiG** ausdrücklich kodifiziert hat,[1162] spricht nicht dagegen, ihn auch an anderer Stelle im Rahmen des möglichen Wortsinns einer Norm heranzuziehen.

c) Schutzzweckzusammenhang

903 Für die Zurechenbarkeit ist entscheidend, dass der jeweilige Taterfolg auch dem **Schutzbereich der verletzten Sorgfaltspflicht** unterfällt. Hier ist zu fragen, ob die in Betracht kommende Verhaltensnorm, gegen die verstoßen wurde, nach ihrem Sinn und Zweck den konkret verwirklichten Erfolg verhindern soll.[1163]

Beispiel:[1164]
Wenn Autofahrer A in München mit überhöhter Geschwindigkeit fährt und später in Augsburg einen plötzlich auf die Straße tretenden Fußgänger erfasst, könnte man argumentieren, dass A bei Einhaltung der zulässigen Geschwindigkeit später am Unfallort angekommen wäre und den Fußgänger dann nicht angefahren hätte. Zumindest die Kausalität des pflichtwidrigen Verhaltens für den Schädigungserfolg kann so begründet werden. Die Einhaltung der vorgeschriebenen Höchstgeschwindigkeit bezweckt jedoch nicht die verzögerte Ankunft eines Fahr-

1157 *Roxin*, AT I § 11 Rn. 88 ff.; s. auch *Kühl*, AT § 17 Rn. 47 ff.
1158 S. auch *Kaspar*, JuS 2012, 112 (115); *Schünemann*, JA 1975, 717.
1159 *Krey/Esser*, AT Rn. 1356.
1160 M/G/Z/*Zipf*, AT § 43 Rn. 129, Schönke/Schröder/*Sternberg-Lieben/Schuster*, § 15 Rn. 179.
1161 *Roxin*, AT I § 11 Rn. 90.
1162 Vgl. *Hillenkamp*, AT-Probleme, S. 233.
1163 *Rengier*, AT § 52 Rn. 37.
1164 Vgl. *Rengier*, AT § 52 Rn. 38; *Kühl*, AT § 17 Rn. 68 ff.; *Wessels/Beulke/Satzger*, AT Rn. 655, 674, 680.

zeugs an einem bestimmten Ort, sondern soll sicherstellen, dass in dem betreffenden Bereich, für den die Limitierung gilt, Unfälle und Gefahrensituationen aufgrund überhöhter Geschwindigkeit vermieden werden und die Fahrer adäquat auf Gefahrensituationen reagieren können. Damit entfällt für A eine Strafbarkeit aufgrund fahrlässigen Verhaltens, da der realisierte Erfolg nicht vom konkreten Schutzzweck der Norm erfasst war.[1165]

V. Weitere Voraussetzungen der Strafbarkeit

1. Rechtswidrigkeit

Auch beim Fahrlässigkeitsdelikt ist zu prüfen, ob **Rechtfertigungsgründe** zugunsten des Täters vorliegen. Die Prüfung erfolgt dabei grundsätzlich wie bei den Vorsatztaten, so dass insofern nach oben verwiesen werden kann.[1166] Das gilt auch für die Besonderheiten der rechtfertigenden Einwilligung im Fahrlässigkeitsbereich, die als Problem der „**einvernehmlichen Fremdgefährdung**" diskutiert werden.[1167] 904

Wird schon im Rahmen vorsätzlich begangener Straftaten darüber gestritten, ob ein **subjektives Rechtfertigungselement** erforderlich ist und wie dieses ggf. ausgestaltet sein soll,[1168] so setzt sich diese Diskussion auch bei den Fahrlässigkeitstaten fort. Zum Teil wird ein subjektives Rechtfertigungselement hier für gänzlich entbehrlich gehalten.[1169] Die wohl h.M. verlangt auch bei den Fahrlässigkeitsdelikten über die Kenntnis der die Rechtfertigung begründenden Umstände ein zusätzliches (wenn auch abgeschwächtes) Motivationselement, im Rahmen von § 32 etwa statt des „Verteidigungswillens" einen „**generellen Abwehrwillen**".[1170] Überzeugender ist es dagegen auch hier, die bloße Kenntnis der die Rechtfertigung begründenden Tatsachen genügen zu lassen.[1171] 905

Das subjektive Element entfällt nach beiden Ansichten, wenn der Täter bei seiner fahrlässigen Handlung gar nicht bemerkt, dass er gerade angegriffen wird. In diesem Fall wird das durch ihn verwirklichte Handlungsunrecht nicht kompensiert, auch wenn ein von der Rechtsordnung durchaus gebilligter Erfolg herbeigeführt wird. Sachgerecht ist es, in einer solchen Konstellation die Strafbarkeit wegen eines vollendeten Delikts abzulehnen und lediglich eine **Strafbarkeit nach Versuchsgrundsätzen** zu erwägen.[1172] Da das versuchte Fahrlässigkeitsdelikt nicht strafbar ist, gelangt man beim Fehlen des subjektiven Rechtfertigungselements in diesem Bereich konsequenterweise zur **Straflosigkeit** des Täters.[1173] 906

1165 Weitere Beispiele bei *Rengier*, AT § 52 Rn. 39 ff.; *Schünemann*, JA 1975, 582.
1166 S. oben Rn. 239 ff.
1167 S. oben Rn. 371 ff.
1168 Vgl. dazu oben Rn. 237 f.
1169 LK-StGB/*Rönnau*, Vor § 32 Rn. 92.
1170 *Rönnau*, JuS 2009, 594.
1171 So bspw. auch *Rengier*, AT § 52 Rn. 78.
1172 So auch *Wessels/Beulke/Satzger*, AT Rn. 278.
1173 *Roxin*, AT I § 24 Rn. 110 f.; *Kindhäuser*, LPK Vor §§ 32-35 Rn. 18; s. zum Ganzen auch *Kaspar*, JuS 2012, 112 (115 f.).

2. Schuld

907 Auch bei den Fahrlässigkeitsdelikten sind nach allgemeinen Regeln die **Schuldfähigkeit** (§ 20) sowie das Vorliegen möglicher **Entschuldigungsgründe** (§§ 33, 35) zu beachten. Auf die entsprechenden Ausführungen kann hier verwiesen werden.[1174] Dass die Konstruktion der **fahrlässigen actio libera in causa** bei Schuldunfähigkeit des Täters zum Zeitpunkt der unmittelbaren Erfolgsherbeiführung an sich entbehrlich ist, wurde ebenfalls bereits dargelegt.[1175] Im Hinblick auf einen möglichen Verbotsirrtum gem. § 17 ist zu betonen, dass es genügt, wenn der Täter das Unrecht der Tat hätte erkennen können, sog. **potenzielles Unrechtsbewusstsein.** Das gilt zwar auch für das vorsätzliche Handeln, wird aber besonders beim Fahrlässigkeitsdelikt relevant, bei dem der Täter definitionsgemäß ohne Wissen und Wollen bezüglich der Verwirklichung eines Straftatbestands handelt.

908 Im Folgenden soll noch auf zwei Besonderheiten bei der Fahrlässigkeitsprüfung eingegangen werden, die sich auf die subjektive Sorgfaltspflichtverletzung sowie den möglichen Schuldausschluss wegen Unzumutbarkeit normgemäßen Verhaltens beziehen.

a) Subjektive Sorgfaltspflichtverletzung

909 Als besonderes Element des Fahrlässigkeitsdelikts ist nach h.M. auf Schuldebene die **subjektive Sorgfaltspflichtverletzung** zu prüfen. Der Erfolgseintritt muss für den Täter auch subjektiv vorhersehbar und vermeidbar gewesen sein. Während also im Tatbestand eine objektive „differenzierte Maßfigur" als Vergleichsmaßstab herangezogen wird, steht bei der Bestimmung des Fahrlässigkeitsschuldvorwurfs nunmehr der Täter mit seinen **individuellen Fähigkeiten** im Vordergrund.[1176] Wer subjektiv den Erfolg nicht vermeiden oder vorhersehen konnte, kann dafür nicht strafrechtlich verantwortlich gemacht werden.

910 Denkbar ist zwar, bei bestimmten riskanten Handlungen an die zeitlich vorgelagerte **Übernahme** dieser Handlung anzuknüpfen.[1177] Allerdings existiert keine allgemeine Pflicht, sich bestimmte Fähigkeiten oder Kenntnisse anzueignen. Wer aufgrund seiner Minderbegabung oder sonstiger Defizite bereits außerstande war, die Gefährlichkeit der Übernahme einer bestimmten Tätigkeit zu erkennen, bleibt ggf. straflos.[1178]

b) Unzumutbarkeit normgemäßen Verhaltens

911 Zu erörtern bleibt, ob beim Fahrlässigkeitsdelikt ausnahmsweise eine (gesetzlich nicht geregelte) Entschuldigung aufgrund „**Unzumutbarkeit normgemäßen Verhaltens**" anzuerkennen ist.

1174 S. oben Rn. 416 ff.
1175 S. oben Rn. 449 ff..
1176 *Wessels/Beulke/Satzger*, AT Rn. 692.
1177 Zum sog. Übernahmeverschulden s. bereits oben Rn. 872.
1178 Zum Ganzen *Kaspar*, JuS 2012, 112 (116).

Beispiel (nach RGSt 30, 25, sog. Leinenfängerfall):
Kutscher K erkennt zwar die Gefahr eines Unfalls mit einem bestimmten unruhigen Pferd, einem sog. „Leinenfänger". Er beugt sich aber dem Befehl seines Dienstherrn, mit diesem Pferd weiter Fahrgäste zu befördern, um seinen Arbeitsplatz nicht zu verlieren. Bei einer Fahrt wird ein Fahrgast auf die von K vorhergesehene Weise verletzt.

Das RG hielt hier eine Straffreiheit des Kutschers wegen der Unzumutbarkeit norm- **912**
gemäßen Verhaltens für möglich. Zwar hat sich dieser Gesichtspunkt als allgemeiner Entschuldigungsgrund nicht durchgesetzt; vorgebracht werden insbesondere Bedenken im Hinblick auf die fehlende gesetzliche Regelung und die damit verbundene Unbestimmtheit.[1179] Im Fahrlässigkeitsbereich wird eine auf diese Weise begründete Entschuldigung allerdings zu Recht in größerem Umfang erwogen.[1180] Vor allem in Fällen leichtester Fahrlässigkeit, bei denen ein präventives Strafbedürfnis mehr als zweifelhaft ist, lässt sich ein Schuldausschluss auf diese Weise plausibel begründen.[1181]

VI. Besonderheiten bei Täterschaft und Teilnahme

In Bezug auf Fahrlässigkeitsdelikte gibt es **keine Anstiftung** (§ 26) oder **Beihilfe** **913**
(§ 27), da es jeweils an der erforderlichen vorsätzlich begangenen Haupttat fehlt. Im Fahrlässigkeitsbereich gilt somit das **Einheitstäterprinzip**, wonach jeder, der die Voraussetzungen des jeweiligen Delikts in seiner Person erfüllt, Täter ist.[1182]

Verwirklichen mehrere Personen im Rahmen einvernehmlichen riskanten Handelns **914**
einen Fahrlässigkeitstatbestand, so handeln sie nach h.M. als bloße **Nebentäter**.[1183]

Eine **fahrlässige Mittäterschaft**[1184] wird überwiegend abgelehnt, von einer im Vor- **915**
dringen befindlichen Mindermeinung aber mit guten Argumenten bejaht.[1185]

Beispiel:[1186]
A und B rollen einvernehmlich schwere Steine einen Abhang hinunter. Durch einen der Steine wird, wie für A und B vorhersehbar war, Fußgänger F verletzt. Allerdings kann nicht geklärt werden, ob der erfolgsursächliche Stein von A oder B gerollt wurde.

Nimmt man mit der **Mindermeinung** die Möglichkeit einer Mittäterschaft auch im **916**
Fahrlässigkeitsbereich an, ließen sich über § 25 Abs. 2 die jeweiligen potenziellen Tatbeiträge den Beteiligten gegenseitig zurechnen.[1187] Der Wortlaut von § 25 Abs. 2 steht einer Erstreckung auf die Fahrlässigkeitsdelikte nicht entgegen; auch das Kriterium des „gemeinsamen Tatplans" kann zumindest in den Fällen der hier vorliegenden **bewussten Fahrlässigkeit** bejaht werden.

1179 Vgl. *Wessels/Beulke/Satzger*, AT Rn. 451.
1180 Vgl. nur MK-StGB/*Duttge*, § 15 Rn. 206 f.; *Wessels/Beulke/Satzger*, AT Rn. 692 m.w.N.
1181 *Kaspar*, JuS 2012, 112 (116); *Roxin*, AT I § 24 Rn. 127.
1182 S. dazu oben Rn. 497.
1183 *Kaspar*, JuS 2012, 112 (116).
1184 Dazu ausführlich *Kühl*, AT Rn. 116a ff. und *Roxin*, AT II § 25 Rn. 239, jeweils m.w.N.
1185 *Roxin*, AT II § 25 Rn. 242 m.w.N.
1186 *Otto*, GK § 21 Rn. 117.
1187 Krit. dazu *Mitsch*, JuS 2001, 105 (109 f.).

917 Die wohl **h.M.** lehnt die fahrlässige Mittäterschaft dagegen bis heute ab. Nach ihr wären sowohl A als auch B als potenzielle Nebentäter separat zu würdigen und jeweils durch Anwendung des Grundsatzes „in dubio pro reo“ **freizusprechen**, sofern man nicht (in zweifelhafter Weise) ein gegenseitiges Bestärken als strafbarkeitsbegründende Tathandlung genügen lässt.[1188]

VII. Vorsatz-Fahrlässigkeits-Kombinationen, insbesondere erfolgsqualifizierte Delikte

1. Grundlagen

918 Neben den reinen Vorsatz- und Fahrlässigkeitsdelikten kennt das StGB auch einige Tatbestände, die beide Elemente verbinden. Hier spricht man von sog. **Vorsatz-Fahrlässigkeits-Kombinationen.** Nach **§ 11 Abs. 2** sind diese Kombinationstaten als **Vorsatztaten** zu behandeln, was sich vor allem auf die Strafbarkeit potenzieller Teilnehmer sowie die Möglichkeit einer Versuchsstrafbarkeit[1189] auswirkt.

2. Erfolgsqualifizierte Delikte

a) Grundlagen

919 Eine besonders prüfungsrelevante Unterform der Vorsatz-Fahrlässigkeitskombinationen, die etwas vertieft werden soll, sind die **erfolgsqualifizierten Delikte.** Ihre Tatbestandsstruktur wird in der allgemeinen Regel des § 18 umschrieben:

> „Knüpft das Gesetz an eine besondere Folge der Tat eine schwerere Strafe, so trifft sie den Täter oder den Teilnehmer nur, wenn ihm hinsichtlich dieser Folge wenigstens Fahrlässigkeit zur Last fällt.“

920 Das Kennzeichen der erfolgsqualifizierten Delikte ist also ein **vorsätzlich verwirklichtes Grunddelikt** (bspw. Körperverletzung, § 223), mit der Täter **wenigstens fahrlässig** eine **besondere Folge** (bspw. den Tod eines Menschen, § 227) bewirkt.

921 Im Vergleich zur bloßen Bestrafung aus der Kombination von Vorsatz- und Fahrlässigkeitsdelikt (im Beispiel: Körperverletzung in Tateinheit mit fahrlässiger Tötung, §§ 223, 222, 52) enthalten die erfolgsqualifizierten Delikte einen deutlich **erhöhten Strafrahmen.** Damit soll dem höheren Unrechtsgehalt der Begehung eines Grunddelikts Rechnung getragen werden, dem die Gefahr der Herbeiführung der schweren Folge bereits innewohnt.[1190]

b) Der gefahrspezifische Zusammenhang als besondere Voraussetzung

922 Zusätzlich zur allgemeinen Kausalität und der objektiven Zurechnung bedarf es daher bei den erfolgsqualifizierten Delikten eines (im Einzelnen umstrittenen) besonderen Zurechnungskriteriums, des sogenannten **gefahrspezifischen Zusammen-**

1188 Dazu *Roxin*, AT II § 25 Rn. 240.
1189 S. dazu unten Rn. 925 ff.
1190 Vgl. *Roxin*, AT I § 10 Rn. 108.

hangs.[1191] Danach muss sich die schwere Folge als Realisierung einer Gefahr darstellen, mit der die konkrete Verwirklichung des Grunddelikts typischerweise verbunden ist.

Umstritten ist der Anknüpfungspunkt der besonderen Folge. Nach der sog. **Lehre von der Erfolgsgefährlichkeit**[1192] muss sie gerade auf dem eingetretenen Erfolg beruhen, bei § 227 also bspw. auf einer Verletzung des Opfers. Von der Gegenansicht wird zu Recht vertreten, dass je nach Delikt auch bereits die **Tathandlung** als Ursache der schweren Folge in Betracht kommt.[1193] 923

Beispiel:
A will den B auf dem Bahnsteig einer vielbefahrenen Straßenbahnhaltestelle verprügeln. Er schlägt dem B mehrfach mit der Faust ins Gesicht; dieser weicht in Panik zurück, stürzt dabei auf die Gleise und wird von einer einfahrenden Straßenbahn erfasst. B stirbt deswegen noch am Unfallort, was A so ohne weiteres hätte voraussehen können.

Die Voraussetzungen einer Körperverletzung mit Todesfolge gem. § 227 liegen hier vor. Auch der spezifische Gefahrzusammenhang ist zu bejahen, da der Eintritt des Todes unter den gegebenen Umständen eine typische Folge der Körperverletzungshandlung darstellt. Dass B erst durch sein eigenes Ausweichen auf die Schienen gerät und die tödliche Folge nicht unmittelbar auf einer von A zuvor zugefügten Verletzung beruht, ist richtigerweise (entgegen der Lehre von der Erfolgsgefährlichkeit) unschädlich. Für Einzelheiten sei auf Darstellungen des Besonderen Teils verwiesen. 924

c) Versuch und Rücktritt

Wie bereits erwähnt handelt es sich bei den erfolgsqualifizierten Delikten gem. § 11 Abs. 2 um Vorsatzdelikte, so dass grundsätzlich auch eine Versuchsstrafbarkeit in Betracht kommt. **Zwei Konstellationen** sind zu unterscheiden, der erfolgsqualifizierte Versuch sowie der Versuch der Erfolgsqualifikation. 925

aa) Erfolgsqualifizierter Versuch

Als erfolgsqualifizierter Versuch werden die Fälle bezeichnet, in denen bereits der bloße Versuch des Grunddelikts[1194] zum Eintritt der schweren Folge geführt hat. 926

Beispiel (nach BGHSt 14, 100): A will B mit einer geladenen Pistole, die er aber lediglich als Schlagwerkzeug verwenden möchte, verprügeln. Er verfehlt B mit dem ersten Schlag, dabei löst sich ein Schuss und trifft B tödlich.

1191 S. dazu *Heinrich/Reinbacher*, Jura 2005, 743 ff. sowie die Zusammenstellung obergerichtlicher Entscheidungen bei *Roxin*, AT I § 10 Rn. 111ff.

1192 Nachweise bei *Hillenkamp*, AT-Probleme, S. 123 f.

1193 Vgl. NK-StGB/*Paeffgen*, § 18 Rn. 28 ff. m.w.N.

1194 Ob ein erfolgsqualifizierter Versuch auch dann in Betracht kommt, wenn das Grunddelikt keine Versuchsstrafbarkeit aufweist, ist angesichts des Wortlauts von § 18, der von einer bestehenden Strafbarkeit des Grunddelikts ausgeht, zweifelhaft. Das Problem stellt sich bei den Vergehen der Aussetzung (§ 221) und des Nachstellens (§ 238), die zwar keine Versuchsstrafbarkeit, aber eine Erfolgsqualifikation aufweisen. Vgl die Darstellung bei LK-StGB/*Hillenkamp*, Vor § 22 Rn. 108; *Roxin*, AT II § 29 Rn. 325 ff.

927 Eine Strafbarkeit wegen einer versuchten Körperverletzung mit Todesfolge kommt ersichtlich nur dann in Betracht, wenn man es mit der Rechtsprechungund h. Lit. richtigerweise genügen lässt, dass sich die schwere Folge bei einem erfolgsqualifizierten Delikte auch bereits aus der bloßen Vornahme der **Tathandlung** ergeben kann.[1195] Für diese Ansicht spricht nicht zuletzt, dass in § 227 pauschal auf die „§§ 223 bis 226a" verwiesen wird, also auch auf die jeweiligen **Vorschriften über den strafbaren Versuch** in § 223 Abs. 2 sowie § 224 Abs. 2.

928 Ein **Rücktritt** gem. § 24 vom erfolgsqualifizierten Versuch ist nach h.M. denkbar, wenn der Täter die schwere Folge bereits herbeigeführt hat, dann aber vom Versuch des Grunddelikts zurücktritt. Das wird zutreffend damit begründet, dass der Bestrafung aus dem erfolgsqualifizierten Delikt mit dem Rücktritt die nötige Basis entzogen wird.[1196] Verursacht ein Täter etwa beim Versuch einer Brandstiftung leichtfertig den Tod eines Menschen, kann er, wenn die Brandstiftung noch nicht vollendet ist, von deren Versuch zurücktreten, was dann auch im Hinblick auf die Brandstiftung mit Todesfolge strafbefreiende Wirkung entfaltet. Unberührt bleibt in einem solchen Fall die Möglichkeit der Bestrafung wegen fahrlässiger Tötung gem. § 222.

bb) Versuch der Erfolgsqualifikation

929 Hier geht es um Konstellationen, in denen ein **vollendetes oder versuchtes Grunddelikt** verwirklicht wird und der Täter mit Vorsatz bezüglich der Herbeiführung der (dann allerdings ausbleibenden) besonderen schweren Folge handelt.

Beispiel:
A will B mit mehreren Schlägen gegen den Kopf verprügeln und nimmt dabei selbst den Tod des B billigend in Kauf. B erleidet lebensgefährliche Hirnverletzungen, überlebt jedoch aufgrund sofortiger ärztlicher Behandlung.

930 Dass ein strafbarer Versuch der Erfolgsqualifikation prinzipiell in Betracht kommt, ist weitgehend anerkannt; der Wortlaut von § 18 spricht von der **„wenigstens" fahrlässigen** Herbeiführung der schweren Folge und erfasst damit auch die Fälle eines diesbezüglich mit Vorsatz bzw. Tatentschluss handelnden Täters. Zu beachten ist aber, dass sich diese Frage überhaupt nur bei Bejahung des Vorsatzes im Hinblick auf den Eintritt der schweren Folge stellt; denn ein fahrlässiger Versuch existiert nicht.[1197] Damit relativiert sich die Problematik deutlich, denn in vielen Fällen wird es dann zu einer **vorrangigen Strafbarkeit wegen des (reinen) Vorsatzdelikts** kommen. So ist im obigen Beispielsfall zwar der Versuch der Körperverletzung mit Todesfolge gem. §§ 227, 22, 23 Abs. 1 erfüllt. Diese Strafbarkeit wird aber von dem zugleich verwirklichten und schwerer wiegenden versuchten Tötungsdelikt verdrängt.[1198]

1195 In Bezug auf § 227 ablehnend *Roxin*, AT II § 29 Rn. 329.
1196 BGHSt 42, 158; *Wessels/Beulke/Satzger*, AT Rn. 653a.
1197 Siehe oben Rn. 689.
1198 Zur Vertiefung mit Beispielen: *Roxin*, AT II § 29 Rn. 319 ff.

Relevant bleibt diese Fallgruppe in den Fällen, in denen nicht der Tod eines Menschen, sondern **andere schwere Folgen** vom Täter vorsätzlich angestrebt werden. Das betrifft etwa die Herbeiführung der Fortpflanzungsunfähigkeit des Opfers durch die Körperverletzung gem. § 226 Abs. 1 Nr. 1.[1199] 931

Bei der Frage des strafbefreienden **Rücktritts** vom Versuch der Erfolgsqualifikation ist zu unterscheiden. Kommt auch das Grunddelikt nicht über das Versuchsstadium hinaus, ist ohne Weiteres ein Rücktritt vom gesamten erfolgsqualifizierten Delikt möglich. 932

Schwieriger zu beantworten ist die Frage, ob auch eine Art „**Teilrücktritt**" lediglich vom Versuch der Erfolgsqualifikation in Betracht kommt, wenn der Täter das **Grunddelikt vollendet** hat und lediglich von seinem Plan abrückt, die schwere Folge herbeizuführen.[1200] 933

Gegen ein Rücktrittsrecht in diesem Fall könnte man anführen, dass Erfolgsqualifikationen notwendigerweise auf dem Grunddelikt aufbauen, welches nach Eintritt der Vollendung unstreitig nicht mehr im Sinne von § 24 aufgegeben werden kann. Es spricht aber nichts dagegen, bei der Frage der aufzugebenden „Tat" im Sinne der Vorschrift auf das (eigenständig geregelte) erfolgsqualifizierte Delikt abzustellen.[1201] **Für die Möglichkeit eines solchen Teilrücktritts** spricht (wie auch beim qualifizierten Delikt)[1202] der Gedanke des Opferschutzes, weil man nur auf diese Weise einen Anreiz bietet, von der Verwirklichung der schweren Folge (etwa der zunächst vom Raubtäter bei der Gewaltanwendung billigend in Kauf genommenen Tötung des Raubopfers) abzusehen. 934

Wiederholungsfragen zu § 9 (Fahrlässigkeitsdelikte)

1. Anhand welcher Maßstäbe wird die Frage der Sorgfaltspflichtverletzung nach h.M. generell beantwortet? (Rn. 862 ff.)
2. Was ist mit dem „Übernahmeverschulden" gemeint? (Rn. 872)
3. Welche Rolle spielt der sog. „Vertrauensgrundsatz" im Fahrlässigkeitsbereich? (Rn. 875 ff.)
4. In welchem Problemkreis wird die sog. „Risikoerhöhungslehre" vertreten und welche Argumente werden für und gegen diese Lehre vorgebracht? (Rn. 900 ff.)
5. Warum wird bei den erfolgsqualifizierten Delikten ein „spezifischer Gefahrzusammenhang" verlangt und wie lässt sich dieser umschreiben? (Rn. 921 ff.)

1199 BGHSt 21, 194.
1200 Dazu *Kühl*, AT § 17a Rn. 55.
1201 So auch *Kühl*, AT § 17a Rn. 55; Schönke/Schröder/*Sternberg-Lieben*/*Schuster*, § 18 Rn. 13.
1202 S. dazu oben Rn. 839 ff.

§ 10 Unterlassungsdelikte

I. Grundlagen

Es ist offensichtlich, dass nicht nur das aktive Ausführen einer Handlung Rechtsgüter verletzen oder gefährden kann, sondern auch das bloße Untätigbleiben: Wenn bspw. ein Kleinkind von niemandem gefüttert wird, stirbt es. Es ist daher nur konsequent, dass auch das bloße Nicht-Handeln in bestimmten Fällen eine Strafbarkeit begründen kann; man spricht dann von einem **Unterlassungsdelikt.** 935

Ein strafbewehrtes **Handlungsgebot** („Genau diese Handlung musst Du ausführen, um der Strafbarkeit zu entgehen!") bedeutet allerdings regelmäßig einen gravierenderen Eingriff in das Freiheitsgrundrecht aus Art. 2 Abs. 1 GG als ein strafbewehrtes Handlungsverbot („Du darfst alles tun, nur dieses eine nicht!").[1203] Daher wird gem. **§ 13 Abs. 1** die Tatbegehung durch Unterlassen zu Recht nur unter besonderen Voraussetzungen bestraft; in **§ 13 Abs. 2** ist zudem die Möglichkeit einer **Strafrahmenmilderung** vorgesehen. 936

Anders als beim Tätigkeitsdelikt stellt sich hier vor allem die Frage nach den persönlich **Verantwortlichen** in besonderer Weise. Im obigen Beispielsfall haben es ja nicht nur die Eltern des Kindes unterlassen, dieses zu füttern, sondern auch alle anderen Menschen; dennoch ist offensichtlich, dass das Nicht-Füttern des Kindes nur einem ausgewählten Kreis dafür „zuständiger" Personen als Straftat vorgehalten werden kann. 937

Eine Tatbegehung durch Unterlassen kommt daher nach § 13 Abs. 1 nur in Betracht, wenn die betreffende Person für den Nichteintritt des Erfolges rechtlich einzustehen hat, was auch als **Garantenstellung** bezeichnet wird. Zugleich muss das Unterlassen bei wertender Betrachtung einem Tun entsprechen, sog. **Entsprechungsklausel.** Unter diesen Voraussetzungen erstreckt § 13 Abs. 1 die Strafbarkeit für die Begehung eines Deliktes, das an sich nach seinem Wortlaut eine aktive Handlung voraussetzt, auch auf das Unterlassen. „Töten" im Sinne von § 212 kann man also auch durch bloßes Nichtstun! 938

Man spricht in diesen Fällen, wo erst über die Brücke des § 13 eine Strafbarkeit des Unterlassenden begründet werden kann, von einem **unechten Unterlassungsdelikt.** Dementsprechend können sich bspw. die Eltern, die ihr Kind wie im obigen Beispielsfall verhungern lassen, gem. §§ 212, 13 Abs. 1 wegen Totschlags durch Unterlassen strafbar machen. 939

Vereinzelt existieren Strafnormen, die bereits nach ihrer tatbestandlichen Fassung ein Untätigbleiben pönalisieren und die als **echte Unterlassungsdelikte** bezeichnet werden. Bestes Beispiel ist die strafbare **unterlassene Hilfeleistung gem. § 323c.** Der Wortlaut der Norm umschreibt die tatbestandliche Handlung als Unterlassen („*Wer* 940

1203 Vgl. *Röhl/Röhl*, Allgemeine Rechtslehre, S. 485.

bei Unglücksfällen oder gemeiner Gefahr oder Not nicht Hilfe leistet [...]"). Die Strafbarkeit begründet sich hier also ohne eine Bezugnahme auf § 13 Abs. 1 und seine besonderen Voraussetzungen. Wenn bspw. völlig unbeteiligte Dritte zufällig mitbekommen, dass ein Kind in Lebensgefahr ist, sie aber dennoch nicht einschreiten, obwohl ihnen dies möglich und zumutbar gewesen wäre, machen sie sich gem. § 323c strafbar. Eine Strafbarkeit wegen des deutlich gravierenden Tötungsdelikts gem. § 212 scheitert dagegen am fehlenden Einstehenmüssen für die Abwendung des Erfolgs gem. § 13, mit anderen Worten an der fehlenden Garantenstellung. Letztere darf selbstverständlich nicht aus der Existenz der an jedermann gerichteten Hilfspflicht des § 323c abgeleitet werden.[1204]

941 Spezialfragen im Bereich der echten Unterlassungsdelikte (zu denen auch die Nichtanzeige geplanter Straftaten gem. § 138 zählt) gehören in den Besonderen Teil des Strafrechts. Im Folgenden wird daher nur auf die unechten Unterlassungsdelikte und die mit ihnen verbundenen Probleme und Besonderheiten eingegangen. Dabei wird der Schwerpunkt auf die vorsätzliche Begehung gelegt;[1205] für deren gutachterliche Prüfung kann folgendes Schema empfohlen werden:

Übersicht: Vorsätzliches unechtes Unterlassungsdelikt

A. Tatbestand
   I. Erfolgseintritt
   II. Nichtvornahme der zur Erfolgsabwendung erforderlichen und gebotenen Handlung trotz physisch-realer Handlungsmöglichkeit
   III. Quasi-Kausalität und objektive Zurechnung
   IV. Garantenpflicht
B. Rechtswidrigkeit
C. Schuld
   I. Schuldfähigkeit, § 20
   II. Potenzielles Unrechtsbewusstsein, § 17
   III. Kein Vorliegen von Entschuldigungsgründen (inkl. Unzumutbarkeit normgemäßen Verhaltens)

II. Der Tatbestand des unechten Unterlassungsdelikts

1. Abgrenzung von Tun und Unterlassen

942 In den meisten Fällen ergibt sich aus dem äußeren Erscheinungsbild eindeutig, ob ein **Tun oder Unterlassen** vorliegt. Wer ein Auto zerkratzt macht sich gem. § 303 Abs. 1 einer (aktiven) Sachbeschädigung schuldig; wer ein fremdes Auto bei Hagelschauer – obwohl ihm dies möglich gewesen wäre – nicht in eine Garage bringt und auf diese Weise vorsätzlich einen Schaden am Wagen herbeiführt, obwohl er für dessen siche-

1204 *Rengier*, AT § 50 Rn. 10.
1205 Zum fahrlässigen Unterlassungsdelikt s. unten Rn. 1025 ff.

re Verwahrung rechtlich zuständig war, macht sich gem. §§ 303 Abs. 1, 13 Abs. 1 einer Sachbeschädigung durch Unterlassen schuldig.

Allerdings gibt es auch immer wieder Fälle, in denen die Abgrenzung deutlich schwerer zu bewerkstelligen ist. Das veranschaulicht folgendes 943

Beispiel:[1206]
Mutter M lässt ihre dreijährige Tochter T für längere Zeit allein in der Wohnung zurück. Im Laufe des Tages schaltet T die Herdplatten an, dies hatte sie schon einmal in der Vergangenheit getan. Ein neben den Herdplatten liegendes Papier fängt Feuer, in dem daraus entstehenden Brand stirbt T.

M könnte sich der aktiven fahrlässigen Tötung gem. § 222 oder der fahrlässigen Tötung durch Unterlassen gem. §§ 222, 13 Abs. 1 schuldig gemacht haben. Maßgeblich ist, ob das Verhalten der M ein Tun oder Unterlassen darstellt. Insoweit könnte entweder das aktive Verlassen der Wohnung oder das Unterlassen von Schutzvorkehrungen entscheidend sein. Zur Lösung dieser Frage werden mehrere Theorien vertreten. 944

a) Theorie vom Schwerpunkt der Vorwerfbarkeit

Nach einer Ansicht kommt es „für die Entscheidung der Frage, ob ein Tun oder ein Unterlassen vorliegt, […] auf den **Schwerpunkt der Vorwerfbarkeit** des Täterverhaltens an".[1207] Der Schwerpunkt muss danach wertend unter Berücksichtigung des sozialen Handlungssinns im Einzelfall ermittelt werden.[1208] Erweise sich ein bestimmtes positives Tun für sich gesehen als sozialadäquat, sei dies ein Indiz dafür, dass sich der Vorwurf schwerpunktmäßig nicht darauf beziehe.[1209] 945

Im obigen Beispielsfall liegt der Schwerpunkt nicht beim Verlassen der Wohnung, denn dieses stellt für sich genommen ein sozialadäquates, mithin nicht vorwerfbares Verhalten dar. M hätte jedoch dafür Sorge tragen müssen, dass T in ihrer Abwesenheit in Sicherheit ist, etwa durch Beauftragung eines Babysitters oder durch räumliche oder technische Vorkehrungen. Auf diesem Unterlassen liegt der Schwerpunkt des Vorwurfs. Demnach wäre hier eine Strafbarkeit wegen fahrlässiger Tötung durch Unterlassen gem. §§ 222, 13 Abs. 1 zu prüfen. 946

Gegen die Schwerpunkt-Formel wird u.a. eingewandt, sie sei zu unbestimmt, außerdem enthalte sie einen Zirkelschluss: Der Schwerpunkt der Vorwerfbarkeit liege beim Begehungsdelikt naturgemäß beim Tun bzw. beim Unterlassungsdelikt beim Untätigbleiben; für die zuvor zu beantwortende Frage, ob es sich im konkreten Fall um das eine oder das andere handle, könne man daraus aber kein Abgrenzungskriterium herleiten.[1210] 947

1206 BGH NStZ 1999, 607.
1207 BGH NStZ 1999, 607; vgl. BGHSt 6, 46 (59).
1208 *Rengier*, AT § 48 Rn. 10.
1209 Vgl. *Kühl*, AT § 18 Rn. 17.
1210 *Roxin*, AT II § 31 Rn. 79 ff.

b) Theorie vom Energieeinsatz

948 Nach anderer Ansicht liegt ein Tun immer dann vor, wenn ein **aktiver Energieeinsatz** für den Erfolg kausal geworden ist; andernfalls sei ein bloßes Unterlassen anzunehmen.[1211] Im obigen Beispielsfall ist fraglich, ob das aktive Verlassen der Wohnung kausal für das Ersticken der T war. Es dürfte nicht hinweggedacht werden können, ohne dass der Tod von T entfiele. Wäre M jedoch passiv in der Wohnung geblieben, wäre T ebenfalls in der Küche zu Tode gekommen.[1212] Maßgeblich war also auch nach dieser Auffassung das Unterlassen von Aufsicht oder sonstigen Vorkehrungen.

949 Vor allem bei komplexeren Tathergängen ist allerdings oft schwer zu bestimmen, an welches konkrete Verhalten anzuknüpfen ist. Daher wird in der Literatur teilweise eine ergänzende **Subsidiaritätslösung** vertreten: Nur wenn die in Betracht kommenden aktiven Tätigkeiten (Energieaufwendungen) strafrechtlich irrelevant seien, komme eine Strafbarkeit durch Unterlassen in Frage.[1213]

c) Problematische Fallgruppen

aa) Ärztlicher Behandlungsabbruch

950 Besondere Relevanz hat die Unterscheidung von Tun und Unterlassen bei der Sterbehilfe. Aus § 216 ergibt sich, dass eine rechtfertigende Einwilligung in die Tötung ausgeschlossen ist, daher ist **aktive Sterbehilfe** grundsätzlich strafbar. Wird der Tod dagegen durch das Unterlassen der lebenserhaltenden Behandlung seitens des Arztes herbeigeführt, erfordert die Strafbarkeit gem. §§ 212, 13 Abs. 1 die Verletzung einer Pflicht zum rechtlichen Einstehen. Zwar hat der behandelnde Arzt gegenüber dem Patienten grundsätzlich eine Garantenstellung inne. Steht jedoch der Wille des Patienten einer lebenserhaltenden Maßnahme entgegen, verliert der Arzt sein Recht und damit zugleich seine Pflicht, in dieser Weise tätig zu werden. Das Unterlassen der Behandlung bleibt dann straffrei, was in Abgrenzung zur aktiven Tötungshandlung als **passive Sterbehilfe** bezeichnet wurde.[1214] Die Unterscheidung zwischen Tun und Unterlassen war in diesen Fällen also regelmäßig zugleich die Entscheidung zwischen Freiheitsstrafe und Straflosigkeit.[1215]

Beispiel:
Patient P hat schwere Schädigungen am Großhirn erlitten und sein Bewusstsein irreversibel verloren. Er ist an eine Herz-Lungen-Maschine angeschlossen. Erst später wird bekannt, dass er sich in einer schriftlichen Patientenverfügung ausdrücklich gegen diese Maßnahme ausgesprochen hat. Ärztin A schaltet die Maschine daraufhin durch Knopfdruck ab, infolgedessen stirbt P kurze Zeit später.

1211 *Roxin*, AT II § 31 Rn. 77 f.

1212 Das ist zwar nicht lebensnah, weil die M in diesem Fall natürlich eingegriffen hätte. Ein solches Hinzudenken weiterer Faktoren ist aber bei der Prüfung der Kausalität von aktiven Tatbeiträgen nicht zulässig und muss daher auch hier außer Betracht bleiben.

1213 LK-StGB/*Weigend*, § 13 Rn. 7.

1214 Zur strafrechtlichen Bewertung der Sterbehilfe *Murmann*, GK § 21 Rn. 76 ff.; *Brunhöber*, JuS 2011, 401.

1215 Zur neuen Situation seit der Entscheidung des BGH im Fall „Putz“ s. sogleich Rn. 952.

Nach der Theorie vom Energieaufwand läge grundsätzlich ein Tun vor, denn der Knopfdruck der A, ein aktiver Energieeinsatz, war kausal für den Tod des P. Gewichtige Bedenken dagegen trägt u.a. *Roxin* vor: Würde man die Maschine so konstruieren, dass man sie jeden Tag aufs Neue einschalten müsste, wäre ein Behandlungsabbruch durch das Unterlassen des Wiedereinschaltens straflos. Es dürfe aber nicht die Konstruktion der Behandlungsgeräte sein, die über die strafrechtliche Bewertung solcher Fälle entscheide. Daher stuft er den Knopfdruck als sog. **Unterlassen durch Tun** ein.[1216] Es handelt sich dabei um eine normative Lösung, die sich letztlich mit der Schwerpunkt-Formel deckt. 951

In einer neueren Entscheidung hat der **BGH** diese Konstruktion allerdings verworfen und einen anderen Weg beschritten. Danach komme es auf die Einordnung einer isolierten Handlung als Tun und Unterlassen nicht an, solange sie unter den „normativ-wertenden Oberbegriff des **Behandlungsabbruchs**" falle.[1217] Ein solcher Abbruch durch die zuständigen Personen ist demnach – unabhängig von seiner Klassifizierung als Unterlassen oder aktives Tun – gerechtfertigt, wenn dies dem tatsächlichen oder mutmaßlichen Patientenwillen (vgl. § 1901a BGB) entspricht und dazu dient, einem ohne Behandlung zum Tode führenden Krankheitsprozess seinen Lauf zu lassen. 952

bb) Abbruch von Rettungsbemühungen

Problematisch sind außerdem die Fälle, in denen der Täter einen begonnenen Rettungsversuch vereitelt. Dabei kann man zwischen zwei Konstellationen unterscheiden. 953

(1) Eigene Rettungsbemühungen

Denkbar ist zunächst der Abbruch von Rettungsbemühungen, die der **Täter selbst** entfaltet hat. 954

Beispiel:
A bekommt beim Schwimmen im See einen Krampf und droht zu ertrinken. Sein zufällig vorbeikommender Erzfeind E wirft reflexartig einen Rettungsring in seine Richtung. Kurz bevor A den Ring ergreifen kann, erinnert sich E an seine Fehde gegen A und zieht den Ring an der Leine zurück. Wie von E vorhergesehen ertrinkt A.

Die erforderliche Abgrenzung von Tun und Unterlassen ist hier besonders folgenreich. Bei einer Einstufung als Tun hätte sich E wegen eines vorsätzlichen Tötungsdeliktes strafbar gemacht, bei einem Unterlassen mangels Garantenstellung nicht gem. §§ 212, 13 Abs. 1, sondern lediglich gem. § 323c. 955

Nach einer Ansicht ist handelt es sich um ein **Tun**, wenn der Betroffene einen von ihm in Gang gesetzten Kausalverlauf abbricht, der mit an Sicherheit grenzender Wahrscheinlichkeit zur Rettung geführt hätte.[1218] 956

1216 *Roxin*, AT II § 31, Rn. 99, 115 ff.
1217 BGHSt 55, 191 (203) (Fall „Putz").
1218 *Rengier*, AT § 48 Rn. 22 f.; *Murmann*, GK § 29 Rn. 15.

957 Nach anderer, zustimmungswürdiger Ansicht liegt ein **Unterlassen** vor, wenn der Versuch abgebrochen wurde, noch bevor die Rettungsmöglichkeit den zu Rettenden erreicht hat.[1219] Positiver und negativer Energieeinsatz heben sich hier gleichsam auf;[1220] wer sich zunächst rettend betätigt und dies wieder zurücknimmt darf nicht schlechter gestellt werden als jemand, der von vornherein zur Untätigkeit entschlossen war.[1221] Da A den Ring noch nicht ergreifen konnte, ist das Verhalten des E nach dieser Ansicht als ein Unterlassen (der Rettung) einzustufen. Erst wenn sich die Rettungschance für A etwa durch das Ergreifen des Rings verdichtet hat, erscheint es als strafwürdiges aktives Tun, wenn E diese Position des A durch Zurückziehen des Rings zunichte macht.[1222]

(2) Fremde Rettungsbemühungen

958 Bei der Sabotage eines **fremden Rettungsversuchs** handelt es sich nach ganz h.M. um **aktives Tun,**[1223] denn der Täter bricht hier einen rettenden Kausalverlauf ab, den er selbst nicht in Gang gebracht hat und der ihm daher auch nicht als positiver Energieeinsatz zugute gehalten werden kann.

Beispiel:
Rettungsschwimmer R will dem A, der zu ertrinken droht, zu Hilfe eilen. Erzfeind E will die Rettung vereiteln und schlägt R bewusstlos. Wie von E vorhergesehen, stirbt A.

959 Hier wäre, bei Vorliegen der sonstigen Voraussetzungen, eine Strafbarkeit des E wegen einer vorsätzlichen Tötung des A durch aktives Tun zu bejahen.

2. Unterlassen trotz physisch-realer Handlungsmöglichkeit

960 Ein allgemeiner Grundsatz des Rechts ist es, dass von niemandem etwas Unmögliches verlangt werden kann (*„ultra posse nemo obligatur“*). Ein strafbares Unterlassen setzt daher stets das Bestehen einer **physisch-realen Handlungsmöglichkeit** voraus. Wenn bspw. ein Kind im See zu ertrinken droht, ist seine Rettung durch die Eltern offensichtlich unmöglich, wenn sie sich nicht in der Nähe befinden. Aber auch einem Nichtschwimmer kann es nicht zum Vorwurf gemacht werden, wenn er einen Ertrinkenden nicht aus dem Wasser holt, da er hierzu gar nicht in der Lage ist. Ihm bleibt physisch-real nur möglich, dritte Personen zur Hilfe zu rufen.

961 Ein schwieriges Problem ergibt sich, wenn der Unterlassende seine Handlungsunfähigkeit in vorwerfbarer Weise selbst herbeigeführt hat, sog. **omissio libera in causa.**

Beispiel:[1224]
Rettungsschwimmerin R ist im Dienst und betrinkt sich hemmungslos. Sie nimmt dabei billigend in Kauf, in diesem Zustand keine Menschenleben mehr retten zu können. Kurz darauf ist

1219 *Wessels/Beulke/Satzger*, AT Rn. 702; *Roxin*, AT II § 109 f.; *Hoffmann-Holland*, AT Rn. 735; *Kühl*, AT § 18 Rn. 21.
1220 *Roxin*, AT II, § 31 Rn. 109.
1221 *Roxin*, AT II, § 31 Rn. 112.
1222 *Heinrich*, AT Rn. 873.
1223 *Hoffmann-Holland*, AT Rn. 738.
1224 Nach *Satzger*, Jura 2006, 513 (517).

R so betrunken, dass sie zwar noch schuldfähig im Sinne von § 20, jedoch körperlich nicht mehr in der Lage ist, den ertrinkenden E zu retten. Sie bleibt daher untätig, E stirbt.

Eine Strafbarkeit gem. § 212 durch **aktives Tun** scheitert hier an der fehlenden Kausalität: Das Betrinken kann hinweggedacht werden, ohne dass der Tod des E entfällt, denn zusätzlich müssten Rettungsmaßnahmen hinzugedacht werden. **962**

R könnte sich jedoch gem. §§ 212, 13 Abs. 1 wegen **Totschlags durch Unterlassen** strafbar gemacht haben. Mangels körperlicher Verfassung war R jedoch im Zeitpunkt, in dem die Rettungsmaßnahmen an sich geboten waren, zu einem Eingreifen physisch-real nicht mehr fähig. **963**

Nach ganz h.M. ist R dennoch gem. §§ 212, 13 Abs. 1 zu bestrafen: Die Erfolgsverhinderungspflicht könne auch das **Gebot** umfassen, sich die **Handlungsfähigkeit** bis zum entscheidenden Zeitpunkt zu erhalten.[1225] Dem ist zuzustimmen, insbesondere sind die gegen die verwandte Konstruktion der actio libera in causa[1226] mit Recht vorgetragenen Bedenken hier nicht einschlägig, da das Gesetz für die Handlungsfähigkeit kein strenges Koinzidenzprinzip vorsieht.[1227] Maßgeblich ist, ob eine Pflicht zur Erhaltung der Handlungsfähigkeit im jeweiligen Einzelfall tatsächlich bestand.[1228] Dies trifft auf R kraft ihrer beruflichen Stellung zu, sie hat sich daher gem. §§ 212, 13 Abs. 1 strafbar gemacht. **964**

3. Quasi-Kausalität

Die Strafbarkeit durch aktives Tun erfordert bei den Erfolgsdelikten, wie oben erörtert wurde, eine kausale Herbeiführung des Erfolgs. Das ist nach der conditio-sine-qua-non-Formel der Fall, wenn die Handlung nicht hinweggedacht werden kann, ohne dass der tatbestandliche Erfolg in seiner konkreten Gestalt entfiele.[1229] Dem Unterlassenden wird jedoch nicht vorgeworfen, dass er eine Rechtsgutsverletzung durch einen eigenen aktiven Kausalbeitrag verursacht hat, sondern dass er diese nicht verhindert hat. **965**

Die herkömmliche **conditio-sine-qua-non-Formel** passt demnach im Bereich des Unterlassens nicht und muss entsprechend **modifiziert** werden. Kausal ist die unterlassene Handlung dann, wenn sie nicht **hinzugedacht** werden kann, ohne dass der tatbestandliche Erfolg mit an Sicherheit grenzender Wahrscheinlichkeit entfiele. Dass keine hundertprozentige Gewissheit über die Abwendung der Tatbestandsverwirklichung bestehen muss, liegt in der Natur der Sache, denn der Kausalverlauf, in dem die unterlassene Handlung vollzogen wird, ist nur ein gedachter; er ist **hypothe-** **966**

1225 *Kühl*, AT § 18 Rn. 22; *Roxin*, § 31 Rn. 106; LK-StGB/*Weigend*, § 13 Rn. 67.
1226 Siehe Rn. 435 ff.
1227 LK-StGB/*Weigend*, § 13 Rn. 67.
1228 NK-StGB/*Wohlers/Gaede*, § 13 Rn. 13.
1229 Siehe Rn. 127.

tisch.[1230] Aus diesem Grund wird im Kontext der Unterlassungsdelikte von der **Quasi-Kausalität** gesprochen.[1231]

967 Wenn nicht **mit an Sicherheit grenzender Wahrscheinlichkeit** davon ausgegangen werden kann, dass die hinzugedachte Handlung den Erfolgseintritt verhindert hätte, ist die Quasi-Kausalität nach der h.M. in dubio pro reo zu verneinen.[1232]

968 Nach einer Mindermeinung begründet dagegen bereits der Umstand, dass die gebotene Handlung das Risiko des Erfolgseintritts ex ante (erheblich) vermindert hätte, eine Strafbarkeit durch Unterlassen (sog. **Risikoverminderungstheorie**).[1233] Der hiergegen von der h.M. erhobene Vorwurf, dass darin ein unzulässiger Verzicht auf Kausalität liege, der die Unterlassungsdelikte zu reinen Gefährdungsdelikten mache,[1234] erscheint nicht berechtigt. Denn es geht bei den Unterlassungsdelikten ohnehin nicht um die Feststellung von Kausalität in einem klassisch-empirischen Sinn, sondern um die Frage, wann der untätig gebliebene Garant für einen eingetretenen Erfolg verantwortlich gemacht werden kann. Dabei handelt es sich, wie die modifizierte conditio-sine-qua-non-Formel mit ihrer hypothetischen Betrachtungsweise zeigt, um eine **normative Frage**, die man durchaus im Sinne der Risikoverminderungslehre beantworten könnte.

969 Dennoch erscheint es richtig, die vorsätzlich unterlassene Risikoverminderung, deren Rettungstauglichkeit nicht hinreichend sicher feststeht, mit der h.M. nicht als vollendetes, sondern nur als versuchtes Unterlassungsdelikt zu bestrafen.[1235] Denn anders als in der Konstellation des rechtmäßigen Alternativverhaltens bei aktivem Tun[1236] fehlt es hier an der tatsächlichen (naturgesetzlichen) Verursachung des eingetretenen Erfolgs als Basis einer Bestrafung; die Kausalitätsbestimmung bedarf hier also ohnehin eines wertenden Elements, wie die zulässige Einbeziehung des hypothetischen Verlaufs zeigt. Da die Unterlassungsstrafbarkeit nach § 13 an strengere Voraussetzungen geknüpft ist als die Strafbarkeit durch aktives Tun, erscheint es zutreffend, in den Fällen des nicht hinreichend sicher feststehenden Quasi-Kausalzusammenhangs auf eine Bestrafung aus dem vollendeten Delikt zu verzichten. Kriminalpolitische Bedürfnisse werden durch die Versuchsstrafbarkeit abgedeckt; die Straflosigkeit bei nur fahrlässigem Handeln kann als Ausdruck des fragmentarischen Charakter des Strafrechts hingenommen werden.

1230 *Hilgendorf/Valerius*, AT § 11 Rn. 30.

1231 *Rengier*, AT § 49 Rn. 13.

1232 BGH NJW 2000, 2754 (2757); *Wessels/Beulke/Satzger*, AT Rn. 714; *Rengier*, AT § 49 Rn. 16; Schönke/Schröder/*Stree/Bosch*, § 13 Rn. 61.

1233 *Greco*, ZIS 2011, 674; *Stratenwerth/Kuhlen*, AT § 13 Rn. 55 ff; differenzierend *Roxin*, AT II § 31 Rn. 54 ff., der dies nur bei auch ex post feststehender Risikoverminderung annimmt.

1234 *Wessels/Beulke/Satzger*, AT Rn. 714.

1235 *Jäger*, AT Rn. 333; *Roxin*, AT II, § 31 Rn. 48; siehe Rn. 1022 ff.

1236 S. oben Rn. 895 ff.

Beispiel:[1237]
Arzt A hat es nach einer Operation versehentlich unterlassen, seinen an Hodenkrebs erkrankten Patienten P mit einer medizinisch gebotenen Bestrahlung zu behandeln. 2 Jahre später stirbt P. Mit einer Wahrscheinlichkeit von 70 % hätte die Maßnahme das Leben des Patienten nennenswert verlängert.

Denkt man die unterlassene Bestrahlung hinzu, wäre der tatbestandliche Erfolg in seiner konkreten Gestalt zwar mit recht hoher, aber nicht mit an Sicherheit grenzender Wahrscheinlichkeit verhindert worden. Daher ist A nach h.M. und auch hier vertretener Ansicht im Ergebnis **freizusprechen**. 970

Variante:
Arzt A hat die Bestrahlung bewusst unterlassen, um sich Arbeit zu ersparen und dabei billigend in Kauf genommen, dass er P damit eine mögliche Lebensverlängerung verwehrt.

In der Variante hat sich A, da er einen möglichen auf dem Unterlassen beruhenden Erfolgseintritt billigend in Kauf genommen hat, gem. §§ 212, 22, 23, 13 Abs. 1 des **versuchten Totschlags durch Unterlassen** strafbar gemacht. Eine Strafbarkeit wegen vollendeten Totschlags durch Unterlassen scheitert richtigerweise an der fehlenden Quasi-Kausalität. 971

4. Objektive Zurechnung

Der eingetretene Erfolg muss dem Unterlassenden weiterhin **objektiv zurechenbar** sein:[1238] Im Erfolg muss sich die Gefahr realisieren, die der Täter durch die pflichtwidrige Unterlassung der gebotenen Handlung geschaffen hat.[1239] Dass kann bspw. in einem Fall der **eigenverantwortlichen Selbstgefährdung** ausgeschlossen sein. 972

Beispiel:[1240]
Als ein tosender Sturm aufzieht, fährt A trotz hinreichender Kenntnis der Gefahrenlage mit seinem Segelboot aufs Meer hinaus. Lebenspartner B macht sich große Sorgen, hält ihn aber nicht zurück, obwohl ihm dies möglich wäre. A kentert und ertrinkt.

B ist dem A als Lebenspartner zur Fürsorge verpflichtet und daher Garant,[1241] der Tod des A ist ihm jedoch nicht zurechenbar, da sich A eigenverantwortlich selbst gefährdet hat. 973

In einer früheren Entscheidung hatte der BGH angedeutet, dass allein die Garantenstellung des Arztes im Verhältnis zum Patienten einem Zurechnungsausschluss entgegenstehe, wenn sich der Patient (etwa durch missbräuchliche Verwendung von verschriebenen Betäubungsmitteln) selbst schädige.[1242] Diese Rechtsprechung wurde vom BGH jüngst ausdrücklich aufgegeben,[1243] was Zustimmung verdient: Die Ga- 974

1237 Nach BGH NJW 1987, 2940.
1238 Siehe dazu Rn. 156 ff.
1239 *Reniger*, AT § 49 Rn. 24.
1240 Nach *Kindhäuser*, AT § 36 Rn. 27 ff.
1241 Siehe dazu unten Rn. 975 ff.
1242 BGH JR 1979, 429.
1243 BGH HRRS 2014/222.

rantenstellung begrenzt nicht die Reichweite der eigenverantwortlichen Selbstgefährdung, sondern umgekehrt endet die Pflicht des Arztes dort, wo der Patient eine nach allgemeinen Maßstäben eigenverantwortliche Entscheidung trifft.[1244]

5. Garantenstellung

a) Grundlagen

975 Während strafbewehrte Verbote (mit Ausnahme der sog. Sonderdelikte)[1245] grundsätzlich für jedermann gelten, sind strafbewehrte Handlungsgebote üblicherweise nur an einen begrenzten Personenkreis gerichtet.[1246] § 13 Abs. 1 fordert für die Strafbarkeit, dass der Täter *„rechtlich dafür einzustehen hat, dass der Erfolg nicht eintritt“*. Liegen bei einer Person die prinzipiellen Voraussetzungen eines solchen Einstehenmüssens vor, spricht man von einer **Garantenstellung.** Davon zu unterscheiden ist die Frage, ob im konkreten Fall eine Pflicht zum Handeln besteht und wieweit diese reicht, sog. **Garantenpflicht.**[1247] So hat der Arzt im Verhältnis zu seinem Patienten zwar eine Garantenstellung; ob er im konkreten Fall tatsächlich eingreifen muss (oder wegen eines entgegenstehenden Willens des Patienten möglicherweise gar nicht eingreifen darf) ist eine Frage der Garantenpflicht.

976 Nach dem unmissverständlichen Wortlaut von § 13 Abs. 1 muss es sich um eine **rechtliche Einstandspflicht** handeln; eine rein moralisch begründete Handlungspflicht kann jedenfalls nicht genügen. Im Übrigen ist aber sehr umstritten, woraus sich diese Garantenstellung ableiten lässt, oder anders ausgedrückt, aus welchen **Rechtsquellen** sich das Einstehenmüssen für den Nichteintritt des Erfolgs i.S.d. § 13 Abs. 1 ergeben kann. Die Frage wird nicht umsonst als „eine der schwierigsten Aufgaben“ der Dogmatik des Allgemeinen Teils des Strafrechts bezeichnet.[1248]

aa) Formelle Rechtspflichtenlehre

977 Nach der früher teilweise vertretenen sog. **formellen Rechtspflichtenlehre** musste sich ein Handlungsgebot aus **Gesetz** oder **Vertrag** ergeben.[1249] Angeknüpft wurde dabei an ein selbständiges, auf einer klaren rechtlichen Grundlage beruhendes Gebot. Nur wenn der Handelnde durch den Bruch eines solchen Gebots (z.B. eine schuldrechtliche Pflichtverletzung) einen Erfolg im Sinne eines Straftatbestandes herbeiführte, konnte er nach dieser Ansicht wegen eines unechten Unterlassungsdelikts bestraft werden.

978 Auch die **Rechtsprechung** knüpfte zunächst an die formelle Rechtspflichtenlehre an, erkannte aber eine Reihe zusätzlicher Entstehungsgründe für Garantenstellungen an,

1244 S. *Kaspar*, HRRS 2014, 436 (441).
1245 S. oben Rn. 96.
1246 Ausgenommen sind die echten Unterlassungsdelikte wie bspw. §§ 138, 323c; s. dazu auch oben Rn. 940.
1247 Zu dieser Unterscheidung s. nur *Rengier*, AT § 50 Rn. 39.
1248 *Jakobs*, AT Abschn. 29 Rn. 26.
1249 S. die Nachweise bei *Berster*, Unterlassungsdelikt, S. 24 ff.

darunter ein gefährdendes Vorverhalten (sog. „Ingerenz"), ein persönliches Näheverhältnis oder eine „Gefahrengemeinschaft".[1250]

Die **Literatur** stand der Rechtspflichtenlehre überwiegend kritisch gegenüber: Gesetze, die eine Handlungspflicht normierten, könnten nicht automatisch eine strafrechtlich relevante Erfolgsabwendungspflicht begründen.[1251] Auch komme es nicht auf die formaljuristische Frage (bspw.) eines Vertragsschlusses, sondern auf das materielle Element der tatsächlichen Übernahme einer Obhutsstellung an.[1252] 979

bb) Materielle Theorien

In der Literatur wird überwiegend auf materielle Kriterien abgestellt.[1253] Durchgesetzt hat sich im Wesentlichen die **Lehre von der Kontrollherrschaft.**[1254] Die Handlungspflichten ergeben sich danach nicht aus rechtlichen, sondern aus **tatsächlichen Gesichtspunkten**: Garant sei, wer die tatsächliche Herrschaft über das Geschehen innehabe. Dabei wird zwischen zwei Arten von Garanten unterschieden: **Beschützergarant** ist demnach, wer bestimmte Rechtsgüter vor Gefahren zu beschützen hat (z.B. sind Eltern Beschützergaranten im Verhältnis zu ihrem Kind). **Überwachungsgarant** ist, wer die Herrschaft über eine Gefahrenquelle innehat und dafür verantwortlich ist, daraus resultierende Schäden für Dritte zu verhindern (z.B. muss der Halter eines Kampfhundes als Überwachungsgarant dafür sorgen, dass dieser keine anderen Personen angreift und verletzt). Die formale Frage, ob im Einzelfall eine gesetzliche oder vertragliche Pflicht zur Erfolgsabwendung identifiziert werden kann, ist danach nicht entscheidend. 980

b) Die Garantenstellungen im Einzelnen

An der ganz herrschenden Einteilung der zum Handeln verpflichteten Personen in **Beschützergaranten** und **Überwachungsgaranten** ist die nachfolgende Darstellung der wichtigsten Fallgruppen orientiert. 981

aa) Beschützergaranten

(1) Familiäre und sonstige persönliche Verbundenheit

Beschützergarantenstellungen aufgrund familiärer Verbundenheit ergeben sich bspw. aus der **Pflicht zur elterlichen Sorge** für die eigenen Kinder (§ 1626 Abs. 1 BGB). Der Umfang der aus dieser Stellung abgeleiteten konkreten **Garantenpflicht** bestimmt sich nach dem Schutzzweck der entsprechenden Normen: Im Rahmen des erzieherisch Vertretbaren brauchen Kinder auch Freiheiten, um sich zu verantwortlichen Menschen entwickeln zu können. Daher ist es grundsätzlich keine Verletzung der 982

1250 Siehe dazu die einzelnen Fallgruppen unten Rn. 982 ff.
1251 *Roxin*, AT II § 32 Rn. 11; s. auch *Jakobs*, AT Abschn. 29 Rn. 28.
1252 *Schünemann*, ZStW 96 (1984), 287 (292).
1253 *Roxin*, AT II § 32 Rn. 10 ff.; *Rengier*, AT § 50 Rn. 2.
1254 Darstellung bei *Roxin*, AT II § 32 Rn. 17 ff.

Pflicht zur elterlichen Sorge, Kinder ab einem gewissen Alter unbeaufsichtigt mit Freunden spielen oder öffentliche Verkehrsmittel benutzen zu lassen.[1255]

983 In vergleichbarer Weise rechtlich einzustehen hat auch der **Vormund** für das Mündel (§ 1793 Abs. 1 BGB) und der **Betreuer** für den Betreuten (§ 1901 BGB).

984 Beschützergarantenpflichten ergeben sich außerdem aus der Pflicht gegenseitiger Fürsorge der **Ehegatten** (§ 1353 Abs. 1 BGB) **und Lebenspartner** (§ 2 LPartG). Sie enden, wenn sich die Partner voneinander getrennt haben, auch wenn Auszug und Scheidung noch bevorstehen.[1256]

985 **Eltern und Kinder** sind einander gem. § **1618a BGB** unabhängig vom Alter zu Beistand und Rücksicht verpflichtet. Ob sich daraus strafrechtliche Garantenpflichten ergeben, ist von tatsächlichen Gesichtspunkten abhängig. Es wird regelmäßig bejaht, wenn Eltern und Kind in Hausgemeinschaft leben und sie insoweit Kontrollherrschaft übereinander innehaben.[1257] Grundsätzlich bestehen dagegen zwischen **Großeltern und ihren Enkeln** sowie unter **Geschwistern** keine vergleichbaren rechtlichen Pflichten. Nach herrschender Meinung können sich aber aus besonderen tatsächlichen Umständen Garantenpflichten ergeben.[1258]

986 Fraglich ist, ob im Rahmen sog. **nichtehelicher Lebensgemeinschaften**, in der Menschen in gesetzlich nicht geregelter Form zusammen leben, Garantenpflichten bestehen. An einer formellen Grundlage fehlt es hier, denn eine Analogie zu § 1353 Abs. 1 BGB ist mangels Vergleichbarkeit der Sachverhalte und planwidriger Regelungslücke nicht zulässig. Dennoch bejaht die herrschende Meinung aus materiellen Gesichtspunkten eine entsprechende Garantenstellung, „da einer sich auf den anderen verlässt und für ihn sorgt wie in einer Ehe".[1259]

987 In einer **Wohngemeinschaft („WG")** scheiden Garantenpflichten grundsätzlich aus. Rechtlich ist eine WG zwar als Gesellschaft bürgerlichen Rechts i.S.d. §§ 705 ff. BGB einzustufen,[1260] die gegenseitigen Pflichten sind jedoch richtigerweise auf den Gesellschaftszweck des „gemeinsamen Wohnens"[1261] beschränkt. Auch aus rein materieller Sicht lässt sich hier regelmäßig keine Erfolgsabwendungspflicht i.S.d. § 13 begründen.[1262]

(2) Verantwortungsübernahme im Rahmen vertraglicher Verhältnisse

988 Eine Beschützergarantenstellung kann sich weiterhin aus der **Übernahme von Verantwortung** im Rahmen **vertraglicher Verhältnisse** ergeben. So ist der Babysitter Garant im Verhältnis zum beaufsichtigten Kind, die Taxifahrerin im Verhältnis zum

---

1255 *Roxin*, AT II § 32 Rn. 35.
1256 BGHSt 48, 301.
1257 *Roxin*, AT II § 32 Rn. 43.
1258 *Rengier*, AT § 50 Rn. 13 ff.
1259 *Roxin*, AT II § 32 Rn. 51; ebenso *Wessels/Beulke/Satzger*, AT Rn. 719; *Rengier*, AT § 50 Rn. 25.
1260 *Jacobs*, NZM 2008, 111 m.w.N.
1261 MüKo-BGB/*Ullmer/Schäfer*, § 705 Rn. 229.
1262 *Hoffmann-Holland*, AT Rn. 751.

Fahrgast, der Bergführer im Verhältnis zum Geführten, ebenso die Ärztin im Verhältnis zum Patienten. Formell wird sich dieses Verhältnis regelmäßig in einem wirksamen Vertrag niederschlagen. Problematisch ist dies aber bei **Wirksamkeitshindernissen,** etwa aufgrund von Willensmängeln. Maßgeblich ist hier nach h.M. nicht die formelle Wirksamkeit des Vertragsverhältnisses, sondern die materielle Komponente der tatsächlichen Übernahme von Verantwortung.[1263]

(3) Gefahrengemeinschaft

Eine Beschützergarantenstellung wird auch bei sog. „**Gefahrengemeinschaften**" angenommen, deren Mitglieder sich zu einer Unternehmung zusammentun und darüber einig sind, in diesem Rahmen voneinander Gefahren abzuwenden. Das kann bspw. eine Bergsteigergemeinschaft sein oder eine Gruppe von Teilnehmern eines Segeltörns.[1264] Formell wird in solchen Fällen regelmäßig eine Gesellschaft bürgerlichen Rechts (§§ 705 ff. BGB) entstehen. Keine Garantenstellung entsteht dagegen bei der **unfreiwilligen Schicksalsgemeinschaft**, bspw. nach einem Schiffbruch.[1265] 989

bb) Überwachungsgaranten

(1) Gegenständliche Gefahrenquellen

Überwachungsgarant ist, wer die Pflicht hat, andere vor einer bestimmten gegenständlichen Gefahrenquelle zu schützen, weil sich diese in seinem Herrschaftsbereich befindet und er für sie zuständig ist. Bestes Beispiel sind die sogenannten Verkehrssicherungspflichten. Garanten in diesem Sinne sind etwa der Fabrikbetreiber für seine Anlagen, ebenso der Inhaber einer Internetseite für die von dort aus verbreiteten Informationen.[1266] In gewissen Grenzen gilt dies auch für Wohnungsbesitzer in Bezug auf ihre Wohnung.[1267] Auch der Hundehalter kann hier genannt werden. 990

(2) Verhalten Dritter als Gefahrenquelle

Eine Garantenstellung kann auch die Verpflichtung mit sich bringen, Gefahren zu kontrollieren, die von anderen Menschen ausgehen. Dies gilt insbesondere bei **nicht voll verantwortlichen Personen**, deren Aufsichtspersonen entsprechende Garantenpflichten treffen. **Eltern** sind daher Überwachungsgaranten in Bezug auf ihre minderjährigen Kinder, **Lehrer** in Bezug auf ihre Schüler.[1268] Die Reichweite der Garantenpflicht hängt freilich von Alter und Reifegrad in der konkreten Situation ab.[1269] 991

Auch im Hinblick auf das Verhalten **voll verantwortlicher Personen** kommen Garantenpflichten in Betracht, wenn ein entsprechendes Aufsichtsverhältnis besteht. So ist die Fahrlehrerin bspw. Garant für den Fahrschüler oder der Kommandant für die 992

1263 *Rengier*, AT § 50 Rn. 28; *Hilgendorf/Valerius*, AT § 11 Rn. 48.
1264 *Rengier*, AT § 50 Rn. 26.
1265 *Hoffmann-Holland*, AT Rn. 755.
1266 Zu den Einzelheiten siehe *Wessels/Beulke/Satzger*, AT Rn. 723 m.w.N.
1267 Jedenfalls für Gefahren, die von der Wohnung selbst ausgehen, wie eine defekte Treppe, ausführlich *Roxin*, AT II § 32 Rn. 115 ff.
1268 *Rengier*, AT § 50 Rn. 63 f.
1269 *Murmann*, GK § 29 Rn. 63.

Angehörigen der ihm unterstellten Truppe.[1270] Umstritten ist, inwieweit den Dienstherrn Garantenpflichten in Bezug auf seine Angestellten treffen, sog. **Geschäftsherrenhaftung.** Nach herrschender Ansicht ist dies bezüglich der Verletzung betriebsbezogener Pflichten zu bejahen, bei strafbaren Handlungen, die nur bei Gelegenheit der Dienstausübung erfolgen, dagegen zu verneinen.[1271] In größeren Unternehmen werden die Garantenpflichten teilweise auf einen sog. „**Compliance Officer**" delegiert, der nach Ansicht des BGH ebenfalls als Garant einzustufen ist.[1272]

993 Von diesen Sonderkonstellationen abgesehen gilt allerdings der Grundsatz, dass man nicht für das Verhalten von anderen verantwortlichen Personen zuständig ist. Daher kommt auch **Ehegatten** keine Überwachungsgarantenstellung im Hinblick auf schädigende Handlungen des Partners zu.[1273]

(3) Ingerenz

994 Eine Garantenstellung kann sich nach h.M. auch aus einem **schädigenden Vorverhalten** ergeben, man spricht von **Ingerenz.** Zwar wird Ingerenz oft als vorangegangenes gefährdendes Tun umschrieben;[1274] dabei handelt es sich aber um eine Formulierung, die die Besonderheit der Ingerenz nicht exakt trifft. Denn die Ingerenz-Garantenstellung entsteht im Gegensatz zu den übrigen Überwachungsgarantenstellungen nicht durch das Schaffen einer (abstrakten) Gefahr, sondern erst durch deren (zurechenbare) Verwirklichung. Eine Ingerenz-Garantenstellung beinhaltet die Pflicht, das Ausmaß einer vorwerfbar herbeigeführten Rechtsgutsverletzung soweit wie möglich zu begrenzen.

Beispiel:
Autofahrer A fährt mit einer Geschwindigkeit von 120 km/h auf der Landstraße. Aufgrund des hohen Tempos kann A dem entgegenkommenden Radfahrer R nicht rechtzeitig ausweichen, es kommt zur Kollision. A lässt den verunglückten R auf der Straße liegen und fährt davon. R stirbt einige Zeit später an den erlittenen Verletzungen. Hätte A einen Notarzt gerufen, hätte R gerettet werden können.

995 Eine Strafbarkeit wegen Totschlags[1275] durch Unterlassen gem. §§ 212, 13 Abs. 1 setzt voraus, dass A eine Garantenstellung innehatte. Diese könnte sich vorliegend allein aus dem Gesichtspunkt der Ingerenz ergeben. A hat R fahrlässig am Körper verletzt, also durch pflichtwidriges Verhalten eine Schädigung herbeigeführt. A war daher aus Ingerenz verpflichtet, das Ausmaß dieser Schädigung zu begrenzen, mithin war er Überwachungsgarant in Bezug auf die von ihm selbst geschaffene Gefahrenquelle der Verletzung des R. Indem er es unterließ, Hilfe zu holen, hat er seine Ga-

1270 *Rengier*, AT § 50 Rn. 66.
1271 BGHSt 57, 42; *Kühl*, AT § 18 Rn. 118a; a.A. SK-StGB/*Rudolphi/Stein*, § 13 Rn. 35a.
1272 BGHSt 54, 44 (49); a.A. *Wessels/Beulke/Satzger*, AT Rn. 724.
1273 *Wessels/Beulke/Satzger*, AT Rn. 724; *Kühl*, AT § 18 Rn. 117; a.A. die ältere Rspr., vgl. RGSt 74, 283.
1274 Siehe nur BGHSt 38, 356 (358); *Wessels/Beulke/Satzger*, AT Rn. 725.
1275 Auf § 211 wird hier nicht eingegangen.

rantenpflicht verletzt und sich daher im Ergebnis eines Totschlags durch Unterlassen gem. § 212, 13 Abs. 1 schuldig gemacht.

Uneinigkeit herrscht darüber, welche **Anforderungen** an die vorausgehende Schädigung zu stellen sind.[1276] Bloße **Kausalität** ist entgegen einer Mindermeinung **nicht ausreichend**, um die weitreichende Rechtsfolge der Garantenpflicht nach sich zu ziehen. Die herrschende Ansicht verlangt zu Recht ein **pflichtwidriges Vorverhalten.**[1277] Richtigerweise bedeutet dies, dass nur eine fahrlässige oder vorsätzliche Schädigung eine Garantenstellung begründen kann. Oft ist dabei an eine strafbare Vortat anzuknüpfen (z.B. §§ 223, 229). In Betracht kommt auch eine (für sich genommen zwar rechtswidrige, aber straflose) fahrlässige Sachbeschädigung. Der Autofahrer, der alle Sorgfaltsregeln und Verkehrsvorschriften einhält und dennoch einen Unfall verursacht, wird mangels fahrlässigen Handelns dagegen nicht zum Garanten.[1278] **996**

Eine Garantenstellung aus Ingerenz scheidet auch dann aus, wenn die Schädigung zwar zurechenbar, dabei aber **gerechtfertigt** war, wie bspw. eine Körperverletzung in Notwehr.[1279] Die Gefährlichkeit, die eine Notwehrhandlung kennzeichnet, stammt schließlich nicht aus dem Kreis des Gerechtfertigten. Ihm dennoch eine besondere strafbewehrte Erfolgsbegrenzungspflicht aufzuerlegen, wäre inkonsequent. **997**

Beispiel:
A attackiert B mit einem Messer. Durch einen gezielten Faustschlag kann B den Angriff in geeigneter, erforderlicher und auch gebotener Weise abwehren. A erleidet dabei eine lebensgefährliche innere Blutung, was B auch erkennt. Dennoch entfernt sich B, ohne zu helfen oder zumindest Dritte zu verständigen. A stirbt daher eine Stunde später an den Folgen des Schlages.

B verwirklicht mit seinem Faustschlag § 223, handelte aber in Notwehr gem. § 32 und war insofern gerechtfertigt. Eine auf Ingerenz gestützte Pflicht, den Verlauf des tatbestandlichen Erfolgs zu begrenzen, scheidet wegen der Rechtfertigung aus. B hat sich jedoch einer unterlassenen Hilfeleistung gem. § 323c schuldig gemacht, sofern man das Retten des A hier (was naheliegt) als zumutbar erachtet. **998**

In der Literatur wird teilweise vom Grundsatz, dass eine erlaubte Gefahrschaffung keine Garantenstellung begründen kann, eine Ausnahme für den **Notstandstäter** gemacht, der einen unbeteiligten Dritten schädigt.[1280] **999**

Beispiel:
Um die Kollision mit einem Pkw zu vermeiden, muss R mit seinem Fahrrad auf den Gehsteig ausweichen und die Verletzung des Fußgängers F in Kauf nehmen, die auch eintritt. Begründet das Verhalten des R eine Garantenstellung gegenüber F?

1276 Zum Streitstand s. *Hillenkamp*, AT-Probleme, S. 219 ff.
1277 *Kühl*, AT § 18 Rn. 93; *Wessels/Beulke/Satzger*, AT Rn. 725.
1278 *Roxin*, AT II § 32 Rn. 165; BGHSt 25, 218; zweifelnd *Kühl*, AT § 18 Rn. 101.
1279 S. nur *Jakobs* AT Abschn. 29 Rn. 43.
1280 *Rengier*, AT § 50 Rn. 94.

1000 R verwirklicht den Tatbestand des § 223, ist aber gem. § 34 gerechtfertigt. Da F an der Gefahrentstehung völlig unbeteiligt war, wäre mit der wohl h.M. eine Garantenstellung des R zu bejahen. Da der Notstandstäter zur größtmöglichen Schonung des Opfers verpflichtet ist, sei es auch legitim, ihm die besondere Verpflichtung aufzuerlegen, zusätzliche Einbußen der Rechtsgüter des Opfers zu verhindern. Dies ergebe sich aus dem Rechtsgedanken des § 904 S. 2 BGB.[1281]

1001 Dem ist allerdings entgegenzuhalten, dass der (bei der Verletzung von Personen ohnehin nicht unmittelbar einschlägige) § 904 S. 2 BGB eine Billigkeitsregelung ist, die auf zivilrechtlicher Ebene einen gerechten Ausgleich der Interessen von Notstandstäter und Geschädigtem herbeiführen soll. Dem gerechtfertigten Schädiger eine über § 323c hinausgehende strafrechtliche Einstandspflicht aufzubürden, erscheint demgegenüber nicht sachgerecht. Auch aus einer Aggressiv-Notstandstat erwachsen daher richtigerweise keine Garantenpflichten.

c) Fazit

1002 Der skizzierte status quo der Garantenlehre, also der Zustand, dass im Sinne der Kontrollherrschaftslehre vorwiegend materielle Kriterien eine Garantenstellung begründen sollen, ist unbefriedigend und vor dem Hintergrund des **Bestimmtheitsgebots (Art. 103 Abs. 2 GG)** auch verfassungsrechtlich bedenklich.[1282] § 13 spricht von einer „rechtlichen“ Einstandspflicht; diese kann sich also weder aus moralischen Erwägungen, noch allein aus faktischen Umständen ergeben. Das Kriterium einer tatsächlichen „Kontrolle“ von Gefahren scheint kaum geeignet, in rechtssicherer und für den einzelnen vorhersehbarer Weise ein über § 323c hinausgehendes strafbewehrtes Handlungsgebot zu begründen.

1003 Vorzugswürdig erscheint nach hier vertretener Ansicht eine **Kombination formeller und materieller Gesichtspunkte.**[1283] Dabei ist im Sinne der formellen Rechtspflichtenlehre zunächst festzustellen, ob eine ausreichende, auf Gesetz oder Vertrag beruhende **rechtliche Basis** für die Annahme einer Einstandspflicht im Sinne von § 13 Abs. 1 besteht. Anschließend ist anhand der Kontrollherrschaftslehre zu prüfen, ob sich **materiell** aus dem **Schutzzweck der Norm**[1284] ergibt, dass sich daraus eine strafbewehrte Erfolgsabwendungspflicht ableiten lässt.

1004 Folgt man dem, ist insbesondere die Annahme von Garantenstellungen innerhalb einer nichtehelichen Lebensgemeinschaft fraglich. Auch bei Wohn- und Hausgemeinschaften selbst von Familienangehörigen oder engen Freunden wird in der Regel eine Garantenstellung nicht in Betracht kommen, sofern sich nicht aus (ggf. kon-

1281 *Roxin*, AT II § 32 Rn. 187; *Rengier*, AT § 50 Rn. 94; *Hoffmann-Holland*, AT Rn. 768.
1282 S. auch *Kühl*, AT § 18 Rn. 41; NK-*Wohlers/Gaede*, § 13 Rn. 31; s. demgegenüber BVerfGE 96, 68 (97 ff.).
1283 Ähnlich Schönke/Schröder/*Stree/Bosch*, § 13 Rn. 8 ff.; Matt/Renzikowski/*Haas*, § 13 Rn. 53; M/G/Z/*Gössel*, AT § 46 Rn. 46.
1284 Vgl. SSW-StGB/*Kudlich*, § 13 Rn. 15, 18.

kludenten) Vereinbarungen, bspw. zum Zweck einer Gesellschaft gem. §§ 705 ff. BGB, etwas anderes ergibt.

Nach einer formell-materiellen Rechtspflichtenlehre kann weiterhin allein die **tatsächliche Verantwortungsübernahme** keine rechtliche Einstandspflicht begründen, erforderlich ist vielmehr aus Gründen der Rechtssicherheit, dass diese Übernahme auf einem zumindest angebahnten Schuldverhältnis, das gegenseitige Pflichten begründen kann, beruht. Dass das Schuldverhältnis wirksam zustande kommt, ist dafür nicht zwingend erforderlich. 1005

Noch weiterer Diskussion bedürfte die Frage, inwiefern eine Garantenstellung auf deliktsrechtliche Pflichten gestützt werden kann, gerade im Hinblick auf die vieldiskutierte **Ingerenz.**[1285] Dem kann hier nicht weiter nachgegangen werden; ohnehin steht die umfassende Ausarbeitung einer formell-materiellen Garantenlehre noch aus. 1006

6. Entsprechungsklausel

Das Unterlassen muss gem. § 13 Abs. 1 der Verwirklichung durch ein Tun entsprechen, sog. **Modalitätenäquivalenz.** Bei reinen Erfolgsdelikten (bspw. Totschlag, § 212 oder Sachbeschädigung, § 303) erschöpft sich das Unrecht in der kausalen Erfolgsherbeiführung, daher ist dort die Modalitätenäquivalenz stets gegeben. Im Gutachten reicht für diesen Fall daher ein kurzer entsprechender Hinweis. 1007

Anders ist es bei sog. **verhaltensgebundenen Erfolgsdelikten**, wo sich ein Teil des Gesamtunrechts aus einer besonderen Begehungsweise ergibt (z.B. die „heimtückische" Tötung beim Mord, § 211, oder die „Täuschung" als Tathandlung des Betrugs, § 263).[1286] Hier ist im konkreten Fall gesondert zu erörtern, ob auch die Begehung durch Unterlassen anhand der Umstände des Einzelfalls dem Unrecht einer aktiven Begehung entspricht. Ist dies (ausnahmsweise) zu verneinen, ist der Tatbestand des unechten Unterlassungsdelikts nicht erfüllt. 1008

7. Subjektiver Tatbestand und Irrtumsfragen

Auch beim unechten Unterlassungsdelikt ist Vorsatz in Bezug auf sämtliche Merkmale des objektiven Tatbestands erforderlich. Der Täter muss also trotz erkannter Möglichkeit der Verhinderung des drohenden Erfolgseintritts vorsätzlich untätig geblieben sein. 1009

Außerdem muss sich der Täter seiner **Handlungspflicht als Garant** bewusst sein.[1287] Dabei ist zwischen verschiedenen Irrtumskonstellationen zu unterscheiden:[1288] 1010

1285 Die Ingerenz als Fallgruppe wird z.T. abgelehnt, s. die Nachweise bei *Hillenkamp*, AT-Probleme, S. 223.
1286 *Kühl*, AT § 18 Rn. 711.
1287 *Hoffmann-Holland*, AT Rn. 793.
1288 Einen umfassenden Überblick bieten *Hilgendorf/Valerius*, AT § 11 Rn. 73 ff.

1011 Verkennt der Täter die **tatsächlichen Umstände**, die seine Garantenpflicht begründen, befindet er sich in einem den Vorsatz ausschließenden **Tatbestandsirrtum gem. § 16 Abs. 1 S. 1.**[1289]

Beispiel:
V sieht ein Kind im See ertrinken, schreitet aber nicht ein, weil er nicht erkennt, dass es sich um seinen Sohn handelt.

1012 Als Beschützergarant war V hier zum Handeln verpflichtet. Die Strafbarkeit gem. §§ 212, 13 scheitert jedoch am fehlenden Vorsatz, weil sich V gem. § 16 Abs. 1 S. 1 diesbezüglich in einem Tatbestandsirrtum befand. In Betracht kommt aber eine fahrlässige Tötung gem. §§ 229, 13 sowie eine (vorsätzliche) unterlassene Hilfeleistung gem. § 323c.

1013 Ist sich der Täter zwar der tatsächlichen Umstände bewusst, die die Garantenstellung begründen, irrt er sich aber über das Bestehen einer daraus folgenden rechtlichen Handlungspflicht, unterliegt er einem **Gebotsirrtum**, der nach **§ 17** zu behandeln ist, also den Vorsatz unberührt lässt und erst auf der Ebene der Schuld zu berücksichtigen ist.[1290]

Beispiel:
V sieht seinen Sohn im See ertrinken, bleibt aber untätig, weil er glaubt, auch als Vater nicht zum Handeln verpflichtet zu sein.

1014 Geht man von der Vermeidbarkeit des Irrtums aus, ist V strafbar gem. §§ 212, 13; der Strafrahmen kann allenfalls gem. § 13 Abs. 2 gemildert werden.

III. Rechtswidrigkeit

1015 Grundsätzlich kommen alle Rechtfertigungsgründe auch beim Unterlassungsdelikt in Betracht. Einige werden jedoch kaum relevant; Notwehr lässt sich z.B. schwerlich durch ein Unterlassen üben.[1291]

1016 Etwas näher eingegangen werden soll hier auf die für Unterlassungsdelikte spezifische **rechtfertigende Pflichtenkollision.**[1292] Es geht dabei um die Konstellation, dass sich der Betroffene mehreren Handlungspflichten ausgesetzt sieht, die er nicht gleichzeitig befolgen kann. Da von niemandem etwas Unmögliches verlangt werden kann, kommt ein strafrechtlicher Vorwurf offensichtlich nicht in Betracht, wenn sodann tatsächlich nur eines der Handlungsgebote erfüllt wird.

1289 Siehe Rn. 606.
1290 Siehe Rn. 641 ff.
1291 *Roxin*, AT II § 31 Rn. 203.
1292 S. dazu *Satzger*, Jura 2010, 753 ff.; *Rönnau*, JuS 2013, 113 ff.

Beispiel:[1293]
Vater V sieht vom Ufer eines Sees aus, dass seine beiden minderjährigen Kinder A und B, die beide nicht schwimmen können, ins tiefe Wasser geraten sind und zu ertrinken drohen. Er erkennt, dass er in der Kürze der verbleibenden Zeit nur eines der Kinder retten kann.

Rettet V nur A, ist bezüglich der unterlassenen Rettung des B der Tatbestand einer Tötung durch Unterlassen gem. §§ 212, 13 erfüllt. V war als Garant zur Hilfe verpflichtet; die Rettung des B war als solche (im Gegensatz zur gleichzeitigen Rettung beider Kinder) auch physisch-real möglich. Aufgrund der bestehenden Pflichtenkollision ist V aber gerechtfertigt. 1017

Zu erfüllen ist grundsätzlich das **höherrangige Gebot**; nur bei gleichrangigen Geboten darf der Betroffene selbst entscheiden, welchem er nachkommt.[1294] Das Verhältnis der Gebote ergibt sich aus dem Rang der gefährdeten Rechtsgüter, der Wahrscheinlichkeit der Erfolgseintritts, der Intensität des zu erwartenden Schadens und daraus, ob eine Garantenpflicht oder eine bloße allgemeine Hilfspflicht aus § 323c vorliegt. 1018

Wäre im obigen Beispielsfall lediglich der jüngere und schwächere B absoluter Nichtschwimmer gewesen, so dass bei ihm das Risiko des Ertrinkens deutlich höher gewesen wäre als bei A, hätte sich V daher zwingend für die Rettung des B entscheiden müssen.[1295] 1019

IV. Schuld

Auch ein rechtswidriges Unterlassen kann entschuldigt sein. Dabei sind grundsätzlich alle Entschuldigungsgründe anwendbar; insbesondere kommt § 35 in Betracht.[1296] 1020

Als spezieller Entschuldigungsgrund für Unterlassungen wird die „**Unzumutbarkeit normgemäßen Verhaltens**“ diskutiert.[1297] Damit können Fälle gelöst werden, in denen der Verstoß gegen das Handlungsgebot nachvollziehbar erscheint und daher in präventiver Hinsicht keine Bestrafung erfordert. Ein Beispiel sind die Fälle, in denen der Unterlassende an sich die Pflicht hätte, Straftaten eines Angehörigen durch eine Anzeige zu unterbinden und ihn auf diese Weise der Strafverfolgung zuzuführen. Dies ist grundsätzlich unzumutbar (Rechtsgedanke der §§ 258 Abs. 6, 139 Abs. 3 StGB, §§ 52, 53 StPO); zumutbar kann eine Anzeige des Angehörigen aber dann sein, wenn er Beschützer-Garant des potenziellen Opfers ist.[1298] 1021

1293 Nach *Rengier*, AT § 49 Rn. 43.
1294 BGHSt 48, 307 (311).
1295 Vgl. *Rengier*, AT § 49 Rn. 44.
1296 *Roxin*, AT II § 31 Rn. 207.
1297 Vgl. im Zusammenhang mit den Fahrlässigkeitsdelikten oben Rn. 911 f.
1298 *Roxin*, AT II § 31 Rn. 223 ff.

V. Versuch und Rücktritt beim unechten Unterlassungsdelikt

1022 Auch bei einem unechten Unterlassungsdelikt kommt ein strafbarer Versuch in Betracht, wenn der untätig bleibende Garant mit Tatentschluss zur Herbeiführung des Erfolgs handelt, die Vollendung der Tat aber ausbleibt. Sehr umstritten ist beim Unterlassen aber, wie das **unmittelbare Ansetzen** des Täters zum Versuch zu bestimmen ist.[1299]

Beispiel:
Nachdem A und B dem C massive Verletzungen zuführten, beförderte A den C auf die Gleise der S-Bahn, damit dieser von der nächsten einfahrenden Bahn überrollt wird. B unternahm nichts dagegen. Beide verließen den Ort des Geschehens. C wurde nicht vom Zug erfasst. Ein Dritter konnte die Bahn rechtzeitig zum Anhalten bewegen.[1300]

1023 Einige Vertreter in der Literatur[1301] sehen in dem Verstreichenlassen der **ersten Möglichkeit,** Rettungsmaßnahmen zu ergreifen, bereits den Eintritt in das Versuchsstadium. Danach läge der Versuchsbeginn noch vor Verlassen des Bahnhofes vor. Demgegenüber erachtet eine andere Ansicht den Zeitpunkt der **letztmöglichen Rettung** als ausschlaggebend.[1302] Dann wäre die versuchte Tatbegehung erst mit dem endgültigen Verlassen des Bahnhofes zu bejahen. Nach einer weiteren Ansicht kommt es entscheidend auf eine **Gefahrerhöhung für das geschützte Rechtsgut** an; das ist v.a. dann der Fall, wenn der Täter das Geschehen derartig aus der Hand gegeben hat, dass eine Umkehr des Verlaufs ausgeschlossen ist. Auch diese Ansicht käme erst beim Verlassen des Geländes zum unmittelbaren Ansetzen.

1024 Der ersten Ansicht ist entgegen zu halten, dass sie (auch im Vergleich zur Tatbegehung durch aktives Tun) eine nicht angemessene Vorverlagerung der Strafbarkeit mit sich bringt. Die zweite Ansicht ist demgegenüber mit § 24 schwer vereinbar, welcher auch beim Versuch durch Unterlassen Geltung beansprucht. Denn die extreme Verlagerung des Versuchsbeginns auf den allerletzten Zeitpunkt einer möglichen Rettung würde die Möglichkeit eines strafbefreienden Rücktritts, von der der Gesetzgeber ausgeht, nahezu vollständig ausschließen.[1303] Den Vorzug verdient daher die letztgenannte Ansicht, die auch von der Rechtsprechung favorisiert wird.[1304]

VI. Fahrlässigkeit und Unterlassen

1025 Fahrlässigkeitsdelikte können auch durch **Unterlassen** verwirklicht werden. Dies gilt nicht nur für die im Folgenden noch etwas vertieften unechten Unterlassungsdelikte. Auch im Bereich der echten Unterlassungsdelikte existieren Fahrlässigkeitstatbestände, vgl. die leichtfertige Nichtanzeige geplanter Straftaten gem. § 138 Abs. 3.

1299 Überblick bei *Hillenkamp*, AT-Probleme, S. 107 ff.
1300 BGHSt 38, 256.
1301 Nachweise bei *Wessels/Beulke/Satzger*, AT Rn. 741.
1302 Zu den Vertretern dieser „Theorie des letztmöglichen Eingriffs", s. *Hillenkamp*, AT-Probleme, S. 107.
1303 Vgl. *Roxin*, AT II § 29 Rn. 284 f.
1304 BGHSt 40, 257 (270 f.).

1. Besonderheiten beim Aufbau

Um den Besonderheiten der unechten Unterlassungsdelikte (§ 13) gerecht zu werden, ist es nötig, das oben dargestellte Prüfungsschema der Fahrlässigkeitsdelikte zu modifizieren:[1305] 1026

Übersicht: Fahrlässiges unechtes Unterlassungsdelikt

A. Tatbestand
   I. Erfolgseintritt
   II. Nichtvornahme der zur Erfolgsabwendung erforderlichen und gebotenen Handlung trotz physisch-realer Handlungsmöglichkeit
   III. Quasi-Kausalität
   IV. Garantenpflicht
   V. Objektive Sorgfaltspflichtverletzung bei objektiver Vorhersehbarkeit
   VI. Objektive Zurechnung
B. Rechtswidrigkeit
C. Schuld
   I. Subjektive Sorgfaltspflichtverletzung bei subjektiver Vorhersehbarkeit
   II. Schuldfähigkeit, § 20
   III. Potenzielles Unrechtsbewusstsein, § 17
   IV. Kein Vorliegen von Entschuldigungsgründen (inkl. Unzumutbarkeit normgemäßen Verhaltens)

2. Abgrenzung von Tun und Unterlassen beim Fahrlässigkeitsdelikt

Besondere Schwierigkeiten können sich im Fahrlässigkeitsbereich bei der **Abgrenzung von Tun und Unterlassen** ergeben, da jedem fahrlässigen Außerachtlassen der gebotenen Sorgfalt ein Unterlassen des sorgfaltsgemäßen Verhaltens innewohnt. In der Regel wird hier die **Durchführung der gefährlichen sorgfaltswidrigen Handlung** entscheidend sein;[1306] unabhängig von der Frage, ob man für die Abgrenzung auf das Kriterium des Energieeinsatzes oder auf den Schwerpunkt der Vorwerfbarkeit abstellen möchte, kann dann von einem **aktiven Tun** ausgegangen werden.[1307] Nur wenn gerade das Unterlassen einer bestimmten Handlung als Gegenstand des Fahrlässigkeitsvorwurfs im Vordergrund steht, ist anders zu entscheiden. 1027

Beispiel (nach RGSt 63, 211, sog. Ziegenhaarfall):[1308]
Die in der Firma des F angestellte Arbeiterin A stirbt an dem gefährlichen Milzbranderreger, weil sie bei der Produktion von Pinseln mit nicht vorschriftsmäßig desinfizierten Ziegenhaaren in Berührung kommt.

1305 Vgl. auch *Wessels/Beulke/Satzger*, AT Rn. 877.
1306 *Duttge*, NStZ 2006, 266 (273).
1307 Vgl. dazu oben Rn. 942 ff.
1308 Weiteres Beispiel bei *Rengier*, AT § 54 Rn. 4.

1028 Das RG stellte maßgeblich auf die Ausgabe der kontaminierten Haare ab und nicht auf das Unterlassen ihrer vorherigen Desinfektion. Das ist gut vertretbar; der Fall zeigt aber, wie schwer eine eindeutige Abgrenzung zwischen Tun und Unterlassen ist. Letztlich ist es eine Frage der Argumentation anhand der Umstände des Einzelfalls, welchen Aspekt man in den Vordergrund rückt.[1309]

Wiederholungsfragen zu § 10 (Unterlassungsdelikte)

1. Worin unterscheiden sich die echten von den unechten Unterlassungsdelikten? (Rn. 939 f.)
2. Wie lässt sich aktives Tun vom Unterlassen abgrenzen? (Rn. 942 ff.)
3. Warum spricht man im Bereich des Unterlassens lediglich von der „Quasi-Kausalität"? (Rn. 965 f.)
4. Wann liegt eine Garantenstellung gem. § 13 Abs. 1 vor? (Rn. 975 ff.)
5. Welche Konstellation wird als „rechtfertigende Pflichtenkollision" bezeichnet? (Rn. 1016 ff.)

1309 *Wessels/Beulke/Satzger*, AT Rn. 700; zum Ganzen auch *Kaspar*, JuS 2012, 112 (116).

§ 11 Einführung in die Konkurrenzlehre

I. Konkurrenzen bei der Verwirklichung mehrerer Straftatbestände

1. Grundlagen

Konkurrenzprobleme entstehen immer dann, wenn ein Täter mit einer oder mehreren Handlungen **mehrere Straftatbestände verwirklicht** hat.[1310] Die Feststellung der Konkurrenzverhältnisse dient letztlich der **Bestimmung der Rechtsfolgen**, die im jeweiligen Fall im Urteil zu verhängen sind. Es geht etwas genauer gesagt um die Festlegung, wegen **welcher Straftatbestände** die Verurteilung letztlich erfolgt und – damit zusammenhängend – **welche Strafrahmen** heranzuziehen sind, um auf dieser Grundlage die zu verhängende Strafe zu bestimmen. Es leuchtet ein, dass letztere nicht durch **eine simple Addition** von Einzelstrafen erfolgen kann; eine Verurteilung zu 100 Jahren Freiheitsstrafe bei einem Serieneinbrecher ist weder kriminalpolitisch sinnvoll noch verfassungsrechtlich haltbar.[1311] Daher hat der Gesetzgeber in den **§§ 52 ff.** differenziert geregelt, wie in solchen Fällen zu verfahren ist. 1029

Am Ende der Prüfung steht die Entscheidung, ob bezüglich der verwirklichten Delikte **Tateinheit bzw. Idealkonkurrenz** (§ 52) oder **Tatmehrheit bzw. Realkonkurrenz** (§ 53) anzunehmen ist. Dabei ist die Annahme von Tateinheit die für den Täter günstigere Variante, weil die Strafe dort in einem einzigen Schritt anhand des Strafrahmen des schwersten verwirklichten Delikts gebildet wird (sog. **Absorptionsprinzip**).[1312] Demgegenüber wird bei Tatmehrheit aus den zuvor für die einzelnen Delikte bestimmten Einzelstrafen eine **Gesamtstrafe** gebildet, die nach dem sog. **Asperationsprinzip** im Vergleich zur höchsten Einzelstrafe nochmals verschärft wird.[1313] 1030

Auf dem Weg zu diesem Ergebnis müssen **zwei Schritte** durchlaufen werden. Zunächst ist festzustellen, ob **Handlungseinheit** oder **Handlungsmehrheit** vorliegt. Liegt Handlungseinheit vor, ist der potenzielle Anwendungsbereich der Tateinheit gem. § 52 eröffnet, bei Annahme von Handlungsmehrheit derjenige der Tatmehrheit gem. § 53. Anschließend sind im zweiten Schritt noch die Delikte auszusondern, die aus sogleich noch näher zu erörternden Gründen hinter einem anderen Delikt zurücktreten, in der Urteilsformel nicht auftauchen und folgerichtig auch bei der Bestimmung der Strafe keine Rolle spielen. Man spricht dann von **„Gesetzeskonkurrenz"** oder synonym (und treffender) von **„unechter Konkurrenz"**. Gemeint ist damit, dass sich in diesen Fällen aufgrund der Anwendung bestimmter Vorrangregeln ein echtes Konkurrenzproblem gar nicht stellt. 1031

Während die Strafzumessung im engen Sinn, also die Festlegung eines konkreten Strafmaßes für die verwirklichten Taten, nicht Gegenstand strafrechtlicher Übungs- 1032

1310 S. die instruktive Darstellung bei *Wessels/Beulke/Satzger*, AT Rn. 750 ff. sowie *Rengier*, AT § 56.
1311 Dazu näher M/G/Z/*Laue*, AT § 54 Rn. 3 f.
1312 *Rengier*, AT § 56 Rn. 48.
1313 *Rengier*, AT § 56 Rn. 78.

arbeiten ist, wird die Feststellung der Konkurrenzverhältnisse verlangt, sofern der Bearbeitervermerk keinen anderslautenden Hinweis enthält. Es handelt sich dabei zwar um keinen zentralen Aspekt; er sollte aber nicht vernachlässigt werden, da er naturgemäß am Ende des Gutachtens steht und daher als „letztes Wort" des Bearbeiters beim Korrektor einen nachhaltigen Eindruck hinterlassen kann – positiv wie negativ.

2. Handlungseinheit oder Handlungsmehrheit

a) Handlungseinheit

1033 Wenn mehrere Delikte auf nur einer Handlung beruhen, liegt **Handlungseinheit** vor, die den potenziellen Anwendungsbereich der Tateinheit bzw. Idealkonkurrenz gem. § 52 eröffnet. Handlungseinheit kommt in zwei Konstellationen in Betracht, der Handlung im natürlichen Sinn sowie der Handlung im rechtlichen Sinn.

aa) Handlung im natürlichen Sinn

1034 Die einfacher zu umschreibende Fallgruppe ist die **Handlung im natürlichen Sinn.** Damit sind Konstellationen gemeint, in denen der Täter aufgrund einer **einzigen Willensbetätigung** handelt. Unerheblich ist, ob er damit mehrere Taterfolge zugleich oder ob er eines oder mehrere Delikte verwirklicht.

Beispiel:
A gibt B öffentlich eine Ohrfeige. Es liegt eine Handlung im natürlichen Sinne vor, mit der A sich ggf. sowohl wegen Körperverletzung (§ 223) als auch wegen tätlicher Beleidigung (§ 185) strafbar macht.

bb) Handlung im rechtlichen Sinn

1035 Daneben gibt es die Fälle, in denen zwar mehrere Willensbetätigungen vorliegen, die aber aufgrund normativer Erwägungen zu einer „rechtlichen Bewertungseinheit"[1314] verbunden und in der Folge wie eine einzige Handlung betrachtet werden. Man spricht insoweit von der **Handlung im rechtlichen Sinn.**

1036 Ein einleuchtender Anlass für ein solches „Zusammenziehen" von Einzelakten zu einer Handlung ist es, wenn der Gesetzgeber diese Akte als Voraussetzungen eines Deliktstatbestandes miteinander verbunden hat, etwa die Wegnahme- und die Nötigungshandlung innerhalb des Raubtatbestandes (§ 249). Man spricht diesbezüglich von der **„tatbestandlichen Handlungseinheit"**.[1315]

1037 Generell kommt die Annahme einer einzigen Handlung trotz mehrerer Willensbetätigungen in Betracht, wenn die **Ausführungshandlungen** (zumindest teilweise) **identisch** sind.[1316] Das ist etwa der Fall, wenn im Rahmen der Begehung eines Dauerdelikts ein weiteres Delikt begangen wird.

1314 *Wessels/Beulke/Satzger*, AT Rn. 852.
1315 S. *Rengier*, AT § 56 Rn. 24 sowie (mit weiteren Beispielen) *Wessels/Beulke/Satzger*, AT Rn. 760.
1316 *Rengier*, AT § 56 Rn. 49, 57.

Beispiel:
X hält Y für die Dauer von zwei Wochen gefangen. Während dieser Zeit versetzt er dem Y einen Faustschlag.

Aufgrund der Überschneidung der beiden Ausführungshandlungen ist im Verhältnis der Freiheitsberaubung (§ 239) zur Körperverletzung (§ 223) Handlungseinheit anzunehmen. 1038

Die Annahme einer Handlung im rechtlichen Sinn kommt auch in Betracht, wenn ein Tatbestand aufgrund eines einheitlichen Willensentschlusses in engem räumlichen und zeitlichen Zusammenhang wiederholt verwirklicht wird (sog. **iterative Begehungsweise**) oder sich die Verwirklichung des Tatbestands in mehreren aufeinanderfolgenden Schritten vollzieht (sog. **sukzessive Begehungsweise**).[1317] 1039

Beispiel:
A versetzt B hintereinander fünf Faustschläge. Aufgrund der iterativen Verwirklichung desselben Deliktstatbestands ist von einer einzigen Körperverletzungshandlung auszugehen.[1318]

Darüber hinaus will vor allem die Rechtsprechung weitere Fälle sog. **„natürlicher Handlungseinheit"** anerkennen.[1319] Hier soll es generell um mehrere Handlungen gehen, die aufgrund ihres gleichartigen Charakters und ihres engen räumlich-zeitlichen Zusammenhangs als ein **einheitliches Geschehen** zu bewerten sind. Das wirft ersichtlich Bestimmtheitsprobleme auf; ohnehin ist zweifelhaft, warum auch bei der Verwirklichung ganz verschiedenartiger Straftatbestände oder (ausnahmsweise) sogar der Verletzung höchstpersönlicher Rechtsgüter verschiedener Rechtsgutsträger[1320] eine solche Verschmelzung mehrerer Akte zu einer einzigen Handlung erfolgen sollte. Man sollte die Fallgruppe der natürlichen Handlungseinheit daher (auch im strafrechtlichen Gutachten) **restriktiv handhaben.**[1321] 1040

b) Handlungsmehrheit

Soweit mehrere Delikte nicht durch eine Handlung (im natürlichen oder rechtlichen Sinn) verwirklicht wurden, sondern durch **mehrere Handlungen**, stehen sie im Verhältnis der **Handlungsmehrheit.** Damit ist der (für den Täter im Hinblick auf die Strafzumessung ungünstigere) Anwendungsbereich der Tatmehrheit bzw. Realkonkurrenz gem. § 53 eröffnet. 1041

3. Aussonderung der Fälle unechter Konkurrenz

a) Anwendungsbereich von § 52 (Fälle scheinbarer Idealkonkurrenz)

Vor der endgültigen Feststellung, ob mehrere auf einer Handlung beruhende Delikte im Verhältnis der Tateinheit bzw. Idealkonkurrenz gem. § 52 stehen und entspre- 1042

1317 *Wessels/Beulke/Satzger*, AT Rn. 763; M/G/Z/*Laue*, AT § 54 Rn. 16.
1318 BGH NStZ 1999, 406.
1319 Zum Folgenden *Rengier*, AT § 56 Rn. 69 ff. sowie *Wessels/Beulke/Satzger*, AT Rn. 764. Zur von der Rspr. mittlerweile aufgegebenen Figur der „fortgesetzten Handlung" s. ebd. Rn. 769 ff.
1320 Nachweise bei *Wessels/Beulke/Satzger*, AT Rn. 766 sowie M/G/Z/*Laue*, AT § 54 Rn. 18 ff.
1321 So auch *Rengier*, AT § 56 Rn. 74.

chend bestraft werden, sind die Taten auszusondern, die hinter anderen Delikten aus verschiedenen Gründen zurücktreten. Vereinfacht gesagt geht es um Straftaten, die im Vergleich zu den vorrangigen Taten keinen relevanten eigenständigen Unrechtsgehalt aufweisen, der im Urteil zum Ausdruck kommen müsste. Im Anwendungsbereich des § 52 werden drei Fallgruppen dieser sog. „**unechten Konkurrenz**“ bzw. nur „**scheinbaren Idealkonkurrenz**“ unterschieden: Spezialität, Subsidiarität und Konsumtion.

1043 Die Fälle der **Subsidiarität** sind dadurch gekennzeichnet, dass ein Delikt ausdrücklich oder zumindest als Ergebnis seiner Auslegung nur „hilfsweise“ einschlägig sein soll, wenn andere, schwerwiegendere Delikte nicht erfüllt sind. Bestes Beispiel ist die Unterschlagung gem. § 246, die kraft gesetzlicher Anordnung zurücktritt, wenn durch dieselbe Handlung ein anderes, mit schwererer Strafe bedrohtes Delikt verwirklicht wurde.[1322]

1044 In den Fällen der **Spezialität** tritt das Delikt zurück, das einen geringeren Unrechtsgehalt aufweist und vollständig in einem anderen verwirklichten Delikt enthalten ist. So tritt bspw. das Grunddelikt hinter dem Qualifikationstatbestand aufgrund von Spezialität zurück.

Beispiel:
A schlägt B mit einem Holzknüppel. Der verwirklichte Grundtatbestand der einfachen Körperverletzung (§ 223) tritt hinter dem Qualifikationstatbestand des § 224 Abs. 1 Nr. 2 zurück, da dieser das Grunddelikt mit umfasst.

1045 Aber auch außerhalb des Verhältnisses von Grunddelikt und Qualifikation kommen Fälle der Spezialität in Betracht. So treten bspw. die im Raub gem. § 249 notwendigerweise enthaltenen Delikte der Nötigung (§ 240) sowie des Diebstahls (§ 242) aufgrund von Spezialität zurück. Anders ist zu entscheiden, wenn der Räuber bei der Anwendung des Nötigungsmittels zugleich eine Körperverletzung gem. § 223 begeht. Letztere ist nicht zwingend in jeder Raubtat enthalten, weist einen eigenständigen Unrechtsgehalt auf und tritt daher nicht hinter § 249 zurück.

1046 Von **Konsumtion** spricht man, wenn ein Delikt zwar nicht stets, aber doch typischerweise mit einem anderen schwerwiegenderen Delikt zusammen verwirklicht wird.[1323] Auch hier fehlt es an einem eigenständigen Unrechtsgehalt, der im Urteil zum Ausdruck kommen müsste. Das kann man etwa annehmen, wenn der Täter im Rahmen eines Wohnungseinbruchsdiebstahls gem. § 244 Abs. 1 Nr. 3[1324] zugleich einen Hausfriedensbruch gem. § 123 und eine Sachbeschädigung gem. § 303 Abs. 1 verwirklicht.[1325]

1322 Weitere Beispiele bei *Rengier*, AT § 56 Rn. 38; M/G/Z/*Laue*, § 55 Rn. 12 ff.
1323 *Rengier*, AT § 56 Rn. 30.
1324 Zur umstrittenen Frage, ob dies auch für den Diebstahl in einem besonders schweren Fall gem. §§ 242, 243 Abs. 1 Nr. 1 gilt, wenn der Täter in sonstige Gebäude einbricht, s. *Fischer*, StGB § 243 Rn. 30 (mit Nachweisen zur Entwicklung in der Rechtsprechung).
1325 *Rengier*, AT § 56 Rn. 33.

b) Anwendungsbereich von § 53 (Fälle scheinbarer Realkonkurrenz)

Im potenziellen Anwendungsbereich des § 53 werden zwei Fälle der unechten Konkurrenzen unterschieden, die mitbestrafte Vortat sowie die mitbestrafte Nachtat; in beiden Fallgruppen tritt das weniger schwerwiegende Delikt aufgrund des Gedankens der Subsidiarität bzw. der Konsumtion zurück.[1326] 1047

Von einer **mitbestraften Vortat** ist auszugehen, wenn diese letztlich nur als typische Vorbereitungshandlung des zeitlich nachfolgenden schwerwiegenderen Delikts erscheint und daher keinen eigenständigen Unrechtsgehalt aufweist. 1048

Beispiel:
A unterschlägt den Fahrradschlüssel von B und entwendet damit am nächsten Tag dessen Fahrrad.

Zwar greift hier die in § 246 enthaltene Subsidiaritätsklausel nicht, da sich diese nur auf Fälle der Tateinheit bezieht. Die Verletzung des Eigentums durch die zeitlich vorgelagerte Unterschlagung des Schlüssels fällt gegenüber der späteren Entwendung des Fahrrads als typische Vorbereitungshandlung aber nicht ins Gewicht und tritt daher als mitbestrafte Vortat hinter den Diebstahl des Fahrrads zurück. 1049

Eine **mitbestrafte Nachtat** liegt vor, wenn eine Tat im Vergleich zum zeitlich vorgelagerten Delikt nicht ins Gewicht fällt, weil es lediglich der Aufrechterhaltung oder Sicherung einer ohnehin schon verwirklichten Rechtsgutsbeeinträchtigung dient. 1050

Beispiel:
A entwendet das Fahrrad des E; am nächsten Tag wird er von E mit der Frage konfrontiert, ob er das Fahrrad bei sich habe, was A vehement abstreitet.

Der mit der Täuschung über den Verbleib des Fahrrads verwirklichte Betrug gem. § 263[1327] tritt als mitbestrafte Nachtat hinter den Diebstahl gem. § 242 zurück, da er als Sicherungsbetrug lediglich der Aufrechterhaltung einer bereits eingetretenen Beeinträchtigung der Rechtsgüter des E dient und daher kein eigenständiges Unrecht enthält. 1051

4. Ergebnis: Tateinheit oder Tatmehrheit

Delikte, die auf einer Handlung beruhen und von denen keines im Rahmen der Prüfung unechter Konkurrenz zurücktritt, stehen zueinander im Verhältnis der **Tateinheit bzw. Idealkonkurrenz gem. § 52**. Sie tritt in zwei Formen auf. Von **gleichartiger Idealkonkurrenz** spricht man, wenn eine Handlung denselben Tatbestand mehrfach erfüllt, wenn also bspw. A mit einem Schuss sowohl B als auch C tötet.[1328] 1052

Dagegen liegt **ungleichartige Idealkonkurrenz** vor, wenn durch eine Handlung unterschiedliche Delikte verwirklicht werden. 1053

1326 *Rengier*, AT § 56 Rn. 43.
1327 Dabei wird vom Vorliegen eines Vermögensschadens ausgegangen, was in den Fällen des Sicherungsbetrugs nicht zweifelsfrei ist, vgl. dazu *M/G/Z/Laue*, AT § 56 Rn. 17.
1328 *Rengier*, AT § 56 Rn. 46.

Beispiel:
A schießt mit Tötungsvorsatz auf B und verletzt ihn dabei schwer, aber ohne tödliche Folgen.

1054 Die gefährliche Körperverletzung gem. §§ 223, 224 Abs. 1 Nr. 2, 5 tritt aufgrund des nur hier zum Ausdruck kommenden Vollendungsunrechts nach der neueren Rspr. nicht hinter dem versuchten Tötungsdelikt zurück, sondern steht zu letzterem im Verhältnis der Tateinheit gem. § 52 in Form der ungleichartigen Idealkonkurrenz.[1329]

1055 Werden durch unterschiedliche Handlungen mehrere Delikte verwirklicht, die nicht als mitbestrafte Vor- oder Nachtat zurücktreten, stehen sie im Verhältnis der **Tatmehrheit bzw. Realkonkurrenz gem.** § 53. Auch hier kommt **gleichartige oder ungleichartige Realkonkurrenz** in Betracht, je nachdem, ob es sich um unterschiedliche oder gleiche Delikte handelt.[1330]

1056 Ausnahmsweise wird auch bei an sich vorliegender Tatmehrheit doch von Tateinheit ausgegangen, wenn die betreffenden Delikte mit einer weiteren Tat ideal konkurrieren und daher von dieser nach dem Prinzip der „**Verklammerung**" verbunden werden.[1331] Dabei soll es nach der Rechtsprechung genügen, wenn das verklammernde Delikt zumindest im Verhältnis zu einem der beiden anderen Delikte einen gleich schweren oder schwereren Unrechtsgehalt aufweist.[1332] Das ist zweifelhaft und führt zu Wertungswidersprüchen im Vergleich zu der (für den Täter ungünstigeren) Annahme von Tatmehrheit gem. § 53.[1333]

Beispiel:
X schlägt Y mit einem Knüppel brutal nieder und entführt ihn. Einen Tage später, noch während der Gefangenschaft des Y, begeht X gegenüber diesem ein selbstständiges Nötigungsdelikt gem. § 240.

1057 Die gefährliche Körperverletzung gem. § 224 Abs. 1 Nr. 2 sowie die Nötigung gem. § 240 gegenüber Y beruhen aufgrund der längeren zeitlichen Zäsur auf mehreren Handlungen und stehen daher an sich im Verhältnis der Tatmehrheit gem. § 53. Denkbar wäre zwar eine Verklammerung durch das gleichzeitig verwirklichte Dauerdelikt der Freiheitsberaubung gem. § 239,[1334] das sich zeitlich mit den beiden anderen Taten zumindest teilweise überschneidet. Dagegen spricht aber, dass die Freiheitsberaubung in ihrem Gewicht zumindest hinter der gefährlichen Körperverletzung des X zurücksteht. Es wäre schwer verständlich, warum X durch die zusätzliche Begehung der Freiheitsberaubung im Hinblick auf die konkurrenzmäßige Behandlung von Nötigung und gefährlicher Körperverletzung besser gestellt werden sollte.

1329 S. BGHSt 44, 196.
1330 *Rengier*, AT § 56 Rn. 7.
1331 S. dazu mit Beispielen *Rengier*, AT § 56 Rn. 62 ff.
1332 Vgl. *Rengier*, AT § 56 Rn. 63.
1333 S. *Geppert*, Jura 2000, 652.
1334 Vgl. BGH NStZ 2013, 158.

II. In dubio pro reo und Wahlfeststellung

Die Beweisregel „in dubio reo“ sowie das Institut der Wahlfeststellung betreffen zwar nicht unmittelbar das Konkurrenzverhältnis mehrerer (sicher) verwirklichter Straftatbestände. Dennoch sollen sie in diesem Zusammenhang erörtert werden; denn sie beziehen sich auf die Vorfrage, wie mit einer unsicheren Tatsachengrundlage im Hinblick auf möglicherweise verwirklichte Straftatbestände umzugehen ist. 1058

1. In dubio pro reo

Unerlässliche Grundlage einer Verurteilung ist die Überzeugung des Richters, dass der Angeklagte die ihm zur Last gelegten Taten wirklich begangen hat. Kann sich der Richter diese Überzeugung nicht verschaffen, muss er nach dem Grundsatz **„in dubio pro reo“** (im Zweifel für den Angeklagten) entscheiden. In Bezug auf den nicht nachgewiesenen Vorwurf muss also ein Freispruch erfolgen.[1335] 1059

Der Grundsatz „in dubio pro reo“ ist im nationalen Recht nicht ausdrücklich geregelt. Er wird teilweise auf **Art. 103 Abs. 2 GG, § 261 StPO** sowie auf **Art. 6 Abs. 2 EMRK** gestützt;[1336] auch das **Schuldprinzip**[1337] und das **Rechtsstaatsprinzip**[1338] werden als Grundlage genannt. Er bezieht sich nur auf Zweifel in Bezug auf die einer Verurteilung zugrunde liegenden **Tatsachen.** Die zutreffende rechtliche Bewertung dieser Tatsachen hat der Richter vorzunehmen, ohne dass insofern eine Zweifelsregelung zugunsten des Angeklagten existierte. 1060

Bei sog. **doppelrelevanten Tatsachen**, die sich je nach Zusammenhang zu Gunsten oder zu Lasten des Täters auswirken können, ist nach einer Art **„Meistbegünstigungsprinzip“** zu verfahren. Das bedeutet, dass der Grundsatz mehrfach zu Gunsten des Täters herangezogen wird und die fragliche Tatsache somit im einem Fall unterstellt, im anderen Fall aber gerade nicht unterstellt wird. 1061

Wenn bei einem Täter bspw. nicht geklärt werden kann, ob er sich zum Zeitpunkt der Tatbegehung in einem Zustand gem. § 20 befand oder ob er voll schuldfähig gehandelt hat, ist bei der Prüfung der Strafbarkeit von den zum Schuldausschluss führenden Tatsachen auszugehen und wegen Schuldunfähigkeit freizusprechen. Geht es dagegen um die Prüfung der Unterbringung in einem psychiatrischen Krankenhaus gem. § 63, ist wiederum zu Gunsten des Angeklagten vom Gegenteil, also von der vollen Schuldfähigkeit auszugehen. In diesem (praktisch allerdings kaum relevanten) Fall käme also weder eine Bestrafung, noch die Verhängung der Maßregel des § 63 in Betracht. 1062

Der Grundsatz in dubio pro reo kommt auch zur Anwendung, wenn die sich aus den möglichen Sachverhaltsalternativen ergebenden Straftatbestände in einem **Stu-** 1063

1335 S. näher mit Hinweisen zur Fallbearbeitung *Norouzi*, JuS 2008, 17 (18) sowie *Noak*, Jura 2004, 539 ff.
1336 *Wessels/Beulke/Satzger*, AT Rn. 802 m.w.N.
1337 *Noak*, Jura 2004, 539.
1338 BGHSt 18, 274 (277).

fenverhältnis stehen.[1339] Das ist bspw. der Fall, wenn offen bleibt, ob der Täter nur das Grunddelikt oder auch den Qualifikationstatbestand erfüllt hat. Da das Grunddelikt vom Qualifikationstatbestand zwingend mit umfasst ist, wird hier von einem **logischen Stufenverhältnis** gesprochen.[1340] Ein sog. **normatives Stufenverhältnis** wird angenommen, wenn sich das vorausgesetzte Unrechtsgefälle zumindest aus einer wertenden Betrachtung ergibt, wie bspw. im Verhältnis von täterschaftlicher Begehung zur Teilnahme.[1341]

2. Wahlfeststellung

1064 Ein besonderes Problem stellt sich, wenn zwar sicher feststeht, dass der Täter eine strafbare Handlung begangen hat, aber (nach Ausschöpfung aller Erkenntnismittel) endgültig nicht geklärt werden kann, auf welchem von mehreren denkbaren tatsächlichen Abläufen die Strafbarkeit beruht. Als Lösung kommt die sog. **Wahlfeststellung** in Betracht.[1342] Dabei kann zwischen der Konstellation einer gleichartigen und einer ungleichartigen Wahlfeststellung unterschieden werden.

1065 In den Fällen der **gleichartigen Wahlfeststellung** steht das verwirklichte Delikt fest; nur das zugrundeliegende tatsächliche Geschehen bleibt unklar.

Beispiel:[1343]
A macht als (unvereidigter) Zeuge vor Gericht in zweiter Instanz Angaben, die seiner Aussage in erster Instanz diametral widersprechen. Hier steht fest, dass sich A bei einer der beiden Aussagen wegen uneidlicher Falschaussage gem. § 153 strafbar gemacht hat.

1066 In solchen Fällen ist weitgehend anerkannt, dass eine (im Hinblick auf das verwirklichte Delikt) eindeutige Verurteilung „auf wahldeutiger Grundlage" erfolgen kann, also ohne klare Fixierung des dabei zugrundeliegenden Sachverhalts.

1067 Umstrittener sind die Fälle der **ungleichartigen Wahlfeststellung**[1344], bei der in der jeweiligen Variante **unterschiedliche Delikte** verwirklicht sind, die zueinander nicht einem Stufenverhältnis stehen, so dass auch eine Lösung über die Anwendung des Grundsatzes in dubio pro reo nicht in Betracht kommt.

Beispiel:
Bei X wird die wertvolle Uhr des Y gefunden, die diesem zuvor entwendet worden ist. Es kann nicht geklärt werden, ob X die Uhr selbst gestohlen hat (§ 242) oder sie vom Dieb im Wissen um deren Herkunft angekauft hat (§ 259).

1068 Auch in einem solchen Fall war nach der bisherigen Rechtsprechung eine wahldeutige Verurteilung auf wahldeutiger Grundlage unter engen Voraussetzungen möglich. Vorausgesetzt war, dass die in Rede stehenden Delikte **„rechtsethisch und psycholo-**

1339 S. mit Fallbeispielen *Rengier*, AT § 57 Rn. 7 ff.
1340 *Rengier*, AT § 57 Rn. 8.
1341 *Rengier*, AT § 57 Rn. 10.
1342 S. dazu *Stuckenberg*, JA 2001, 221 ff. sowie *Norouzi*, JuS 2008, 17 (18 ff.). Zur hier nicht behandelten speziellen Materie der Post- und Präpendenz s. *Rengier*, AT § 57 Rn. 32 ff.
1343 Nach *Rengier*, AT § 57 Rn. 18.
1344 Diese wird teilweise auch als „echte Wahlfeststellung" bezeichnet.

gisch vergleichbar“ waren, also einen in etwa vergleichbaren Unrechts- und Schuldgehalt sowie eine vergleichbare seelische Beziehung des Täters zur Tat aufwiesen.[1345] In der Literatur wird zum Teil eher auf objektive Kriterien wie die betroffenen Rechtsgüter und die jeweiligen Strafrahmen abgestellt.[1346]

Auf diese Weise sollten die Bedenken abgemildert werden, dass mit der Strafe eine 1069
missbilligende Reaktion erfolgt, ohne dass der Gegenstand der Missbilligung exakt feststünde. In Bezug auf die im Beispielsfall betroffenen Delikte des Diebstahls und der Hehlerei wurde diese Vergleichbarkeit aufgrund des engen inneren Zusammenhangs und der ähnlichen Schutzgüter bejaht.[1347]

Allerdings hat der **2. Strafsenat des BGH** in jüngerer Zeit die ungleichartige Wahl- 1070
feststellung als **verfassungswidrig** bezeichnet;[1348] eine Bestrafung ohne sichere Tatsachengrundlage in Bezug auf das abzuurteilende Delikt verstoße gegen Art. 103 Abs. 2 GG. Die Frage wurde den anderen Senaten des BGH vorgelegt; der 5. Senat hat eine Verfassungswidrigkeit abgelehnt und angekündigt, an der bisherigen Rechtsprechung festhalten zu wollen.[1349] Die weitere Entwicklung bleibt abzuwarten, vermutlich wird der Große Senat in Strafsachen (§ 132 GVG) angerufen werden.

Wiederholungsfragen zu § 11 (Einführung in die Konkurrenzlehre)

1. Warum ist die Annahme von Tateinheit (im Vergleich zur Annahme von Tatmehrheit) für den Täter im Hinblick auf die Strafzumessung günstiger? (Rn. 1031)
2. Welche Fälle der Handlungseinheit sind Ihnen bekannt? (Rn. 1033 ff.)
3. Nennen Sie die Fallgruppen, in denen Konstellationen der „unechten Konkurrenz“ ausgeschieden werden (Rn. 1042 ff.)
4. Welchen Inhalt hat der Grundsatz „in dubio reo“ und auf welche rechtlichen Grundlagen wird er gestützt? (Rn. 1059 f.)
5. Was ist mit „ungleichartiger Wahlfeststellung“ gemeint und welche Problematik ist damit verbunden? (Rn. 1067 ff.)

1345 Vgl. nur BGHSt 9, 390 (394); *Heinrich*, AT Rn. 1470 f.
1346 *Rengier*, AT § 57 Rn. 26 m.w.N.
1347 BGH NStZ 2000, 473; umfangreiche weitere Beispiele aus der Rechtsprechung bei *Rengier*, AT § 57 Rn. 28 ff.
1348 BGH Beschl. v. 28.1.2014, 2 StR 495/12 = StV 2014, 580 ff. m. Anm. *Wagner*, ZJS 2014, 436.
1349 BGH Beschl. v. 16.7.2014, 5 ARs 93/14.

Literaturverzeichnis

Arzt, G./ Weber, U./ Heinrich, B./ Hilgendorf, E., Strafrecht Besonderer Teil, 2. Aufl., Bielefeld 2009 (zitiert: A/W/H/H/*Verfasser*).

Bachmann, M., Irrtümer im Bereich der Schuld, JA 2009, 510-513.

Baumann, J./ Weber, U./ Mitsch, W., Strafrecht Allgemeiner Teil, 11. Aufl., Bielefeld 2003.

Berner, A., Die Notwehrtheorie, Archiv des Criminalrechts 1848, 547-598.

Bernsmann, K., Überlegungen zur tödlichen Notwehr bei nicht lebensbedrohlichen Angriffen, ZStW 104 (1992), 290-327.

Berster, L., Das unechte Unterlassungsdelikt, Berlin 2014.

Berster, L., Zur Frage der Fahrlässigkeitshaftung neben der volldeliktischen Vorsatztat einer anderen Person, ZIS 2012, 623-627.

Berster, L./ Yenimazman, Y., Anfängerklausur – Strafrecht: Erlaubnistatbestandsirrtum und Notwehrprovokation – Gugelhupf meets Kung Fu, JuS 2014, 329-333.

Bock, D., Grundwissen zur Anstiftung (§ 26 StGB), JA 2007, 599-604.

Bosch, N., Unmittelbares Ansetzen zum Versuch, Jura 2011, 909-916.

Braun, S., Zur Strafbarkeit des Vaters des Amokläufers von Winnenden wegen fahrlässiger Tötung aufgrund unzureichender Sicherung von Waffen, JR 2013, 37-40.

Brunhöber, B., Sterbehilfe aus strafrechtlicher und rechtsphilosophischer Sicht, JuS 2011, 401-406.

Bülte, J., Der Verhältnismäßigkeitsgrundsatz im deutschen Notwehrrecht aus verfassungsrechtlicher und europäischer Perspektive, GA 2011, 145-166.

Cicero, M. T., De Officiis, herausgegeben und übersetzt von Rainer Nickel, Düsseldorf 2008.

Conrad, C./ Koranyi, J., Die „hypothetische Einwilligung" im Zivil- und Strafrecht vor dem Hintergrund des neuen § 630 h II 2 BGB, JuS 2013, 979-985.

Dehne-Niemann, J./ Weber, Y., Über den Einfluß des Irrtums im Objekte beim Morde und bei der Anstiftung zu diesem Verbrechen, Jura 2009, 373-379.

Dickert, T., Der Standort der Brauchtumspflege in der Strafrechtsordnung - Dargestellt am Beispiel des Maibaumdiebstahls, JuS 1994, 631-637.

Duttge, G., Rechtsprechungsübersicht zur (strafrechtlichen) Fahrlässigkeit, NStZ 2006, 266-274.

Engländer, A., Die Entschuldigung nach § 33 StGB bei Putativnotwehr und Putativnotwehrexzess, JuS 2012, 408-412.

Erb, V., Der rechtfertigende Notstand, JuS 2010, 17-22.

Eser, A., Rechtfertigung und Entschuldigung in japanischem Recht aus deutscher Perspektive, 41-65, in: Rechtfertigung und Entschuldigung: Rechtsvergleichende Perspektiven, hrsg. v. Eser, A./ Fletcher, G./ Perron, W., Freiburg i. Br. 1991.

Fischer, T., Strafgesetzbuch, 62. Aufl., München 2015.

Freund, G., Strafrecht Allgemeiner Teil, 2. Aufl., Berlin u.a. 2008.

Frisch, W., Objektive Zurechnung des Erfolgs, JuS 2011, 19-24, 116-123, 205-211.

Frister, H., Strafrecht Allgemeiner Teil, 6. Aufl., München 2013.

Geppert, K., Zum Begriff der Hilfeleistung im Rahmen von Beihilfe (§ 27 StGB) und sachlicher Begünstigung § 257 StGB), Jura 2007, 589-594.

Geppert, K., Grundzüge der Konkurrenzlehre (§§ 52 bis 55 StGB) Zweiter und letzter Teil – Ideal -, Real- und Gesetzeskonkurrenz, Jura 2000, 651-657.

Greco, L., Kausalitäts- und Zurechnungsfragen bei unechten Unterlassungsdelikten, ZIS 2011, 674-691.

Gropp, W., Strafrecht Allgemeiner Teil, 3. Aufl., Berlin u.a. 2005.

Hassemer, W., Professionelle Adäquanz, wistra 1995, 41-46 und 81-87.

Haverkamp, R. / Kaspar, J., Übungsklausur Strafrecht: Der betrunkene Fahrlehrer, JA 2010, 780-785.

Heger, M., Die neuere Rechtsprechung zum strafbefreienden Rücktritt vom Versuch (§ 24 StGB), StV 2010, 320-325.

Heinrich, B., Strafrecht Allgemeiner Teil, 4. Aufl., Stuttgart 2014.

Heinrich, B./ Reinbacher, T., Objektive Zurechnung und spezifischer Gefahrzusammenhang bei den erfolgsqualifizierten Delikten, Jura 2005, 743-750.

von Heintschel-Heinegg, B. (Hrsg.), Beck'scher Online-Kommentar StGB, 25. Edition, München 2014 (zitiert: BeckOK-StGB/*Verfasser*)

Herzberg, R., Die ratio legis als Schlüssel zum Gesetzesverständnis? - Eine Skizze und Kritik der überkommenen Auslegungsmethodik, JuS 2005,1-8.

Hilgendorf, E., Zur Lehre vom „Erfolg in seiner konkreten Gestalt", GA 1995, 515-534.

Hilgendorf, E./ Valerius, B., Strafrecht Allgemeiner Teil, München 2013.

Hillenkamp, T., 32 Probleme aus dem Strafrecht Allgemeiner Teil, 14. Aufl., München 2012 (zitiert: *Hillenkamp*, AT-Probleme).

Hillenkamp, T., Strafrecht ohne Willensfreiheit? Eine Antwort auf die Hirnforschung JZ 2005, 313-320.

Hoffmann-Holland, K., Strafrecht Allgemeiner Teil, 2. Aufl., Tübingen 2011.

Höffler, K./ Kaspar, J., Warum das Abstandsgebot die Probleme der Sicherungsverwahrung nicht lösen kann – zugleich ein Beitrag zu den Aporien des zweispurigen Sanktionensystems, ZStW 124 (2012), 87-131.

Hörnle, T., Straftheorien, Tübingen 2011.

Hörnle, T., Der entschuldigende Notstand (§ 35 StGB), JuS 2009, 873-880.

Hoven, E., Der Rücktritt vom Versuch in der Fallbearbeitung, JuS 2013, 305-308.

Jäger, C., Examens-Repetitorium Strafrecht Allgemeiner Teil, 7. Aufl., Heidelberg 2015.

Jäger, C., Notwehr bei Anrauchen, JA 2014, 472-474.

Jäger, C., Mittelbar + unmittelbar = mittelbar!, JA 2013, 71-72.

Jahn, M., Strafrecht AT: Notwehr, JuS 2014, 176-178.

Jahn, M., Strafrecht AT und BT: Einwilligung in Körperverletzung, JuS 2013, 945-947.

Jakobs, G., Strafrecht, Allgemeiner Teil, 2. Aufl., Berlin 1991.

Jakobs, G., Regreßverbot beim Erfolgsdelikt, ZStW 89 (1977), 35.

Jacobs, J., Haftung der (studentischen) Wohngemeinschaft nach Anerkennung der Rechtsfähigkeit der Außen-GbR, NZM 2008, 111-120.

Jescheck, H./ Weigend, T., Lehrbuch des Strafrechts – Allgemeiner Teil, 5. Aufl., Berlin 1996.

Jeßberger, F./ Sander, C., Der dolus alternativus, JuS 2006, 1065-1067.

Joecks, W., Strafgesetzbuch, Studienkommentar, 11. Aufl., München 2014.

Kasiske, P., Begründung und Grenzen der Nothilfe, Jura 2004, 832-839.

Kaspar, J., Kriminologische und strafrechtliche Aspekte der strafbefreienden Selbstanzeige gem. § 371 AO, 1167-1180, in: Festschrift für Werner Beulke, hrsg. v. Fahl, C./ Müller, E./ Satzger, H./ Swoboda, S., Heidelberg 2015 (zitiert: *Kaspar* FS-Beulke)

Kaspar, J., Verhältnismäßigkeit und Grundrechtsschutz im Präventionsstrafrecht, Baden-Baden, 2014.

Kaspar, J., „Eigenverantwortliche Selbstgefährdung" bei missbräuchlichem Konsum ärztlich verschriebener Substanzen, HRRS 2014, 436-441.

Kaspar, J., Die Strafbarkeit der aufgedrängten Nothilfe, JuS 2014, 769-776.

Kaspar, J., „Verhältnismäßige Generalprävention“ und Zurechnung, StV 2014, 250-256.

Kaspar, J., „Rechtsbewährung" als Grundprinzip der Notwehr? Kriminologisch-empirische und verfassungsrechtliche Überlegungen zu einer Reformulierung von § 32 StGB, RW 2013, 40-61.

Kaspar, J., Grundprobleme der Fahrlässigkeit, JuS 2012, 16-20, 112-117.

Kaspar, J., Übungsklausur Strafrecht: Die Erpressung der Milliardärsgattin, JuS 2009, 830-836.

Kaspar, J., Gewaltsame Verteidigung gegen den Erpresser? Zu den Grenzen der Notwehr in den Fällen der sog. „Chantage", GA 2007, 36-47.

Kaspar, J., Übungsklausur Strafrecht: Von Niederlagen und Niederschlägen, Jura 2007, 69-73.

Kaspar, J., Übungsklausur Strafrecht: Der gewalttätige Schlafwandler, JA 2006, 855-859.

Kaspar, J., Übungsklausur Strafrecht: Beleidigung und Körperverletzung auf dem Fußballplatz, JuS 2004, 409-414.

Kaspar, J./ Albrecht, I., Anfängerhausarbeit Strafrecht: Fahrlässigkeit - Der tödliche Berglauf, JuS 2010, 1071-1077.

Kaspar, J./ Broichmann, C., Grundprobleme der Tötungsdelikte, ZJS 2013, 249-256, 346-354.

Kertai, B., Strafbarkeitslücken als Argument, JuS 2011, 976-981.

Kilian, I., Die Dresdener Notwehrstudie, 2011

Kindhäuser, U., Strafgesetzbuch Lehr- und Praxiskommentar, 6. Aufl., Baden-Baden 2015 (zitiert: *Kindhäuser* LPK)

Kindhäuser, U., Strafrecht Allgemeiner Teil, 6. Aufl., Baden-Baden 2013.

Kindhäuser, U./ Neumann, U./ Paeffgen, H-U. (Hrsg.), Nomos Kommentar zum Strafgesetzbuch, 4. Aufl., Baden-Baden 2013 (zitiert: NK-StGB/*Verfasser*)

Koch, A., Grundfälle zur mittelbaren Täterschaft, § 25 I Alt. 2 StGB, JuS 2008, 399-402 und 496-499.

Koch, A., Tötung Unschuldiger als straflose Rettungshandlung?, JA 2005, 745-749.

Koch, A./ Wirth, K., Grundfälle zur Anstiftung, JuS 2010, 203-209.

Köhler, M., Strafrecht Allgemeiner Teil, Berlin u. a. 1997.

Kretschmer, J., Das Fahrlässigkeitsdelikt, Jura 2000, 267-276.

Krey, V./ Esser, R., Deutsches Strafrecht Allgemeiner Teil, 5. Aufl., Stuttgart 2012.

Kubiciel, M., Strafbarkeit des Anstifters bei Personenverwechslung des Täters, JA 2005, 694-700.

Kudlich, H., Objektive und subjektive Zurechnung von Erfolgen im Strafrecht - eine Einführung, JA 2010, 681-687.

Kudlich, H., Grundfälle zum Rücktritt und Versuch, JuS 1999, 240-245, 349-356, 449-452.

Kühl, K., Strafrecht Allgemeiner Teil, 7. Aufl., München 2012.

Küper, W., Strafrecht Besonderer Teil, 8. Aufl., Heidelberg u. a. 2012.

Lackner, K./ Kühl, K., Strafgesetzbuch Kommentar, 28. Aufl., München 2014.

Larenz, K./ Canaris, C.-W., Methodenlehre der Rechtswissenschaft, 3. Aufl., Berlin u. a. 1995.

Lasson, M., Eigenverantwortliche Selbstgefährdung und einverständliche Fremdgefährdung - Überblick über einen nach wie vor aktuellen Streit in der Strafrechtsdogmatik, ZJS 2009, 359-368.

Laue, C., Der Tatbestand des fahrlässigen Erfolgsdelikts, JA 2000, 666-671.

Leipziger Kommentar zum Strafgesetzbuch, hrsg. von Laufhütte, H. W./ Rissing-van Saan, R./ Tiedemann, *K.*, Band 1: Einleitung, §§ 1-31, 12. Aufl. Berlin 2007.

Leipziger Kommentar zum Strafgesetzbuch, hrsg. von Laufhütte, H. W./ Rissing-van Saan, R./ Tiedemann, K., Band 2: §§ 32-55, 12. Aufl. Berlin 2006.

Leipziger Kommentar zum Strafgesetzbuch, hrsg. von Laufhütte, H. W./ Rissing-van Saan, R./ Tiedemann, *K.*, Band 10: §§ 284-305a, 12. Aufl. Berlin 2008.

Liszt, F. v., Strafrechtliche Aufsätze und Vorträge Band II, Berlin 1905.

Ludwig, I./ Lange, J., Mutmaßliche Einwilligung und willensbezogene Delikte – Gibt es ein mutmaßliches Einverständnis?, JuS 2000, 446-450.

Maurach, R./ Gössel, K.-H./ Zipf, H., Strafrecht Allgemeiner Teil Band 2, 8. Aufl. Heidelberg/München 2014.

Matt, H./ Renzikowski, J., Strafgesetzbuch Kommentar, München 2013.

Meier, B.-D., Strafrechtliche Sanktionen, 4. Aufl., Berlin/Heidelberg 2014.

Mitsch, W., Die mutmaßliche Einwilligung, ZJS 2012, 38-43.

Mitsch, W., Fahrlässige Tötung oder fahrlässige Beihilfe zum Totschlag?, ZJS 2011, 128-131.

Mitsch, W., Fahrlässigkeit und Straftatsystem, JuS 2001, 105-112.

Müller, H., Zur Notwehr bei Schweigegelderpressung (Chantage), NStZ 1993, 366-368.

Münchener Kommentar zum Bürgerlichen Gesetzbuch, hrsg. v. Rixecker, R./ Säcker, F. J./ Oetker, H., Band 7: §§ 1297-1588, VersAusglG, GewSchG, LPartG, 6. Aufl., München 2013 (zitiert: MüKo-BGB/*Verfasser*).

Münchener Kommentar zum Bürgerlichen Gesetzbuch, hrsg. v. Rixecker, R./ Säcker, F. J./ Oetker, H., Band 5: §§ 705-853, PartGG, ProdHaftG, 6. Aufl., München 2013 /zitiert: MüKo-BGB/*Verfasser*).

Münchener Kommentar zum Strafgesetzbuch, hrsg. v. Joecks, W./ Miebach, K., Band 1: §§ 1 - 37, 2. Aufl., München 2011 (zitiert: MüKo-StGB/*Verfasser*).

Murmann, U., Grundkurs Strafrecht, 2. Aufl., München 2013 (zitiert: *Murmann* GK)

Neubacher, F., Kriminologie, 2. Aufl., Baden-Baden 2014.

Neubacher, F., Zur Konkretisierung von Sorgfaltspflichten beim fahrlässigen Erfolgsdelikt - Überlegungen im Anschluss an BGHSt 49, 1, Jura 2005, 857-862.

Norouzi, A., Grundfälle zur Wahlfeststellung, Präpendenz und Postpendenz, JuS 2008, 17-21.

Noak, T., Tatsächlich unklare Sachverhalte im Strafrecht: Zu in dubio pro reo sowie eindeutigen und wahldeutigen Straffeststellungen, Jura 2004, 539-545.

Otto, H., Grundkurs Strafrecht – Allgemeine Strafrechtslehre, 7. Aufl., Berlin 2004. (zitiert: *Otto* GK)

Prittwitz, C., Zur Diskrepanz zwischen Tatgeschehen und Tätervorstellung, GA 1983, 110-135.

Puppe, I., Strafrecht Allgemeiner Teil, 2. Aufl., Baden-Baden 2011.

Puppe, I., Die Architektur der Beteiligungsformen, GA 2013, 514-536.

Puppe, I., Der halbherzige Rücktritt, NStZ 1984, 488-491.

Putzke, H., Der strafbare Versuch, JuS 2009, 894-898, 985-990, 1083-1087.

Rengier, R., Strafrecht Allgemeiner Teil, 6. Aufl., München 2014.

Rengier, R., Strafrecht Besonderer Teil II, 15. Aufl., München 2014.

Röhl, K./ Röhl, H., Allgemeine Rechtslehre, 3. Aufl., Köln 2008.

Rönnau, T., Grundwissen - Strafrecht: Rechtfertigende Pflichtenkollision, JuS 2013, 113-115.

Rönnau, T., Grundwissen - Strafrecht: Vorsatz, JuS 2010, 675-678.

Rönnau, T., Grundwissen - Strafrecht: Subjektive Rechtfertigungselemente, JuS 2009, 594-597.

Rotsch, T., Strafrechtliche Klausurenlehre, 2013

Rosenau, H., Die hypothetische Einwilligung im Strafrecht, S. 683-700, in: Festschrift für Manfred Maiwald, hrsg. v. Bloy, R./ Böse, M./ Hillenkamp, T./ Momsen, C./ Rackow, P, Berlin 2010 (zitiert: *Rosenau* FS-Maiwald).

Roxin, C., Strafrecht Allgemeiner Teil Band II, München 2003.

Roxin, C., Strafrecht Allgemeiner Teil Band I, 4. Aufl., München 2006.

Roxin, C., Der gesetzgebungskritische Rechtsgutsbegriff auf dem Prüfstand, GA 2013, 433-453.

Roxin, C., Der Abschuss gekaperter Flugzeuge zur Rettung von Menschenleben, ZIS 2011, 552-563.

Roxin, C., Zur einverständlichen Fremdgefährdung, JZ 2009, 399-403.

Roxin, C., Der fehlgeschlagene Versuch - eine kapazitätsvergeudende, überflüssige Rechtsfigur?, NStZ 2009, 319-321.

Roxin, C., Anmerkung zu: BGH, Urt. v. 2.11.2005 – 2 StR 237/05, StV 2006, 235-237.

Roxin, C., Der fehlgeschlagene Versuch, JuS 1981, 1-9.

Rudolphi, H.-J./ Wolter, J. (Hrsg.), Systematischer Kommentar zum Strafgesetzbuch, Frankfurt am Main (zitiert: SK-StGB/*Verfasser*).

Satzger, H./ Schmitt, B./ Widmaier, G. (Hrsg.), Strafgesetzbuch: StGB, Kommentar, 2. Aufl., Köln 2014 (zitiert: SSW-StGB/*Verfasser*).

Satzger, H., Die sog. »Retterfälle« als Problem der objektiven Zurechnung, Jura 2014, 695-706.

Satzger, H., Kausalität und Gremienentscheidungen, Jura 2014, 186-195.

Satzger, H., Der irreale Versuch - über die Schwierigkeiten der Strafrechtsdogmatik, dem abergläubischen Versuch Herr zu werden, Jura 2013, 1017-1025.

Satzger, H., Die rechtfertigende Pflichtenkollision, Jura 2010, 753-757.

Satzger, H., Das Jedermann-Festnahmerecht nach § 127 I 1 StPO als Rechtfertigungsgrund, Jura 2009, 107-114.

Satzger, H., Teilnehmerstrafbarkeit und Doppelvorsatz, Jura 2008, 514-523.

Satzger, H., Der Vorsatz - einmal näher betrachtet, Jura 2008, 112-121.

Satzger, H., Dreimal in causa - actio libera in causa, omissio libera in causa und actio illicita in causa, Jura 2006, 513-520.

Schmidhäuser, E., Die Begründung der Notwehr, GA 1991, 97-139.

Schönke, A./ Schröder H. (Hrsg.), Strafgesetzbuch, 29. Aufl., München 2014.

Schünemann, B., Moderne Tendenzen in der Dogmatik der Fahrlässigkeits- und Gefährdungsdelikte, JA 1975, 435-444, 511-516, 575-584, 647-656, 715-724, 787-798.

Schünemann, B., Moderne Tendenzen in der Dogmatik der Fahrlässigkeits- und Gefährdungsdelikte, JA 1975, 435-444, 511-516, 575-584, 647-656, 715-724, 787-798.

Schünemann, B., Nulla poena sine lege?, 1978.

Schünemann, B., Die Unterlassungsdelikte und die strafrechtliche Verantwortlichkeit für Unterlassungen, ZStW 96, 287-320 (1984).

Schünemann, B./ Greco, L., Der Erlaubnistatbestandsirrtum und das Strafrechtssystem Oder - Das Peter-Prinzip in der Strafrechtsdogmatik?, GA 2006, 777-792.

Seher, G., Grundfälle zur Mittäterschaft, JuS 2009, 304-309.

Sieber, U./ Cornils, K., Nationales Strafrecht in rechtsvergleichender Darstellung, Teilband 5, Berlin 2008.

Sternberg-Lieben, D./ Sternberg-Lieben, I., Vorsatz im Strafrecht, JuS 2012, 289-297, 884-888, 976-980.

Stratenwerth, G./ Kuhlen, L., Strafrecht Allgemeiner Teil, 6. Aufl., München 2011.

Streng, F., Strafrechtliche Sanktionen, 3. Aufl., Stuttgart 2012.

Stuckenberg, C., Übungsblätter Lernbeitrag Strafrecht, JA 2001, 221-225.

Timpe, G., Der Tatbestand der Beihilfe, JA 2012, 430-436.

Walter, T., Zurechnung statt Schuld?, NStZ 2008, 548-554.

Weigend, T., „Die Strafe für das Opfer"? - Zur Renaissance des Genugtuungsgedankens im Straf- und Strafverfahrensrecht, RW 2010, 39-57.

Welzel, H., Die Regelung von Vorsatz und Irrtum im Strafrecht als legislatorisches Problem, ZStW 67 (1955), 196-228.

Welzel, H., Zum Notstandsproblem, ZStW 63 (1951), 47-56.

Wessels, J./ Beulke, W./ Satzger, H., Strafrecht Allgemeiner Teil, 44. Aufl., Heidelberg u. a. 2015.

Wessels, J./ Hettinger, M., Strafrecht Besonderer Teil 1, 38. Aufl., Heidelberg u.a. 2014.

Zieschang, F., Strafrecht Allgemeiner Teil, 4. Aufl., Stuttgart u.a. 2014.

Zieschang, F., Der rechtfertigende und der entschuldigende Notstand, JA 2007, 679-685.

Zieschang, F., Einschränkung des Notwehrrechts bei engen persönlichen Beziehungen?, Jura 2003, 527-532.

Sachverzeichnis

Die Zahlenangaben beziehen sich auf die Randnummern. Die Hauptfundstellen sind mit Fettdruck gekennzeichnet.